Sartorius aktuell 134. EL

„Sartorius aktuell" ist ein Service der Sartorius-Redaktion, der zum einen den Inhalt der jeweiligen Ergänzungslieferung beschreibt und zum anderen in einer Vorschau wichtige gesetzgeberische Vorhaben darstellt, um bereits sehr frühzeitig eine Orientierungshilfe für die Praxis zu geben.

Inhalt der Ergänzungslieferung

Die vorliegende 134. Ergänzungslieferung bringt die Textsammlung auf den aktuellen Stand vom 18. Mai 2022. Sie beinhaltet alle seit der letzten Lieferung mit Stand vom 8. Februar 2022 bis einschließlich 18. Mai 2022 verkündeten Änderungen sowie bereits früher verkündete Änderungen, die bis einschließlich 1. Juli 2022 in Kraft treten.

Umfangreich **geändert** wurde mit Wirkung vom 1. Mai 2022 das Bundesmeldegesetz (Nr. **256**) durch das **Zweite Gesetz zur Änderung des Bundesmeldegesetzes (2. BMGÄndG)** v. 15.1.2021 (BGBl. I S. 530).
Mit diesem Gesetz wurden die notwendigen Rechtsänderungen für die Umsetzung des Onlinezugangsgesetzes im Meldewesen geschaffen, um Bürgerinnen und Bürgern sowie den Behörden gleichermaßen nutzerfreundliche und effiziente Verwaltungsverfahren und -leistungen des Melderechts elektronisch über Verwaltungsportale anzubieten.
Erstmals ist es möglich, dass Bürgerinnen und Bürger selbst ihre Meldedaten über ein Verwaltungsportal aus dem Melderegister abrufen und für verschiedene Zwecke weiter nutzen. Für Behörden wurden die bundesweit abrufbaren Datenkataloge an die Bedürfnisse der abrufenden Stellen angepasst und im Hinblick auf die Digitalisierung von Verwaltungsleistungen vereinheitlicht.
Zur Stärkung des Datenschutzes wird u. a. besser zwischen einem Abruf von Daten zu einer namentlich bestimmten Person und einem Abruf zu einer Vielzahl von Personen, die nicht namentlich bestimmt sind, differenziert.

Kleinere Änderungen gab es u. a.

- in der Geschäftsordnung des Deutschen Bundestages (Nr. **35**) durch die **Bekanntmachung zur Änderung der Geschäftsordnung des Deutschen Bundestages** v. 18.3.2022 (BGBl. I S. 562): § 126a. Besondere Anwendung der Geschäftsordnung aufgrund der allgemeinen Beeinträchtigung durch COVID-19 wurde eingefügt und findet ab 15. Juli 2022 keine Anwendung mehr;
- im Baugesetzbuch (Nr. **300**) und im Energiewirtschaftsgesetz (Nr. **830**) durch das **Gesetz zur Änderung des Energiewirtschaftsgesetzes zur Einführung von Füllstandsvorgaben für Gasspeicheranlagen sowie zur Änderung von § 246 des Baugesetzbuchs** v. 26.4.2022 (BGBl. I S. 674);
- in der Gewerbeordnung (Nr. **800**) durch das **Gesetz zur Stärkung des Verbraucherschutzes im Wettbewerbs- und Gewerberecht** v. 10.8.2021 (BGBl. I S. 3504) und
- im Personenbeförderungsgesetz (PBefG) (Nr. **950**) durch das **Gesetz zur Modernisierung des Personenbeförderungsrechts** v. 16.4.2021 (BGBl. I S. 822).

Sartorius aktuell 134. EL

Kleine Änderungen und Korrekturen gab es im Grundgesetz (Nr. **1**), im Verwaltungsverfahrensgesetz (VwVfG) (Nr. **100**), im Informationsfreiheitsgesetz (Nr. **113**), im Beamtenversorgungsgesetz (Nr. **155**), im Bundesbesoldungsgesetz (Nr. **230**), im Bundes-Immissionsschutzgesetz (Nr. **296**), im Kreislaufwirtschaftsgesetz (Nr. **298**), im Jugendschutzgesetz (Nr. **400**), im Hochschulrahmengesetz (Nr. **500**), im Aufenthaltsgesetz (Nr. **565**), im Asylgesetz (Nr. **567**), in der Verwaltungsgerichtsordnung (Nr. **600**), im Gesetz über den Ladenschluss (Nr. **805**), im Gaststättengesetz (Nr. **810**), in der Handwerksordnung (Nr. **815**), im Atomgesetz (Nr. **835**), im Wasserhaushaltsgesetz (Nr. **845**) und im Bundeswaldgesetz (Nr. **875**).

An EU-Recht angepasst wurde die Gewerbeordnung (Nr. **800**) durch das **Gesetz zur begleitenden Ausführung der Verordnung (EU) 2020/1503 und der Umsetzung der Richtlinie EU 2020/1504 zur Regelung von Schwarmfinanzierungsdienstleistern (Schwarmfinanzierung-Begleitgesetz) und anderer europarechtlicher Finanzmarktvorschriften** v. 3.6.2021 (BGBl. I S. 1568).
Dieses Gesetz dient der Umsetzung der Richtlinie (EU) 2020/1504 des Europäischen Parlaments und des Rates vom 7. Oktober 2020 zur Änderung der Richtlinie 2014/65/EU über Märkte für Finanzinstrumente sowie der Verordnung (EU) 2020/1503 des Europäischen Parlaments und des Rats vom 7. Oktober 2020 über Europäische Schwarmfinanzierungsdienstleister für Unternehmen und zur Änderung der Verordnung (EU) 2017/1129 und der Richtlinie (EU) 2019/1937.

Schließlich enthält diese Ergänzungslieferung wieder ein neu überarbeitetes **Sachverzeichnis.**

Vorschau

Die kommende 135. Ergänzungslieferung wird sämtliche Änderungen enthalten, die nach dem 5. Mai 2022 verkündet und bis zum Erscheinungstermin der 135. EL in Kraft treten werden.

Zugestimmt hat der Bundesrat dem **Gesetz zur Regelung eines Sofortzuschlages und einer Einmalzahlung in den sozialen Mindestsicherungssystemen sowie zur Änderung des Finanzausgleichsgesetzes und weiterer Gesetze**, das das Bundesausbildungsförderungsgesetz (Nr. **420**) und das Aufenthaltsgesetz (Nr. **565**) ändert.

Kurzbeschreibung:
Einführung eines Sofortzuschlags für von Armut betroffene Minderjährige und junge Erwachsene von monatlich 20 Euro bis zur Einführung einer Kindergrundsicherung, Verdopplung der Einmalzahlung auf 200 Euro, Einmalzahlung von 100 Euro für Beziehende von Arbeitslosengeld sowie für Kinder von Asylsuchenden, Anpassungen bei der fiktiven Berechnung des Übergangsgeldes unter Berücksichtigung des geltenden allgemeinen Mindestlohns, Verschiebung des Stichtags in den Regelungen für Assistenzhunde auf den 1. Juli 2023, Folgeänderungen; Regelungen für Geflüchtete aus der Ukraine ab Juni 2022: sozial-

hilferechtliche Gleichstellung mit im Asylverfahren anerkannten Flüchtlingen durch Einbeziehung in den Anwendungsbereich des SGB II/SGB XII auf Grundlage eines Aufenthaltstitels oder einer sog. Fiktionsbescheinigung und erkennungsdienstlichen Behandlung, Verlängerung der Übergangsfrist bis Ende Oktober 2022, Kindergeldanspruch, Beitrittsrecht zur freiwilligen Versicherung in der GKV, Ausbildungsförderung, Änderungen bei der Wohnsitzauflage, Datenspeicherung im Ausländerzentralregister, Datenübermittlung an EU-Staaten und Europäische Kommission, Umsetzung der finanziellen Unterstützung der Länder und Kommunen mit 2 Mrd. Euro; Ausweitung des in den Verwaltungsvereinbarungen vorzusehenden Anordnungsrechts auf die fachlich zuständige Bundesbehörde (Organleihe).

Keinen Einspruch eingelegt hat der Bundesrat gegen das **Gesetz zum Übergang des Bewacherregisters vom Bundesamt für Wirtschaft und Ausfuhrkontrolle auf das Statistische Bundesamt**, das die Gewerbeordnung (Nr. **800**) ändert.

Kurzbeschreibung:
Übertragung der Zuständigkeit als Registerbehörde für das Bewacherregister vom Bundesamt für Wirtschaft und Ausfuhrkontrolle (BAFA) als nachgeordnete Behörde im Geschäftsbereich des Bundesministeriums für Wirtschaft und Klimaschutz (BMWK) auf das Statistische Bundesamt (StBA) als nachgeordnete Behörde im Geschäftsbereich des Bundesministeriums des Innern und für Heimat (BMI), Regelung der Übergangsphase für den Behördenwechsel und der Verfahrensweise bei der Übertragung des Datenbestands (Probebetrieb).

Bei dieser Gelegenheit wollen wir uns für die Anregungen und Fehlerhinweise durch unsere Bezieher bedanken, die uns auf diese Weise eine wertvolle Hilfestellung bei der Gestaltung der Textsammlung leisten. Zudem möchten wir darauf aufmerksam machen, dass wir unter der eigens für diese Textsammlung eingerichteten E-Mail-Adresse sartorius.redaktion@beck.de erreichbar sind; die Adresse ist auch auf der Rückseite des Titelblattes vermerkt.

München, im Mai 2022 **Verlag C. H. Beck**

Sartorius

Verfassungs- und Verwaltungsgesetze

Einordnungsanweisung für die 134. Ergänzungslieferung Mai 2022

Herauszunehmen:		Zahl der Blätter:	Einzufügen:		Zahl der Blätter:
Titelblatt		1	Titelblatt		1
Geleitwort zur 133. EL „Sartorius aktuell“		1	Geleitwort zur 134. EL „Sartorius aktuell“*		2
1	9–14	3	**1**	9–14	3
	19/20	1		19/20	1
	49/50	1		49/50	1
	53–57a	3		53–57a	3
	61/62	1		61/62	1
35	1/2	1	**35**	1/2	1
	32–52	11		32–45	7
100	1–2a	2	**100**	1/2	1
113	1/2	1	**113**	1/2	1
155	81/82	1	**155**	81/82	1
230	57–59a	2	**230**	57–59a	2
256	1–40	20	**256**	1–42	21
296	1–4	2	**296**	1–4a	3
298	1–2a	2	**298**	1–2a	2
300	1–4	2	**300**	1–4	2
	39/40	1		39/40	1
	135/135a	1		135/135a	1
	155–157a	2		155–157a	2
400	25/26	1	**400**	25/26	1
500	1/2	1	**500**	1/2	1
	7–10	2		7–10	2
565	1–4	2	**565**	1–4	2
	123/124	1		123/124	1
567	33/34	1	**567**	33/34	1
	51/52	1		51/52	1
600	1–4a	3	**600**	1–4a	3
800	1–10	5	**800**	1–10	5
	19/20	1		19/20	1
	40/40a	1		40/40a	1
	43/43a	1		43/43a	1
Übertrag:		79	Übertrag:		77

* Aus technischen Gründen liegt das Geleitwort zur 134. EL „Sartorius aktuell“ am Anfang der Lieferung, bitte ordnen Sie es wie gewohnt anstelle des Geleitworts zur 133. EL hinter dem Vorwort in die Textsammlung ein.

Herauszunehmen:		Zahl der Blätter:	Einzufügen:		Zahl der Blätter:
Übertrag:		79	Übertrag:		77
800	46–47a	3		46–47a	2
	65/66	1		65–66a	2
	73/74	1		73/74	1
	79–83a	3		79–83a	3
805	1/2	1	**805**	1/2	1
810	1/2	1	**810**	1/2	1
815	1/2	1	**815**	1/2	1
	19/20	1		19/20	1
	73/74	1		73/74	1
830	1–18	9	**830**	1–18a	10
	139/140	1		139–140c	3
	227–232	3		227–232	3
835	1/2	1	**835**	1/2	1
	15/15a	1		15/15a	1
845	1–5a	4	**845**	1–5a	3
875	1/1a	1	**875**	1/1a	1
950	1–3a	2	**950**	1–3a	2
Sachverzeichnis	1–104	52	**Sachverzeichnis**	1–100	50
Insgesamt herauszunehmen:		166	Insgesamt einzufügen:		164

SARTORIUS

Verfassungs- und Verwaltungsgesetze

Textausgabe

Begründet von Dr. Carl Sartorius

Stand: 18. Mai 2022
(134. Ergänzungslieferung)

C.H.BECK

Dieses Titelblatt entstammt der 134. Ergänzungslieferung Mai 2022
(Anschluss an die 133. Ergänzungslieferung Februar 2022)
ISBN 978 3 406 78878 9

Redaktioneller Hinweis:

Paragraphenüberschriften in eckigen Klammern sind nicht amtlich.
Sie sind ebenso wie die Fußnoten urheber- und wettbewerbsgeschützt.
Die Angaben zum Stand der Sammlung auf dem Titelblatt beziehen sich auf das Verkündungsdatum der maßgebenden Gesetzes-, Verordnungs- und Amtsblätter.
Anregungen und Hinweise zur Gestaltung der Textsammlung bitte an den Verlag oder an

sartorius.redaktion@beck.de

www.beck.de

ISBN 978 3 406 45645 9 (Grundwerk zur Fortsetzung für 12 Monate)
ISBN 978 3 406 63600 4 (Grundwerk ohne Fortsetzung)

Wilhelmstraße 9, 80801 München
Satz, Druck und Bindung: Druckerei C. H. Beck Nördlingen
(Adresse wie Verlag)

CO_2 neutral
chbeck.de/nachhaltig

Gedruckt auf säurefreiem, alterungsbeständigem Papier
(hergestellt aus chlorfrei gebleichtem Zellstoff)

[Verkündungsformel]

Der Parlamentarische Rat hat am 23. Mai 1949 in Bonn am Rhein in öffentlicher Sitzung festgestellt, daß das am 8. Mai des Jahres 1949 vom Parlamentarischen Rat beschlossene Grundgesetz für die Bundesrepublik Deutschland in der Woche vom 16. bis 22. Mai 1949 durch die Volksvertretungen von mehr als Zweidritteln der beteiligten deutschen Länder angenommen worden ist.

Auf Grund dieser Feststellung hat der Parlamentarische Rat, vertreten durch seine Präsidenten, das Grundgesetz ausgefertigt und verkündet.

Das Grundgesetz wird hiermit gemäß Artikel 145 Abs. 3 im Bundesgesetzblatt veröffentlicht:

Präambel[1)]

[1] Im Bewußtsein seiner Verantwortung vor Gott und den Menschen,

von dem Willen beseelt, als gleichberechtigtes Glied in einem vereinten Europa dem Frieden der Welt zu dienen, hat sich das Deutsche Volk kraft seiner verfassungsgebenden Gewalt dieses Grundgesetz gegeben.

[2] Die Deutschen[2)] in den Ländern Baden-Württemberg, Bayern, Berlin, Brandenburg, Bremen, Hamburg, Hessen, Mecklenburg-Vorpommern, Niedersachsen, Nordrhein-Westfalen, Rheinland-Pfalz, Saarland, Sachsen, Sachsen-Anhalt, Schleswig-Holstein und Thüringen haben in freier Selbstbestimmung die Einheit und Freiheit Deutschlands vollendet. [3] Damit gilt dieses Grundgesetz für das gesamte Deutsche Volk.

I.[3)] Die Grundrechte

Art. 1[4) 5)] [Schutz der Menschenwürde, Menschenrechte, Grundrechtsbindung] (1) [1] Die Würde des Menschen ist unantastbar. [2] Sie zu achten und zu schützen ist Verpflichtung aller staatlichen Gewalt.

(2) Das Deutsche Volk bekennt sich darum zu unverletzlichen und unveräußerlichen Menschenrechten als Grundlage jeder menschlichen Gemeinschaft, des Friedens und der Gerechtigkeit in der Welt.

(3) Die nachfolgenden Grundrechte binden Gesetzgebung, vollziehende Gewalt und Rechtsprechung als unmittelbar geltendes Recht.

Art. 2 [Freie Entfaltung der Persönlichkeit, Recht auf Leben, körperliche Unversehrtheit, Freiheit der Person] (1) Jeder hat das Recht auf die freie Entfaltung seiner Persönlichkeit, soweit er nicht die Rechte anderer verletzt und nicht gegen die verfassungsmäßige Ordnung oder das Sittengesetz verstößt.

(2) [1] Jeder hat das Recht auf Leben und körperliche Unversehrtheit. [2] Die Freiheit der Person ist unverletzlich.[6)] [3] In diese Rechte darf nur auf Grund eines Gesetzes eingegriffen werden.[7)]

Art. 3[8) 9)] [Gleichheit vor dem Gesetz] (1) Alle Menschen sind vor dem Gesetz gleich.

(2) [1] Männer und Frauen sind gleichberechtigt. [2] Der Staat fördert die tatsächliche Durchsetzung der Gleichberechtigung von Frauen und Männern und wirkt auf die Beseitigung bestehender Nachteile hin.

---

1) Präambel neu gef. mWv 29.9.1990 durch EVertr. v. 31.8.1990 (BGBl. II S. 885, 889).
2) Zum Begriff des „Deutschen" siehe Art. 116 Abs. 1.
3) Siehe hierzu auch die Konvention zum Schutz der Menschenrechte und Grundfreiheiten (Nr. **1003**).
4) Art. 1 Abs. 3 neu gef. mWv 22.3.1956 durch G v. 19.3.1956 (BGBl. I S. 111).
5) Zur Unzulässigkeit der Änderung des Art. 1 siehe Art. 79 Abs. 3.
6) Zur Freiheitsentziehung siehe Art. 104.
7) Siehe hierzu ua Buch 7 (§§ 415 ff. – Verfahren in Freiheitsentziehungssachen) des G über das Verfahren in Familiensachen und in den Angelegenheiten der freiwilligen Gerichtsbarkeit (FamFG) ***(Habersack, Deutsche Gesetze Nr. 112)***.
8) Art. 3 Abs. 2 Satz 2 und Abs. 3 Satz 2 angef. mWv 15.11.1994 durch G v. 27.10.1994 (BGBl. I S. 3146).
9) Siehe hierzu auch Art. 33 Abs. 2 GG sowie Art. 136 Abs. 1 und 2 WRV, wiedergegeben im Anschluss an Art. 146.

(3)[1] [1]Niemand darf wegen seines Geschlechtes, seiner Abstammung, seiner Rasse, seiner Sprache, seiner Heimat und Herkunft, seines Glaubens, seiner religiösen oder politischen Anschauungen benachteiligt oder bevorzugt werden. [2]Niemand darf wegen seiner Behinderung benachteiligt werden.

Art. 4 [Glaubens-, Gewissens- und Bekenntnisfreiheit, Kriegsdienstverweigerung] (1) Die Freiheit des Glaubens, des Gewissens und die Freiheit des religiösen und weltanschaulichen Bekenntnisses sind unverletzlich.

(2)[2] Die ungestörte Religionsausübung wird gewährleistet.

(3) [1]Niemand darf gegen sein Gewissen zum Kriegsdienst mit der Waffe gezwungen werden. [2]Das Nähere regelt ein Bundesgesetz.[3]

Art. 5 [Recht der freien Meinungsäußerung, Medienfreiheit, Kunst- und Wissenschaftsfreiheit] (1) [1]Jeder hat das Recht, seine Meinung in Wort, Schrift und Bild frei zu äußern und zu verbreiten und sich aus allgemein zugänglichen Quellen ungehindert zu unterrichten. [2]Die Pressefreiheit und die Freiheit der Berichterstattung durch Rundfunk und Film werden gewährleistet. [3]Eine Zensur findet nicht statt.

(2) Diese Rechte finden ihre Schranken in den Vorschriften der allgemeinen Gesetze, den gesetzlichen Bestimmungen zum Schutze der Jugend und in dem Recht der persönlichen Ehre.

(3) [1]Kunst und Wissenschaft, Forschung und Lehre sind frei. [2]Die Freiheit der Lehre entbindet nicht von der Treue zur Verfassung.

Art. 6[4] [Ehe, Familie, nicht eheliche Kinder] (1) Ehe und Familie stehen unter dem besonderen Schutze der staatlichen Ordnung.

(2) [1]Pflege und Erziehung der Kinder sind das natürliche Recht der Eltern und die zuvörderst ihnen obliegende Pflicht. [2]Über ihre Betätigung wacht die staatliche Gemeinschaft.

(3) Gegen den Willen der Erziehungsberechtigten dürfen Kinder nur auf Grund eines Gesetzes von der Familie getrennt werden, wenn die Erziehungsberechtigten versagen oder wenn die Kinder aus anderen Gründen zu verwahrlosen drohen.

(4) Jede Mutter hat Anspruch auf den Schutz und die Fürsorge der Gemeinschaft.

(5) Den unehelichen[5] Kindern sind durch die Gesetzgebung die gleichen Bedingungen für ihre leibliche und seelische Entwicklung und ihre Stellung in der Gesellschaft zu schaffen wie den ehelichen Kindern.

Art. 7 [Schulwesen] (1) Das gesamte Schulwesen steht unter der Aufsicht des Staates.

(2) Die Erziehungsberechtigten haben das Recht, über die Teilnahme des Kindes am Religionsunterricht zu bestimmen.

---

[1] Siehe hierzu das Allgemeine GleichbehandlungsG **(Habersack, Deutsche Gesetze Nr. 34)**.

[2] Siehe hierzu auch Art. 136 Abs. 3 und 4 WRV, wiedergegeben im Anschluss an Art. 146.

[3] Siehe das WehrpflichtG (Nr. **620**), KriegsdienstverweigerungsG (Nr. **626**) und das ZivildienstG (Nr. **625**).

[4] Siehe hierzu das G über die rechtliche Stellung der nichtehelichen Kinder v. 19.8.1969 (BGBl. I S. 1243), zuletzt geänd. durch G v. 12.4.2011 (BGBl. I S. 615).

[5] Der Begriff „unehelich" ist durch Art. 9 § 2 G zur Neuregelung des Rechts der elterlichen Sorge v. 18.7.1979 (BGBl. I S. 1061) in allen Bundesgesetzen mit Ausnahme des GG durch den Begriff „nicht ehelich" ersetzt worden.

(3) [1]Der Religionsunterricht ist in den öffentlichen Schulen mit Ausnahme der bekenntnisfreien Schulen ordentliches Lehrfach.[1)] [2]Unbeschadet des staatlichen Aufsichtsrechtes wird der Religionsunterricht in Übereinstimmung mit den Grundsätzen der Religionsgemeinschaften erteilt. [3]Kein Lehrer darf gegen seinen Willen verpflichtet werden, Religionsunterricht zu erteilen.

(4) [1]Das Recht zur Errichtung von privaten Schulen wird gewährleistet. [2]Private Schulen als Ersatz für öffentliche Schulen bedürfen der Genehmigung des Staates und unterstehen den Landesgesetzen. [3]Die Genehmigung ist zu erteilen, wenn die privaten Schulen in ihren Lehrzielen und Einrichtungen sowie in der wissenschaftlichen Ausbildung ihrer Lehrkräfte nicht hinter den öffentlichen Schulen zurückstehen und eine Sonderung der Schüler nach den Besitzverhältnissen der Eltern nicht gefördert wird. [4]Die Genehmigung ist zu versagen, wenn die wirtschaftliche und rechtliche Stellung der Lehrkräfte nicht genügend gesichert ist.

(5) Eine private Volksschule ist nur zuzulassen, wenn die Unterrichtsverwaltung ein besonderes pädagogisches Interesse anerkennt oder, auf Antrag von Erziehungsberechtigten, wenn sie als Gemeinschaftsschule, als Bekenntnis- oder Weltanschauungsschule errichtet werden soll und eine öffentliche Volksschule dieser Art in der Gemeinde nicht besteht.

(6) Vorschulen bleiben aufgehoben.

Art. 8[2)] [Versammlungsfreiheit] (1) Alle Deutschen[3)] haben das Recht, sich ohne Anmeldung oder Erlaubnis friedlich und ohne Waffen zu versammeln.

(2) Für Versammlungen unter freiem Himmel kann dieses Recht durch Gesetz oder auf Grund eines Gesetzes beschränkt werden.

Art. 9[4)] [5)] [Vereinigungsfreiheit] (1) Alle Deutschen[3)] haben das Recht, Vereine und Gesellschaften zu bilden.

(2) Vereinigungen, deren Zwecke oder deren Tätigkeit den Strafgesetzen zuwiderlaufen oder die sich gegen die verfassungsmäßige Ordnung oder gegen den Gedanken der Völkerverständigung richten, sind verboten.

(3) [1]Das Recht, zur Wahrung und Förderung der Arbeits- und Wirtschaftsbedingungen Vereinigungen zu bilden, ist für jedermann und für alle Berufe gewährleistet. [2]Abreden, die dieses Recht einschränken oder zu behindern suchen, sind nichtig, hierauf gerichtete Maßnahmen sind rechtswidrig. [3]Maßnahmen nach den Artikeln 12a, 35 Abs. 2 und 3, Artikel 87a Abs. 4 und Artikel 91 dürfen sich nicht gegen Arbeitskämpfe richten, die zur Wahrung und Förderung der Arbeits- und Wirtschaftsbedingungen von Vereinigungen im Sinne des Satzes 1 geführt werden.

Art. 10[6)] [Brief-, Post- und Fernmeldegeheimnis] (1) Das Briefgeheimnis sowie das Post- und Fernmeldegeheimnis sind unverletzlich.

---

1) Siehe hierzu Art. 141.
2) *Siehe hierzu das VersammlungsG (Nr. **435**).*
3) Zum Begriff des „Deutschen" siehe Art. 116 Abs. 1.
4) Art. 9 Abs. 3 Satz 3 angef. mWv 28.6.1968 durch G v. 24.6.1968 (BGBl. I S. 709).
5) Siehe hierzu auch Art. 21 und das VereinsG (Nr. **425**).
6) Art. 10 neu gef. mWv 28.6.1968 durch G v. 24.6.1968 (BGBl. I S. 709).

(2) [1] Beschränkungen dürfen nur auf Grund eines Gesetzes[1)] angeordnet werden. [2] Dient die Beschränkung dem Schutze der freiheitlichen demokratischen Grundordnung oder des Bestandes oder der Sicherung des Bundes oder eines Landes, so kann das Gesetz bestimmen, daß sie dem Betroffenen nicht mitgeteilt wird und daß an die Stelle des Rechtsweges die Nachprüfung durch von der Volksvertretung bestellte Organe und Hilfsorgane tritt.

Art. 11[2)] [Freizügigkeit] (1) Alle Deutschen[3)] genießen Freizügigkeit im ganzen Bundesgebiet.

(2) Dieses Recht darf nur durch Gesetz[4)] oder auf Grund eines Gesetzes und nur für die Fälle eingeschränkt werden, in denen eine ausreichende Lebensgrundlage nicht vorhanden ist und der Allgemeinheit daraus besondere Lasten entstehen würden oder in denen es zur Abwehr einer drohenden Gefahr für den Bestand oder die freiheitliche demokratische Grundordnung des Bundes oder eines Landes, zur Bekämpfung von Seuchengefahr, Naturkatastrophen oder besonders schweren Unglücksfällen, zum Schutze der Jugend vor Verwahrlosung oder um strafbaren Handlungen vorzubeugen, erforderlich ist.

Art. 12[5)] [Berufsfreiheit] (1) [1] Alle Deutschen[3)] haben das Recht, Beruf, Arbeitsplatz und Ausbildungsstätte frei zu wählen. [2] Die Berufsausübung kann durch Gesetz oder auf Grund eines Gesetzes geregelt werden.

(Fortsetzung nächstes Blatt)

[1)] Siehe hierzu ua das G zur Beschränkung des Brief-, Post- und Fernmeldegeheimnisses (Nr. **7**) und das G zur Überwachung strafrechtl. und anderer Verbringungsverbote v. 24.5.1961 (BGBl. I S. 607), zuletzt geänd. durch G v. 8.7.2016 (BGBl. I S. 1594).

[2)] Art. 11 Abs. 2 neu gef. mWv 28.6.1968 durch G v. 24.6.1968 (BGBl. I S. 709).

[3)] Zum Begriff des „Deutschen" siehe Art. 116 Abs. 1.

[4)] Siehe hierzu ua § 51 WehrpflichtG (Nr. **620**) und § 39 ArbeitssicherstellungsG **(Nipperdey I, Arbeitsrecht Nr. 101)**.

[5)] Art. 12 neu gef. mWv 22.3.1956 durch G v. 19.3.1956 (BGBl. I S. 111); neu gef. mWv 28.6.1968 durch G v. 24.6.1968 (BGBl. I S. 709).

recht, seine Meinung in Wort, Schrift und Bild frei zu äußern und zu verbreiten (Artikel 5 Abs. 1 Satz 1 erster Halbsatz), das Grundrecht der Versammlungsfreiheit (Artikel 8) und das Petitionsrecht (Artikel 17), soweit es das Recht gewährt, Bitten oder Beschwerden in Gemeinschaft mit anderen vorzubringen, eingeschränkt werden.

(2) Gesetze, die der Verteidigung einschließlich des Schutzes der Zivilbevölkerung dienen, können bestimmen, daß die Grundrechte der Freizügigkeit (Artikel 11) und der Unverletzlichkeit der Wohnung (Artikel 13) eingeschränkt werden.

Art. 18[1) 2)] **[Verwirkung von Grundrechten]** [1] Wer die Freiheit der Meinungsäußerung, insbesondere die Pressefreiheit (Artikel 5 Abs. 1), die Lehrfreiheit (Artikel 5 Abs. 3), die Versammlungsfreiheit (Artikel 8), die Vereinigungsfreiheit (Artikel 9), das Brief-, Post- und Fernmeldegeheimnis (Artikel 10), das Eigentum (Artikel 14) oder das Asylrecht (Artikel 16a) zum Kampfe gegen die freiheitliche demokratische Grundordnung mißbraucht, verwirkt diese Grundrechte. [2] Die Verwirkung und ihr Ausmaß werden durch das Bundesverfassungsgericht ausgesprochen.

Art. 19[3)] **[Einschränkung von Grundrechten; Grundrechtsträger; Rechtsschutz]** (1) [1] Soweit nach diesem Grundgesetz ein Grundrecht durch Gesetz oder auf Grund eines Gesetzes eingeschränkt werden kann, muß das Gesetz allgemein und nicht nur für den Einzelfall gelten. [2] Außerdem muß das Gesetz das Grundrecht unter Angabe des Artikels nennen.

(2) In keinem Falle darf ein Grundrecht in seinem Wesensgehalt angetastet werden.

(3) Die Grundrechte gelten auch für inländische juristische Personen, soweit sie ihrem Wesen nach auf diese anwendbar sind.

(4) [1] Wird jemand durch die öffentliche Gewalt in seinen Rechten verletzt, so steht ihm der Rechtsweg offen. [2] Soweit eine andere Zuständigkeit nicht begründet ist, ist der ordentliche Rechtsweg gegeben.[4)] [3] Artikel 10 Abs. 2 Satz 2 bleibt unberührt.

II. Der Bund und die Länder

Art. 20[5) 6)] **[Bundesstaatliche Verfassung; Widerstandsrecht]** (1) Die Bundesrepublik Deutschland ist ein demokratischer und sozialer Bundesstaat.

(2) [1] Alle Staatsgewalt geht vom Volke aus. [2] Sie wird vom Volke in Wahlen und Abstimmungen[7)] und durch besondere Organe der Gesetzgebung, der vollziehenden Gewalt und der Rechtsprechung ausgeübt.

(3) Die Gesetzgebung ist an die verfassungsmäßige Ordnung, die vollziehende Gewalt und die Rechtsprechung sind an Gesetz und Recht gebunden.[8)]

[1)] Art. 18 Satz 1 geänd. mWv 30.6.1993 durch G v. 28.6.1993 (BGBl. I S. 1002).

[2)] Siehe hierzu § 13 Nr. 1 und §§ 36 ff. BundesverfassungsgerichtsG (Nr. **40**); zum Verwirkungsverfahren gegen Abgeordnete siehe Art. 46 Abs. 3.

[3)] Art. 19 Abs. 4 Satz 3 angef. mWv 28.6.1968 durch G v. 24.6.1968 (BGBl. I S. 709).

[4)] Zur Schadensersatzpflicht des Staates bei Amtspflichtverletzungen siehe Art. 34.

[5)] Art. 20 Abs. 4 angef. mWv 28.6.1968 durch G v. 24.6.1968 (BGBl. I S. 709).

[6)] Zur Unzulässigkeit der Änderung des Art. 20 siehe Art. 79 Abs. 3.

[7)] Zu Wahlen siehe Art. 28 und 38, zu Abstimmungen siehe Art. 29 und 118.

[8)] Siehe hierzu Art. 1 Abs. 3.

(4) Gegen jeden, der es unternimmt, diese Ordnung zu beseitigen, haben alle Deutschen[1] das Recht zum Widerstand, wenn andere Abhilfe nicht möglich ist.

Art. 20a[2)] [Schutz der natürlichen Lebensgrundlagen] Der Staat schützt auch in Verantwortung für die künftigen Generationen die natürlichen Lebensgrundlagen und die Tiere im Rahmen der verfassungsmäßigen Ordnung durch die Gesetzgebung und nach Maßgabe von Gesetz und Recht durch die vollziehende Gewalt und die Rechtsprechung.

Art. 21[3)] [Parteien] (1) [1] Die Parteien wirken bei der politischen Willensbildung des Volkes mit. [2] Ihre Gründung ist frei. [3] Ihre innere Ordnung muß demokratischen Grundsätzen entsprechen. [4] Sie müssen über die Herkunft und Verwendung ihrer Mittel sowie über ihr Vermögen öffentlich Rechenschaft geben.

(2)[4)] Parteien, die nach ihren Zielen oder nach dem Verhalten ihrer Anhänger darauf ausgehen, die freiheitliche demokratische Grundordnung zu beeinträchtigen oder zu beseitigen oder den Bestand der Bundesrepublik Deutschland zu gefährden, sind verfassungswidrig.

(3) [1] Parteien, die nach ihren Zielen oder dem Verhalten ihrer Anhänger darauf ausgerichtet sind, die freiheitliche demokratische Grundordnung zu beeinträchtigen oder zu beseitigen oder den Bestand der Bundesrepublik Deutschland zu gefährden, sind von staatlicher Finanzierung ausgeschlossen. [2] Wird der Ausschluss festgestellt, so entfällt auch eine steuerliche Begünstigung dieser Parteien und von Zuwendungen an diese Parteien.

(4) Über die Frage der Verfassungswidrigkeit nach Absatz 2 sowie über den Ausschluss von staatlicher Finanzierung nach Absatz 3 entscheidet das Bundesverfassungsgericht.

(5) Das Nähere regeln Bundesgesetze.[5)]

Art. 22[6)] [Bundeshauptstadt, Bundesflagge] (1) [1] Die Hauptstadt der Bundesrepublik Deutschland ist Berlin. [2] Die Repräsentation des Gesamtstaates in der Hauptstadt ist Aufgabe des Bundes. [3] Das Nähere wird durch Bundesgesetz geregelt.

(2) Die Bundesflagge ist schwarz-rot-gold.[7)]

[1)] Zum Begriff des „Deutschen" siehe Art. 116 Abs. 1.

[2)] Art. 20a eingef. mWv 15.11.1994 durch G v. 27.10.1994 (BGBl. I S. 3146); geänd. mWv 1.8.2002 durch G v. 26.7.2002 (BGBl. I S. 2862).

[3)] Art. 21 Abs. Satz 4 neu gef. mWv 1.1.1984 durch G v. 21.12.1983 (BGBl. I S. 1481); Abs. 2 Satz 2 aufgeh., Abs. 3 und 4 eingef., bish. Abs. 3 wird Abs. 5 mWv 20.7.2017 durch G v. 13.7.2017 (BGBl. I S. 2346).

[4)] Siehe hierzu § 13 Nr. 2 und §§ 43 ff. BundesverfassungsgerichtsG (Nr. **40**).

[5)] Siehe ua das ParteienG (Nr. **58**).

[6)] Art. 22 Abs. 1 eingef., bish. Wortlaut wird Abs. 2 mWv 1.9.2006 durch G v. 28.8.2006 (BGBl. I S. 2034).

[7)] Siehe hierzu die AnO über die deutschen Flaggen (Nr. **52**), das FlaggenrechtsG idF der Bek. v. 26.10.1994 (BGBl. I S. 3140), zuletzt geänd. durch G v. 10.8.2021 (BGBl. I S. 3436), die Bek. betr. das Bundeswappen und den Bundesadler v. 20.1.1950 (BGBl. I S. 26), den Erl. über die Dienstsiegel v. 20.1.1950 (BGBl. I S. 26) und den Erl. über die Amtsschilder der Bundesbehörden v. 25.9.1951 (BGBl. I S. 927), geänd. durch Erlass v. 8.6.2021 (BAnz AT 17.06.2021 B2).

(3) Unbeschadet des Absatzes 2 Satz 2 führt der Bund in der Rechtsform einer bundesunmittelbaren Anstalt des öffentlichen Rechts einzelne Aufgaben in bezug auf die aus dem Sondervermögen Deutsche Bundespost hervorgegangenen Unternehmen nach Maßgabe eines Bundesgesetzes aus.

Art. 88[1) 2)] **[Bundesbank]** [1]Der Bund errichtet eine Währungs- und Notenbank als Bundesbank. [2]Ihre Aufgaben und Befugnisse können im Rahmen der Europäischen Union der Europäischen Zentralbank übertragen werden, die unabhängig ist und dem vorrangigen Ziel der Sicherung der Preisstabilität verpflichtet.

Art. 89[3)] **[Bundeswasserstraßen]** (1) Der Bund ist Eigentümer der bisherigen Reichswasserstraßen.

(2) [1]Der Bund verwaltet die Bundeswasserstraßen durch eigene Behörden. [2]Er nimmt die über den Bereich eines Landes hinausgehenden staatlichen Aufgaben der Binnenschiffahrt und die Aufgaben der Seeschiffahrt wahr, die ihm durch Gesetz[4)] übertragen werden. [3]Er kann die Verwaltung von Bundeswasserstraßen, soweit sie im Gebiete eines Landes liegen, diesem Lande auf Antrag als Auftragsverwaltung übertragen. [4]Berührt eine Wasserstraße das Gebiet mehrerer Länder, so kann der Bund das Land beauftragen, für das die beteiligten Länder es beantragen.

(3) Bei der Verwaltung, dem Ausbau und dem Neubau von Wasserstraßen sind die Bedürfnisse der Landeskultur und der Wasserwirtschaft im Einvernehmen mit den Ländern zu wahren.

Art. 90[5)] **[Bundesautobahnen und Bundesstraßen]** (1) [1]Der Bund bleibt Eigentümer der Bundesautobahnen und sonstigen Bundesstraßen des Fernverkehrs. [2]Das Eigentum ist unveräußerlich.

(2) [1]Die Verwaltung der Bundesautobahnen wird in Bundesverwaltung geführt. [2]Der Bund kann sich zur Erledigung seiner Aufgaben einer Gesellschaft privaten Rechts bedienen. [3]Diese Gesellschaft steht im unveräußerlichen Eigentum des Bundes. [4]Eine unmittelbare oder mittelbare Beteiligung Dritter an der Gesellschaft und deren Tochtergesellschaften ist ausgeschlossen. [5]Eine Beteiligung Privater im Rahmen von Öffentlich-Privaten Partnerschaften ist ausgeschlossen für Streckennetze, die das gesamte Bundesautobahnnetz oder das gesamte Netz sonstiger Bundesfernstraßen in einem Land oder wesentliche Teile davon umfassen. [6]Das Nähere regelt ein Bundesgesetz.

(3) Die Länder oder die nach Landesrecht zuständigen Selbstverwaltungskörperschaften verwalten die sonstigen Bundesstraßen des Fernverkehrs im Auftrage des Bundes.

(4) Auf Antrag eines Landes kann der Bund die sonstigen Bundesstraßen des Fernverkehrs, soweit sie im Gebiet dieses Landes liegen, in Bundesverwaltung *übernehmen.*

---

1) Art. 88 Satz 2 angef. mWv 25.12.1992 durch G v. 21.12.1992 (BGBl. I S. 2086).

2) Siehe hierzu das G über die Deutsche Bundesbank **(Sartorius ErgBd. Nr. 855)**.

3) Siehe hierzu das G über die vermögensrechtlichen Verhältnisse der Bundeswasserstraßen (Nr. **970**) und das BundeswasserstraßenG (Nr. **971**).

4) Siehe das BinnenschiffahrtsaufgabenG idF der Bek. v. 5.7.2001 (BGBl. I S. 2026), zuletzt geänd. durch G v. 3.6.2021 (BGBl. I S. 1467) und das SeeaufgabenG idF der Bek. v. 17.6.2016 (BGBl. I S. 1489), zuletzt geänd. durch VO v. 19.10.2021 (BGBl. I S. 4717).

5) Siehe hierzu das G über die vermögensrechtlichen Verhältnisse der Bundesautobahnen und sonstigen Bundesstraßen des Fernverkehrs (Nr. **930**), das BundesfernstraßenG (Nr. **932**) und die BundesfernstraßenkreuzungsVO (Nr. **935**).

Art. 91[1)] **[Abwehr von Gefahren für den Bestand des Bundes oder eines Landes]** (1) Zur Abwehr einer drohenden Gefahr für den Bestand oder die freiheitliche demokratische Grundordnung des Bundes oder eines Landes kann ein Land Polizeikräfte anderer Länder sowie Kräfte und Einrichtungen anderer Verwaltungen und des Bundesgrenzschutzes[2)] anfordern.

(2) [1] Ist das Land, in dem die Gefahr droht, nicht selbst zur Bekämpfung der Gefahr bereit oder in der Lage, so kann die Bundesregierung die Polizei in diesem Lande und die Polizeikräfte anderer Länder ihren Weisungen unterstellen sowie Einheiten des Bundesgrenzschutzes[2)] einsetzen. [2] Die Anordnung ist nach Beseitigung der Gefahr, im übrigen jederzeit auf Verlangen des Bundesrates aufzuheben. [3] Erstreckt sich die Gefahr auf das Gebiet mehr als eines Landes, so kann die Bundesregierung, soweit es zur wirksamen Bekämpfung erforderlich ist, den Landesregierungen Weisungen erteilen; Satz 1 und Satz 2 bleiben unberührt.

VIIIa.[3)] Gemeinschaftsaufgaben, Verwaltungszusammenarbeit

Art. 91a[4)] **[Mitwirkungsbereiche des Bundes bei Länderaufgaben]**

(1) Der Bund wirkt auf folgenden Gebieten bei der Erfüllung von Aufgaben der Länder mit, wenn diese Aufgaben für die Gesamtheit bedeutsam sind und die Mitwirkung des Bundes zur Verbesserung der Lebensverhältnisse erforderlich ist (Gemeinschaftsaufgaben):

1. Verbesserung der regionalen Wirtschaftsstruktur,
2. Verbesserung der Agrarstruktur und des Küstenschutzes.

(2) Durch Bundesgesetz[5)] mit Zustimmung des Bundesrates werden die Gemeinschaftsaufgaben sowie Einzelheiten der Koordinierung näher bestimmt.

(3) [1] Der Bund trägt in den Fällen des Absatzes 1 Nr. 1 die Hälfte der Ausgaben in jedem Land. [2] In den Fällen des Absatzes 1 Nr. 2 trägt der Bund mindestens die Hälfte; die Beteiligung ist für alle Länder einheitlich festzusetzen.

(Fortsetzung nächstes Blatt)

---

1) Art. 91 neu gef. mWv 28.6.1968 durch G v. 24.6.1968 (BGBl. I S. 709).

2) Bezeichnung ab 1.7.2005: „Bundespolizei".

3) Abschnitt VIIIa (Art. 91a und 91b) eingef. mWv 1.1.1970 durch G v. 12.5.1969 (BGBl. I S. 359); Überschrift neu gef. mWv 1.8.2009 durch G v. 29.7.2009 (BGBl. I S. 2248).

4) Art. 91a eingef. mWv 1.1.1970 durch G v. 12.5.1969 (BGBl. I S. 359); Abs. 1 Nr. 1 neu gef. mWv 6.8.1970 durch G v. 31.7.1970 (BGBl. I S. 1161); Abs. 1 Nr. 1, Abs. 3 und 5 aufgeh., Abs. 1 bish. Nr. 2 und 3 werden Nr. 1 und 2, bish. Abs. 4 wird Abs. 3 und Sätze 1 und 2 geänd. sowie Abs. 2 neu gef. mWv 1.9.2006 durch G v. 28.8.2006 (BGBl. I S. 2034).

5) Siehe die Gesetze über die Gemeinschaftsaufgaben
– „Verbesserung der Agrarstruktur und des Küstenschutzes" idF der Bek. v. 21.7.1988 (BGBl. I S. 1055), zuletzt geänd. durch G v. 11.10.2016 (BGBl. I S. 2231) und
– „Verbesserung der regionalen Wirtschaftsstruktur" v. 6.10.1969 (BGBl. I S. 1861), zuletzt geänd. durch G v. 13.4.2021 (BGBl. I S. 770).

…erschiedenheiten über Rechte und Pflichten des Bundes und …insbesondere bei der Ausführung von Bundesrecht durch die … der Ausübung der Bundesaufsicht;

…entlich-rechtlichen Streitigkeiten zwischen dem Bunde und den …chen verschiedenen Ländern oder innerhalb eines Landes, soweit …rer Rechtsweg gegeben ist;

…ngsbeschwerden, die von jedermann mit der Behauptung erhoben …ien, durch die öffentliche Gewalt in einem seiner Grundrechte …m seiner in Artikel 20 Abs. 4, 33, 38, 101, 103 und 104 ent…chte verletzt zu sein;

…ungsbeschwerden von Gemeinden und Gemeindeverbänden we…ung des Rechts auf Selbstverwaltung nach Artikel 28 durch ein … Landesgesetzen jedoch nur, soweit nicht Beschwerde beim Landes…gericht erhoben werden kann;

…hwerden von Vereinigungen gegen ihre Nichtanerkennung als Partei …hl zum Bundestag;

…rigen in diesem Grundgesetze vorgesehenen Fällen.

… Bundesverfassungsgericht entscheidet außerdem auf Antrag des Bun…er Landesregierung oder der Volksvertretung eines Landes, ob im Falle …s 72 Abs. 4 die Erforderlichkeit für eine bundesgesetzliche Regelung …tikel 72 Abs. 2 nicht mehr besteht oder Bundesrecht in den Fällen des …s 125a Abs. 2 Satz 1 nicht mehr erlassen werden könnte. [2] Die Feststellung, … die Erforderlichkeit entfallen ist oder Bundesrecht nicht mehr erlassen werden …nnte, ersetzt ein Bundesgesetz nach Artikel 72 Abs. 4 oder nach Artikel 125a Abs. 2 Satz 2. [3] Der Antrag nach Satz 1 ist nur zulässig, wenn eine Gesetzesvorlage nach Artikel 72 Abs. 4 oder nach Artikel 125a Abs. 2 Satz 2 im Bundestag abgelehnt oder über sie nicht innerhalb eines Jahres beraten und Beschluss gefasst oder wenn eine entsprechende Gesetzesvorlage im Bundesrat abgelehnt worden ist.

(3) Das Bundesverfassungsgericht wird ferner in den ihm sonst durch Bundesgesetz zugewiesenen Fällen tätig.

Art. 94[1)] [Zusammensetzung des Bundesverfassungsgerichts] (1) [1] Das Bundesverfassungsgericht besteht aus Bundesrichtern und anderen Mitgliedern. [2] Die Mitglieder des Bundesverfassungsgerichtes werden je zur Hälfte vom Bundestage und vom Bundesrate gewählt. [3] Sie dürfen weder dem Bundestage, dem Bundesrate, der Bundesregierung noch entsprechenden Organen eines Landes angehören.

(2) [1] Ein Bundesgesetz[2)] regelt seine Verfassung und das Verfahren und bestimmt, in welchen Fällen seine Entscheidungen Gesetzeskraft haben. [2] Es kann für Verfassungsbeschwerden die vorherige Erschöpfung des Rechtsweges zur Voraussetzung machen und ein besonderes Annahmeverfahren vorsehen.

Art. 95[3)] [Oberste Gerichtshöfe des Bundes] (1) Für die Gebiete der ordentlichen, der Verwaltungs-, der Finanz-, der Arbeits- und der Sozialgerichtsbarkeit

[1)] Art. 94 Abs. 2 Satz 2 angef. durch G v. 29.1.1969 (BGBl. I S. 97).

[2)] Siehe das BundesverfassungsgerichtsG (Nr. **40**).

[3)] Art. 95 neu gef. mWv 23.6.1968 durch G v. 18.6.1968 (BGBl. I S. 657).

errichtet der Bund als oberste Gerichtshöfe den Bundesgerichtsh verwaltungsgericht[2], den Bundesfinanzhof[3], das Bundesarbeitsg Bundessozialgericht[5].

(2) Über die Berufung der Richter dieser Gerichte entscheid jeweilige Sachgebiet zuständige Bundesminister gemeinsam mit ei wahlausschuß, der aus den für das jeweilige Sachgebiet zuständigen M Länder und einer gleichen Anzahl von Mitgliedern besteht, die vom gewählt werden.[6]

(3) [1] Zur Wahrung der Einheitlichkeit der Rechtsprechung ist ein Ger Senat der in Absatz 1 genannten Gerichte zu bilden. [2] Das Nähere r Bundesgesetz.[7]

Art. 96[8] [Weitere Bundesgerichte] (1) Der Bund kann für Angelege des gewerblichen Rechtsschutzes ein Bundesgericht[9] errichten.

(2) [1] Der Bund kann Wehrstrafgerichte für die Streitkräfte als Bundesger errichten. [2] Sie können die Strafgerichtsbarkeit nur im Verteidigungsfalle s über Angehörige der Streitkräfte ausüben, die in das Ausland entsandt oder Bord von Kriegsschiffen eingeschifft sind. [3] Das Nähere regelt ein Bundesgese [4] Diese Gerichte gehören zum Geschäftsbereich des Bundesjustizministers. [5] Ih hauptamtlichen Richter müssen die Befähigung zum Richteramt haben.

(3) Oberster Gerichtshof für die in Absatz 1 und 2 genannten Gerichte ist der Bundesgerichtshof.

(4) Der Bund kann für Personen, die zu ihm in einem öffentlich-rechtlichen Dienstverhältnis stehen, Bundesgerichte zur Entscheidung in Disziplinarverfahren und Beschwerdeverfahren errichten.[10]

(5) Für Strafverfahren auf den folgenden Gebieten kann ein Bundesgesetz mit Zustimmung des Bundesrates vorsehen, dass Gerichte der Länder Gerichtsbarkeit des Bundes ausüben:

1. Völkermord;
2. völkerstrafrechtliche Verbrechen gegen die Menschlichkeit;
3. Kriegsverbrechen;

---

[1] BGH in Karlsruhe, siehe §§ 12 und 123 GerichtsverfassungsG **(Habersack, Deutsche Gesetze Nr. 95)**.

[2] BVerwG in Leipzig, siehe § 2 VerwaltungsgerichtsO (Nr. **600**).

[3] BFH in München, siehe § 2 FinanzgerichtsO idF der Bek. v. 28.3.2001 (BGBl. I S. 442, ber. S. 2262, 2002 S. 679), zuletzt geänd. durch G v. 5.10.2021 (BGBl. I S. 4607).

[4] BAG in Erfurt, siehe § 40 ArbeitsgerichtsG **(Habersack, Deutsche Gesetze Nr. 83)**.

[5] BSG in Kassel, siehe § 38 SozialgerichtsG **(Sartorius ErgBd. Nr. 415)**.

[6] Siehe das RichterwahlG (Nr. **610**).

[7] Siehe das G zur Wahrung der Einheitlichkeit der Rechtsprechung der obersten Gerichtshöfe des Bundes **(Habersack, Deutsche Gesetze ErgBd. Nr. 95b)**.

[8] Früherer Art. 96a eingef. mWv 22.3.1956 durch G v. 19.3.1956 (BGBl. I S. 111); neu gef. mWv 12.3.1961 durch G v. 6.3.1961 (BGBl. I S. 141); Art. 96 aufgeh., bish. Art 96a wird Art. 96 und Abs. 3 geänd. mWv 23.6.1968 durch G v. 18.6.1968 (BGBl. I S. 657); Abs. 4 neu gef. mWv 15.5.1969 durch G v. 12.5.1969 (BGBl. I S. 363); Abs. 5 angef. mWv 30.8.1969 durch G v. 26.8.1969 (BGBl. I S. 1357); Abs. 5 neu gef. mWv 1.8.2002 durch G v. 26.7.2002 (BGBl. I S. 2863).

[9] Bundespatentgericht (BPatG) in München, siehe § 65 PatentG **(Habersack, Deutsche Gesetze ErgBd. Nr. 70)**.

[10] Siehe hierzu das BundesdisziplinarG (Nr. **220**), die Wehrdisziplinarordnung v. 16.8.2001 (BGBl. I S. 2093), zuletzt geänd. durch G v. 20.8.2021 (BGBl. I S. 3932) sowie die Wehrbeschwerdeordnung idF der Bek. v. 22.1.2009 (BGBl. I S. 81), zuletzt geänd. durch G v. 25.6.2021 (BGBl. I S. 2154).

4. andere Handlungen, die geeignet sind und in der Absicht vorgenommen werden, das friedliche Zusammenleben der Völker zu stören (Artikel 26 Abs. 1);
5. Staatsschutz.

Art. 97 [Unabhängigkeit der Richter] (1) Die Richter sind unabhängig und nur dem Gesetze unterworfen.

(2) [1]Die hauptamtlich und planmäßig endgültig angestellten Richter können wider ihren Willen nur kraft richterlicher Entscheidung und nur aus Gründen und unter den Formen, welche die Gesetze bestimmen, vor Ablauf ihrer Amtszeit entlassen oder dauernd oder zeitweise ihres Amtes enthoben oder an eine andere Stelle oder in den Ruhestand versetzt werden. [2]Die Gesetzgebung kann Altersgrenzen festsetzen, bei deren Erreichung auf Lebenszeit angestellte Richter in den Ruhestand treten. [3]Bei Veränderung der Einrichtung der Gerichte oder ihrer Bezirke können Richter an ein anderes Gericht versetzt oder aus dem Amte entfernt werden, jedoch nur unter Belassung des vollen Gehaltes.

Art. 98[1)] [Rechtsstellung der Richter] (1) Die Rechtsstellung der Bundesrichter ist durch besonderes Bundesgesetz[2)] zu regeln.

(2)[3)] [1]Wenn ein Bundesrichter im Amte oder außerhalb des Amtes gegen die Grundsätze des Grundgesetzes oder gegen die verfassungsmäßige Ordnung eines Landes verstößt, so kann das Bundesverfassungsgericht mit Zweidrittelmehrheit auf Antrag des Bundestages anordnen, daß der Richter in ein anderes Amt oder in den Ruhestand zu versetzen ist. [2]Im Falle eines vorsätzlichen Verstoßes kann auf Entlassung erkannt werden.

(3) Die Rechtsstellung der Richter in den Ländern ist durch besondere Landesgesetze zu regeln, soweit Artikel 74 Abs. 1 Nr. 27 nichts anderes bestimmt.

(4) Die Länder können bestimmen, daß über die Anstellung der Richter in den Ländern der Landesjustizminister gemeinsam mit einem Richterwahlausschuß entscheidet.

(5)[3)] [1]Die Länder können für Landesrichter eine Absatz 2 entsprechende Regelung treffen. [2]Geltendes Landesverfassungsrecht bleibt unberührt. [3]Die Entscheidung über eine Richteranklage steht dem Bundesverfassungsgericht zu.

Art. 99[4)] [5)] [Landesrechtliche Zuweisung von Streitigkeiten an das Bundesverfassungsgericht oder die obersten Gerichtshöfe des Bundes] Dem Bundesverfassungsgerichte kann durch Landesgesetz die Entscheidung von Verfassungsstreitigkeiten innerhalb eines Landes, den in Artikel 95 Abs. 1 genannten obersten Gerichtshöfen für den letzten Rechtszug die Entscheidung in solchen Sachen zugewiesen werden, bei denen es sich um die Anwendung von Landesrecht handelt.

Art. 100[6)] [Verfassungswidrigkeit von Gesetzen] (1)[7)] [1]Hält ein Gericht ein Gesetz, auf dessen Gültigkeit es bei der Entscheidung ankommt, für verfassungs-

---

[1)] Art. 98 Abs. 3 neu gef. mWv 21.3.1971 durch G v. 18.3.1971 (BGBl. I S. 206); Abs. 3 neu gef. mWv 1.9.2006 durch G v. 28.8.2006 (BGBl. I S. 2034).
[2)] Siehe das Deutsche RichterG **(Habersack, Deutsche Gesetze ErgBd. Nr. 97)**.
[3)] Siehe hierzu § 13 Nr. 9 und §§ 58 ff. BundesverfassungsgerichtsG (Nr. **40**).
[4)] Art. 99 geänd. mWv 23.6.1968 durch G v. 18.6.1968 (BGBl. I S. 657).
[5)] Siehe hierzu § 13 Nr. 10 und §§ 73 ff. BundesverfassungsgerichtsG (Nr. **40**).
[6)] Art. 100 Abs. 3 geänd. mWv 23.6.1968 durch G v. 18.6.1968 (BGBl. I S. 657).
[7)] Siehe hierzu § 13 Nr. 11–13 und §§ 80 ff. BundesverfassungsgerichtsG (Nr. **40**).

widrig, so ist das Verfahren auszusetzen und, wenn es sich um die Verletzung der Verfassung eines Landes handelt, die Entscheidung des für Verfassungsstreitigkeiten zuständigen Gerichtes des Landes, wenn es sich um die Verletzung dieses Grundgesetzes handelt, die Entscheidung des Bundesverfassungsgerichtes einzuholen. [2]Dies gilt auch, wenn es sich um die Verletzung dieses Grundgesetzes durch Landesrecht oder um die Unvereinbarkeit eines Landesgesetzes mit einem Bundesgesetze handelt.

(2) Ist in einem Rechtsstreite zweifelhaft, ob eine Regel des Völkerrechtes Bestandteil des Bundesrechtes ist und ob sie unmittelbar Rechte und Pflichten für den Einzelnen erzeugt (Artikel 25), so hat das Gericht die Entscheidung des Bundesverfassungsgerichtes einzuholen.

(3) Will das Verfassungsgericht eines Landes bei der Auslegung des Grundgesetzes von einer Entscheidung des Bundesverfassungsgerichtes oder des Verfassungsgerichtes eines anderen Landes abweichen, so hat das Verfassungsgericht die Entscheidung des Bundesverfassungsgerichtes einzuholen.

Art. 101 [Ausnahmegerichte] (1) [1]Ausnahmegerichte sind unzulässig. [2]Niemand darf seinem gesetzlichen Richter entzogen werden.

(2) Gerichte für besondere Sachgebiete können nur durch Gesetz errichtet werden.

Art. 102 [Abschaffung der Todesstrafe] Die Todesstrafe ist abgeschafft.

Art. 103 [Grundrechte vor Gericht] (1) Vor Gericht hat jedermann Anspruch auf rechtliches Gehör.

(2) Eine Tat kann nur bestraft werden, wenn die Strafbarkeit gesetzlich bestimmt war, bevor die Tat begangen wurde.

(3) Niemand darf wegen derselben Tat auf Grund der allgemeinen Strafgesetze mehrmals bestraft werden.

Art. 104[1)] [Rechtsgarantien bei Freiheitsentziehung] (1) [1]Die Freiheit der Person kann nur auf Grund eines förmlichen Gesetzes und nur unter Beachtung der darin vorgeschriebenen Formen beschränkt werden. [2]Festgehaltene Personen dürfen weder seelisch noch körperlich mißhandelt werden.

(2) [1]Über die Zulässigkeit und Fortdauer einer Freiheitsentziehung hat nur der Richter zu entscheiden. [2]Bei jeder nicht auf richterlicher Anordnung beruhenden Freiheitsentziehung ist unverzüglich eine richterliche Entscheidung herbeizuführen. [3]Die Polizei darf aus eigener Machtvollkommenheit niemanden länger als bis zum Ende des Tages nach dem Ergreifen in eigenem Gewahrsam halten. [4]Das Nähere ist gesetzlich[2)] zu regeln.

(3) [1]Jeder wegen des Verdachtes einer strafbaren Handlung vorläufig Festgenommene ist spätestens am Tage nach der Festnahme dem Richter vorzuführen, der ihm die Gründe der Festnahme mitzuteilen, ihn zu vernehmen und ihm Gelegenheit zu Einwendungen zu geben hat. [2]Der Richter hat unverzüglich

---

[1)] Zu den Voraussetzungen der Festnahme von Abgeordneten siehe Art. 46 Abs. 2–4, zu denen der Festnahme des Bundespräsidenten siehe Art. 60 Abs. 4 iVm Art. 46 Abs. 2–4; siehe ferner Art. 5 der Konvention zum Schutz der Menschenrechte und Grundfreiheiten (Nr. **1003**).

[2)] Siehe hierzu Buch 7 (§§ 415 ff. – Verfahren in Freiheitsentziehungssachen) des G über das Verfahren in Familiensachen und in den Angelegenheiten der freiwilligen Gerichtsbarkeit (FamFG) **(Habersack, Deutsche Gesetze Nr. 112)**.

Art. 108[1)] [Finanzverwaltung] (1) [1] Zölle, Finanzmonopole, die bundesgesetzlich geregelten Verbrauchsteuern einschließlich der Einfuhrumsatzsteuer, die Kraftfahrzeugsteuer und sonstige auf motorisierte Verkehrsmittel bezogene Verkehrsteuern ab dem 1. Juli 2009 sowie die Abgaben im Rahmen der Europäischen Gemeinschaften werden durch Bundesfinanzbehörden verwaltet. [2] Der Aufbau dieser Behörden wird durch Bundesgesetz[2)] geregelt. [3] Soweit Mittelbehörden eingerichtet sind, werden deren Leiter im Benehmen mit den Landesregierungen bestellt.

(2) [1] Die übrigen Steuern werden durch Landesfinanzbehörden verwaltet. [2] Der Aufbau dieser Behörden und die einheitliche Ausbildung der Beamten können durch Bundesgesetz[3)] mit Zustimmung des Bundesrates geregelt werden. [3] Soweit Mittelbehörden eingerichtet sind, werden deren Leiter im Einvernehmen mit der Bundesregierung bestellt.

(3) [1] Verwalten die Landesfinanzbehörden Steuern, die ganz oder zum Teil dem Bund zufließen, so werden sie im Auftrage des Bundes tätig. [2] Artikel 85 Abs. 3 und 4 gilt mit der Maßgabe, daß an die Stelle der Bundesregierung der Bundesminister der Finanzen tritt.

(4) [1] Durch Bundesgesetz, das der Zustimmung des Bundesrates bedarf, kann bei der Verwaltung von Steuern ein Zusammenwirken von Bundes- und Landesfinanzbehörden sowie für Steuern, die unter Absatz 1 fallen, die Verwaltung durch Landesfinanzbehörden und für andere Steuern die Verwaltung durch Bundesfinanzbehörden vorgesehen werden, wenn und soweit dadurch der Vollzug der Steuergesetze erheblich verbessert oder erleichtert wird. [2] Für die den Gemeinden (Gemeindeverbänden) allein zufließenden Steuern kann die den Landesfinanzbehörden zustehende Verwaltung durch die Länder ganz oder zum Teil den Gemeinden (Gemeindeverbänden) übertragen werden. [3] Das Bundesgesetz nach Satz 1 kann für ein Zusammenwirken von Bund und Ländern bestimmen, dass bei Zustimmung einer im Gesetz genannten Mehrheit Regelungen für den Vollzug von Steuergesetzen für alle Länder verbindlich werden.

(4a) [1] Durch Bundesgesetz, das der Zustimmung des Bundesrates bedarf, können bei der Verwaltung von Steuern, die unter Absatz 2 fallen, ein Zusammenwirken von Landesfinanzbehörden und eine länderübergreifende Übertragung von Zuständigkeiten auf Landesfinanzbehörden eines oder mehrerer Länder im Einvernehmen mit den betroffenen Ländern vorgesehen werden, wenn und soweit dadurch der Vollzug der Steuergesetze erheblich verbessert oder erleichtert wird. [2] Die Kostentragung kann durch Bundesgesetz geregelt werden.

(5) [1] Das von den Bundesfinanzbehörden anzuwendende Verfahren wird durch Bundesgesetz geregelt. [2] Das von den Landesfinanzbehörden und in den Fällen des Absatzes 4 Satz 2 von den Gemeinden (Gemeindeverbänden) anzuwendende Verfahren kann durch Bundesgesetz mit Zustimmung des Bundesrates geregelt werden.

(6) Die Finanzgerichtsbarkeit wird durch Bundesgesetz[4)] einheitlich geregelt.

[1)] Art. 108 neu gef. mWv 1.1.1970 durch G v. 12.5.1969 (BGBl. I S. 359); Abs. 1 Satz 3 und Abs. 2 Satz 3 neu gef. mWv 30.11.2001 durch G v. 26.11.2001 (BGBl. I S. 3219); Abs. 1 Satz 1 neu gef. mWv 26.3.2009 durch G v. 19.3.2009 (BGBl. I S. 606); Abs. 4 Satz 3 angef., Abs. 4a eingef. mWv 20.7.2017 durch G v. 13.7.2017 (BGBl. I S. 2347).

[2)] Siehe das FinanzverwaltungsG **(Sartorius ErgBd. Nr. 698)**.

[3)] Siehe das Steuerbeamten-AusbildungsG idF der Bek. v. 29.10.1996 (BGBl. I S. 1577), zuletzt geänd. durch G v. 9.7.2021 (BGBl. I S. 2442).

[4)] Siehe die FinanzgerichtsO idF der Bek. v. 28.3.2001 (BGBl. I S. 442, ber. S. 2262, 2002 S. 679), zuletzt geänd. durch G v. 5.10.2021 (BGBl. I S. 4607).

(7) Die Bundesregierung kann allgemeine Verwaltungsvorschriften erlassen, und zwar mit Zustimmung des Bundesrates, soweit die Verwaltung den Landesfinanzbehörden oder Gemeinden (Gemeindeverbänden) obliegt.

Art. 109[1] **[Haushaltswirtschaft in Bund und Ländern]** (1) Bund und Länder sind in ihrer Haushaltswirtschaft selbständig und voneinander unabhängig.

(2) Bund und Länder erfüllen gemeinsam die Verpflichtungen der Bundesrepublik Deutschland aus Rechtsakten der Europäischen Gemeinschaft auf Grund des Artikels 104 des Vertrags zur Gründung der Europäischen Gemeinschaft zur Einhaltung der Haushaltsdisziplin und tragen in diesem Rahmen den Erfordernissen des gesamtwirtschaftlichen Gleichgewichts Rechnung.

(3) [1] Die Haushalte von Bund und Ländern sind grundsätzlich ohne Einnahmen aus Krediten auszugleichen. [2] Bund und Länder können Regelungen zur im Auf- und Abschwung symmetrischen Berücksichtigung der Auswirkungen einer von der Normallage abweichenden konjunkturellen Entwicklung sowie eine Ausnahmeregelung für Naturkatastrophen oder außergewöhnliche Notsituationen, die sich der Kontrolle des Staates entziehen und die staatliche Finanzlage erheblich beeinträchtigen, vorsehen. [3] Für die Ausnahmeregelung ist eine entsprechende Tilgungsregelung vorzusehen. [4] Die nähere Ausgestaltung regelt für den Haushalt des Bundes Artikel 115 mit der Maßgabe, dass Satz 1 entsprochen ist, wenn die Einnahmen aus Krediten 0,35 vom Hundert im Verhältnis zum nominalen Bruttoinlandsprodukt nicht überschreiten. [5] Die nähere Ausgestaltung für die Haushalte der Länder regeln diese im Rahmen ihrer verfassungsrechtlichen Kompetenzen mit der Maßgabe, dass Satz 1 nur dann entsprochen ist, wenn keine Einnahmen aus Krediten zugelassen werden.

(4) Durch Bundesgesetz[2], das der Zustimmung des Bundesrates bedarf, können für Bund und Länder gemeinsam geltende Grundsätze für das Haushaltsrecht, für eine konjunkturgerechte Haushaltswirtschaft und für eine mehrjährige Finanzplanung aufgestellt werden.

(5) [1] Sanktionsmaßnahmen der Europäischen Gemeinschaft im Zusammenhang mit den Bestimmungen in Artikel 104 des Vertrags zur Gründung der Europäischen Gemeinschaft zur Einhaltung der Haushaltsdisziplin tragen Bund und Länder im Verhältnis 65 zu 35. [2] Die Ländergesamtheit trägt solidarisch 35 vom Hundert der auf die Länder entfallenden Lasten entsprechend ihrer Einwohnerzahl; 65 vom Hundert der auf die Länder entfallenden Lasten tragen die Länder entsprechend ihrem Verursachungsbeitrag. [3] Das Nähere regelt ein Bundesgesetz, das der Zustimmung des Bundesrates bedarf.

(Fortsetzung nächstes Blatt)

[1] Art. 109 neu gef. mWv 14.6.1967 durch G v. 8.6.1967 (BGBl. I S. 581); Abs. 3 neu gef. mWv 15.5. 1969 durch G v. 12.5.1969 (BGBl. I S. 357); Abs. 5 angef. mWv 1.9.2006 durch G v. 28.8.2006 (BGBl. I S. 2034); Abs. 2 neu gef., Abs. 3 eingef., bish. Abs. 3 wird Abs. 4, bish. Abs. 4, Abs. 5 Satz 1 aufgeh., bish. Sätze 2 bis 4 werden Sätze 1 bis 3, neuer Satz 1 neu gef. mWv 1.8.2009 durch G v. 29.7.2009 (BGBl. I S. 2248).

[2] Siehe das HaushaltsgrundsätzeG (Nr. **699**) und das G zur Förderung der Stabilität und des Wachstums der Wirtschaft (Nr. **720**).

35. Geschäftsordnung des Deutschen Bundestages

In der Fassung der Bekanntmachung vom 2. Juli 1980[1)]
(BGBl. I S. 1237)

FNA 1101-1

geänd. durch Bek. v. 17.3.1982 (BGBl. I S. 400), Bek. v. 18.12.1986 (BGBl. 1987 I S. 147), Bek. v. 9.12.1987 (BGBl. I S. 2677), Bek. v. 28.6.1988 (BGBl. I S. 1009), Bek. v. 18.12.1989 (BGBl. I S. 2442), Bek. v. 12.11.1990 (BGBl. I S. 2555), Bek. v. 16.12.1994 (BGBl. 1995 I S. 11), Bek. v. 30.9.1995 (BGBl. I S. 1246), Bek. v. 17.3.1997 (BGBl. I S. 747), Bek. v. 12.2.1998 (BGBl. I S. 428), Bek. v. 30.5.2001 (BGBl. I S. 1203), Bek. v. 15.7.2002 (BGBl. I S. 3012), Bek. v. 17.9.2002 (BGBl. I S. 3759), Bek. v. 28.2.2005 (BGBl. I S. 668), Bek. v. 21.4.2005 (BGBl. I S. 1230), Bek. v. 12.7.2005 (BGBl. I S. 2512), Bek. v. 21.10.2005 (BGBl. I S. 3094), Bek. v. 26.9.2006 (BGBl. I S. 2210), Bek. v. 29.7.2008 (BGBl. I S. 1712), Bek. v. 6.7.2009 (BGBl. I S. 2128), Bek. v. 16.7.2010 (BGBl. I S. 1041), Bek. v. 17.12.2010 (BGBl. I S. 2199), Bek. v. 24.11.2011 (BGBl. I S. 2454), Bek. v. 7.5.2012 (BGBl. I S. 1119), Bek. v. 12.3.2013 (BGBl. I S. 548), Bek. v. 18.6.2013 (BGBl. I S. 1644), Beschl. v. 6.6.2013 (BGBl. I S. 2167), Beschl. v. 3.4.2014 (BGBl. I S. 534), Beschl. v. 1.6.2017 (BGBl. I S. 1877), Beschl. v. 1.3.2019 (BGBl. I S. 197), Beschl. v. 25.3.2020 (BGBl. I S. 764), Beschl. v. 17.9.2020 (BGBl. I S. 2067), Beschl. v. 7.10.2020 (BGBl. I S. 2563 iVm Bek. v. 1.12.2020, BGBl. I S. 2988), Beschl. v. 17.12.2020 (BGBl. 2021 I S. 97), Beschl. v. 25.3.2021 (BGBl. I S. 734), Beschl. v. 24.6.2021 (BGBl. I S. 2868), Beschl. v. 26.10.2021 (BGBl. I S. 4830), Beschl. v. 10.12.2021 (BGBl. I S. 5203) und Beschl. v. 18.3.2022 (BGBl. I S. 562)

Nichtamtliche Gliederungsübersicht

I. Wahl des Präsidenten, der Stellvertreter und Schriftführer

§ 1[2)] Konstituierung (1) Der neugewählte Bundestag wird zu seiner ersten Sitzung vom bisherigen Präsidenten spätestens zum dreißigsten Tage nach der Wahl (Artikel 39 des Grundgesetzes[3)]) einberufen.

[1)] Neubekanntmachung der GeschäftsO des Deutschen Bundestages idF der Bek. v. 22.5.1970 (BGBl. I S. 628) in der ab 1.10.1980 geltenden Fassung.

[2)] § 1 Abs. 2 neu gef. mWv 1.6.2017 durch Beschl. v. 1.6.2017 (BGBl. I S. 1877).

[3)] Nr. 1.

(2) Bis der neugewählte Präsident oder einer seiner Stellvertreter das Amt übernimmt, führt das am längsten dem Bundestag angehörende Mitglied, das hierzu bereit ist, den Vorsitz (Alterspräsident); bei gleicher Dauer der Zugehörigkeit zum Bundestag entscheidet das höhere Lebensalter.

(3) [1] Der Alterspräsident ernennt Mitglieder des Bundestages zu vorläufigen Schriftführern. [2] Hierauf erfolgt der Namensaufruf der Mitglieder des Bundestages.

(4) Nach Feststellung der Beschlußfähigkeit wird die Wahl des Präsidenten, der Stellvertreter und der Schriftführer vorgenommen.

§ 2[1)] Wahl des Präsidenten und der Stellvertreter. (1) [1] Der Bundestag wählt mit verdeckten Stimmzetteln (§ 49) in besonderen Wahlhandlungen den Präsidenten und seine Stellvertreter für die Dauer der Wahlperiode. [2] Jede Fraktion des Deutschen Bundestages ist durch mindestens einen Vizepräsidenten oder eine Vizepräsidentin im Präsidium vertreten.

(2) [1] Gewählt ist, wer die Stimmen der Mehrheit der Mitglieder des Bundestages erhält. [2] Ergibt sich im ersten Wahlgang keine Mehrheit, so können für einen zweiten Wahlgang neue Bewerber vorgeschlagen werden. [3] Ergibt sich auch dann keine Mehrheit der Stimmen der Mitglieder des Bundestages, findet ein dritter Wahlgang statt. [4] Bei nur einem Bewerber ist dieser gewählt, wenn er die Mehrheit der abgegebenen Stimmen auf sich vereinigt. [5] Bei mehreren Bewerbern kommen die beiden Bewerber mit den höchsten Stimmenzahlen in die engere Wahl; gewählt ist, wer die meisten Stimmen auf sich vereinigt. [6] Bei Stimmengleichheit entscheidet das Los durch die Hand des amtierenden Präsidenten.

(3) [1] Weitere Wahlgänge mit einem im dritten Wahlgang erfolglosen Bewerber sind nur nach Vereinbarung im Ältestenrat zulässig. [2] Werden nach erfolglosem Ablauf des Verfahrens nach Absatz 2 neue Bewerber vorgeschlagen, ist neu in das Wahlverfahren gemäß Absatz 2 einzutreten.

§ 3 Wahl der Schriftführer. [1] Der Bundestag beschließt die Zahl der Schriftführer. [2] Sie können gemeinsam auf Grund eines Vorschlages der Fraktionen gewählt werden. [3] Bei der Festlegung der Zahl der Schriftführer und ihrer Verteilung auf die Fraktionen ist § 12 zu beachten.

II. Wahl des Bundeskanzlers

§ 4 Wahl des Bundeskanzlers. [1] Die Wahl des Bundeskanzlers (Artikel 63 des Grundgesetzes[2)]) erfolgt mit verdeckten Stimmzetteln (§ 49). [2] Wahlvorschläge zu den Wahlgängen gemäß Artikel 63 Abs. 3 und 4 des Grundgesetzes sind von einem Viertel der Mitglieder des Bundestages oder einer Fraktion, die mindestens ein Viertel der Mitglieder des Bundestages umfaßt, zu unterzeichnen.

III. Präsident, Präsidium und Ältestenrat

§ 5 Präsidium. Der Präsident und die stellvertretenden Präsidenten bilden das Präsidium.

[1)] § 2 Abs. 1 Satz 2 angef. durch Bek. v. 16.12.1994 (BGBl. 1995 I S. 11); Abs. 2 neu gef. und Abs. 3 angef. mWv 26.9.2006 durch Bek. v. 26.9.2006 (BGBl. I S. 2210).

[2)] Nr. 1.

entweder einen mit Gründen versehenen schriftlichen Haftbefehl zu erlassen oder die Freilassung anzuordnen.

(4) Von jeder richterlichen Entscheidung über die Anordnung oder Fortdauer einer Freiheitsentziehung ist unverzüglich ein Angehöriger des Festgehaltenen oder eine Person seines Vertrauens zu benachrichtigen.

X. Das Finanzwesen[1)]

Art. 104a[2)] [Ausgabenverteilung; Lastenverteilung] (1) Der Bund und die Länder tragen gesondert die Ausgaben, die sich aus der Wahrnehmung ihrer Aufgaben ergeben, soweit dieses Grundgesetz nichts anderes bestimmt.

(2) Handeln die Länder im Auftrage des Bundes, trägt der Bund die sich daraus ergebenden Ausgaben.

(3) [1]Bundesgesetze, die Geldleistungen gewähren und von den Ländern ausgeführt werden, können bestimmen, daß die Geldleistungen ganz oder zum Teil vom Bund getragen werden. [2]Bestimmt das Gesetz, daß der Bund die Hälfte der Ausgaben oder mehr trägt, wird es im Auftrage des Bundes durchgeführt. [3]Bei der Gewährung von Leistungen für Unterkunft und Heizung auf dem Gebiet der Grundsicherung für Arbeitsuchende wird das Gesetz im Auftrage des Bundes ausgeführt, wenn der Bund drei Viertel der Ausgaben oder mehr trägt.

(4) Bundesgesetze, die Pflichten der Länder zur Erbringung von Geldleistungen, geldwerten Sachleistungen oder vergleichbaren Dienstleistungen gegenüber Dritten begründen und von den Ländern als eigene Angelegenheit oder nach Absatz 3 Satz 2 im Auftrag des Bundes ausgeführt werden, bedürfen der Zustimmung des Bundesrates, wenn daraus entstehende Ausgaben von den Ländern zu tragen sind.

(5) [1]Der Bund und die Länder tragen die bei ihren Behörden entstehenden Verwaltungsausgaben und haften im Verhältnis zueinander für eine ordnungsmäßige Verwaltung. [2]Das Nähere bestimmt ein Bundesgesetz, das der Zustimmung des Bundesrates bedarf.

---

1) Siehe für die Zeit nach der Herstellung der Einheit Deutschlands Art. 7 EVertr. v. 31.8.1990 (BGBl. II S. 885, 889):

„**Art. 7 Finanzverfassung.** (1) Die Finanzverfassung der Bundesrepublik Deutschland wird auf das in Artikel 3 genannte Gebiet erstreckt, soweit in diesem Vertrag nichts anderes bestimmt ist.

(2), (3) *(nicht mehr wiedergegebene Maßgaben für die Anwendung der Art. 106 und 107 GG bis zum 31.12. 1994 bzw. 31.12.1996)*

(4) Das in Artikel 3 genannte Gebiet wird in die Regelungen der Artikel 91a, 91b und 104a Abs. 3 und 4 des Grundgesetzes einschließlich der hierzu ergangenen Ausführungsbestimmungen nach Maßgabe dieses Vertrags mit Wirkung vom 1. Januar 1991 einbezogen.

(5) Nach Herstellung der deutschen Einheit werden die jährlichen Leistungen des Fonds „Deutsche Einheit“

1. zu 85 vom Hundert als besondere Unterstützung den Ländern Brandenburg, Mecklenburg-Vorpommern, Sachsen, Sachsen-Anhalt und Thüringen sowie dem Land Berlin zur Deckung ihres allgemeinen Finanzbedarfs gewährt und auf diese Länder im Verhältnis ihrer Einwohnerzahl ohne Berücksichtigung der Einwohnerzahl von Berlin (West) verteilt sowie
2. zu 15 vom Hundert zur Erfüllung zentraler öffentlicher Aufgaben auf dem Gebiet der vorgenannten Länder verwendet.

(6) Bei grundlegender Veränderung der Gegebenheiten werden die Möglichkeiten weiterer Hilfe zum angemessenen Ausgleich der Finanzkraft für die Länder in dem Artikel 3 genannten Gebiet von Bund und Ländern gemeinsam geprüft.“

2) Art. 104a eingef. mWv 1.1.1970 durch G v. 12.5.1969 (BGBl. I S. 359); Abs. 3 Satz 3 aufgeh., Abs. 4 neu gef. und Abs. 6 angef. mWv 1.9.2006 durch G v. 28.8.2006 (BGBl. I S. 2034); Abs. 3 Satz 3 angef. mWv 8.10.2020 durch G v. 29.9.2020 (BGBl. I S. 2048).

(6) [1] Bund und Länder tragen nach der innerstaatlichen Zuständigkeits- und Aufgabenverteilung die Lasten einer Verletzung von supranationalen oder völkerrechtlichen Verpflichtungen Deutschlands.[1)] [2] In Fällen länderübergreifender Finanzkorrekturen der Europäischen Union tragen Bund und Länder diese Lasten im Verhältnis 15 zu 85. [3] Die Ländergesamtheit trägt in diesen Fällen solidarisch 35 vom Hundert der Gesamtlasten entsprechend einem allgemeinen Schlüssel; 50 vom Hundert der Gesamtlasten tragen die Länder, die die Lasten verursacht haben, anteilig entsprechend der Höhe der erhaltenen Mittel. [4] Das Nähere regelt ein Bundesgesetz, das der Zustimmung des Bundesrates bedarf.

Art. 104b[2)] [Finanzhilfen für bedeutsame Investitionen der Länder]

(1) [1] Der Bund kann, soweit dieses Grundgesetz ihm Gesetzgebungsbefugnisse verleiht, den Ländern Finanzhilfen für besonders bedeutsame Investitionen der Länder und der Gemeinden (Gemeindeverbände) gewähren, die

1. zur Abwehr einer Störung des gesamtwirtschaftlichen Gleichgewichts oder
2. zum Ausgleich unterschiedlicher Wirtschaftskraft im Bundesgebiet oder
3. zur Förderung des wirtschaftlichen Wachstums

erforderlich sind. [2] Abweichend von Satz 1 kann der Bund im Falle von Naturkatastrophen oder außergewöhnlichen Notsituationen, die sich der Kontrolle des Staates entziehen und die staatliche Finanzlage erheblich beeinträchtigen, auch ohne Gesetzgebungsbefugnisse Finanzhilfen gewähren.

(2) [1] Das Nähere, insbesondere die Arten der zu fördernden Investitionen, wird durch Bundesgesetz, das der Zustimmung des Bundesrates bedarf, oder auf Grund des Bundeshaushaltsgesetzes durch Verwaltungsvereinbarung[3)] geregelt. [2] Das Bundesgesetz oder die Verwaltungsvereinbarung kann Bestimmungen über die Ausgestaltung der jeweiligen Länderprogramme zur Verwendung der Finanzhilfen vorsehen. [3] Die Festlegung der Kriterien für die Ausgestaltung der Länderprogramme erfolgt im Einvernehmen mit den betroffenen Ländern. [4] Zur Gewährleistung der zweckentsprechenden Mittelverwendung kann die Bundesregierung Bericht und Vorlage der Akten verlangen und Erhebungen bei allen Behörden durchführen. [5] Die Mittel des Bundes werden zusätzlich zu

(Fortsetzung nächstes Blatt)

[1)] Siehe auch das G zur Lastentragung im Bund-Länder-Verhältnis bei Verletzung von supranationalen oder völkerrechtlichen Verpflichtungen (Lastentragungsgesetz – LastG) **(Sartorius III Nr. 103)**.

[2)] *Art. 104b eingef. mWv 1.9.2006* durch G v. 28.8.2006 (BGBl. I S. 2034); Abs. 1 Satz 2 angef. mWv 1.8.2009 durch G v. 29.7.2009 (BGBl. I S. 2248); Abs. 2 Sätze 2–4 eingef., bish. Sätze 2 und 3 werden Sätze 5 und 6 mWv 20.7.2017 durch G v. 13.7.2017 (BGBl. I S. 2347); Abs. 2 Satz 5 eingef., bish. Sätze 5 und 6 werden Sätze 6 und 7, Satz 6 geänd. mWv 4.4.2019 durch G v. 28.3.2019 (BGBl. I S. 404).

[3)] Siehe hierzu ua die VV Städtebauförderung 2021 v. 18.12.2020 (BAnz AT 28.05.2021 B1).

§ 122 Übersendung beschlossener Gesetze. (1) Der Präsident des Bundestages übersendet das beschlossene Gesetz unverzüglich dem Bundesrat (Artikel 77 Abs. 1 Satz 2 des Grundgesetzes[1)]).

(2) Je einen Abdruck des Gesetzesbeschlusses übersendet der Präsident an den Bundeskanzler und an den federführenden Minister und teilt dabei mit, wann die Zuleitung des beschlossenen Gesetzes an den Bundesrat nach Artikel 77 Abs. 1 Satz 2 des Grundgesetzes erfolgt ist.

(3) [1] Werden vor Übersendung nach Absatz 1 in der vom Bundestag in der Schlußabstimmung angenommenen Fassung des Gesetzes Druckfehler oder andere offenbare Unrichtigkeiten festgestellt, kann der Präsident im Einvernehmen mit dem federführenden Ausschuß eine Berichtigung veranlassen. [2] Ist das Gesetz gemäß Absatz 1 bereits übersandt, macht der Präsident nach Einwilligung des federführenden Ausschusses den Präsidenten des Bundesrates auf die Druckfehler oder andere offenbare Unrichtigkeiten mit der Bitte aufmerksam, sie im weiteren Gesetzgebungsverfahren zu berichtigen. [3] Von dieser Bitte ist dem Bundeskanzler und dem federführenden Minister Mitteilung zu machen.

§ 122a[2)] Elektronische Dokumente. (1) Soweit für die Einbringung von Vorlagen Schriftform vorgesehen ist, genügt dieser Form die Aufzeichnung als elektronisches Dokument, wenn dieses für die weitere Bearbeitung geeignet ist.

(2) [1] Das Dokument muss mit einer elektronischen Signatur nach der Verordnung (EU) Nr. 910/2014[3)] des Europäischen Parlaments und des Rates vom 23. Juli 2014 über elektronische Identifizierung und Vertrauensdienste für elektronische Transaktionen im Binnenmarkt und zur Aufhebung der Richtlinie 1999/93/EG (ABl. L 257 vom 28.8.2014, S. 73; L 23 vom 29.1.2015, S. 19; L 155 vom 14.6.2016, S. 44) versehen sein. [2] Das Nähere regeln Ausführungsbestimmungen, die vom Ältestenrat zu erlassen sind.

§ 123[4)] Fristberechnung. (1) Bei Fristen wird der Tag der Verteilung der Drucksache nicht eingerechnet; sie gilt als verteilt, wenn sie für die Mitglieder des Bundestages elektronisch abrufbar oder in ihre Fächer verteilt worden ist.

(2) Die Fristen gelten auch dann als gewahrt, wenn infolge technischer Schwierigkeiten oder aus zufälligen Gründen für einzelne Mitglieder des Bundestages eine Drucksache erst nach der allgemeinen Verteilung elektronisch abrufbar oder in ihre Fächer verteilt worden ist.

§ 124 Wahrung der Frist. [1] Bei Berechnung einer Frist, innerhalb der eine Erklärung gegenüber dem Bundestag abzugeben oder eine Leistung zu bewirken ist, wird der Tag, an dem die Erklärung oder Leistung erfolgt, nicht mitgerechnet. [2] *Ist danach die Erklärung* oder Leistung an einem Sonnabend, Sonntag oder einem am Sitz des Bundestages gesetzlich anerkannten Feiertag zu bewirken, so tritt an dessen Stelle der nächstfolgende Werktag. [3] Die Erklärung oder Leistung ist während der üblichen Dienststunden, spätestens aber um 18 Uhr, zu bewirken.

---

1) Nr. **1**.

2) § 122a eingef. mWv 28.2.2005 durch Bek. v. 28.2.2005 (BGBl. I S. 668); Abs. 2 Satz 1 geänd. mWv 24.6.2021 durch Beschl. v. 24.6.2021 (BGBl. I S. 2868).

3) VO v. 23.7.2014 (ABl. L 257 S. 73, ber. ABl. 2015 L 23 S. 19, ABl. 2016 L 155 S. 44), **Sartorius III Nr. 741.**

4) § 123 neu gef. mWv 22.10.2013 durch Beschl. v. 6.6.2013 (BGBl. I S. 2167).

§ 125 Unerledigte Gegenstände. [1]Am Ende der Wahlperiode des Bundestages gelten alle Vorlagen als erledigt. [2]Dies gilt nicht für Petitionen und für Vorlagen, die keiner Beschlußfassung bedürfen.

XII. Abweichungen und Auslegung dieser Geschäftsordnung

§ 126 Abweichungen von dieser Geschäftsordnung. Abweichungen von den Vorschriften dieser Geschäftsordnung können im einzelnen Fall mit Zweidrittelmehrheit der anwesenden Mitglieder des Bundestages beschlossen werden, wenn die Bestimmungen des Grundgesetzes[1)] dem nicht entgegenstehen.

§ 126a[2)] Besondere Anwendung der Geschäftsordnung aufgrund der allgemeinen Beeinträchtigung durch COVID-19. (1) *(aufgehoben)*

(2) Anwesend im Sinne des § 67 Satz 1 sind auch diejenigen Mitglieder, die über elektronische Kommunikationsmittel an der Sitzung teilnehmen.

(3) Die Ausschüsse, einschließlich des Ausschusses für Wahlprüfung, Immunität und Geschäftsordnung, können ihren Vorsitzenden auch in Sitzungswochen entsprechend § 72 zu Abstimmungen außerhalb einer Sitzung ermächtigen, für Abstimmungen und Beschlussfassungen können in Abweichung von § 48 Absatz 1 Satz 1 auch elektronische Kommunikationsmittel genutzt werden.

(4) Öffentliche Ausschussberatungen und öffentliche Anhörungssitzungen können auch so durchgeführt werden, dass der Öffentlichkeit Zugang ausschließlich durch elektronische Übermittlungswege gewährt wird.

(5) [1]§ 126a findet ab 15. Juli 2022 keine Anwendung mehr. [2]Vor diesem Datum kann die Regelung jederzeit durch Beschluss des Bundestages aufgehoben werden.

§ 127 Auslegung dieser Geschäftsordnung. (1) [1]Während einer Sitzung des Bundestages auftretende Zweifel über die Auslegung dieser Geschäftsordnung entscheidet der Präsident für den Einzelfall. [2]Im übrigen obliegt die Auslegung dieser Geschäftsordnung dem Ausschuß für Wahlprüfung, Immunität und Geschäftsordnung; der Präsident, ein Ausschuß, eine Fraktion, ein Viertel der Mitglieder des Ausschusses für Wahlprüfung, Immunität und Geschäftsordnung oder fünf vom Hundert der Mitglieder des Bundestages können verlangen, daß die Auslegung dem Bundestag zur Entscheidung vorgelegt wird.

(2) Wird ein entsprechendes Verlangen gemäß Absatz 1 Satz 2 nicht vorgebracht, entscheidet der Ausschuß für Wahlprüfung, Immunität und Geschäftsordnung, in welcher Form seine Auslegung bekanntzumachen ist.

§ 128 Rechte des Ausschusses für Wahlprüfung, Immunität und Geschäftsordnung. Der Ausschuß für Wahlprüfung, Immunität und Geschäftsordnung kann Fragen aus seinem Geschäftsbereich beraten und dem Bundestag Empfehlungen unterbreiten (§ 75 Abs. 1 Buchstabe h).

---

1) Nr. 1.

2) § 126a neu gef. mWv 10.12.2021 durch Beschl. v. 10.12.2021 (BGBl. I S. 5203); Abs. 1 aufgeh., Abs. 5 Satz 1 geänd. mWv 18.3.2022 durch Beschl. v. 18.3.2022 (BGBl. I S. 562).

Anlage 1[1)]

(aufgehoben)

Anlage 2a

Verhaltenskodex für Interessenvertreterinnen und Interessenvertreter im Rahmen des Lobbyregistergesetzes[2)]

Wer Interessenvertretung im Sinne des Lobbyregistergesetzes (LobbyRG) betreibt und nach diesem Gesetz der Registrierungspflicht unterliegt oder sich freiwillig hat registrieren lassen, wird tätig auf der Basis von Offenheit, Transparenz, Ehrlichkeit und Integrität und akzeptiert mit der Eintragung in das Register für sich und seine Beschäftigten folgende Grundsätze und Verhaltensregeln:

(1) [1] Interessenvertretung erfolgt bei jedem Kontakt im Anwendungsbereich des Lobbyregistergesetzes transparent. [2] Dazu legen Interessenvertreterinnen und Interessenvertreter ihre Identität und ihr Anliegen sowie gegebenenfalls die Identität und das Anliegen ihrer Auftraggeberin oder ihres Auftraggebers offen und machen über sich und ihren Auftrag bei der Interessenvertretung zutreffende Angaben.

(2) [1] Darüber hinaus wird beim erstmaligen zweckgerichteten Kontakt auf die Eintragung in das Lobbyregister hingewiesen unter Angabe der Verhaltenskodizes, auf deren Grundlage Interessenvertretung betrieben wird. [2] Dabei ist zum Beispiel bei einem Amts- oder Funktionswechsel auf die Person und nicht auf das Amt oder die Funktion der Adressatinnen oder Adressaten der Interessenvertretung abzustellen. [3] Wurde die Eintragung einzelner finanzieller Angaben nach § 3 Absatz 1 Nummer 6 bis 8 LobbyRG verweigert, so wird auch darauf hingewiesen.

(3) Es werden keine Vereinbarungen geschlossen, durch die eine Vergütung oder ihre Höhe vom Erfolg der Interessenvertretung abhängig gemacht wird (Erfolgshonorar).

(4) [1] Informationen werden niemals auf unlautere Art und Weise beschafft. [2] Dazu zählt insbesondere das Gewähren oder In-Aussicht-Stellen direkter oder indirekter finanzieller Anreize gegenüber Adressatinnen und Adressaten der Interessenvertretung, wenn diese dadurch ihre Pflichten verletzen würden.

(5) Vertrauliche Informationen, die Interessenvertreterinnen oder Interessenvertreter oder ihre Beschäftigten im Rahmen der Interessenvertretung gegenüber dem Deutschen Bundestag oder gegenüber der Bundesregierung erhalten, werden nur in zulässiger und jeweils vereinbarter Weise verwendet oder weitergegeben.

(6) Die Bezeichnung „registrierte Interessenvertreterin" oder „registrierter Interessenvertreter" wird nur verwendet, wenn die Eintragung in das Lobbyregister einschließlich der finanziellen Angaben nach § 3 Absatz 1 Nummer 6 bis 8 LobbyRG ordnungsgemäß erfolgt ist, die Eintragung keine Kennzeichnung „nicht aktualisiert" enthält und im Register kein Hinweis auf einen Verstoß gegen diesen Verhaltenskodex veröffentlicht ist.

(7) Sollten Interessenvertreterinnen und Interessenvertreter zu einer öffentlichen Anhörung im Deutschen Bundestag eingeladen oder gemäß § 47 Absatz 3 und 5 Satz 2 der Gemeinsamen Geschäftsordnung der Bundesministerien beteiligt werden, obwohl finanzielle Angaben nach § 3 Absatz 1 Nummer 6 bis 8 LobbyRG verweigert wurden, die Eintragung die Kennzeichnung „nicht aktualisiert" enthält oder ein Verstoß gegen diesen Verhaltenskodex in das Lobbyregister eingetragen ist, wird dies der für die Einladung beziehungsweise Beteiligung zuständigen Stelle unverzüglich und unaufgefordert durch die betreffende Interessenvertreterin oder den betreffenden Interessenvertreter mitgeteilt.

(8) Im Kontakt mit Auftraggeberinnen oder Auftraggebern, Kundinnen oder Kunden oder sonstigen Dritten unterlassen es Interessenvertreterinnen und Interessenvertreter, ein nicht bestehendes Auftrags-, Nähe- oder Beratungsverhältnis zu den im Lobbyregistergesetz genannten Adressatinnen und Adressaten der Interessenvertretung zu behaupten.

(9) Interessenvertreterinnen und Interessenvertreter akzeptieren, dass die Angaben im Lobbyregister durch die registerführende Stelle überprüft werden können und stellen sicher, dass Anfragen der register-

---

[1)] Anl. 1 aufgeh. mWv 26.10.2021 durch Beschl. v. 26.10.2021 (BGBl. I S. 4830).

[2)] Anl. 2a eingef. mWv 24.6.2021 durch Beschl. v. 24.6.2021 (BGBl. I S. 2868); sie tritt gem. Abs. 10 **am 1.1.2022 in Kraft**.

führenden Stelle, insbesondere auch im Rahmen von Prüfverfahren nach § 5 Absatz 8 LobbyRG, unverzüglich beantwortet werden.

(10) Diese Anlage tritt am 1. Januar 2022 in Kraft.

Anlage 3

Geheimschutzordnung des Deutschen Bundestages

§ 1 Anwendungsbereich. (1) [1]Diese Geheimschutzordnung gilt für Verschlußsachen (VS), die innerhalb des Bundestages entstehen oder dem Bundestag, seinen Ausschüssen oder Mitgliedern des Bundestages zugeleitet wurden. [2]Die für die Ausschüsse geltenden Vorschriften finden Anwendung auf andere Gremien, die vom Bundestag bzw. den Ausschüssen eingesetzt sind oder auf gesetzlicher Grundlage beruhen.

(2) VS sind Angelegenheiten aller Art, die durch besondere Sicherheitsmaßnahmen gegen die Kenntnis durch Unbefugte geschützt werden müssen.

(3) [1]VS können alle Formen der Darstellung von Kenntnissen und Erkenntnissen sein. [2]Zwischenmaterial (z.B. Vorentwürfe, Aufzeichnungen auf Tonträger, Stenogramme, Kohlepapier, Schablonen, Fehldrucke, u.U. auch Löschpapier) ist wie eine VS zu behandeln.

§ 2 Geheimhaltungsgrade. (1) VS werden je nach dem Schutz, dessen sie bedürfen, in folgende Geheimhaltungsgrade eingestuft:

STRENG GEHEIM	Abkürzung: str. geh.
GEHEIM	Abkürzung: geh.
VS-VERTRAULICH	Abkürzung: VS-Vertr.
VS-NUR FÜR DEN DIENSTGEBRAUCH	Abkürzung: VS-NfD.

(2) Als STRENG GEHEIM eingestuft werden VS, deren Kenntnis durch Unbefugte den Bestand der Bundesrepublik Deutschland oder eines ihrer Länder gefährden würde.

(3) Als GEHEIM eingestuft werden VS, deren Kenntnis durch Unbefugte die Sicherheit der Bundesrepublik Deutschland oder eines ihrer Länder gefährden, ihren Interessen oder ihrem Ansehen schweren Schaden zufügen oder für einen fremden Staat von großem Vorteil sein würde.

(4) Als VS-VERTRAULICH eingestuft werden VS, deren Kenntnis durch Unbefugte den Interessen oder dem Ansehen der Bundesrepublik Deutschland oder eines ihrer Länder abträglich oder für einen fremden Staat von Vorteil sein könnte.

(5) [1]VS, die nicht unter die Geheimhaltungsgrade STRENG GEHEIM, GEHEIM oder VS-VERTRAULICH fallen, aber nicht für die Öffentlichkeit bestimmt sind, erhalten den Geheimhaltungsgrad VS-NUR FÜR DEN DIENSTGEBRAUCH. [2]Protokolle über nichtöffentliche Sitzungen der Ausschüsse (§ 69 Abs. 1 Satz 1 GO-BT) sind grundsätzlich keine Verschlußsachen im Sinne der Geheimschutzordnung des Bundestages (§ 73 GO-BT).

(6) Die Kennzeichnung von VS erfolgt unter entsprechender Anwendung der Verschlußsachenanweisung für die Bundesbehörden.

§ 2a[1)] Private Geheimnisse. (1) Als GEHEIM können auch wichtige Geschäfts-, Betriebs-, Erfindungs-, Steuer- oder sonstige private Geheimnisse oder Umstände des persönlichen Lebensbereichs eingestuft werden, deren Kenntnis durch Unbefugte dem Berechtigten schweren Schaden zufügen würde.

(2) Als VERTRAULICH können die in Absatz 1 bezeichneten Geheimnisse oder Umstände eingestuft werden, deren Kenntnis durch Unbefugte dem Interesse des Berechtigten abträglich sein könnte.

§ 3 Wahl und Änderung der Geheimhaltungsgrade. (1) [1]Von Geheimeinstufungen ist nur der unbedingt notwendige Gebrauch zu machen. [2]VS sind nicht höher einzustufen, als es ihr Inhalt erfordert.

(2) [1]Den Geheimhaltungsgrad der VS bestimmt die herausgebende Stelle. [2]Sie teilt die Änderung oder Aufhebung des Geheimhaltungsgrades einer VS dem Empfänger schriftlich mit.

(3) Herausgebende Stelle im Sinne des Absatzes 2 sind bei VS, die innerhalb des Bundestages entstehen,

a) der Präsident,

b) die Vorsitzenden der Ausschüsse,

c) weitere vom Präsidenten ermächtigte Stellen.

[1)] Anl. 3 § 2a eingef. mWv 30.5.2001 durch Bek. v. 30.5.2001 (BGBl. I S. 1203).

§ 3a[1] Einsichtnahme in Verschlusssachen. [1] Verschlusssachen der Geheimhaltungsgrade Streng geheim oder Geheim dürfen nur in den Räumen der Geheimregistratur eingesehen werden. [2] Abweichend hiervon können Verschlusssachen Mitgliedern von Untersuchungsausschüssen sowie von Gremien, die auf Grund rechtlicher Grundlage regelmäßig geheim tagen, zur Einsichtnahme in ihren Büroräumen ausgegeben werden, sofern diese mit VS-Verwahrgelassen ausgestattet und die Verschlusssachen dem Bundestag zum Zwecke der Auftragserledigung dieses Gremiums zugeleitet worden sind. [3] Satz 2 gilt für Personen entsprechend, die vom Präsidenten hierzu ermächtigt werden.

§ 4[2] Kenntnis und Weitergabe einer VS. (1) Über den Inhalt einer VS des Geheimhaltungsgrades VS-VERTRAULICH und höher darf nicht umfassender und früher unterrichtet werden, als dies aus Gründen der parlamentarischen Arbeit unerläßlich ist.

(2) Im Rahmen des Absatzes 1 darf ein Mitglied des Bundestages, dem eine VS des Geheimhaltungsgrades VS-VERTRAULICH und höher zugänglich gemacht worden ist, andere Mitglider des Bundestages davon in Kenntnis setzen.

(3) [1] Fraktionsangestellten und Mitarbeitern von Mitgliedern des Bundestages dürfen VS des Geheimhaltungsgrades VS-VERTRAULICH und höher in diesem Rahmen nur zugänglich gemacht werden, wenn sie vom Präsidenten zum Umgang mit VS ermächtigt und zur Geheimhaltung förmlich verpflichtet sind. [2] Satz 1 gilt für einen Ermittlungsbeauftragten gemäß § 10 des Untersuchungsausschussgesetzes[3] und seine Hilfskräfte entsprechend.

(4) Anderen Personen dürfen VS des Geheimhaltungsgrades VS-VERTRAULICH und höher nur mit Zustimmung der herausgebenden Stelle zugänglich gemacht werden, wenn sie zum Umgang mit VS ermächtigt und zur Geheimhaltung förmlich verpflichtet sind.

§ 5 Ferngespräche über VS. [1] Über Angelegenheiten des Geheimhaltungsgrades VS-VERTRAULICH oder höher dürfen Ferngespräche nur in außergewöhnlichen und dringenden Fällen geführt werden. [2] In diesen Fällen sind die Gespräche so vorsichtig zu führen, daß der Sachverhalt Dritten nicht verständlich wird. [3] Ist der Gesprächspartner nicht mit Sicherheit festzustellen, so ist ein Kontrollanruf erforderlich.

§ 6 Herstellung von Duplikaten. [1] Der Empfänger von VS der Geheimhaltungsgrade VS-VERTRAULICH und höher darf weitere Exemplare (Abschriften, Abdrucke, Ablichtungen und dergleichen) sowie Auszüge nur von der Geheimregistratur herstellen lassen; für VS des Geheimhaltungsgrades STRENG GEHEIM ist außerdem die Zustimmung der herausgebenden Stelle erforderlich. [2] Sie sind wie die Original-VS zu behandeln.

§ 7 Behandlung von VS in Ausschüssen. (1) [1] Die Ausschüsse können für einen Beratungsgegenstand oder für Teile desselben einen Geheimhaltungsgrad beschließen (§ 69 Abs. 7 GO-BT). [2] Wird über VS der Geheimhaltungsgrade VS-VERTRAULICH und höher beraten, führt der Vorsitzende die entsprechende Beschlußfassung unverzüglich in derselben Sitzung herbei und stellt vor Beginn der Beratungen fest, daß sich keine unbefugten Personen im Sitzungssaal aufhalten.

(2) [1] Bei Beratungen über STRENG GEHEIM- oder GEHEIM-Angelegenheiten dürfen nur die Beschlüsse protokolliert werden. [2] Der Ausschuß kann beschließen, daß die Beratungen dem Inhalt nach festgehalten werden; in diesem Fall hat er über Auflage und Verteilung der Protokolle zu beschließen.

(3) [1] Bei Beratungen über VS-VERTRAULICH-Angelegenheiten kann ein Protokoll angefertigt werden; Absatz 2 Satz 2 zweiter Halbsatz gilt entsprechend. [2] Der Ausschuß kann jedoch beschließen, daß nur die Beschlüsse festgehalten werden.

(4) [1] Werden VS des Geheimhaltungsgrades VS-VERTRAULICH oder höher einem Ausschuß zugeleitet, dürfen sie nur in der Sitzung und längstens für deren Dauer ausgegeben werden. [2] Bei Unterbrechung der Sitzung kann die Rückgabe unterbleiben, wenn die Überwachung des Sitzungsraumes durch die Hausinspektion sichergestellt ist. [3] Der Ausschußvorsitzende kann bestimmen, daß VS der Geheimhaltungsgrade GEHEIM und VS-VERTRAULICH an die Berichterstatter des Ausschusses und in besonderen Fällen anderen Mitgliedern des Ausschusses bis zum Abschluß der Ausschußberatungen über den Beratungsgegenstand, auf den sich die VS bezieht, ausgegeben und in den dafür zulässigen VS-Behältnissen aufbewahrt werden.

(5) Für VS des Geheimhaltungsgrades VS-VERTRAULICH kann der Ausschuß in Fällen des Absatzes 4 anders beschließen.

---

[1] Anl. 3 § 3a eingef. mWv 12.3.2013 durch Bek. v. 12.3.2013 (BGBl. I S. 548).
[2] Anl. 3 § 4 Abs. 3 Satz 2 angef. mWv 30.5.2001 durch Bek. v. 30.5.2001 (BGBl. I S. 1203).
[3] Nr. 6.

(6) [1] VS des Geheimhaltungsgrades VS-VERTRAULICH und GEHEIM können, sofern sie im Ausschuß entstanden sind, mit Genehmigung des Ausschußvorsitzenden nach Registrierung in der Geheimregistratur in den dafür vorgesehenen VS-Behältnissen des Ausschusses zeitweilig aufbewahrt werden. [2] Sie sind an die Geheimregistratur zurückzugeben, sobald sie im Ausschuß nicht mehr benötigt werden.

(7) Stellt sich erst im Laufe oder am Schluß der Beratungen heraus, daß die Beratungen als VS-VERTRAULICH oder höher zu bewerten sind, kann der Ausschuß die erforderlichen Sicherheitsmaßnahmen nachträglich beschließen.

§ 8 Registrierung und Verwaltung von VS. (1) Werden VS der Geheimhaltungsgrade VS-VERTRAULICH oder höher dem Bundestag, seinen Ausschüssen oder Mitgliedern des Bundestages zugeleitet, sind sie, soweit sie nicht über die Geheimregistratur geleitet worden sind, grundsätzlich dieser zur Registrierung und Verwaltung zuzuleiten.

(2) Im Bundestag entstehende VS der Geheimhaltungsgrade VS-VERTRAULICH und höher sind grundsätzlich ebenfalls der Geheimregistratur zur Registrierung und Verwaltung zuzuleiten.

(3) Der Empfang von VS des Geheimhaltungsgrades VS-VERTRAULICH oder höher ist schriftlich zu bestätigen.

(4) VS der Geheimhaltungsgrade VS-VERTRAULICH und höher sind in der Geheimregistratur oder den hierfür vom Präsidenten bestimmten Räumen aufzubewahren.

(5) VS des Geheimhaltungsgrades VS-NUR FÜR DEN DIENSTGEBRAUCH sind unter Verschluß aufzubewahren; dieses ist nicht notwendig, wenn sie in Räumen aufbewahrt werden, zu denen Außenstehende keinen Zugang haben.

§ 9 Vernichtung von VS. [1] VS einschließlich des im Bundestag entstehenden Zwischenmaterials sind, wenn sie nicht mehr benötigt werden, der Geheimregistratur zuzuleiten. [2] Soweit die VS nicht aufzubewahren sind, werden sie durch die Geheimregistratur vernichtet.

§ 10 Weiterleitung von VS. (1) [1] VS der Geheimhaltungsgrade STRENG GEHEIM und GEHEIM sind bei Beförderung innerhalb des Hauses grundsätzlich über die Geheimregistratur zu leiten. [2] Sie dürfen nur durch entsprechend ermächtigte Personen weitergeleitet werden. [3] Ist aus dringendem Grund eine Von-Hand-zu-Hand-Übergabe erfolgt, ist die Geheimregistratur nachträglich in Kenntnis zu setzen.

(2) VS des Geheimhaltungsgrades VS-VERTRAULICH können unter Benachrichtigung der Geheimregistratur von Hand zu Hand an zum Empfang berechtigte Personen weitergegeben werden.

(3) Die Versendung von VS der Geheimhaltungsgrade VS-VERTRAULICH und höher wird von der Geheimregistratur nach den Bestimmungen der Verschlußsachenanweisung für die Bundesbehörden vorgenommen.

§ 11 Mitnahme von VS. (1) [1] Die Mitnahme von VS der Geheimhaltungsgrade STRENG GEHEIM und GEHEIM aus den der Verwaltung des Bundestages unterstehenden Räumen ist unzulässig. [2] Der Präsident kann die Mitnahme zulassen, wenn unabweisbare Gründe dies erfordern. [3] Er legt gleichzeitig fest, wie die VS zu befördern sind.

(2) [1] Bei der Mitnahme von VS der Geheimhaltungsgrade VS-VERTRAULICH oder höher ist für die ununterbrochene sichere Aufbewahrung zu sorgen. [2] Steht für VS der Geheimhaltungsgrade STRENG GEHEIM oder GEHEIM kein Stahlschrank mit Kombinations- und Sicherheitsschloß zur Verfügung, muß der Inhaber die VS ständig bei sich führen. [3] Die Zurücklassung in Kraftwagen, die Verwahrung in Hotelsafes oder auf Bahnhöfen und dergleichen ist unzulässig. [4] Bei Aufenthalten im Ausland ist die VS nach Möglichkeit bei den deutschen Vertretungen aufzubewahren.

(3) In der Öffentlichkeit dürfen VS der Geheimhaltungsgrade VS-VERTRAULICH oder höher nicht gelesen und erörtert werden.

§ 12 Mitteilungspflicht. Jeder Verdacht, jede Wahrnehmung oder jeder Vorfall, der auf Anbahnungsversuche fremder Nachrichtendienste oder darauf schließen läßt, daß Unbefugte Kenntnis vom Inhalt von VS erhalten haben, sowie der Verlust von VS der Geheimhaltungsgrade VS-VERTRAULICH oder höher *oder der Verlust von Sicherheitsschlüsseln ist* unverzüglich dem Präsidenten oder dem Geheimschutzbeauftragten der Verwaltung des Deutschen Bundestages mitzuteilen.

§ 13 Ausführungsbestimmungen. Der Präsident ist ermächtigt, Ausführungsbestimmungen zu erlassen.

Anlage 4[1)]

Richtlinien für die Fragestunde und für die schriftlichen Einzelfragen

I. Fragerecht

1. In jeder Sitzungswoche wird eine Fragestunde mit einer Dauer von höchstens 90 Minuten durchgeführt.
   Jedes Mitglied des Bundestages ist berechtigt, für die Fragestunden einer Sitzungswoche bis zu zwei Fragen zur mündlichen Beantwortung an die Bundesregierung zu richten.
   Die Fragen müssen kurz gefaßt sein und eine kurze Beantwortung ermöglichen. Sie dürfen keine unsachlichen Feststellungen oder Wertungen enthalten. Jede Frage darf in zwei Unterfragen unterteilt sein. Die Fragen werden nach den Geschäftsbereichen der Bundesregierung in einer Drucksache zusammengestellt.
   Der Präsident bestimmt, in welcher Reihenfolge die Geschäftsbereiche aufgerufen werden.
2. Zulässig sind Fragen aus den Bereichen, für die die Bundesregierung unmittelbar oder mittelbar verantwortlich ist.
   Fragen, die einen Tagesordnungspunkt der laufenden Sitzungswoche betreffen, werden schriftlich beantwortet. Das gilt nicht, wenn für den Tagesordnungspunkt auf Begründung und Aussprache verzichtet wird.
   Fragen von offenbar lokaler Bedeutung werden vom Präsidenten zur schriftlichen Beantwortung der Bundesregierung übermittelt. Nummern 14 und 15 finden Anwendung.
3. Der Fragesteller ist berechtigt, bis zu zwei Zusatzfragen zu stellen, wenn die Frage mündlich beantwortet wird. Für Zusatzfragen gilt Nummer 1 Abs. 3 entsprechend.
4. Der Präsident soll weitere Zusatzfragen durch andere Mitglieder des Bundestages zulassen, soweit dadurch die ordnungsgemäße Abwicklung der Fragestunde nicht gefährdet wird.
5. Zusatzfragen, die nicht in einem unmittelbaren Zusammenhang mit der Hauptfrage stehen, weist der Präsident zurück.

II. Die Einreichung der Fragen

6. Die Fragen sind dem Präsidenten (Parlamentssekretariat) einzureichen.
7. Fragen werden erst in die Drucksache zur Fragestunde aufgenommen, wenn sie der Nummer 1 Abs. 3 und Nummer 2 Abs. 1 entsprechen.
8. Mündliche Fragen müssen vor der Sitzungswoche bis Freitag, 10.00 Uhr, beim Präsidenten und bis Freitag, 12.00 Uhr, bei der Bundesregierung vorliegen.

III. Durchführung der Fragestunde

9. Der Präsident ruft die Nummer der Frage und den Namen des Fragestellers auf. Fragen dürfen nur beantwortet werden, wenn der Fragesteller anwesend ist. Ist der Fragesteller nicht anwesend, wird seine Frage nur dann schriftlich beantwortet, wenn er bis zum Aufruf des Geschäftsbereichs beim Präsidenten um schriftliche Beantwortung gebeten hat.
10. Ist der zuständige Bundesminister oder sein Vertreter nicht anwesend, so kann der Fragesteller verlangen, daß seine Fragen zu Beginn der Fragestunde aufgerufen werden, in der der Bundesminister oder sein Vertreter anwesend ist; sein Fragerecht darf hierdurch nicht eingeschränkt werden.
11. Fragen, die in den Fragestunden einer Woche aus Zeitmangel nicht beantwortet werden, beantwortet die Bundesregierung schriftlich, sofern der Fragesteller nicht vor Schluß der letzten Fragestunde einer Woche gegenüber dem Sitzungsvorstand seine Fragen zurückzieht. Die schriftlichen Antworten werden in den Anhang zum Plenarprotokoll aufgenommen.

IV. Schriftliche Fragen

12. Jedes Mitglied des Bundestages ist berechtigt, in jedem Monat bis zu vier Fragen zur schriftlichen Beantwortung an die Bundesregierung zu richten. Für die Zulässigkeit der Fragen gilt die Nummer 1 Abs. 3 und Nummer 2 Abs. 1 entsprechend.
13. Die Fragen werden von der Bundesregierung binnen einer Woche nach Eingang beim Bundeskanzleramt beantwortet.

[1)] Anl. 4 geänd. durch Bek. v. 18.12.1989 (BGBl. I S. 2442); geänd. durch Bek. v. 30.9.1995 (BGBl. I S. 1246); geänd. mWv 1.3.2019 durch Beschl. v. 1.3.2019 (BGBl. I S. 197); geänd. mWv 24.6.2021 durch Beschl. v. 24.6.2021 (BGBl. I S. 2868).

Die während einer Woche eingegangenen Antworten werden in der folgenden Woche zusammen mit den Fragen in einer Drucksache veröffentlicht.

14. Ist die Antwort nicht innerhalb der Wochenfrist beim Präsidenten (Parlamentssekretariat) eingegangen, kann der Fragesteller verlangen, daß seine Frage in der ersten Fragestunde der Sitzungswoche, die auf den Fristablauf folgt, zur mündlichen Beantwortung aufgerufen wird.
Das Verlangen ist bis spätestens 12.00 Uhr des Vortages der Fragestunde beim Präsidenten (Parlamentssekretariat) geltend zu machen. Ist die Frage inzwischen schriftlich beantwortet, kann der Fragesteller nur fragen, warum die Antwort nicht innerhalb der Wochenfrist gegeben wurde.

15. Fragen aufgrund der Nummer 14 werden auf sonstige mündliche Fragen für diese Sitzungswoche nicht angerechnet. Sie werden zu Beginn der Fragestunde aufgerufen. Zu einer Frage aufgrund der Nummer 14 kann nur der Fragesteller Zusatzfragen stellen.

Anlage 5[1)]

Richtlinien für Aussprachen zu Themen von allgemeinem aktuellem Interesse

I. Voraussetzungen der Aktuellen Stunde

1. Eine Aktuelle Stunde (§ 106) findet statt, wenn sie
   a) im Ältestenrat vereinbart wurde,
   b) von einer Fraktion oder von anwesenden fünf vom Hundert der Mitglieder des Bundestages zu der Antwort der Bundesregierung auf eine mündliche Anfrage oder
   c) unabhängig von einer für die Fragestunde eingereichten Frage von einer Fraktion oder von fünf vom Hundert der Mitglieder des Bundestages verlangt wird.

2. a) Die Aussprache nach I. 1. b) muß unmittelbar nach Schluß der Fragestunde verlangt und durchgeführt werden.
   b) Das Verlangen auf eine Aussprache [I. 1. c)] ist dem Präsidenten unter Angabe des Themas bis spätestens 12.00 Uhr des Vortages vorzulegen. Ist die Tagesordnung bereits verteilt, wird ihre Ergänzung durch den Präsidenten mitgeteilt.

II. Rangfolge der Aussprache

3. An einem Sitzungstag des Bundestages wird nur eine Aussprache durchgeführt.

4. Ist eine Aussprache vereinbart worden [I. 1. a)], kann eine weitere Aussprache für diesen Sitzungstag nicht verlangt werden.

5. Eine Aussprache, die unabhängig von einer für die Fragestunde eingereichten Frage verlangt wird [I. 1. c)], wird auf den nachfolgenden Sitzungstag vertagt, wenn für einen Sitzungstag eine Aussprache zu der Antwort der Bundesregierung auf eine mündliche Anfrage [I. 1. b)] verlangt wird. Die vertagte Aussprache geht dann den anderen Möglichkeiten zur Aussprache vor.

III. Dauer und Redeordnung der Aussprache

6. (1) Die Aussprache dauert höchstens eine Stunde. Sprechen weniger Mitglieder einer Fraktion, als aus deren Mitte das Wort erhalten können, verkürzt sich die Aussprache um die ihnen zustehende Redezeit.
   (2) Die von Mitgliedern der Bundesregierung, des Bundesrates oder ihren Beauftragten in Anspruch genommene Redezeit bleibt unberücksichtigt. Überschreitet die von Mitgliedern der Bundesregierung, des Bundesrates oder ihren Beauftragten in Anspruch genommene Redezeit dreißig Minuten, so verlängert sich die Dauer der Aussprache um dreißig Minuten.
   (3) Ergreift ein Mitglied der Bundesregierung, des Bundesrates oder einer ihrer Beauftragten nach Ablauf der vorgeschriebenen Dauer der Aussprache oder in der Aussprache so spät das Wort, daß eine Erwiderung von fünf Minuten nicht mehr möglich ist, so erhält auf Verlangen einer Fraktion oder von anwesenden fünf vom Hundert der Mitglieder des Bundestages erneut je ein Sprecher der Fraktionen das Wort. Bei einer Aussprache auf Verlangen erhält als erster Redner eines der Mitglieder des Bundestages das Wort, die die Aussprache verlangt haben [I. 1. b) und c)].

7. (1) Der einzelne Redner darf nicht länger als fünf Minuten sprechen. Spricht ein Redner kürzer als fünf Minuten, verkürzt sich die Aussprache um die nicht in Anspruch genommene Redezeit.

1) Anl. 5 geänd. durch Bek. v. 12.11.1990 (BGBl. I S. 2555).

(2) Spricht ein Mitglied der Bundesregierung, des Bundesrates oder einer ihrer Beauftragten länger als zehn Minuten, so findet § 44 Abs. 3 Anwendung.

8. Für die Reihenfolge der Worterteilung gilt § 28 mit der Maßgabe, daß die Aussprache von einem der Mitglieder eröffnet wird, die die Aussprache verlangt haben.
9. Anträge zur Sache können nicht gestellt werden.

Anlage 6[1) 2)]

Grundsätze in Immunitätsangelegenheiten und in Fällen der Genehmigung gemäß § 50 Abs. 3 StPO und § 382 Abs. 3 ZPO sowie bei Ermächtigungen gemäß § 90b Abs. 2, § 194 Abs. 4 StGB[3)]

A. Grundsätze in Immunitätsangelegenheiten

1. Antragsberechtigung

Berechtigt zur Stellung eines Antrages auf Aufhebung der Immunität sind

a) die Staatsanwaltschaften, Gerichte, Ehren- und Berufsgerichte öffentlich-rechtlichen Charakters sowie berufsständische Einrichtungen, die kraft Gesetzes Standesaufsicht ausüben,

b) im Privatklageverfahren das Gericht, bevor es nach § 383 StPO[4)] das Hauptverfahren eröffnet,

c) der Gläubiger im Vollstreckungsverfahren, soweit das Gericht nicht auch ohne dessen Antrag tätig werden kann,

d) der Ausschuß für Wahlprüfung, Immunität und Geschäftsordnung.

2. Mitteilung an den Präsidenten des Bundestages und Einreichen der Anträge

a) Hat der Bundestag für die Dauer einer Wahlperiode die Durchführung von Ermittlungsverfahren gegen Mitglieder des Bundestages wegen Straftaten genehmigt, so ist vor der Einleitung eines Ermittlungsverfahrens dem Präsidenten des Bundestages und, soweit nicht Gründe der Wahrheitsfindung entgegenstehen, dem betroffenen Mitglied des Bundestages Mitteilung zu machen; unterbleibt eine Mitteilung an das Mitglied des Bundestages, so ist der Präsident auch hiervon unter Angabe der Gründe zu unterrichten. Das Recht des Bundestages, die Aussetzung des Verfahrens zu verlangen (Artikel 46 Abs. 4 des Grundgesetzes[5)]), bleibt unberührt.

b) Die Staatsanwaltschaften und Gerichte richten ihre Anträge an den Präsidenten des Bundestages auf dem Dienstweg über den Bundesminister der Justiz, der sie mit der Bitte vorlegt, eine Entscheidung herbeizuführen, ob die Genehmigung zur Strafverfolgung oder Beschränkung der persönlichen Freiheit eines Mitgliedes des Bundestages oder der sonst beabsichtigten Maßnahme erteilt wird.

c) Der Gläubiger (Nummer 1 Buchstabe c) kann seinen Antrag unmittelbar an den Bundestag richten.

3. Stellung der betroffenen Mitglieder des Bundestages

In Immunitätsangelegenheiten soll das betroffene Mitglied des Bundestages im Bundestag das Wort zur Sache nicht erhalten; von ihm gestellte Anträge auf Aufhebung seiner Immunität bleiben unberücksichtigt. Der Ausschuss für Wahlprüfung, Immunität und Geschäftsordnung kann auf Antrag einer Fraktion im Ausschuss dem betroffenen Mitglied Gelegenheit zur Äußerung geben.

4. Entscheidungen in Immunitätsangelegenheiten

Das Immunitätsrecht bezweckt vornehmlich, die Arbeits- und Funktionsfähigkeit des Bundestages sicherzustellen; der einzelne Abgeordnete hat einen Anspruch auf eine von sachfremden, willkürlichen Motiven

---

1) Anl. 6 geänd. durch Bek. v. 9.12.1987 (BGBl. I S. 2677); geänd. durch Bek. v. 28.6.1988 (BGBl. I *S. 1009); geänd. durch Bek. v. 12.2.1998* (BGBl. I S. 428); geänd. mWv 15.7.2002 durch Bek. v. 15.7.2002 (BGBl. I S. 3012); geänd. mWv 25.3.2020 durch Beschl. v. 25.3.2020 (BGBl. I S. 764).

2) Der Beschluss des Deutschen Bundestages betr. Aufhebung der Immunität von Mitgliedern des Bundestages (Anl. 6 GO-BT), zuletzt geänd. laut Bek. vom 15.7.2002 (BGBl. I S. 3012), ist mit der GO in der 1. Sitzung des Deutschen Bundestages am 24.10.2017 für die 19. Wahlperiode übernommen worden; siehe Bek. über die Übernahme des Beschlusses des Deutschen Bundestages betr. Aufhebung der Immunität von Mitgliedern des Bundestages und der Grundsätze in Immunitätsangelegenheiten v. 19.3. 2018 (BGBl. I S. 409).

3) **Amtl. Anm.:** Die Grundsätze gemäß § 107 Abs. 2 werden vom Ausschuß für Wahlprüfung, Immunität und Geschäftsordnung jeweils zu Beginn einer Wahlperiode beschlossen.

4) **Habersack, Deutsche Gesetze Nr. 90.**

5) Nr. 1.

freie Entscheidung. Die Entscheidung über die Aufhebung oder Wiederherstellung der Immunität trifft der Bundestag in eigener Verantwortung unter Abwägung der Belange des Parlaments und der anderen hoheitlichen Gewalten unter Berücksichtigung der Belange des betroffenen Abgeordneten. In eine Beweiswürdigung wird nicht eingetreten; die Entscheidung beinhaltet keine Feststellung von Recht oder Unrecht, Schuld oder Nichtschuld.

5. Beleidigungen politischen Charakters

Beleidigungen politischen Charakters sollen in der Regel nicht zur Aufhebung der Immunität führen.

Die Staatsanwaltschaft darf zur Vorbereitung einer Entscheidung darüber, ob ein Antrag auf Entscheidung über die Genehmigung zur Durchführung eines Strafverfahrens gestellt werden soll, dem Mitglied des Bundestages die Anschuldigung mitteilen und ihm anheimstellen, hierzu Stellung zu nehmen. Feststellungen der Staatsanwaltschaften über die Persönlichkeit des Anzeigeerstatters sowie über andere für die Beurteilung der Ernsthaftigkeit einer Anzeige wichtige Umstände bedeuten kein „zur Verantwortung ziehen" im Sinne des Artikels 46 Abs. 2 des Grundgesetzes[1)].

Artikel 46 Abs. 1 des Grundgesetzes bestimmt, daß ein Mitglied des Bundestages wegen einer Abstimmung oder einer Äußerung, die es im Bundestag oder in einem seiner Ausschüsse getan hat, gerichtlich oder dienstlich nicht zur Verantwortung gezogen werden kann, mit Ausnahme bei verleumderischen Beleidigungen (Indemnität). Das bedeutet aber, daß es z.B. wegen einfacher Beleidigung, die im Parlament erfolgt ist, nicht strafrechtlich verfolgt werden kann. Hieraus wird der Grundsatz hergeleitet, daß bei einfachen Beleidigungen, die außerhalb des Bundestages vorgekommen sind, auch die Immunität nicht aufgehoben werden soll, soweit die Beleidigung politischen Charakters ist und keine Verleumdung darstellt. Als „außerhalb des Bundestages" gilt auch eine beleidigende Äußerung, die ein Mitglied des Bundestages als Zeuge vor einem Untersuchungsausschuß getan hat, da das Mitglied des Bundestages hier jedem anderen Staatsbürger, der als Zeuge vernommen wird, gleichgestellt ist.

6. Festnahme eines Mitgliedes des Bundestages bei Begehung der Tat

Bei Festnahme eines Mitgliedes des Bundestages bei Begehung der Tat oder im Laufe des folgenden Tages bedarf die Durchführung des Strafverfahrens oder eine Verhaftung, soweit sie bis spätestens „im Laufe des folgenden Tages" erfolgt, keiner Genehmigung (Artikel 46 Abs. 2 des Grundgesetzes[1)]).

Eine erneute Vorführung oder Verhaftung nach vorheriger Freilassung und Verstreichen des der Tat folgenden Tages bedarf dann wieder der Genehmigung des Bundestages; denn hierin liegt eine Beschränkung der persönlichen Freiheit (Artikel 46 Abs. 2 des Grundgesetzes), die in keinem Zusammenhang mit der Festnahme „auf frischer Tat" steht.

6a. [Freiheitsbeschränkenden Maßnahmen nach dem Infektionsschutzgesetz gegen Mitglieder des Bundestages]

Der Deutsche Bundestag genehmigt die Anordnungen von freiheitsbeschränkenden Maßnahmen nach dem Infektionsschutzgesetz[2)] gegen Mitglieder des Bundestages. Die zuständigen Behörden sind verpflichtet, den Präsidenten des Deutschen Bundestages unverzüglich über die gegen ein Mitglied des Bundestages angeordneten Maßnahmen zu unterrichten. Der Ausschuss für Wahlprüfung, Immunität und Geschäftsordnung ist berechtigt, zu prüfen, ob es sich um nach dem Infektionsschutzgesetz gerechtfertigte Maßnahmen handelt und ob die Maßnahme die Funktionsfähigkeit des Deutschen Bundestages unverhältnismäßig beeinträchtigt. Hält er sie in diesem Sinne für nicht oder nicht mehr vertretbar, so kann der Ausschuss im Wege der Vorentscheidung (Nummer 7 dieser Anlage) die Aussetzung der angeordneten Maßnahmen verlangen. Kann der Ausschuss innerhalb von zwei Tagen nach Eingang einer Mitteilung der zuständigen Behörden nicht zusammentreten, so hat der Präsident des Deutschen Bundestages insoweit die Rechte des Ausschusses für Wahlprüfung, Immunität und Geschäftsordnung. Er hat den Ausschuss unverzüglich über seine Entscheidung in Kenntnis zu setzen. Im Übrigen dürfen durch allgemeine Maßnahmen nach dem Infektionsschutzgesetz, wie etwa Ausgangssperren, Abgeordnete nicht an der Ausübung ihres Mandats, insbesondere der Anreise zu Sitzungen des Deutschen Bundestages, gehindert werden.

7. Verhaftung eines Mitgliedes des Bundestages

a) Die für die Dauer einer Wahlperiode erteilte Genehmigung zur Durchführung von Ermittlungsverfahren gegen Mitglieder des Bundestages wegen Straftaten sowie die Genehmigung zur Erhebung der öffentlichen Klage wegen einer Straftat umfaßt nicht zugleich auch die Genehmigung zur Verhaftung (Artikel 46 Abs. 2 des Grundgesetzes[1)]) oder zwangsweisen Vorführung.

b) Unter Verhaftung (Artikel 46 Abs. 2 des Grundgesetzes) ist nur die Untersuchungshaft zu verstehen; die Verhaftung zur Strafvollstreckung bedarf wieder einer besonderen Genehmigung.

[1)] Nr. 1.
[2)] **Sartorius ErgBd. Nr. 285.**

c) Die Genehmigung zur Verhaftung schließt die Genehmigung zur zwangsweisen Vorführung ein.

d) Die Genehmigung zur zwangsweisen Vorführung schließt nicht die Genehmigung zur Verhaftung ein.

8. Vollstreckung von Freiheitsstrafen oder von Erzwingungshaft (§§ 96, 97 OWiG[1])

Die Genehmigung zur Erhebung der öffentlichen Klage wegen einer Straftat berechtigt nicht zur Vollstreckung einer Freiheitsstrafe.

Die Vollstreckung einer Freiheitsstrafe oder einer Erzwingungshaft (§§ 96, 97 OWiG) bedürfen der Genehmigung des Bundestages. Zur Vereinfachung des Geschäftsganges ist der Ausschuss für Wahlprüfung, Immunität und Geschäftsordnung beauftragt, eine Vorentscheidung über die Genehmigung der Vollstreckung zu treffen, bei Freiheitsstrafen jedoch nur, soweit nicht auf eine höhere Freiheitsstrafe als drei Monate erkannt ist, oder bei einer Gesamtstrafenbildung (§§ 53 bis 55 StGB[2], § 460 StPO[3]) keine der erkannten Einzelstrafen drei Monate übersteigt.

9. Disziplinarverfahren

Die Aufhebung der Immunität zur Durchführung eines Disziplinarverfahrens gilt nicht zur Durchführung eines Strafverfahrens durch die Staatsanwaltschaft wegen des gleichen Sachverhalts. Umgekehrt gilt die Aufhebung der Immunität zur Durchführung eines Strafverfahrens nicht für die Durchführung eines Disziplinarverfahrens.

Die Vollsteckung von Disziplinarmaßnahmen bedarf keiner erneuten Genehmigung des Bundestages.

10. Ehren- und Berufsgerichtsverfahren

Verfahren vor Ehren- und Berufsgerichten, die öffentlich-rechtlichen Charakter haben, können nur nach Aufhebung der Immunität durchgeführt werden.

11. Verfahren bei Verkehrsdelikten

Bei Verkehrsdelikten soll die Genehmigung grundsätzlich erteilt werden. Zur Vereinfachung des Geschäftsganges ist der Ausschuß für Wahlprüfung, Immunität und Geschäftsordnung beauftragt, bei allen Fällen von Verkehrsdelikten eine Vorentscheidung zu treffen.

12. Verfahren bei Bagatellsachen

Bei Anträgen, die nach Auffassung des Ausschusses für Wahlprüfung, Immunität und Geschäftsordnung eine Bagatellsache zum Gegenstand haben, ist der Ausschuß beauftragt, eine Vorentscheidung (Nummer 13) zu treffen.

13. Vereinfachtes Verfahren (Vorentscheidungen)

Hat der Ausschuß auf Grund der ihm erteilten Ermächtigung (Nummern 8, 11, 12, B. und C.) eine Vorentscheidung getroffen, wird diese dem Bundestag durch den Präsidenten schriftlich mitgeteilt, ohne auf die Tagesordnung gesetzt zu werden. Sie gilt als Entscheidung des Bundestages, wenn nicht innerhalb von sieben Tagen nach Mitteilung Widerspruch erhoben wird.

14. Genehmigungspflicht in besonderen Fällen

Die Genehmigung des Bundestages ist erforderlich:

a) Zur Vollstreckung von Ordnungshaft zur Erzwingung einer Unterlassung oder Duldung (§ 890 ZPO[4]).
Wird in einem Urteil oder einer einstweiligen Verfügung, gerichtet auf eine Unterlassung oder Duldung, für den Fall der Zuwiderhandlung eine Strafe angedroht, so stellt die Androhung die Festsetzung einer Norm dar. Die Prüfung, ob diese Norm, die den Schuldner zur künftigen Erfüllung der Unterlassungspflicht anhalten soll, verletzt ist, bedeutet daher ein „zur Verantwortung ziehen“ im Sinne des Artikels 46 Abs. 2 des Grundgesetzes[5] wegen Verletzung „einer mit Strafe bedrohten Handlung“. Dabei ist es unerheblich, ob in dem Verfahren Ordnungshaft oder -geld angestrebt wird.

b) Zur Vollstreckung der Haft zur Erzwingung der eidesstattlichen Versicherung des Schuldners (§ 901 *ZPO*).
Da lediglich die Vollstreckung des Haftbefehls eine Beschränkung der persönlichen Freiheit im Sinne des Artikels 46 Abs. 2 des Grundgesetzes ist und daher der Genehmigung des Deutschen Bundestages bedarf, steht der Ausschuß für Wahlprüfung, Immunität und Geschäftsordnung auf dem Standpunkt, daß die Durchführung des Verfahrens zur Erzwingung der eidesstattlichen Versicherung gegen ein Mitglied des Bundestages als Schuldner und auch die Anordnung der Haft durch das Gericht zur

[1] **Habersack, Deutsche Gesetze Nr. 94.**
[2] **Habersack, Deutsche Gesetze Nr. 85.**
[3] **Habersack, Deutsche Gesetze Nr. 90.**
[4] **Habersack, Deutsche Gesetze Nr. 100.**
[5] Nr. 1.

Erzwingung der Leistung der eidesstattlichen Versicherung noch kein „zur Verantwortung ziehen" bedeuten und daher keiner Genehmigung des Deutschen Bundestages bedürfen.

c) Zur Vollstreckung der Ordnungshaft oder zur zwangsweisen Vorführung wegen Ausbleibens als Zeuge (§ 51 StPO[1] und § 380 ZPO).

d) Zur Vollstreckung der Ordnungshaft oder der Haft wegen grundloser Zeugnisverweigerung (§ 70 StPO und § 390 ZPO).

e) Zur Vollstreckung der Zwangshaft zur Erwirkung unvertretbarer Handlungen (§ 888 ZPO).

f) Zur Vollstreckung der Haft oder sonstigen Freiheitsbeschränkung zur Vollziehung des persönlichen Sicherheitsarrestes (§ 933 ZPO).

g) Zur Vollstreckung der Ordnungshaft wegen Ungebühr (§ 178 GVG[2]).

h) Zur zwangsweisen Vorführung des Schuldners und zur Vollstreckung der Haft im Insolvenzverfahren (§ 21 Abs. 3 und § 98 Abs. 2 InsO[3]).

i) Zur einstweiligen Unterbringung in einer Heil- oder Pflegeanstalt (§ 126a StPO).

j) Zu freiheitsentziehenden Maßregeln der Besserung und Sicherung (§§ 61 ff. StGB[4]).

k) Zur zwangsweisen Vorführung (§§ 134, 230, 236, 329 und 387 StPO).

l) Zur Verhaftung auf Grund Haftbefehls nach §§ 114, 125, 230, 236 oder 329 StPO.

15. Schutzmaßnahmen nach dem Infektionsschutzgesetz

Schutzmaßnahmen nach dem Infektionsschutzgesetz[5] haben notstandsähnlichen Charakter. Maßnahmen nach den §§ 29 ff. des Infektionsschutzgesetzes bedürfen daher, gleichgültig, ob sie zum Schutz gegen das Mitglied des Bundestages oder zum Schutz des Mitgliedes des Bundestages gegen andere notwendig werden, nicht der Aufhebung der Immunität.

Die zuständigen Behörden sind jedoch verpflichtet, den Präsidenten des Deutschen Bundestages unverzüglich über die gegen ein Mitglied des Bundestages angeordneten Maßnahmen zu unterrichten. Der Ausschuss für Wahlprüfung, Immunität und Geschäftsordnung ist berechtigt, zu prüfen oder prüfen zu lassen, ob es sich um nach dem Infektionsschutzgesetz gerechtfertigte Maßnahmen handelt. Hält er sie nicht oder nicht mehr für erforderlich, so kann der Ausschuß im Wege der Vorentscheidung die Aussetzung der angeordneten Maßnahmen verlangen.

Kann der Ausschuß innerhalb von zwei Tagen nach Eingang einer Mitteilung der zuständigen Behörden nicht zusammentreten, so hat der Präsident des Bundestages insoweit die Rechte des Ausschusses für Wahlprüfung, Immunität und Geschäftsordnung. Er hat den Ausschuß unverzüglich über seine Entscheidung in Kenntnis zu setzen.

16. Anhängige Strafverfahren

Bei Übernahme des Abgeordnetenmandats anhängige Strafverfahren sowie jede angeordnete Haft, Vollstreckung einer Freiheitsstrafe oder sonstige Beschränkung der persönlichen Freiheit (vgl. Nummer 14) sind von Amts wegen auszusetzen.

Soll ein Verfahren fortgesetzt werden, so ist vorher eine Entscheidung des Bundestages einzuholen, soweit nicht bereits die Genehmigung zur Durchführung von Ermittlungsverfahren wegen einer Straftat erteilt ist.

17. Behandlung von Amnestiefällen

Der Ausschuß für Wahlprüfung, Immunität und Geschäftsordnung ist ermächtigt, in allen Fällen, in denen eine gerichtliche Strafverfolgung gegen ein Mitglied des Bundestages infolge einer bereits ausgesprochenen Amnestie nicht zur Durchführung kommen würde, die gerichtliche Einstellung des Verfahrens auf Grund der Amnestie dadurch zu ermöglichen, daß er in solchen Fällen erklärt, der Bundestag werde gegen die Anwendung des Straffreiheitsgesetzes keine Einwendungen erheben. Solche Fälle bedürfen nicht der Vorlage an das Plenum des Bundestages.

B. Ermächtigung zur Strafverfolgung nach § 90b Abs. 2, § 194 Abs. 4 StGB

Die Ermächtigung zur Strafverfolgung nach § 90b Abs. 2 StGB[4] – verfassungsfeindliche Verunglimpfung des Bundestages – sowie nach § 194 Abs. 4 StGB – Beleidigung des Bundestages – kann im Wege der Vorentscheidung gemäß Nummer 13 der Grundsätze in Immunitätsangelegenheiten erteilt werden. Die

---

[1] **Habersack, Deutsche Gesetze Nr. 90.**
[2] **Habersack, Deutsche Gesetze Nr. 95.**
[3] **Habersack, Deutsche Gesetze Nr. 110.**
[4] **Habersack, Deutsche Gesetze Nr. 85.**
[5] **Sartorius ErgBd. Nr. 285.**

Staatsanwaltschaften richten ihre Anträge nach Maßgabe der Richtlinien für das Strafverfahren und das Bußgeldverfahren an den Bundesminister der Justiz, der sie mit der Bitte vorlegt, eine Entscheidung herbeizuführen, ob die Ermächtigung zur Strafverfolgung nach § 90b Abs. 2 oder § 194 Abs. 4 StGB erteilt wird.

C. Genehmigung zur Zeugenvernehmung nach § 50 Abs. 3 StPO und § 382 Abs. 3 ZPO

Die Genehmigung zu einer Abweichung von § 50 Abs. 1 StPO[1] und § 382 Abs. 2 ZPO[2], wonach die Mitglieder des Bundestages am Sitz der Versammlung zu vernehmen sind, kann im Wege der Vorentscheidung gemäß Nummer 13 der Grundsätze in Immunitätsangelegenheiten erteilt werden. Die Staatsanwaltschaften und Gerichte richten ihre Anträge unmittelbar an den Präsidenten des Bundestages. Einer Genehmigung bedarf es nicht, wenn der Termin zur Vernehmung außerhalb der Sitzungswochen des Bundestages liegt.

Beschluß des Deutschen Bundestages betr. Aufhebung der Immunität von Mitgliedern des Bundestages[3]

1. Der Deutsche Bundestag genehmigt bis zum Ablauf dieser Wahlperiode die Durchführung von Ermittlungsverfahren gegen Mitglieder des Bundestages wegen Straftaten, es sei denn, dass es sich um Beleidigungen (§§ 185, 186, 187a Abs. 1, § 188 Abs. 1 StGB[4]) politischen Charakters handelt.
Vor Einleitung eines Ermittlungsverfahrens ist dem Präsidenten des Deutschen Bundestages und, soweit nicht Gründe der Wahrheitsfindung entgegenstehen, dem betroffenen Mitglied des Bundestages Mitteilung zu machen; unterbleibt eine Mitteilung an das Mitglied des Bundestages, so ist der Präsident auch hiervon unter Angabe der Gründe zu unterrichten. Das Recht des Deutschen Bundestages, die Aussetzung des Verfahrens zu verlangen (Artikel 46 Abs. 4 GG[5]), bleibt unberührt.
Das Ermittlungsverfahren darf im Einzelfall frühestens 48 Stunden nach Zugang der Mitteilung beim Präsidenten des Deutschen Bundestages eingeleitet werden. Bei der Berechnung der Frist werden Sonntage, allgemeine Feiertage und Sonnabende nicht mitgerechnet. Der Präsident des Deutschen Bundestages kann im Einvernehmen mit dem Vorsitzenden des Ausschusses für Wahlprüfung, Immunität und Geschäftsordnung die Frist angemessen verlängern.
2. Diese Genehmigung umfaßt nicht
   a) die Erhebung der öffentlichen Klage wegen einer Straftat und den Antrag auf Erlass eines Strafbefehls,
   b) im Verfahren nach dem Gesetz über Ordnungswidrigkeiten[6] den Hinweis des Gerichts, daß über die Tat auch auf Grund eines Strafgesetzes entschieden werden kann (§ 81 Abs. 1 Satz 2 OWiG),
   c) freiheitsentziehende und freiheitsbeschränkende Maßnahmen im Ermittlungsverfahren,
   d) die Fortsetzung eines Ermittlungsverfahrens, zu dem der Bundestag in der vorausgegangenen Wahlperiode die Aussetzung der Ermittlungen gemäß Artikel 46 Abs. 4 des Grundgesetzes verlangt hat.
3. Zur Vereinfachung des Geschäftsganges wird der Ausschuß für Wahlprüfung, Immunität und Geschäftsordnung beauftragt, bei Verkehrsdelikten eine Vorentscheidung über die Genehmigung in den Fällen der Nummer 2 zu treffen.
Dasselbe gilt für Straftaten, die nach Auffassung des Ausschusses für Wahlprüfung, Immunität und Geschäftsordnung als Bagatellangelegenheiten zu betrachten sind.
Die Ermächtigung zur Strafverfolgung gemäß § 90b StGB – verfassungsfeindliche Verunglimpfung des Deutschen Bundestages – sowie § 194 Abs. 4 StGB – Beleidigung des Deutschen Bundestages – kann im Wege der Vorentscheidung erteilt werden.
Ist zu Beginn einer Wahlperiode die Fortsetzung eines Strafverfahrens gegen ein Mitglied des Bundestages zu genehmigen, gegen das der vorhergehende Bundestag die Durchführung dieses Strafverfahrens bereits genehmigt hat, kann im Wege der Vorentscheidung verfahren werden.
4. Die Vollstreckung einer Freiheitsstrafe oder einer Erzwingungshaft (§§ 96, 97 OWiG) bedürfen der Genehmigung des Deutschen Bundestages. Zur Vereinfachung des Geschäftsganges wird der Ausschuss für Wahlprüfung, Immunität und Geschäftsordnung beauftragt, eine Vorentscheidung über die Genehmigung der Vollstreckung zu treffen, bei Freiheitsstrafen nur, soweit nicht auf eine höhere Freiheitsstrafe als drei Monate erkannt ist oder bei einer Gesamtstrafenbildung (§§ 53 bis 55 StGB, § 460 StPO[1]) keine der erkannten Einzelstrafen drei Monate übersteigt.

---

[1] **Habersack, Deutsche Gesetze Nr. 90.**
[2] **Habersack, Deutsche Gesetze Nr. 100.**
[3] **Amtl. Anm.:** Dieser Beschluß wird jeweils zu Beginn einer Wahlperiode vom Deutschen Bundestag übernommen.
[4] **Habersack, Deutsche Gesetze Nr. 85.**
[5] Nr. 1.
[6] **Habersack, Deutsche Gesetze Nr. 94.**

5. Ist der Vollzug einer angeordneten Durchsuchung oder Beschlagnahme gegen ein Mitglied des Bundestages genehmigt, ist der Präsident beauftragt, die Genehmigung mit der Auflage zu verbinden, daß beim Vollzug der Zwangsmaßnahme ein anderes Mitglied des Bundestages und – falls die Vollstreckung in Räumen des Bundestages erfolgen soll – ein zusätzlicher Vertreter des Präsidenten anwesend sind; das Mitglied des Bundestages benennt der Präsident im Benehmen mit dem Vorsitzenden der Fraktion des Mitgliedes des Bundestages, gegen das der Vollzug von Zwangsmaßnahmen genehmigt ist.
6. Der Ausschuß für Wahlprüfung, Immunität und Geschäftsordnung kann im Wege der Vorentscheidung das Verlangen des Bundestages auf Aussetzung eines Verfahrens gemäß Artikel 46 Abs. 4 des Grundgesetzes herbeiführen.
7. Bei Vorentscheidungen werden die Beschlüsse des Ausschusses dem Bundestag durch den Präsidenten schriftlich mitgeteilt, ohne auf die Tagesordnung gesetzt zu werden. Sie gelten als Entscheidung des Deutschen Bundestages, wenn nicht innerhalb von sieben Tagen nach Mitteilung schriftlich beim Präsidenten Widerspruch erhoben wird.

Anlage 7[1)]

Richtlinien für die Befragung der Bundesregierung

1. Eine Befragung der Bundesregierung findet in Sitzungswochen mittwochs um 13.00 Uhr statt. Die Befragung dauert in der Regel 60 Minuten. Der Präsident kann die Befragung um bis zu 15 Minuten verlängern. Die Fragestunde verkürzt sich um die Verlängerungszeit.
2. Die Bundesregierung übermittelt den Fraktionen die Tagesordnung des Kabinetts, nachdem diese festgestellt worden ist.
3. Die Mitglieder des Bundestages können an die Bundesregierung Fragen von aktuellem Interesse im Rahmen ihrer Verantwortlichkeit stellen. Die Fragen können durch Bemerkungen eingeleitet werden. Sie müssen kurz gefasst sein und kurze Antworten ermöglichen. Zu jeder Frage ist eine Nachfrage durch den Fragesteller möglich.
4. An der Befragung nimmt mindestens ein Mitglied der Bundesregierung nach einer zuvor festgelegten Reihenfolge teil. Dieses Mitglied der Bundesregierung antwortet vorrangig. Fragen zu den Fachthemen anderer Bundesministerien können durch weitere anwesende Mitglieder der Bundesregierung oder durch Parlamentarische Staatssekretäre des zuständigen Bundesministeriums beantwortet werden.
5. Zu Beginn der Befragung erhält ein Mitglied der Bundesregierung auf Verlangen für bis zu fünf Minuten das Wort zu einleitenden Ausführungen.
6. Der Präsident erteilt das Wort unter Berücksichtigung der Regeln des § 28 Absatz 1 der Geschäftsordnung des Bundestages. In einem ersten Abschnitt sollen Fragen zum Bericht und zum Geschäftsbereich des turnusgemäß anwesenden Mitglieds der Bundesregierung aufgerufen werden, gefolgt von Fragen zu den vorangegangenen Kabinettsitzungen und allgemeinen Fragen.
7. Dreimal jährlich findet zu dem Termin der Regierungsbefragung eine Befragung des Bundeskanzlers statt. Die Befragung soll in den letzten Sitzungswochen vor Ostern, vor der Sommerpause und vor Weihnachten stattfinden. Die Befragung dauert 60 Minuten. Eine Verlängerung ist nicht möglich. Im Übrigen gelten die vorstehenden Regelungen entsprechend.

Anlage 8[2)]

(aufgehoben)

[1)] Anl. 7 neu gef. mWv 1.3.2019 durch Beschl. v. 1.3.2019 (BGBl. I S. 197).
[2)] Anl. 8 aufgeh. mWv 8.7.2010 durch Bek. v. 16.7.2010 (BGBl. I S. 1041).

100. Verwaltungsverfahrensgesetz (VwVfG)[1) 2) 3)]

In der Fassung der Bekanntmachung vom 23. Januar 2003[4)]

(BGBl. I S. 102)

FNA 201-6

geänd. durch Art. 4 Abs. 8 KostenrechtsmodernisierungsG v. 5.5.2004 (BGBl. I S. 718), Art. 1 Viertes G zur Änd. verwaltungsverfahrensrechtlicher Vorschriften v. 11.12.2008 (BGBl. I S. 2418), Art. 10 FGG-ReformG v. 17.12.2008 (BGBl. I S. 2586), Art. 4a G zur Umsetzung der DienstleistungsRL im Gewerberecht und in weiteren Rechtsvorschriften v. 17.7.2009 (BGBl. I S. 2091), Art. 4 G zur Modernisierung von Verfahren im anwaltlichen und notariellen Berufsrecht, zur Errichtung einer Schlichtungsstelle der Rechtsanwaltschaft sowie zur Änd. sonstiger Vorschriften v. 30.7.2009 (BGBl. I S. 2449), Art. 2 Abs. 1 G zur Modernisierung von Verfahren im patentanwaltlichen Berufsrecht v. 14.8.2009 (BGBl. I S. 2827), Art. 1 Planfeststellungsverfahren-VereinheitlichungsG v. 31.5.2013 (BGBl. I S. 1388), Art. 3 G zur Förderung der elektronischen Verwaltung sowie zur Änd. weiterer Vorschriften v. 25.7.2013 (BGBl. I S. 2749), Art. 1 G zur Bereinigung des Rechts der Lebenspartner v. 20.11.2015 (BGBl. I S. 2010), Art. 20 G zur Modernisierung des Besteuerungsverfahrens v. 18.7.2016 (BGBl. I S. 1679), Art. 5 G zum Abbau verzichtbarer Anordnungen der Schriftform im Verwaltungsrecht des Bundes v. 29.3.2017 (BGBl. I S. 626), Art. 11 Abs. 2 eIDAS-DurchführungsG v. 18.7.2017 (BGBl. I S. 2745), Art. 7 G zur Umsetzung des G zur Einführung des Rechts auf Eheschließung für Personen gleichen Geschlechts v. 18.12.2018 (BGBl. I S. 2639), Art. 5 Abs. 25 G zur Einführung einer Karte für

---

[1)] Siehe zum Verwaltungsverfahren auch die folgenden Vorschriften der Länder:
- **Baden-Württemberg:** LandesverwaltungsverfahrensG – LVwVfG idF der Bek. v. 12.4.2005 (GBl. S. 350), zuletzt geänd. durch G v. 4.2.2021 (GBl. S. 181)
- **Bayern:** Bayerisches VerwaltungsverfahrensG – BayVwVfG v. 23.12.1976 (BayRS II S. 213), zuletzt geänd. durch G v. 25.3.2020 (GVBl. S. 174)
- **Berlin:** G über das Verfahren der Berliner Verwaltung v. 21.4.2016 (GVBl. S. 218), zuletzt geänd. durch G v. 27.9.2021 (GVBl. S. 1117)
- **Brandenburg:** VerwaltungsverfahrensG für das Land Brandenburg – VwVfGBbg v. 7.7.2009 (GVBl. I S. 262, 264), zuletzt geänd. durch G v. 8.5.2018 (GVBl. I Nr. 8)
- **Bremen:** Bremisches VerwaltungsverfahrensG – BremVwVfG idF der Bek. v. 9.5.2003 (Brem.GBl. S. 219), zuletzt geänd. durch G v. 27.1.2015 (Brem.GBl. S. 15)
- **Hamburg:** Hamburgisches VerwaltungsverfahrensG – HmbVwVfG v. 9.11.1977 (HmbGVBl. S. 333, ber. 1977 S. 402), zuletzt geänd. durch G v. 18.3.2020 (HmbGVBl. S. 171)
- **Hessen:** Hessisches VerwaltungsverfahrensG – HVwVfG idF der Bek. v. 15.1.2010 (GVBl. I S. 18), zuletzt geänd. durch G v. 12.9.2018 (GVBl. S. 570)
- **Mecklenburg-Vorpommern:** LandesverwaltungsverfahrensG – VwVfG M-V idF der Bek. v. 6.5.2020 (GVOBl. M-V S. 410)
- **Niedersachsen:** Niedersächsisches VerwaltungsverfahrensG – NVwVfG v. 3.12.1976 (Nds. GVBl. S. 311), zuletzt geänd. durch G v. 24.9.2009 (Nds. GVBl. S. 361)
- **Nordrhein-Westfalen:** VerwaltungsverfahrensG für das Land Nordrhein-Westfalen – VwVfG. NRW. idF der Bek. v. 12.11.1999 (GV. NRW. S. 602), zuletzt geänd. durch G v. 1.2.2022 (GV. NRW. S. 122)
- **Rheinland-Pfalz:** LandesverwaltungsverfahrensG – LVwVfG v. 23.12.1976 (GVBl. S. 308), zuletzt geänd. durch G v. 22.12.2015 (GVBl. S. 487)
- **Saarland:** Saarländisches VerwaltungsverfahrensG – SVwVfG v. 15.12.1976 (Amtsbl. S. 1151), zuletzt geänd. durch G v. 26.8.2020 (Amtsbl. I S. 1058)
- **Sachsen:** Gesetz zur Regelung des Verwaltungsverfahrens- und des Verwaltungszustellungsrechts für den Freistaat Sachsen – SächsVwVfZG v. 19.5.2010 (SächsGVBl. S. 142), geänd. durch G v. 12.7.2013 (SächsGVBl. S. 503)
- **Sachsen-Anhalt:** VerwaltungsverfahrensG Sachsen-Anhalt – VwVfG LSA v. 18.11.2005 (GVBl. LSA S. 698), zuletzt geänd. durch G v. 8.4.2020 (GVBl. LSA S. 134)
- **Schleswig-Holstein:** Allgemeines VerwaltungsG für das Land Schleswig-Holstein – LVwG idF der Bek. v. 2.6.1992 (GVOBl. Schl.-H. S. 243, ber. S. 534), zuletzt geänd. durch G v. 5.4.2022 (GVOBl. Schl.-H. S. 392)
- **Thüringen:** Thüringer VerwaltungsverfahrensG – ThürVwVfG idF der Bek. v. 1.12.2014 (GVBl. S. 685), zuletzt geänd. durch G v. 10.5.2018 (GVBl. S. 212).

[2)] Siehe hierzu ua die Belehrung über Rechtsbehelfe nach dem VwVfG v. 12.8.2013 (GMBl S. 1150), geänd. durch Rundschreiben v. 14.3.2018 (GMBl S. 600).

[3)] Die Änderungen durch G v. 4.5.2021 (BGBl. I S. 882) treten erst **mWv 1.1.2023** in Kraft und sind im Text noch nicht berücksichtigt.

[4)] Neubekanntmachung des VwVfG idF der Bek. v. 21.9.1998 (BGBl. I S. 3050) in der ab 1.2.2003 geltenden Fassung.

Unionsbürger und Angehörige des Europäischen Wirtschaftsraums mit Funktion zum elektronischen Identitätsnachweis sowie zur Änd. des PersonalausweisG und weiterer Vorschriften[1] v. 21.6.2019 (BGBl. I S. 846, geänd. durch G v. 20.11.2019, BGBl. I S. 1626), Art. 15 Abs. 1 Vormundschafts- und Betreuungsrechts-ReformG v. 4.5.2021 (BGBl. I S. 882) und Art. 24 Abs. 3 G zur Modernisierung des notariellen Berufsrechts und zur Änd. weiterer Vorschriften v. 25.6.2021 (BGBl. I S. 2154)

Inhaltsübersicht[2]

---

[1] *Die Änd. des Inkrafttretens dieses G durch* Art. 154a G v. 20.11.2019 (BGBl. I S. 1626) ist unbeachtlich, da das G bei Erlass des ÄndG bereits in Kraft getreten war.

[2] Inhaltsübersicht geänd. mWv 18.12.2008 durch G v. 11.12.2008 (BGBl. I S. 2418); geänd. mWv 28.12. 2009 durch G v. 17.7.2009 (BGBl. I S. 2091); geänd. mWv 7.6.2013 durch G v. 31.5.2013 (BGBl. I S. 1388); geänd. mWv 1.1.2017 durch G v. 18.7.2016 (BGBl. I S. 1679).

113. Gesetz zur Regelung des Zugangs zu Informationen des Bundes (Informationsfreiheitsgesetz – IFG)[1)]

Vom 5. September 2005
(BGBl. I S. 2722)

FNA 201-10

geänd. durch Art. 2 Abs. 6 G zur Strukturreform des Gebührenrechts des Bundes v. 7.8.2013 (BGBl. I S. 3154), Art. 9 Zweites Datenschutz-Anpassungs- und UmsetzungsG EU v. 20.11.2019 (BGBl. I S. 1626) und Art. 44 Elfte ZuständigkeitsanpassungsVO v. 19.6.2020 (BGBl. I S. 1328)

Der Bundestag hat das folgende Gesetz beschlossen:

§ 1 Grundsatz. (1) [1]Jeder hat nach Maßgabe dieses Gesetzes gegenüber den Behörden des Bundes einen Anspruch auf Zugang zu amtlichen Informationen. [2]Für sonstige Bundesorgane und -einrichtungen gilt dieses Gesetz, soweit sie öffentlich-rechtliche Verwaltungsaufgaben wahrnehmen. [3]Einer Behörde im Sinne dieser Vorschrift steht eine natürliche Person oder juristische Person des Privatrechts gleich, soweit eine Behörde sich dieser Person zur Erfüllung ihrer öffentlich-rechtlichen Aufgaben bedient.

(2) [1]Die Behörde kann Auskunft erteilen, Akteneinsicht gewähren oder Informationen in sonstiger Weise zur Verfügung stellen. [2]Begehrt der Antragsteller eine bestimmte Art des Informationszugangs, so darf dieser nur aus wichtigem Grund auf andere Art gewährt werden. [3]Als wichtiger Grund gilt insbesondere ein deutlich höherer Verwaltungsaufwand.

---

1) Bislang haben folgende **Länder** Vorschriften zum IFG erlassen:
- **Baden-Württemberg:** Gesetz zur Regelung des Zugangs zu Informationen in Baden-Württemberg (Landesinformationsfreiheitsgesetz – LIFG) v. 17.12.2015 (GBl. S. 1201), geänd. durch G v. 12.6.2018 (GBl. S. 173);
- **Berlin:** Gesetz zur Förderung der Informationsfreiheit im Land Berlin (Berliner Informationsfreiheitsgesetz – IFG) v. 15.10.1999 (GVBl. S. 561), zuletzt geänd. durch G v. 12.10.2020 (GVBl. S. 807);
- **Brandenburg:** Akteneinsichts- und Informationszugangsgesetz (AIG) v. 10.3.1998 (GVBl. I S. 46), zuletzt geänd. durch G v. 8.5.2018 (GVBl. I Nr. 7);
- **Bremen:** Gesetz über die Freiheit des Zugangs zu Informationen für das Land Bremen (Bremer Informationsfreiheitsgesetz – BremIFG) v. 16.5.2006 (Brem.GBl. S. 263), zuletzt geänd. durch G v. 5.3. 2019 (Brem.GBl. S. 55);
- **Hamburg:** Hamburgisches Transparenzgesetz (HmbTG) v. 19.6.2012 (HmbGVBl. S. 271), zuletzt geänd. durch G v. 19.12.2019 (HmbGVBl. 2020 S. 19 ber. S. 56);
- **Hessen:** Hessisches Datenschutz- und Informationsfreiheitsgesetz (HDSIG) v. 3.5.2018 (GVBl. S. 82), zuletzt geänd. durch G v. 15.11.2021 (GVBl. S. 718);
- **Mecklenburg-Vorpommern:** Gesetz zur Regelung des Zugangs zu Informationen für das Land Mecklenburg-Vorpommern (Informationsfreiheitsgesetz – IFG M-V) v. 10.7.2006 (GVOBl. M-V S. 556), zuletzt geänd. durch G v. 22.5.2018 (GVOBl. M-V S. 193);
- **Nordrhein-Westfalen:** Gesetz über die Freiheit des Zugangs zu Informationen für das Land Nordrhein-Westfalen (Informationsfreiheitsgesetz Nordrhein-Westfalen – IFG NRW) v. 27.11.2001 (GV. NRW. S. 806), zuletzt geänd. durch G v. 1.2.2022 (GV. NRW. S. 122);
- **Rheinland-Pfalz:** Landestransparenzgesetz (LTranspG) v. 27.11.2015 (GVBl. S. 383), zuletzt geänd. durch G v. 23.9.2020 (GVBl. S. 461);
- **Saarland:** Saarländisches Informationsfreiheitsgesetz (SIFG) v. 12.7.2006 (Amtsbl. S. 1624), zuletzt geänd. durch G v. 22.8.2018 (Amtsbl. I S. 674);
- **Sachsen-Anhalt:** Informationszugangsgesetz Sachsen-Anhalt (IZG LSA) v. 19.6.2008 (GVBl. LSA S. 242), zuletzt geänd. durch G v. 18.2.2020 (GVBl. LSA S. 25);
- **Schleswig-Holstein** Informationszugangsgesetz für das Land Schleswig-Holstein (IZG-SH) v. 19.1. 2012 (GVOBl. Schl.-H. S. 89), zuletzt geänd. durch G v. 16.3.2022 (GVOBl. Schl.-H. S. 285);
- **Thüringen:** Thüringer Transparenzgesetz v. 10.10.2019 (GVBl. S. 373).

(3) Regelungen in anderen Rechtsvorschriften über den Zugang zu amtlichen Informationen gehen mit Ausnahme des § 29 des Verwaltungsverfahrensgesetzes[1] und des § 25 des Zehnten Buches Sozialgesetzbuch[2] vor.

§ 2 Begriffsbestimmungen. Im Sinne dieses Gesetzes ist

1. amtliche Information: jede amtlichen Zwecken dienende Aufzeichnung, unabhängig von der Art ihrer Speicherung. Entwürfe und Notizen, die nicht Bestandteil eines Vorgangs werden sollen, gehören nicht dazu;
2. Dritter: jeder, über den personenbezogene Daten oder sonstige Informationen vorliegen.

§ 3 Schutz von besonderen öffentlichen Belangen. Der Anspruch auf Informationszugang besteht nicht,

1. wenn das Bekanntwerden der Information nachteilige Auswirkungen haben kann auf
   a) internationale Beziehungen,
   b) militärische und sonstige sicherheitsempfindliche Belange der Bundeswehr,
   c) Belange der inneren oder äußeren Sicherheit,
   d) Kontroll- oder Aufsichtsaufgaben der Finanz-, Wettbewerbs- und Regulierungsbehörden,
   e) Angelegenheiten der externen Finanzkontrolle,
   f) Maßnahmen zum Schutz vor unerlaubtem Außenwirtschaftsverkehr,
   g) die Durchführung eines laufenden Gerichtsverfahrens, den Anspruch einer Person auf ein faires Verfahren oder die Durchführung strafrechtlicher, ordnungswidrigkeitsrechtlicher oder disziplinarischer Ermittlungen,
2. wenn das Bekanntwerden der Information die öffentliche Sicherheit gefährden kann,
3. wenn und solange
   a) die notwendige Vertraulichkeit internationaler Verhandlungen oder
   b) die Beratungen von Behörden beeinträchtigt werden,
4. wenn die Information einer durch Rechtsvorschrift oder durch die Allgemeine Verwaltungsvorschrift zum materiellen und organisatorischen Schutz von Verschlusssachen geregelten Geheimhaltungs- oder Vertraulichkeitspflicht oder einem Berufs- oder besonderen Amtsgeheimnis unterliegt,
5. hinsichtlich vorübergehend beigezogener Information einer anderen öffentlichen Stelle, die nicht Bestandteil der eigenen Vorgänge werden soll,
6. wenn das Bekanntwerden der Information geeignet wäre, fiskalische Interessen des Bundes im Wirtschaftsverkehr oder wirtschaftliche Interessen der Sozialversicherungen zu beeinträchtigen,
7. bei vertraulich erhobener oder übermittelter Information, soweit das Interesse des Dritten an einer vertraulichen Behandlung im Zeitpunkt des Antrags auf *Informations*zugang noch fortbesteht,

[1] Nr. **100**.
[2] **Sartorius ErgBd. Nr. 410.**

Ablauf des Monats, in dem sie die Regelaltersgrenze nach § 51 Absatz 1 und 2 des Bundesbeamtengesetzes erreicht haben.

§ 107e[1] Sonderregelungen zur Bewältigung der COVID-19-Pandemie.

(1) [1] Für Ruhestandsbeamte, die ein Erwerbseinkommen aus einer Beschäftigung erzielen, die in unmittelbarem Zusammenhang mit der Bewältigung der Auswirkungen der COVID-19-Pandemie steht, beträgt die Höchstgrenze nach § 53 Absatz 2 Nummer 1 erste Alternative bis zum 31. Dezember 2022 150 Prozent der ruhegehaltfähigen Dienstbezüge aus der Endstufe der Besoldungsgruppe, aus der sich das Ruhegehalt berechnet, zuzüglich des jeweils zustehenden Unterschiedsbetrages nach § 50 Absatz 1. [2] § 53 Absatz 5 Satz 2 und 3 ist nicht anzuwenden. [3] Die Sätze 1 und 2 gelten nicht für Beamte, die wegen Dienstunfähigkeit oder nach § 52 Absatz 1 oder 2 des Bundesbeamtengesetzes[2] in den Ruhestand versetzt worden sind.

(2) Anspruch auf Waisengeld besteht auch dann, wenn wegen der Auswirkungen der COVID-19-Pandemie

1. eine Schul- oder Berufsausbildung oder ein freiwilliger Dienst im Sinne des § 61 Absatz 2 Satz 1 Nummer 1 Buchstabe a oder Buchstabe c nicht angetreten werden kann oder
2. die Übergangszeit nach § 61 Absatz 2 Satz 1 Nummer 1 Buchstabe b überschritten wird.

(3) Eine in der Zeit vom 1. März 2020 bis 31. März 2022 gewährte Leistung, die nach § 3 Nummer 11a des Einkommensteuergesetzes steuerfrei ist, gilt bis zu einem Betrag von 1500 Euro nicht als Erwerbseinkommen.

§ 108 Anwendungsbereich in den Ländern. (1) Für die Beamten der Länder, der Gemeinden, der Gemeindeverbände sowie der sonstigen der Aufsicht eines Landes unterstehenden Körperschaften, Anstalten und Stiftungen des öffentlichen Rechts gilt das Beamtenversorgungsgesetz in der bis zum 31. August 2006 geltenden Fassung, soweit es nicht durch Landesrecht ersetzt wurde.[3]

---

[1] § 107e eingef. mWv 1.1.2020 und aufgeh. mWv 1.1.2021 durch G v. 25.5.2020 (BGBl. I S. 1063); erneut eingef. mWv 1.1.2020, Abs. 2 aufgeh., bish. Abs. 3 wird Abs. 2 mWv 1.7.2021 durch G v. 28.6. 2021 (BGBl. I S. 2250); Abs. 1 Satz 1 und Abs. 2 einl. Satzteil geänd., Abs. 3 angef. mWv 24.11.2021 durch G v. 22.11.2021 (BGBl. I S. 4906).

[2] Nr. **160**.

[3] Siehe die versorgungsrechtlichen Regelungen der Länder:

- **Baden-Württemberg:** LandesbeamtenversorgungsG v. 9.11.2010 (GBl. S. 793, 911), zuletzt geänd. durch G v. 15.10.2020 (GBl. S. 914)
- **Bayern:** Bayerisches BeamtenversorgungsG v. 5.8.2010 (GVBl. S. 410, 528, 764), zuletzt geänd. durch G v. ErlDat (GVBl. 2021)
- **Berlin:** Beamtenversorgungs-ÜberleitungsG v. 21.6.2011 (GVBl. S. 266)
- **Brandenburg:** Brandenburgisches BeamtenversorgungsG v. 20.11.2013 (GVBl. I Nr. 32, 77), zuletzt geänd. durch G v. 19.6.2019 (GVBl. I Nr. 39)
- **Bremen:** Bremisches BeamtenversorgungsG v. 4.11.2014 (Brem.GBl. S. 458), zuletzt geänd. durch G v. 29.3.2022 (Brem.GBl. S. 200)
- **Hamburg:** Hamburgisches BeamtenversorgungsG v. 26.1.2010 (HmbGVBl. S. 23, 72), zuletzt geänd. durch G v. 3.2.2021 (HmbGVBl. S. 59)
- **Hessen:** Hessisches BeamtenversorgungsG v. 27.5.2013 (GVBl. S. 218, 312), zuletzt geänd. durch G v. 14.12.2021 (GVBl. S. 931)
- **Mecklenburg-Vorpommern:** LandesbeamtenversorgungsG idF der Bek. v. 22.2.2022 (GVOBl. M-V S. 102)
- **Niedersachsen:** Niedersächsisches BeamtenversorgungsG idF der Bek. v. 2.4.2013 (Nds. GVBl. S. 73), zuletzt geänd. durch G v. 16.12.2021 (Nds. GVBl. S. 883) →

(2) Nach Maßgabe des Deutschen Richtergesetzes[1] ist auf die Versorgung der Richter der Länder das Beamtenversorgungsgesetz in der bis zum 31. August 2006 geltenden Fassung entsprechend anzuwenden, soweit nichts anderes bestimmt ist.

§ 109 (Inkrafttreten)

(Fortsetzung der Anm. von voriger Seite)

– **Nordrhein-Westfalen:** Beamtenversorgungs-ÜberleitungsG v. 16.5.2013 (GV. NRW. S. 234, 238), geänd. durch G v. 16.5.2013 (GV. NRW. S. 234)
– **Rheinland-Pfalz:** LandesbeamtenversorgungsG v. 18.6.2013 (GVBl. S. 157, 208), zuletzt geänd. durch G v. 8.4.2022 (GVBl. S. 120)
– **Saarland:** vgl. § 2 Saarländisches BeamtenversorgungsG v. 13.10.2021 (Amtsbl. I S. 2547, 2582)
– **Sachsen:** Sächsisches BeamtenversorgungsG v. 18.12.2013 (SächsGVBl. S. 970, 1045), zuletzt geänd. durch G v. 9.2.2022 (SächsGVBl. S. 142)
– **Sachsen-Anhalt:** LandesbeamtenversorgungsG v. 13.6.2018 (GVBl. LSA S. 72, 78), zuletzt geänd. durch G v. 7.2.2022 (GVBl. LSA S. 12)
– **Schleswig-Holstein:** BeamtenversorgungsG Schleswig-Holstein v. 26.1.2012 (GVOBl. Schl.-H. S. 153), zuletzt geänd. durch G v. 24.3.2022 (GVOBl. Schl.-H. S. 309)
– **Thüringen:** Thüringer BeamtenversorgungsG idF der Bek. v. 17.2.2022 (GVBl. S. 40)

[1] **Habersack, Deutsche Gesetze ErgBd. Nr. 97.**

§ 80[1] Übergangsregelung für beihilfeberechtigte Polizeivollzugsbeamte des Bundes. (1) [1] Polizeivollzugsbeamten der Bundespolizei, die am 1. Januar 1993 Beihilfe nach den Beihilfevorschriften des Bundes erhalten, wird diese weiterhin gewährt. [2] Auf Antrag erhalten sie an Stelle der Beihilfe Heilfürsorge nach § 70 Absatz 2. [3] Der Antrag ist unwiderruflich.

(2) [1] Polizeivollzugsbeamten beim Deutschen Bundestag, die am 31. Dezember 2021 Beihilfe erhalten, wird diese weiterhin gewährt. [2] Auf Antrag erhalten sie anstelle der Beihilfe Heilfürsorge nach § 70 Absatz 2. [3] Der Antrag ist unwiderruflich.

§ 80a[2] Übergangsregelung für Verpflichtungsprämien für Soldaten auf Zeit aus Anlass des Bundeswehrreform-Begleitgesetzes. § 85a Absatz 4 in der bis zum 31. Dezember 2012 geltenden Fassung ist auf Verpflichtungsprämien, die nach § 85a in der Zeit vom 1. Januar 2011 bis zum 31. Dezember 2012 gewährt wurden, weiterhin anzuwenden.

§ 80b[3] Übergangsregelung zum Auslandsverwendungszuschlag. Beamten und Soldaten, die am 31. Mai 2017 eine Vergütung nach § 50a oder Auslandsdienstbezüge nach § 52 beziehen, werden diese bis zur Beendigung ihrer jeweiligen Verwendung weitergewährt, soweit dies für die Betroffenen günstiger ist als die Gewährung des Auslandsverwendungszuschlags nach § 56 in der ab dem 1. Juni 2017 geltenden Fassung.

§ 81 Übergangsregelungen bei Zulagenänderungen aus Anlass des Versorgungsreformgesetzes 1998. [1] Soweit durch das Versorgungsreformgesetz 1998 die Ruhegehaltfähigkeit von Zulagen wegfällt oder Zulagen, die der Berechtigte bezogen hat, nicht mehr zu den ruhegehaltfähigen Dienstbezügen gehören, sind für Empfänger von Dienstbezügen, die bis zum 31. Dezember 2007 in den Ruhestand treten oder versetzt werden, die bisherigen Vorschriften über die Ruhegehaltfähigkeit in der bis zum 31. Dezember 1998 geltenden Fassung weiter anzuwenden, für Empfänger von Dienstbezügen der Besoldungsgruppen A 1 bis A 9 bei einer Zurruhesetzung bis zum 31. Dezember 2010. [2] Dies gilt nicht, wenn die Zulage nach dem 1. Januar 1999 erstmals gewährt wird.

§ 82[4] *(aufgehoben)*

§ 83[5] Übergangsregelung für Ausgleichszulagen. § 19a gilt entsprechend, wenn ein Anspruch auf eine ruhegehaltfähige Ausgleichszulage wegen der Verringerung oder des Verlustes einer Amtszulage während eines Dienstverhältnisses nach § 1 Absatz 1 bis zum 30. Juni 2009 entstanden ist, und in den Fällen des § 2 Absatz 6 des Besoldungsüberleitungsgesetzes[6].

§ 83a[7] Übergangsregelung für die Besoldung bei Verleihung eines anderen Amtes oder bei Wechsel in den Dienst des Bundes. (1) Der Anspruch

---

[1] § 80 Überschrift geänd. und Abs. 2 angef. mWv 1.1.2022 durch G v. 9.7.2021 (BGBl. I S. 2444).
[2] § 80a eingef. mWv 1.1.2013 durch G v. 21.7.2012 (BGBl. I S. 1583).
[3] § 80b eingef. mWv 1.6.2017 durch G v. 8.6.2017 (BGBl. I S. 1570).
[4] § 82 aufgeh. mWv 1.8.2021 durch G v. 28.6.2021 (BGBl. I S. 2250).
[5] § 83 Abs. 3 geänd. mWv 1.1.2011 durch G v. 5.2.2009 (BGBl. I S. 160, insoweit geänd. durch G v. 19.11.2010, BGBl. I S. 1552); Überschrift und Abs. 3 geänd. mWv 1.1.2012 durch G v. 20.12.2011 (BGBl. I S. 2842); Abs. 2 und 3 aufgeh. mWv 11.1.2017 durch G v. 5.1.2017 (BGBl. I S. 17).
[6] **Bundesbeamtengesetze Nr. 52A.**
[7] § 83a eingef. mWv 22.3.2012 durch G v. 15.3.2012 (BGBl. I S. 462).

nach § 19a Satz 2 besteht ab dem 1. März 2012 auch für Wechsel in der Zeit vom 1. Juli 2009 bis zum 21. März 2012.

(2) [1]Für Beamte, Richter und Soldaten, die in der Zeit vom 1. Juli 2009 bis zum 21. März 2012 auf Grund einer Versetzung, einer Übernahme oder eines Übertritts in den Dienst des Bundes gewechselt sind, ist § 19b mit der Maßgabe anzuwenden, dass eine Ausgleichszulage ab dem 1. März 2012 gewährt wird. [2]Sie wird in der Höhe gewährt, die sich am 22. März 2012 ergäbe, wenn die Zulage bereits seit dem Wechsel in den Dienst des Bundes zugestanden hätte.

§ 84 Anpassung von Bezügen nach fortgeltendem Recht. Die Anpassung nach § 14 Absatz 2 gilt entsprechend für

1. die Grundgehaltssätze (Gehaltssätze) in den Regelungen über künftig wegfallende Ämter,
2. die Amtszulagen in Überleitungsvorschriften oder Regelungen über künftig wegfallende Ämter,
3. die in festen Beträgen ausgewiesenen Zuschüsse zum Grundgehalt nach den Vorbemerkungen Nummer 1 und 2 sowie die allgemeine Stellenzulage nach Vorbemerkung Nummer 2b der Anlage II in der bis zum 22. Februar 2002 geltenden Fassung,
4. die Beträge der Amtszulagen nach Anlage 2 der Verordnung zur Überleitung in die im Zweiten Gesetz zur Vereinheitlichung und Neuregelung des Besoldungsrechts in Bund und Ländern geregelten Ämter und über die künftig wegfallenden Ämter vom 1. Oktober 1975 (BGBl. I S. 2608), geändert durch Artikel 9 des Gesetzes vom 24. März 1997 (BGBl. I S. 590).

§ 85[1)] Anwendungsbereich in den Ländern. Für die Beamten und Richter der Länder, der Gemeinden, der Gemeindeverbände sowie der sonstigen der Aufsicht eines Landes unterstehenden Körperschaften, Anstalten und Stiftungen des öffentlichen Rechts gilt das Bundesbesoldungsgesetz in der bis zum 31. August 2006 geltenden Fassung, soweit nichts Anderes bestimmt ist.[2)]

[1)] § 85 aufgeh., bish. § 86 wird § 85 mWv 1.8.2013 durch G v. 11.6.2013 (BGBl. I S. 1514).

[2)] Siehe die besoldungsrechtlichen Regelungen der Länder:
- **Baden-Württemberg:** LandesbesoldungsG v. 9.11.2010 (GBl. S. 793, 826), zuletzt geänd. durch G v. 22.12.2021 (GBl. S. 1009)
- **Bayern:** Bayerisches BesoldungsG v. 5.8.2010 (GVBl. S. 410, 764), zuletzt geänd. durch G v. 10.5.2022 (GVBl. S. 182)
- **Berlin:** vgl. § 1b LandesbesoldungsG v. 9.4.1996 (GVBl. S. 160, ber. S. 463), zuletzt geänd. durch G v. 27.9.2021 (GVBl. S. 1117)
- **Brandenburg:** Brandenburgisches BesoldungsG v. 20.11.2013 (GVBl. I Nr. 32, 2, ber. Nr. 34), zuletzt geänd. durch G v. 17.12.2021 (GVBl. I Nr. 36)
- **Bremen:** Bremisches BesoldungsG v. 20.12.2016 (Brem.GBl. S. 924), zuletzt geänd. durch G v. 23.11. 2021 (Brem.GBl. S. 772)
- **Hamburg:** Hamburgisches BesoldungsG v. 26.1.2010 (HmbGVBl. S. 23), zuletzt geänd. durch G v. 3.2.2021 (HmbGVBl. S. 59)
- **Hessen:** Hessisches BesoldungsG v. 27.5.2013 (GVBl. S. 218, 256, ber. S. 508), zuletzt geänd. durch G v. 14.12.2021 (GVBl. S. 931)
- **Mecklenburg-Vorpommern:** LandesbesoldungsG v. 11.5.2021 (GVOBl. M-V S. 600)
- **Niedersachsen:** Niedersächsisches BesoldungsG v. 20.12.2016 (Nds. GVBl. S. 308, ber. 2017 S. 64), *zuletzt geänd. durch G v. 16.12.2021* (Nds. GVBl. S. 883)
- **Nordrhein-Westfalen:** LandesbesoldungsG v. 14.6.2016 (GV. NRW. S. 310, 339), zuletzt geänd. durch G v. 13.4.2022 (GV. NRW. S. 524)
- **Rheinland-Pfalz:** LandesbesoldungsG v. 18.6.2013 (GVBl. S. 157, 158), zuletzt geänd. durch G v. 8.4. 2022 (GVBl. S. 120)

→

Anlage I[1)]
(zu § 20 Absatz 2 Satz 1)

Bundesbesoldungsordnungen A und B

Vorbemerkungen[2)]

I. Allgemeine Vorbemerkungen

1.[3)] Amtsbezeichnungen

(1) Weibliche Beamte führen die Amtsbezeichnung soweit möglich in der weiblichen Form.

(2) [1]Die in den Bundesbesoldungsordnungen A und B gesperrt gedruckten Amtsbezeichnungen sind Grundamtsbezeichnungen. [2]Den Grundamtsbezeichnungen können Zusätze beigefügt werden, die hinweisen auf

1. den Dienstherrn oder den Verwaltungsbereich,
2. die Laufbahn,
3. die Fachrichtung.

[3]Die Grundamtsbezeichnungen „Rat“, „Oberrat“, „Direktor“, „Leitender Direktor“, „Direktor und Professor“, „Erster Direktor“, „Oberdirektor“, „Präsident“ und „Präsident und Professor“ dürfen nur in Verbindung mit einem Zusatz nach Satz 2 verliehen werden.

(3) [1]Über die Beifügung der Zusätze zu den Grundamtsbezeichnungen der Bundesbesoldungsordnung B entscheidet das Bundesministerium des Innern, für Bau und Heimat im Einvernehmen mit dem Bundesministerium der Finanzen. [2]Das Bundesministerium des Innern, für Bau und Heimat macht die Zusätze zu den Grundamtsbezeichnungen der Bundesbesoldungsordnung B jährlich zum 1. März im Gemeinsamen Ministerialblatt bekannt.

(4) [1]Die Regelungen in der Bundesbesoldungsordnung A für Ämter des mittleren, gehobenen und höheren Polizeivollzugsdienstes – mit Ausnahme des kriminalpolizeilichen Vollzugsdienstes – gelten auch für die Polizeivollzugsbeamten beim Deutschen Bundestag. [2]Diese führen die Amtsbezeichnungen des Polizeivollzugsdienstes mit dem Zusatz „beim Deutschen Bundestag“.

(Fortsetzung der Anm. von voriger Seite)
– **Saarland:** Saarländisches BesoldungsG v. 13.10.2021 (Amtsbl. I S. 2547), geänd. durch G v. 16.2.2022 (Amtsbl. I S. 450)
– **Sachsen:** Sächsisches BesoldungsG v. 18.12.2013 (SächsGVBl. S. 970, 1005), zuletzt geänd. durch G v. 9.2.2022 (SächsGVBl. S. 134)
– **Sachsen-Anhalt:** LandesbesoldungsG v. 8.2.2011 (GVBl. LSA S. 68), zuletzt geänd. durch G v. 7.2. 2022 (GVBl. LSA S. 12)
– **Schleswig-Holstein:** BesoldungsG Schleswig-Holstein v. 26.1.2012 (GVOBl. Schl.-H. S. 153), zuletzt geänd. durch G v. 24.3.2022 (GVOBl. Schl.-H. S. 309)
– **Thüringen:** Thüringer BesoldungsG idF der Bek. v. 18.1.2016 (GVBl. S. 1, ber. S. 166, 202), zuletzt geänd. durch G v. 21.12.2021 (GVBl. S. 590)

[1)] Anl. I neu gef. mWv 1.8.2013 durch G v. 11.6.2013 (BGBl. I S. 1514).

[2)] Vorbemerkung Nr. 6 und Nr. 11 geänd. mWv 1.1.2015, Nr. 4 neu gef. mWv 1.6.2015 durch G v. 13.5.2015 (BGBl. I S. 706); Nr. 5, 6, 6a, 8a, 9, 9a und 11 geänd., Nr. 8c eingef. mWv 1.1.2016 durch G v. 3.12.2015 (BGBl. I S. 2163); Nr. 6a geänd. mWv 11.1.2017 durch G v. 5.1.2017 (BGBl. I S. 17); Nr. 13 geänd. mWv 26.6.2017 durch G v. 23.6.2017 (BGBl. I S. 1822); Nr. 8c geänd. mWv 1.1.2019 durch G v. 29.11.2018 (BGBl. I S. 2232); Nr. 1, 2, 2a, 5a, 6, 6a, 7, 8, 8a, 8b, 9, 10, 13 geänd., Nr. 4, 9a, 11, 15–17 neu gef., Nr. 18 und 19 angef., Nr. 3a aufgeh. mWv 1.1.2020 durch G v. 9.12.2019 (BGBl. I S. 2053); Nr. 1, 4, 9a und 11 geänd. mWv 1.1.2020 durch G v. 28.6.2021 (BGBl. I S. 2250).

[3)] Siehe hierzu das BMI-RdSchr. D3 – 30200/101#6 **(Bundesbeamtengesetze Nr. 52.7)** und das BMI-RdSchr. D3 – 30200/183#5 **(Bundesbeamtengesetze Nr. 52.8)**.

2. „Direktor und Professor" in den Besoldungsgruppen B 1, B 2 und B 3

[1]Die Ämter „Direktor und Professor" in den Besoldungsgruppen B 1, B 2 und B 3 dürfen nur an Beamte verliehen werden, denen in wissenschaftlichen Forschungseinrichtungen oder in Dienststellen und Einrichtungen mit eigenen wissenschaftlichen Forschungsbereichen überwiegend wissenschaftliche Forschungsaufgaben obliegen. [2]Dienststellen und Einrichtungen mit eigenen wissenschaftlichen Forschungsbereichen sind:

Bundesagentur für Arbeit

Bundesamt für Bauwesen und Raumordnung

Bundesamt für Naturschutz

Bundesamt für Seeschifffahrt und Hydrographie

Bundesamt für Strahlenschutz

Bundesamt für Verbraucherschutz und Lebensmittelsicherheit

Bundesanstalt für Arbeitsschutz und Arbeitsmedizin

Bundesanstalt für Geowissenschaften und Rohstoffe

Bundesanstalt für Materialforschung und -prüfung

Bundesanstalt für Straßenwesen

Bundesinstitut für Arzneimittel und Medizinprodukte

Bundesinstitut für Risikobewertung

Bundesinstitut für Sportwissenschaft

Bundeskriminalamt

Deutscher Wetterdienst

Eisenbahn-Bundesamt

Friedrich-Loeffler-Institut, Bundesforschungsinstitut für Tiergesundheit

Johann Heinrich von Thünen-Institut, Bundesforschungsinstitut für Ländliche Räume, Wald und Fischerei

Julius Kühn-Institut, Bundesforschungsinstitut für Kulturpflanzen

Max Rubner-Institut, Bundesforschungsinstitut für Ernährung und Lebensmittel

Paul-Ehrlich-Institut

Physikalisch-Technische Bundesanstalt

Robert Koch-Institut

Umweltbundesamt

Wehrtechnische Dienststelle für Schiffe und Marinewaffen, Maritime Technologie und Forschung

Wehrwissenschaftliches Institut für Werk- und Betriebsstoffe.

2a. Leiter von unteren Verwaltungsbehörden und Leiter von allgemeinbildenden oder beruflichen Schulen

[1]Die Ämter der Leiter von unteren Verwaltungsbehörden mit einem beim jeweiligen Dienstherrn örtlich begrenzten Zuständigkeitsbereich sowie die Ämter der Leiter von allgemeinbildenden oder beruflichen Schulen dürfen nur in Besoldungsgruppen der Bundesbesoldungsordnung A eingestuft werden. [2]Die Ämter der Leiter besonders bedeutender und zugleich besonders großer unterer Verwaltungsbehörden der Zollverwaltung dürfen auch in Besoldungsgruppen der Bundesbesoldungsordnung B eingestuft werden.

256. Bundesmeldegesetz (BMG)[1) 2) 3)]

Vom 3. Mai 2013

(BGBl. I S. 1084)

FNA 210-7

geänd. durch Art. 1 Nr. 1 G zur Änd. des G zur Fortentwicklung des Meldewesens v. 20.11.2014 (BGBl. I S. 1738), Art. 3a Bundeswehr-AttraktivitätssteigerungsG v. 13.5.2015 (BGBl. I S. 706), Art. 2a G zur Änd. des PersonalausweisG zur Einführung eines Ersatz-Personalausweises und zur Änd. des PassG v. 20.6.2015 (BGBl. I S. 970), Art. 4 AsylverfahrensbeschleunigungsG v. 20.10.2015 (BGBl. I S. 1722), Art. 8, 9 DatenaustauschverbesserungsG v. 2.2.2016 (BGBl. I S. 130), Art. 1, 2 Erstes G zur Änd. des BundesmeldeG und weiterer Vorschriften v. 11.10.2016 (BGBl. I S. 2218), Art. 11 Abs. 4 eIDAS-DurchführungsG v. 18.7.2017 (BGBl. I S. 2745), Art. 5 Abs. 2 G zur Einführung einer Karte für Unionsbürger und Angehörige des Europäischen Wirtschaftsraums mit Funktion zum elektronischen Identitätsnachweis sowie zur Änd. des PersonalausweisG und weiterer Vorschriften[4)] v. 21.6.2019 (BGBl. I S. 846), Art. 8 Zweites DatenaustauschverbesserungsG v. 4.8.2019 (BGBl. I S. 1131), Art. 16 Zweites Datenschutz-Anpassungs- und UmsetzungsG EU v. 20.11.2019 (BGBl. I S. 1626), Art. 1 Drittes BürokratieentlastungsG v. 22.11.2019 (BGBl. I S. 1746), Art. 4 Drittes WaffenrechtsänderungsG v. 17.2.2020 (BGBl. I S. 166), Art. 82 Elfte ZuständigkeitsanpassungsVO v. 19.6.2020 (BGBl. I S. 1328), Art. 3, 9 G zur Stärkung der Sicherheit im Pass-, Ausweis- und ausländerrechtlichen Dokumentenwesen v. 3.12.2020 (BGBl. I S. 2744), Art. 5 ArbeitsschutzkontrollG v. 22.12.2020 (BGBl. I S. 3334), Art. 1 G zur Erprobung weiterer elektronischer Verfahren zur Erfüllung der besonderen Meldepflicht in Beherbergungsstätten v. 10.3.2021 (BGBl. I S. 332), Art. 4 Rechtsextremismus-BekämpfungsG v. 30.3.2021 (BGBl. I S. 441,

---

1) Verkündet als Art. 1 G v. 3.5.2013 (BGBl. I S. 1084, geänd. durch G v. 20.11.2014, BGBl. I S. 1738); Inkrafttreten gem. Art. 4 Satz 1 dieses G am 1.11.2015, mit Ausnahme der §§ 55–57, die gem. Art. 4 Satz 2 dieses G bereits am 26.11.2014 in Kraft getreten sind.

2) Die Änderungen durch G v. 15.1.2021 (BGBl. I S. 530) treten teilweise erst **mWv 1.5.2023**, die Änderungen durch G v. 28.3.2021 (BGBl. I S. 591) treten teilweise erst **mit noch unbestimmtem Datum** in Kraft und sind insoweit im Text noch nicht berücksichtigt.

3) Zur Ausführung und Durchführung des BMG haben die Länder ua folgende Vorschriften erlassen:
- **Baden-Württemberg:** Bundesmeldegesetz-AusführungsG v. 12.5.2015 (GBl. S. 320), geänd. durch G v. 12.6.2018 (GBl. S. 173)
- **Bayern:** Bundesmeldegesetz-AusführungsG v. 23.6.2015 (GVBl. S. 178), zuletzt geänd. durch V v. 26.3.2019 (GVBl. S. 98)
- **Berlin:** Bundesmeldegesetz-AusführungsG v. 7.7.2016 (GVBl. S. 430), geänd. durch G v. 12.10.2020 (GVBl. S. 807)
- **Bremen:** Bundesmeldegesetz-AusführungsG v. 24.3.2015 (Brem.GBl. S. 135), zuletzt geänd. durch G v. 8.5.2018 (Brem.GBl. S. 149)
- **Hamburg:** Bundesmeldegesetz-AusführungsG v. 15.7.2015 (HmbGVBl. S. 193), zuletzt geänd. durch G v. 26.10.2021 (HmbGVBl. S. 723)
- **Hessen:** Bundesmeldegesetz-AusführungsG v. 28.9.2015 (GVBl. S. 346), geänd. durch G v. 12.11.2020 (GVBl. S. 762)
- **Niedersachsen:** Bundesmeldegesetz-AusführungsG v. 17.9.2015 (Nds. GVBl. S. 186), zuletzt geänd. durch G v. 23.3.2022 (Nds. GVBl. S. 193)
- **Rheinland-Pfalz:** Bundesmeldegesetz-AusführungsG v. 21.10.2015 (GVBl. S. 365), geänd. durch G v. 19.12.2018 (GVBl. S. 448)
- **Saarland:** Bundesmeldegesetz-AusführungsG v. 13.10.2015 (Amtsbl. I S. 712), geänd. durch G v. 22.8. 2018 (Amtsbl. I S. 674)
- **Sachsen:** Bundesmeldegesetz-AusführungsG v. 9.7.2014 (SächsGVBl. S. 376), zuletzt geänd. durch G v. 5.4.2019 (SächsGVBl. S. 245)
- **Sachsen-Anhalt:** Bundesmeldegesetz-AusführungsG v. 21.7.2015 (GVBl. LSA S. 369), zuletzt geänd. durch G v. 18.2.2020 (GVBl. LSA S. 25)
- **Schleswig-Holstein:** LandesmeldeG v. 20.10.2015 (GVOBl. Schl.-H. S. 344), zuletzt geänd. durch G v. 4.3.2022 (GVOBl. Schl.-H. S. 154)
- **Thüringen:** Bundesmeldegesetz-AusführungsG v. v. 23.9.2015 (GVBl. S. 131), geänd. durch G v. 30.3. 2022 (GVBl. S. 201)

4) Die Änd. des Inkrafttretens dieses G durch Art. 154a G v. 20.11.2019 (BGBl. I S. 1626) ist unbeachtlich, da das G bei Erlass des ÄndG bereits in Kraft getreten war.

geänd. durch G v. 30.3.2021 BGBl. I S. 448), Art. 1, 5, 7 Zweites G zur Änd. des BundesmeldeG v. 15.1. 2021 (BGBl. I S. 530) und Art. 4 RegistermodernisierungsG v. 28.3.2021 (BGBl. I S. 591)

Inhaltsübersicht[1]

[1] Inhaltsübersicht geänd. mWv 26.11.2019 durch G v. 20.11.2019 (BGBl. I S. 1626); geänd. mWv 7.4. 2021, geänd. mWv 1.5.2022 durch G v. 15.1.2021 (BGBl. I S. 530).

Abschnitt 1. Allgemeine Bestimmungen

§ 1 Meldebehörden. Meldebehörden sind die durch Landesrecht dazu bestimmten Behörden.

§ 2[1] Aufgaben und Befugnisse der Meldebehörden. (1) Die Meldebehörden haben die in ihrem Zuständigkeitsbereich wohnhaften Personen (Einwohner) zu registrieren, um deren Identität und deren Wohnungen feststellen und nachweisen zu können.

(2) [1]Die Meldebehörden führen zur Erfüllung ihrer Aufgaben Melderegister. [2]Diese enthalten Daten, die bei der betroffenen Person erhoben, von öffentlichen Stellen übermittelt oder sonst amtlich bekannt werden.

(3) Die Meldebehörden erteilen Melderegisterauskünfte, wirken nach Maßgabe dieses Gesetzes oder sonstiger Rechtsvorschriften bei der Durchführung von Aufgaben anderer öffentlicher Stellen mit und übermitteln Daten.

(4) [1]Die Meldebehörden dürfen personenbezogene Daten, die im Melderegister gespeichert werden, nur nach Maßgabe dieses Gesetzes oder sonstiger Rechtsvorschriften verarbeiten. [2]Daten nicht meldepflichtiger Personen dürfen nur verarbeitet werden, wenn die betroffene Person in die Datenverarbeitung eingewilligt hat.

§ 3[2] Speicherung von Daten. (1) Zur Erfüllung ihrer Aufgaben nach § 2 Absatz 1 und 3 speichern die Meldebehörden folgende Daten sowie die zum Nachweis ihrer Richtigkeit erforderlichen Hinweise im Melderegister:

---

[1] § 2 Abs. 4 Satz 1 geänd., Satz 2 neu gef. mWv 26.11.2019 durch G v. 20.11.2019 (BGBl. I S. 1626).

[2] § 3 Abs. 2 Nr. 2 Buchst. c und d Doppelbuchst. aa geänd. durch G v. 20.11.2014 (BGBl. I S. 1738); Abs. 1 Nr. 17 geänd., Abs. 2 Nr. 4 neu gef. durch G v. 20.6.2015 (BGBl. I S. 970); Abs. 1 Nr. 17a eingef. mWv 5.2.2016 durch G v. 2.2.2016 (BGBl. I S. 130); Abs. 1 Nr. 9 Buchst. h, Nr. 15 Buchst. i, Nr. 16 Buchst. g geänd., Abs. 2 Nr. 5 neu gef., Nr. 10 geänd. mWv 1.11.2016 durch G v. 11.10.2016 (BGBl. I S. 2218); Abs. 1 Nr. 17a neu gef. mWv 1.11.2019 durch G v. 4.8.2019 (BGBl. I S. 1131); Abs. 2 Nr. 7 neu gef. mWv 1.5.2020 durch G v. 17.2.2020 (BGBl. I S. 166); Abs. 1 Nr. 17 geänd. mWv 12.12.2020 und mWv 1.5.2021 durch G v. 3.12.2020 (BGBl. I S. 2744); Abs. 1 Nr. 14 geänd., Abs. 2 Nr. 1 Buchst. c aufgeh. mWv 7.4.2021 durch G v. 15.1.2021 (BGBl. I S. 530).

1. Familienname,
2. frühere Namen,
3. Vornamen unter Kennzeichnung des gebräuchlichen Vornamens,
4. Doktorgrad,
5. Ordensname, Künstlername,
6. Geburtsdatum und Geburtsort sowie bei Geburt im Ausland auch den Staat,
7. Geschlecht,
8. keine Eintragung,
9. zum gesetzlichen Vertreter
   a) Familienname,
   b) Vornamen,
   c) Doktorgrad,
   d) Anschrift,
   e) Geburtsdatum,
   f) Geschlecht,
   g) Sterbedatum sowie
   h) Auskunftssperren nach § 51 und bedingte Sperrvermerke nach § 52,
10. derzeitige Staatsangehörigkeiten,
11. rechtliche Zugehörigkeit zu einer öffentlich-rechtlichen Religionsgesellschaft,
12. derzeitige Anschriften, frühere Anschriften im Zuständigkeitsbereich der Meldebehörde sowie Anschrift der letzten alleinigen Wohnung oder Hauptwohnung und der letzten Nebenwohnungen außerhalb des Zuständigkeitsbereichs der Meldebehörde, gekennzeichnet nach Haupt- und Nebenwohnung, bei Zuzug aus dem Ausland auch den Staat und die letzte Anschrift im Inland, bei Wegzug in das Ausland auch die Zuzugsanschrift im Ausland und den Staat,
13. Einzugsdatum, Auszugsdatum, Datum des letzten Wegzugs aus einer Wohnung im Inland sowie Datum des letzten Zuzugs aus dem Ausland,
14. Familienstand, bei Verheirateten oder Lebenspartnern zusätzlich Datum und Ort der Eheschließung oder der Begründung der Lebenspartnerschaft sowie bei Eheschließung oder Begründung der Lebenspartnerschaft im Ausland auch den Staat,
15. zum Ehegatten oder Lebenspartner
    a) Familienname,
    b) Vornamen,
    c) Geburtsname,
    d) Doktorgrad,
    e) Geburtsdatum,
    f) Geschlecht,
    g) derzeitige Anschriften im Zuständigkeitsbereich der Meldebehörde sowie Anschrift der letzten alleinigen Wohnung oder Hauptwohnung außerhalb des Zuständigkeitsbereichs der Meldebehörde,
    h) Sterbedatum sowie
    i) Auskunftssperren nach § 51 und bedingte Sperrvermerke nach § 52,
16. zu minderjährigen Kindern
    a) Familienname,

b) Vornamen,
c) Geburtsdatum,
d) Geschlecht,
e) Anschrift im Inland,
f) Sterbedatum,
g) Auskunftssperren nach § 51 und bedingte Sperrvermerke nach § 52,

17. Ausstellungsbehörde, Ausstellungsdatum, letzter Tag der Gültigkeitsdauer und Seriennummer des Personalausweises, vorläufigen Personalausweises oder Ersatz-Personalausweises, des anerkannten Passes oder Passersatzpapiers, Ausstellungsbehörde, letzter Tag der Gültigkeitsdauer und Seriennummer der eID-Karte sowie Sperrkennwort und Sperrsumme des Personalausweises und der eID-Karte,

17a. die AZR-Nummer in den Fällen und nach Maßgabe des § 10 Absatz 4 Satz 2 Nummer 4 des AZR-Gesetzes[1)], übergangsweise die Seriennummer des Ankunftsnachweises nach § 63a Absatz 1 Nummer 10 des Asylgesetzes[2)],

18. Auskunfts- und Übermittlungssperren,

19. Sterbedatum und Sterbeort sowie bei Versterben im Ausland auch den Staat.

(2) Über die in Absatz 1 genannten Daten hinaus speichern die Meldebehörden folgende Daten sowie die zum Nachweis ihrer Richtigkeit erforderlichen Hinweise im Melderegister:

1. für die Vorbereitung und Durchführung von Wahlen und Abstimmungen auf staatlicher und kommunaler Ebene die Tatsache, dass die betroffene Person
   a) von der Wahlberechtigung oder der Wählbarkeit ausgeschlossen ist,
   b) als Unionsbürger (§ 6 Absatz 3 Satz 1 des Europawahlgesetzes) bei der Wahl des Europäischen Parlaments von Amts wegen in ein Wählerverzeichnis im Inland einzutragen ist; ebenfalls zu speichern ist die Gebietskörperschaft oder der Wahlkreis im Herkunftsmitgliedstaat, wo die betroffene Person zuletzt in ein Wählerverzeichnis eingetragen war,
2. für das Verfahren zur Bildung und Anwendung der elektronischen Lohnsteuerabzugsmerkmale nach § 39e Absatz 2 Satz 2 und 3 des Einkommensteuergesetzes
   a) die Zugehörigkeit zu einer steuererhebenden Religionsgesellschaft sowie das Datum des Eintritts und Austritts,
   b) den Familienstand,
   c) das Datum der Begründung oder Auflösung der Ehe oder Lebenspartnerschaft sowie
   d) die Identifikationsnummern oder die Vorläufigen Bearbeitungsmerkmale
      aa) des Ehegatten oder Lebenspartners,
      bb) der minderjährigen Kinder, die ihre alleinige Wohnung oder ihre Hauptwohnung im Zuständigkeitsbereich derselben Meldebehörde haben,
3. für Zwecke nach § 139b Absatz 2 der Abgabenordnung
   die Identifikationsnummer nach § 139b der Abgabenordnung und bis zu deren Speicherung im Melderegister das Vorläufige Bearbeitungsmerkmal nach § 139b Absatz 6 Satz 2 der Abgabenordnung,

---

[1)] **Sartorius ErgBd. Nr. 569.**
[2)] Nr. **567**.

4. für die Ausstellung von Pässen und Ausweisen
die Tatsache, dass Passversagungsgründe vorliegen, ein Pass versagt oder entzogen oder eine Anordnung nach § 6 Absatz 7, § 6a Absatz 1 oder § 6a Absatz 2 des Personalausweisgesetzes[1] getroffen worden ist,
5. für staatsangehörigkeitsrechtliche Verfahren
die Tatsache, dass die deutsche Staatsangehörigkeit nach § 4 Absatz 3 oder § 40b des Staatsangehörigkeitsgesetzes[2] erworben wurde und nach § 29 des Staatsangehörigkeitsgesetzes ein Verlust der deutschen Staatsangehörigkeit eintreten kann,
6. für Zwecke der Suchdienste
die Anschrift vom 1. September 1939 derjenigen Einwohner, die aus den in § 1 Absatz 2 Nummer 3 des Bundesvertriebenengesetzes[3] bezeichneten Gebieten stammen,
7. für waffenrechtliche Verfahren
die Tatsache, dass eine waffenrechtliche Erlaubnis erteilt oder ein Waffenbesitzverbot erlassen worden ist, sowie die jeweilige Behörde, die diese Tatsache mitteilt, mit Angabe des Datums, an dem die waffenrechtliche Erlaubnis erstmals erteilt oder das Waffenbesitzverbot erlassen worden ist,
8. für sprengstoffrechtliche Verfahren
die Tatsache, dass eine sprengstoffrechtliche Erlaubnis oder ein Befähigungsschein nach § 20 des Sprengstoffgesetzes[4] erteilt worden ist, sowie die Behörde, die diese Tatsache mitteilt, mit Angabe des Datums der erstmaligen Erteilung,
9. zur Beantwortung von Aufenthaltsanfragen anderer Behörden und sonstiger öffentlicher Stellen, wenn der Einwohner die Wohnung aufgegeben hat und der Meldebehörde eine neue Wohnung nicht bekannt ist,
das Ersuchen um Datenübermittlung mit dem Datum der Anfrage und der Angabe der anfragenden Stelle für die Dauer von bis zu zwei Jahren,
10. für die Prüfung, ob die von der meldepflichtigen Person gemachten Angaben richtig sind, und zur Gewährleistung der Auskunftsrechte in § 19 Absatz 1 Satz 3 und § 50 Absatz 4
den Namen und die Anschrift des Eigentümers der Wohnung und, wenn dieser nicht selbst Wohnungsgeber ist, den Namen des Eigentümers der Wohnung sowie den Namen und die Anschrift des Wohnungsgebers,
11. im Spannungs- oder Verteidigungsfall für die Wehrerfassung
die Tatsache, dass ein Einwohner bereits vor der Erfassung seines Jahrganges erfasst worden ist.

§ 4[5] Ordnungsmerkmale. (1) [1]Die Meldebehörden dürfen ihre Register mit Hilfe von Ordnungsmerkmalen führen. [2]Die Ordnungsmerkmale können aus den in § 3 Absatz 1 Nummer 6 und 7 genannten Daten gebildet werden. [3]Durch geeignete technische Maßnahmen nach den Artikeln 24, 25 und 32 der Verordnung (EU) 2016/679[6] des Europäischen Parlaments und des Rates vom 27. April 2016 zum Schutz natürlicher Personen bei der Verarbeitung personenbezogener

---

[1] Nr. **255**.
[2] *Nr. 15.*
[3] **Aichberger, SGB Nr. 6/51.**
[4] **Sartorius ErgBd. Nr. 822.**
[5] § 4 Abs. 1 Satz 3, Abs. 2, 3 Satz 2 geänd. mWv 26.11.2019 durch G v. 20.11.2019 (BGBl. I S. 1626).
[6] Nr. **246**.

Daten, zum freien Datenverkehr und zur Aufhebung der Richtlinie 95/46/EG (Datenschutz-Grundverordnung) (ABl. L 119 vom 4.5.2016, S. 1; L 314 vom 22.11.2016, S. 72; L 127 vom 23.5.2018, S. 2) in der jeweils geltenden Fassung sind die Ordnungsmerkmale vor Verwechslungen zu schützen.

(2) Soweit von den Meldebehörden bereits Ordnungsmerkmale verarbeitet werden, die andere als die in § 3 Absatz 1 Nummer 6 und 7 genannten Daten enthalten, dürfen diese noch für eine Übergangsfrist von sechs Jahren nach Inkrafttreten dieses Gesetzes verarbeitet werden.

(3) [1] Ordnungsmerkmale dürfen im Rahmen von Datenübermittlungen an öffentliche Stellen und öffentlich-rechtliche Religionsgesellschaften übermittelt werden. [2] Der Empfänger der Daten darf die Ordnungsmerkmale nur im Verkehr mit der jeweiligen Meldebehörde verarbeiten, eine Weiterübermittlung ist unzulässig. [3] Soweit Ordnungsmerkmale personenbezogene Daten enthalten, dürfen sie nur übermittelt werden, wenn dem Empfänger auch die im Ordnungsmerkmal enthaltenen personenbezogenen Daten übermittelt werden dürfen.

(4) Absatz 3 Satz 2 und 3 gilt entsprechend für die Weitergabe von Ordnungsmerkmalen innerhalb der Verwaltungseinheit, der die Meldebehörde angehört.

§ 5[1)] Zweckbindung der Daten. (1) [1] Die Meldebehörden dürfen die in § 3 Absatz 2 bezeichneten Daten nur für die dort genannten Zwecke verarbeiten. [2] Sie haben durch technische und organisatorische Maßnahmen nach den Artikeln 24, 25 und 32 der Verordnung (EU) 2016/679[2)] sicherzustellen, dass diese Daten nur nach Maßgabe des Satzes 1 verarbeitet werden.

(2) [1] Die in § 3 Absatz 2 bezeichneten Daten dürfen nur insoweit zusammen mit den in § 3 Absatz 1 bezeichneten Daten verarbeitet werden, als dies zur Erfüllung der jeweiligen Aufgabe erforderlich ist. [2] § 34 Absatz 3 und 4 bleibt unberührt mit der Maßgabe, dass

1. die in § 3 Absatz 2 Nummer 1 genannten Daten nur an die Stellen übermittelt werden dürfen, die für die Vorbereitung und Durchführung der dort genannten Wahlen und Abstimmungen zuständig sind, und
2. die in § 3 Absatz 2 Nummer 2 und 3 genannten Daten nur an das Bundeszentralamt für Steuern übermittelt werden dürfen. Das in § 3 Absatz 2 Nummer 2 Buchstabe c genannte Datum zur Auflösung der Ehe oder Lebenspartnerschaft darf auch an die amtliche Statistik übermittelt werden.

[3] Die in Satz 2 Nummer 1 und 2 genannten Daten dürfen nach § 33 auch an die Meldebehörden übermittelt werden.

§ 6[3)] Richtigkeit und Vollständigkeit des Melderegisters. (1) [1] Ist das Melderegister unrichtig oder unvollständig, hat es die Meldebehörde nach Artikel 5 Absatz 1 Buchstabe d der Verordnung (EU) 2016/679[2)] zu berichtigen oder zu vervollständigen (Fortschreibung). [2] Über die Fortschreibung sind unverzüglich diejenigen öffentlichen Stellen zu unterrichten, denen im Rahmen regelmäßiger Datenübermittlungen die unrichtigen oder unvollständigen Daten übermittelt worden sind.

---

1) § 5 Abs. 2 Satz 2 Nr. 2 Satz 2 angef. mWv 1.11.2016 durch G v. 11.10.2016 (BGBl. I S. 2218); Abs. 1 Sätze 1, 2, Abs. 2 Satz 1 geänd. mWv 26.11.2019 durch G v. 20.11.2019 (BGBl. I S. 1626).

2) Nr. **246**.

3) § 6 Abs. 1 Satz 1 geänd. mWv 26.11.2019 durch G v. 20.11.2019 (BGBl. I S. 1626); Abs. 3 geänd. mWv 7.4.2021 durch G v. 15.1.2021 (BGBl. I S. 530).

(2) [1] Soweit die in Absatz 1 Satz 2 genannten öffentlichen Stellen nicht Aufgaben der amtlichen Statistik wahrnehmen oder öffentlich-rechtliche Religionsgesellschaften sind, haben sie die Meldebehörden unverzüglich zu unterrichten, wenn ihnen konkrete Anhaltspunkte für die Unrichtigkeit oder Unvollständigkeit der übermittelten Daten vorliegen. [2] Öffentliche Stellen, denen auf ihr Ersuchen hin Meldedaten übermittelt worden sind, haben die Meldebehörden zu unterrichten, wenn ihnen solche Anhaltspunkte vorliegen. [3] Gesetzliche Geheimhaltungspflichten, insbesondere das Steuergeheimnis nach § 30 der Abgabenordnung, sowie Berufs- oder besondere Amtsgeheimnisse stehen der Unterrichtung nicht entgegen, soweit sie sich auf die Angabe beschränkt, dass konkrete Anhaltspunkte für die Unrichtigkeit oder Unvollständigkeit übermittelter Daten vorliegen.

(3) Liegen der Meldebehörde konkrete Anhaltspunkte für die Unrichtigkeit oder Unvollständigkeit des Melderegisters vor, hat sie den Sachverhalt von Amts wegen zu ermitteln.

(4) Bei der Weitergabe von Daten und Hinweisen nach § 37 sind Absatz 1 Satz 2 und Absatz 2 entsprechend anzuwenden.

§ 7[1)] Meldegeheimnis. (1) Personen, die bei Meldebehörden oder anderen Stellen, die im Auftrag der Meldebehörden handeln, beschäftigt sind, ist es verboten, personenbezogene Daten unbefugt zu verarbeiten.

(2) [1] Die in Absatz 1 genannten Personen sind bei Aufnahme ihrer Tätigkeit von ihrem Arbeitgeber über ihre Pflichten nach Absatz 1 zu belehren und schriftlich auf die Einhaltung des Meldegeheimnisses zu verpflichten. [2] Ihre Pflichten bestehen auch nach Beendigung ihrer Tätigkeit fort.

Abschnitt 2. Schutzrechte

§ 8[2)] Schutzwürdige Interessen der betroffenen Person. [1] Schutzwürdige Interessen der betroffenen Person dürfen durch die Verarbeitung personenbezogener Daten nicht beeinträchtigt werden. [2] Schutzwürdige Interessen werden insbesondere beeinträchtigt, wenn die Verarbeitung, gemessen an ihrer Eignung und ihrer Erforderlichkeit zu dem vorgesehenen Zweck, die betroffene Person unverhältnismäßig belastet. [3] Die Prüfung, ob schutzwürdige Interessen der betroffenen Person beeinträchtigt werden, entfällt, falls die Verarbeitung durch Rechtsvorschrift vorgeschrieben ist.

§ 9[3)] *(aufgehoben)*

§ 10[4)] Auskunftsrecht der betroffenen Person. (1) Vor der Erteilung der Auskunft an die betroffene Person nach Artikel 15 der Verordnung (EU) 2016/679[5)] hat die Meldebehörde die Identität der betroffenen Person zu überprüfen.

(2) Sofern die Auskunft elektronisch erteilt wird, ist sicherzustellen, dass Maßnahmen nach den Artikeln 24, 25 und 32 der Verordnung (EU) 2016/679 auch im

---

[1)] § 7 Abs. 1 geänd. mWv 26.11.2019 durch G v. 20.11.2019 (BGBl. I S. 1626).

[2)] § 8 Sätze 1, 2, 3 geänd. mWv 26.11.2019 durch G v. 20.11.2019 (BGBl. I S. 1626).

[3)] § 9 aufgeh. mWv 26.11.2019 durch G v. 20.11.2019 (BGBl. I S. 1626).

[4)] § 10 Abs. 1 Satz 2 geänd. durch G v. 20.11.2014 (BGBl. I S. 1738); Abs. 3 Satz 2 geänd. mWv 29.7. *2017 durch G v. 18.7.2017 (BGBl. I S. 2745); Abs. 3 Satz 1* geänd. mWv 1.11.2019 durch G v. 21.6.2019 (BGBl. I S. 846); Überschrift, Abs. 1, 2 neu gef. mWv 26.11.2019 durch G v. 20.11.2019 (BGBl. I S. 1626); Abs. 2 geänd. mWv 7.4.2021, Abs. 3 neu gef. mWv 1.5.2022 durch G v. 15.1.2021 (BGBl. I S. 530).

[5)] Nr. **246**.

Bereich der Verschlüsselungstechnik und der Authentifizierung getroffen werden, um den Datenschutz und die Datensicherheit zu gewährleisten, insbesondere im Hinblick auf die Vertraulichkeit und die Unversehrtheit der Daten, die im Melderegister gespeichert sind und an die betroffene Person übermittelt werden.

(3) Das bei einer elektronischen Antragstellung erforderliche Vertrauensniveau zum Nachweis der Identität des Antragstellers wird durch Rechtsverordnung nach § 56 Absatz 1 Nummer 6 festgelegt.

§ 11[1] Auskunftsbeschränkungen. (1) [1]Das Recht auf Auskunft der betroffenen Person über die Kategorien der übermittelten Daten und über die Empfänger der Daten nach Artikel 15 Absatz 1 Buchstabe b und c der Verordnung (EU) 2016/679[2] besteht nicht, wenn

1. eine nicht automatisierte Melderegisterauskunft nach den §§ 46 und 50 Absatz 1 bis 3 erfolgt ist,
2. eine nicht automatisierte Datenübermittlung nach § 34 oder eine nicht automatisierte Datenweitergabe nach § 37 Absatz 1 erfolgt ist oder
3. die abrufende Stelle eine der in § 34 Absatz 4 Satz 1 genannten Behörden ist.

[2]Auskunft über automatisierte Melderegisterauskünfte und über Datenübermittlungen im automatisierten Abrufverfahren durch öffentliche Stellen wird nur innerhalb der Frist zur Aufbewahrung der Protokolldaten nach § 40 Absatz 5 erteilt.

(2) Das Recht auf Auskunft der betroffenen Person nach Artikel 15 der Verordnung (EU) 2016/679 besteht nicht,

1. soweit der betroffenen Person die Einsicht in ein Personenstandsregister nach § 63 Absatz 1 und 3 des Personenstandsgesetzes[3] nicht gestattet werden darf,
2. wenn Fälle des § 1758 des Bürgerlichen Gesetzbuches[4] vorliegen,
3. soweit es sich um Daten zum gesetzlichen Vertreter, Ehegatten, Lebenspartner oder zu minderjährigen Kindern handelt und für diesen Personenkreis eine Auskunftssperre nach § 51 oder ein bedingter Sperrvermerk nach § 52 gespeichert ist oder
4. wenn das Interesse der betroffenen Person an der Auskunftserteilung zurücktreten muss, weil
   a) die Auskunft die ordnungsgemäße Erfüllung der Aufgaben im Sinne des Artikels 23 Absatz 1 Buchstabe e der Verordnung (EU) 2016/679, die in der Zuständigkeit der Meldebehörde liegen, gefährden würde,
   b) die Auskunft die öffentliche Sicherheit oder Ordnung gefährden oder sich sonst nachteilig auf das Wohl des Bundes oder eines Landes auswirken würde,
   c) die Auskunft strafrechtliche Ermittlungen gefährden würde oder
   d) die Daten oder die Tatsache ihrer Speicherung nach einer Rechtsvorschrift oder ihrem Wesen nach, insbesondere wegen der überwiegenden berechtigten Interessen eines Dritten, geheim gehalten werden müssen.

---

[1] § 11 Abs. 2 Nr. 3 geänd. mWv 1.11.2016 durch G v. 11.10.2016 (BGBl. I S. 2218); Abs. 1, 2 neu gef., Abs. 4 Satz 3 geänd. mWv 26.11.2019 durch G v. 20.11.2019 (BGBl. I S. 1626); Abs. 1 Satz 2 geänd. mWv 1.5.2022 durch G v. 15.1.2021 (BGBl. I S. 530).

[2] Nr. **246**.

[3] Nr. **260**.

[4] **Habersack, Deutsche Gesetze Nr. 20.**

(3) [1] Die Auskunft über die Herkunft von Daten ist nur mit Zustimmung der übermittelnden Stellen zulässig, wenn diese der Meldebehörde übermittelt worden sind von

1. den Polizeibehörden des Bundes und der Länder,
2. den Staatsanwaltschaften,
3. den Amtsanwaltschaften,
4. den Verfassungsschutzbehörden des Bundes und der Länder,
5. dem Bundesnachrichtendienst,
6. dem Militärischen Abschirmdienst,
7. dem Zollfahndungsdienst,
8. den Hauptzollämtern oder
9. den Finanzbehörden, soweit sie strafverfolgend tätig sind.

[2] Dies gilt entsprechend für die Auskunft über den Empfänger der Daten, soweit sie an die in Satz 1 genannten Behörden übermittelt worden sind. [3] Die Zustimmung darf nur unter den in den Absätzen 1 und 2 bezeichneten Voraussetzungen versagt werden.

(4) [1] Die Ablehnung der Auskunftserteilung bedarf einer Begründung nicht, soweit durch die Mitteilung der tatsächlichen und rechtlichen Gründe, auf die die Entscheidung gestützt wird, der mit der Auskunftsverweigerung verfolgte Zweck gefährdet würde. [2] In diesem Fall ist die betroffene Person darauf hinzuweisen, dass sie sich an die Stelle wenden kann, die für die Kontrolle der Einhaltung der Datenschutzbestimmungen bei der Meldebehörde zuständig ist. [3] Die Mitteilung dieser Stelle an die betroffene Person darf keine Rückschlüsse auf den Erkenntnisstand des Verantwortlichen zulassen, sofern dieser nicht einer weitergehenden Auskunft zustimmt.

(5) [1] Wird der betroffenen Person keine Auskunft erteilt, so ist die Auskunft auf ihr Verlangen der in Absatz 4 Satz 2 bezeichneten Stelle zu erteilen. [2] Stellt die jeweils zuständige oberste Landesbehörde im Einzelfall fest, dass dadurch die Sicherheit des Bundes oder eines Landes gefährdet würde, erhält der Landesbeauftragte für den Datenschutz persönlich Auskunft.

§ 12[1)] Recht auf Berichtigung. [1] Hat die Meldebehörde die Daten auf Antrag der betroffenen Person nach Artikel 16 der Verordnung (EU) 2016/679[2)] berichtigt oder vervollständigt, so gilt § 6 Absatz 1 Satz 2 entsprechend. [2] Für die Dauer der Prüfung der Richtigkeit ist die Verarbeitung der Daten nicht nach Artikel 18 Absatz 1 Buchstabe a der Verordnung (EU) 2016/679 eingeschränkt.

§ 13[3)] Aufbewahrung von Daten. (1) [1] Nach dem Wegzug oder dem Tod eines Einwohners hat die Meldebehörde für die Erfüllung ihrer Aufgaben weiterhin die in § 3 Absatz 1 Nummer 1 bis 10,12 bis 16, 17a, 18 und 19 genannten Daten zu speichern. [2] Sie darf in diesen Fällen auch die Daten nach § 3 Absatz 2 Nummer 1 und 2 im Melderegister speichern. [3] Bei Wegzug eines Einwohners speichert die

---

[1)] § 12 neu gef. mWv 26.11.2019 durch G v. 20.11.2019 (BGBl. I S. 1626).

[2)] Nr. **246**.

[3)] *§ 13 Abs. 1 Satz 1 geänd. mWv 9.8.2019 durch G* v. 4.8.2019 (BGBl. I S. 1131); Abs. 2 Sätze 1, 2, 4 Nr. 2 einl. Satzteil geänd., Satz 4 Nr. 1 neu gef. mWv 26.11.2019 durch G v. 20.11.2019 (BGBl. I S. 1626); Abs. 1 Satz 3, Abs. 2 Satz 1 geänd. mWv 12.12.2020 durch G v. 3.12.2020 (BGBl. I S. 2744); Abs. 1 Satz 3, Abs. 2 Sätze 3 und 4 Nr. 1, 2 Buchst. e geänd., Nr. 3 angef. mWv 1.5.2022 durch G v. 15.1. 2021 (BGBl. I S. 530).

Meldebehörde außerdem die Daten nach § 3 Absatz 1 Nummer 17 und die Feststellung der Tatsachen nach § 3 Absatz 2 Nummer 4, 5, 7 und 8.

(2) [1] Nach Ablauf von fünf Jahren nach dem Ende des Kalenderjahres, in dem ein Einwohner weggezogen oder verstorben ist, sind die nach Absatz 1 weiterhin gespeicherten Daten für die Dauer von 50 Jahren aufzubewahren und durch technische und organisatorische Maßnahmen nach Artikel 24, 25 und 32 der Verordnung (EU) 2016/679[1)] zu sichern, es sei denn, § 14 sieht eine frühere Löschung vor. [2] Während dieser Zeit dürfen die Daten nicht mehr verarbeitet werden. [3] Davon ausgenommen sind Familienname und Vornamen sowie frühere Namen, Geburtsdatum, Geburtsort sowie bei Geburt im Ausland auch der Staat, derzeitige und frühere Anschriften, Auszugsdatum, Auskunftssperren nach § 51 Absatz 1 sowie Sterbedatum, Sterbeort sowie bei Versterben im Ausland auch der Staat. [4] Satz 2 gilt nicht, wenn

1. die betroffene Person in die Verarbeitung der Daten eingewilligt hat,
2. die Verarbeitung der Daten unerlässlich ist
   a) zu wissenschaftlichen Zwecken,
   b) zur Behebung einer bestehenden Beweisnot,
   c) zur Erfüllung der Aufgaben der in § 34 Absatz 4 Satz 1 genannten Behörden,
   d) für Wahlzwecke nach § 3 Absatz 2 Nummer 1,
   e) zur Durchführung des staatsangehörigkeitsrechtlichen Verfahrens nach § 3 Absatz 2 Nummer 5 dieses Gesetzes sowie nach § 29 Absatz 6 und § 30 des Staatsangehörigkeitsgesetzes[2)] oder
3. die Daten nach Absatz 1 mit Ausnahme der Daten nach § 3 Absatz 1 Nummer 18 als Auswahldaten nach Maßgabe des § 38 Absatz 1 bis 3 verarbeitet werden.

§ 14[3)] Löschung von Daten. (1) [1] Die Meldebehörde hat gespeicherte Daten zu löschen, wenn sie zur Erfüllung ihrer Aufgaben nicht mehr erforderlich sind. [2] Das Gleiche gilt, wenn bereits die Speicherung der Daten unzulässig war.

(2) [1] Daten nach § 3 Absatz 2 Nummer 6 sind unverzüglich nach Übermittlung an die Suchdienste zu löschen. [2] Die Daten nach § 3 Absatz 1 Nummer 11 und Absatz 2 Nummer 2 sind nach Ablauf des auf den Wegzug oder den Tod des Einwohners folgenden Kalenderjahres zu löschen. [3] Die Daten nach § 3 Absatz 1 Nummer 17 sind fünf Jahre nach dem Ablauf der Gültigkeit des Ausweisdokuments, auf das sie sich beziehen, zu löschen. [4] Die weiteren Daten weggezogener oder verstorbener Einwohner, die nicht nach § 13 Absatz 1 aufbewahrt werden, sind 30 Tage nach dem Wegzug und der Auswertung der Rückmeldung oder nach dem Tod des Einwohners zu löschen.

(3) [1] Ist eine Löschung im Fall nicht automatisierter Datenverarbeitung wegen der besonderen Art der Speicherung nicht oder nur mit unverhältnismäßig hohem Aufwand möglich und ist das Interesse der betroffenen Person an der Löschung als gering anzusehen, besteht das Recht der betroffenen Person auf Löschung personenbezogener Daten und die Pflicht der Meldebehörde zur Löschung personen-

---

[1)] Nr. **246**.

[2)] Nr. **15**.

[3)] § 14 Abs. 4 angef. mWv 5.2.2016 durch G v. 2.2.2016 (BGBl. I S. 130); Abs. 4 geänd. mWv 9.8.2019 durch G v. 4.8.2019 (BGBl. I S. 1131); Abs. 3 neu gef. mWv 26.11.2019 durch G v. 20.11.2019 (BGBl. I S. 1626); Abs. 2 Satz 3 eingef., bish. Satz 3 wird Satz 4 mWv 12.12.2020 durch G v. 3.12.2020 (BGBl. I S. 2744).

bezogener Daten nach Artikel 17 Absatz 1 der Verordnung (EU) 2016/679[1] ergänzend zu den in Artikel 17 Absatz 3 der Verordnung (EU) 2016/679 genannten Ausnahmen nicht. [2] In diesem Fall tritt an die Stelle einer Löschung die Einschränkung der Verarbeitung nach Artikel 18 der Verordnung (EU) 2016/679.

(4) Die Meldebehörde hat Daten, die nach § 3 Absatz 1 Nummer 17a gespeichert sind, zu löschen, sobald sie von der Ausländerbehörde nach § 90a Absatz 1 Satz 3 des Aufenthaltsgesetzes[2] unterrichtet wurde.

§ 15 Aufbewahrung und Löschung von Hinweisen. Die §§ 13 und 14 gelten entsprechend für Hinweise, die gespeichert werden, um die Richtigkeit der jeweiligen Daten nachzuweisen.

§ 16[3] Anbieten von Daten an Archive. (1) Nach Ablauf der in § 13 Absatz 2 Satz 1 für die Aufbewahrung bestimmten Frist hat die Meldebehörde die Daten und die zum Nachweis ihrer Richtigkeit gespeicherten Hinweise vor der Löschung den durch Landesrecht bestimmten Archiven nach den jeweiligen archivrechtlichen Vorschriften zur Übernahme anzubieten.

(2) [1] Innerhalb der in § 13 Absatz 2 Satz 1 für die Aufbewahrung bestimmten Frist kann die Meldebehörde die Daten und Hinweise den durch Landesrecht bestimmten Archiven zur Übernahme anbieten, sofern die Erfüllung der Aufgaben der Meldebehörde im Rahmen des § 13 Absatz 2 Satz 2 und 3 gewährleistet bleibt. [2] Bis zum Ablauf dieser Frist darf das Archiv die übernommenen Daten und Hinweise nur nach Maßgabe des § 13 Absatz 2 Satz 2 bis 4 verarbeiten.

Abschnitt 3. Allgemeine Meldepflichten

§ 17 Anmeldung, Abmeldung. (1) Wer eine Wohnung bezieht, hat sich innerhalb von zwei Wochen nach dem Einzug bei der Meldebehörde anzumelden.

(2) [1] Wer aus einer Wohnung auszieht und keine neue Wohnung im Inland bezieht, hat sich innerhalb von zwei Wochen nach dem Auszug bei der Meldebehörde abzumelden. [2] Eine Abmeldung ist frühestens eine Woche vor Auszug möglich; die Fortschreibung des Melderegisters erfolgt zum Datum des Auszugs.

(3) [1] Die An- oder Abmeldung für Personen unter 16 Jahren obliegt denjenigen, in deren Wohnung die Personen unter 16 Jahren einziehen oder aus deren Wohnung sie ausziehen. [2] Neugeborene, die im Inland geboren wurden, sind nur anzumelden, wenn sie in eine andere Wohnung als die der Eltern oder der Mutter aufgenommen werden. [3] Ist für eine volljährige Person ein Pfleger oder ein Betreuer bestellt, der den Aufenthalt bestimmen kann, obliegt diesem die An- oder Abmeldung.

(4) Die Standesämter teilen den Meldebehörden unverzüglich die Beurkundung der Geburt eines Kindes sowie jede Änderung des Personenstandes einer Person mit.

§ 18[4] Meldebescheinigung. (1) [1] Die Meldebehörde erteilt der betroffenen Person auf deren Antrag eine schriftliche oder elektronische Meldebescheinigung. [2] Die Meldebescheinigung enthält folgende Daten:

---

[1] Nr. **246**.
[2] Nr. **565**.
[3] § 16 Abs. 2 Satz 2 geänd. mWv 26.11.2019 durch G v. 20.11.2019 (BGBl. I S. 1626).
[4] § 18 neu gef. mWv 1.5.2022 durch G v. 15.1.2021 (BGBl. I S. 530).

1. Familienname,
2. Vornamen unter Kennzeichnung des gebräuchlichen Vornamens,
3. Doktorgrad,
4. Geburtsdatum,
5. derzeitige Anschriften, gekennzeichnet nach Haupt- und Nebenwohnung.

[3] Hierzu hat die meldepflichtige Person Familienname, Vornamen, Geburtsdatum sowie die Anschrift der derzeitigen Haupt- oder alleinigen Wohnung zu übermitteln.

(2) Auf Antrag der betroffenen Person kann die Meldebescheinigung zusätzlich zu den Daten nach Absatz 1 Satz 2 Daten nach § 3 Absatz 1 Nummer 2, 5 bis 16, 17 mit Ausnahme des Sperrkennworts und der Sperrsumme des Personalausweises und der eID-Karte sowie die Tatsache, dass ein Sterbedatum nicht gespeichert ist, enthalten.

(3) Die elektronische Meldebescheinigung wird unentgeltlich erteilt.

(4) Im Übrigen gelten § 10 Absatz 2 und 3 sowie § 11 Absatz 2 Nummer 1 bis 3 entsprechend.

§ 18a[1)] Meldedatensatz zum Abruf. (1) [1] Die Meldebehörde stellt der betroffenen Person auf deren Antrag die Meldedaten nach § 18 Absatz 1 und 2 zum Zweck der Weiterleitung in einer elektronischen Verwaltungsleistung nach dem Onlinezugangsgesetz**[2)]** im Wege des automatisierten Abrufs bereit. [2] Hierzu hat die meldepflichtige Person die in § 18 Absatz 1 Satz 2 genannten Daten zu übermitteln. [3] Die Meldedaten werden als unveränderbarer maschinenlesbarer Datensatz (Meldedatensatz) bereitgestellt. [4] Aus dem Meldedatensatz muss der Zeitpunkt des Abrufs erkennbar sein.

(2) Der Meldedatensatz wird unentgeltlich zum Abruf bereitgestellt.

(3) Im Übrigen gelten § 10 Absatz 2 und 3 sowie § 11 Absatz 2 Nummer 1 bis 3 entsprechend.

§ 19[3)] Mitwirkung des Wohnungsgebers. (1) [1] Der Wohnungsgeber ist verpflichtet, bei der Anmeldung mitzuwirken. [2] Hierzu hat der Wohnungsgeber oder eine von ihm beauftragte Person der meldepflichtigen Person den Einzug schriftlich oder gegenüber der Meldebehörde nach Absatz 4 auch elektronisch innerhalb der in § 17 Absatz 1 genannten Frist zu bestätigen. [3] Er kann sich durch Rückfrage bei der Meldebehörde davon überzeugen, dass sich die meldepflichtige Person angemeldet hat. [4] Die meldepflichtige Person hat dem Wohnungsgeber die Auskünfte zu geben, die für die Bestätigung des Einzugs erforderlich sind. [5] Die Bestätigung nach Satz 2 darf nur vom Wohnungsgeber oder einer von ihm beauftragten Person ausgestellt werden.

(2) Verweigert der Wohnungsgeber oder eine von ihm beauftragte Person die Bestätigung oder erhält die meldepflichtige Person sie aus anderen Gründen nicht rechtzeitig, so hat die meldepflichtige Person dies der Meldebehörde unverzüglich mitzuteilen.

[1)] § 18a eingef. mWv 1.5.2022 durch G v. 15.1.2021 (BGBl. I S. 530).

[2)] G v. 14.8.2017 (BGBl. I S. 3122, 3138), zuletzt geänd. durch G v. 28.6.2021 (BGBl. I S. 2250), **Sartorius III Nr. 718.**

[3)] § 19 Abs. 1 Sätze 1–4, Abs. 3 Nr. 1 geänd., Nr. 2 neu gef., Nr. 4 geänd. mWv 1.11.2016 durch G v. 11.10.2016 (BGBl. I S. 2218); Abs. 4 Satz 3 neu gef. mWv 26.11.2019 durch G v. 20.11.2019 (BGBl. I S. 1626).

(3) Die Bestätigung des Wohnungsgebers enthält folgende Daten:

1. Name und Anschrift des Wohnungsgebers und wenn dieser nicht Eigentümer ist, auch den Namen des Eigentümers,
2. Einzugsdatum,
3. Anschrift der Wohnung sowie
4. Namen der nach § 17 Absatz 1 meldepflichtigen Personen.

(4) [1] Bei einer elektronischen Bestätigung gegenüber der Meldebehörde erhält der Wohnungsgeber ein Zuordnungsmerkmal, welches er der meldepflichtigen Person zur Nutzung bei der Anmeldung mitzuteilen hat. [2] § 10 Absatz 2 und 3 gilt entsprechend. [3] Sofern die Meldebehörde weitere Formen der Authentifizierung des Wohnungsgebers vorsieht, ist sicherzustellen, dass Maßnahmen nach den Artikeln 24, 25 und 32 der Verordnung (EU) 2016/679[1)] getroffen werden.

(5) Die Meldebehörde kann von dem Eigentümer der Wohnung und, wenn er nicht selbst Wohnungsgeber ist, auch vom Wohnungsgeber Auskunft verlangen über Personen, welche bei ihm wohnen oder gewohnt haben.

(6) Es ist verboten, eine Wohnungsanschrift für eine Anmeldung nach § 17 Absatz 1 einem Dritten anzubieten oder zur Verfügung zu stellen, obwohl ein tatsächlicher Bezug der Wohnung durch einen Dritten weder stattfindet noch beabsichtigt ist.

§ 20 Begriff der Wohnung. [1] Wohnung im Sinne dieses Gesetzes ist jeder umschlossene Raum, der zum Wohnen oder Schlafen benutzt wird. [2] Als Wohnung gilt auch die Unterkunft an Bord eines Schiffes der Marine. [3] Wohnwagen und Wohnschiffe sind nur dann als Wohnungen anzusehen, wenn sie nicht oder nur gelegentlich fortbewegt werden.

§ 21[2)] Mehrere Wohnungen. (1) Hat ein Einwohner mehrere Wohnungen im Inland, so ist eine dieser Wohnungen seine Hauptwohnung.

(2) Hauptwohnung ist die vorwiegend benutzte Wohnung des Einwohners.

(3) Nebenwohnung ist jede weitere Wohnung des Einwohners im Inland.

(4) [1] Die meldepflichtige Person hat der Meldebehörde bei jeder An- oder Abmeldung mitzuteilen, welche weiteren Wohnungen im Inland sie hat und welche Wohnung ihre Hauptwohnung ist. [2] Sie hat jede Änderung der Hauptwohnung innerhalb von zwei Wochen der Meldebehörde mitzuteilen, die für die neue Hauptwohnung zuständig ist. [3] Zieht die meldepflichtige Person aus einer ihrer Nebenwohnungen im Inland aus und bezieht sie keine neue Wohnung, so hat sie dies der Meldebehörde, die für die Nebenwohnung zuständig ist, oder der Meldebehörde, die für die alleinige Wohnung oder die Hauptwohnung zuständig ist, mitzuteilen.

§ 22 Bestimmung der Hauptwohnung. (1) Hauptwohnung eines verheirateten oder eine Lebenspartnerschaft führenden Einwohners, der nicht dauernd getrennt von seiner Familie oder seinem Lebenspartner lebt, ist die vorwiegend benutzte Wohnung der Familie oder der Lebenspartner.

(2) Hauptwohnung eines minderjährigen Einwohners ist die vorwiegend benutzte Wohnung der Personensorgeberechtigten; leben diese getrennt, ist Haupt-

---

1) Nr. **246**.
2) § 21 Abs. 4 Satz 3 neu gef. mWv 7.4.2021 durch G v. 15.1.2021 (BGBl. I S. 530).

wohnung die Wohnung des Sorgeberechtigten, die von dem minderjährigen Einwohner vorwiegend benutzt wird.

(3) In Zweifelsfällen ist die vorwiegend benutzte Wohnung dort, wo der Schwerpunkt der Lebensbeziehungen des Einwohners liegt.

(4) Kann der Wohnungsstatus eines verheirateten oder eine Lebenspartnerschaft führenden Einwohners nach den Absätzen 1 und 3 nicht zweifelsfrei bestimmt werden, ist die Hauptwohnung die Wohnung nach § 21 Absatz 2.

(5) Auf Antrag eines Einwohners, der in einer Einrichtung für behinderte Menschen wohnt, bleibt die Wohnung nach Absatz 2, bis er 25 Jahre alt ist, seine Hauptwohnung.

§ 23[1) 2)] Erfüllung der allgemeinen Meldepflicht. (1) [1]Soweit nachstehend nicht etwas anderes bestimmt ist, hat die meldepflichtige Person einen Meldeschein auszufüllen, zu unterschreiben und der Meldebehörde zusammen mit dem Personalausweis, dem vorläufigen Personalausweis, dem Ersatz-Personalausweis, dem anerkannten und gültigen Pass oder Passersatzpapier sowie der Bestätigung des Wohnungsgebers oder dem entsprechenden Zuordnungsmerkmal nach § 19 Absatz 4 Satz 1 vorzulegen. [2]Wird das Melderegister automatisiert geführt, kann von dem Ausfüllen des Meldescheins abgesehen werden, wenn die meldepflichtige Person persönlich bei der Meldebehörde erscheint und auf einem Ausdruck die Richtigkeit und Vollständigkeit der bei ihr erhobenen Daten durch ihre Unterschrift bestätigt.

(2) [1]Die Meldebehörde des neuen Wohnortes (Zuzugsmeldebehörde) ist verpflichtet, der meldepflichtigen Person die Daten der Wegzugsmeldebehörde nach § 3 Absatz 1 Nummer 1 bis 18 und Absatz 2 Nummer 4 vorzulegen (vorausgefüllter Meldeschein). [2]Daten zum gesetzlichen Vertreter, Ehegatten, Lebenspartner oder zu minderjährigen Kindern, für die eine Auskunftssperre nach § 51 oder ein bedingter Sperrvermerk nach § 52 gespeichert ist, dürfen nicht in dem vorausgefüllten Meldeschein enthalten sein. [3]Die meldepflichtige Person hat die übermittelten Angaben auf ihre Richtigkeit zu prüfen, unzutreffende Angaben zu berichtigen und fehlende Angaben zu ergänzen. [4]Sie hat den aktualisierten vorausgefüllten Meldeschein bei der Zuzugsmeldebehörde unterschrieben einzureichen. [5]Im Fall, dass ein vorausgefüllter Meldeschein nicht erstellt werden kann, hat die meldepflichtige Person einen Meldeschein auszufüllen und zu unterschreiben.

(3) [1]Für den vorausgefüllten Meldeschein gibt die meldepflichtige Person Familienname, Vornamen, Geburtsdatum sowie die letzte Wohnanschrift an. [2]Diese Daten übermittelt die Zuzugsmeldebehörde der Wegzugsmeldebehörde, um die Daten nach § 3 Absatz 1 Nummer 1 bis 18 und Absatz 2 Nummer 4 anzufordern. [3]Die Wegzugsmeldebehörde übermittelt der Zuzugsmeldebehörde unverzüglich die angeforderten Daten.

(4) [1]Ehegatten, Lebenspartner und Familienangehörige mit denselben Zuzugsdaten (Zuzugsdatum sowie frühere und derzeitige Wohnungen) sollen gemeinsam einen Meldeschein verwenden. [2]Es genügt die Anmeldung durch eine der melde-

---

[1)] Siehe hierzu ua die Erste BundesmeldedatenübermittlungsVO – 1. BMeldDÜV v. 1.12.2014 (BGBl. I S. 1945), zuletzt geänd. durch VO v. 20.4.2022 (BGBl. I S. 683).

[2)] § 23 Abs. 6 angef. mWv 1.11.2016 durch G v. 2.2.2016 (BGBl. I S. 130); Abs. 1 Satz 1 geänd., Abs. 7 angef. mWv 1.11.2016 durch G v. 11.10.2016 (BGBl. I S. 2218); Abs. 6 geänd. mWv 1.11.2019 durch G v. 4.8.2019 (BGBl. I S. 1131); Abs. 2 aufgeh., bish. Abs. 3 wird Abs. 2 und Satz 1 neu gef., Satz 2 eingef., bish. Sätze 2, 3 werden Sätze 3, 4, bish. Satz 4 wird Satz 5 und neu gef., bish. Abs. 4 wird Abs. 3 und Satz 2 geänd., bish. Abs. 5 wird Abs. 4 und Sätze 2, 3 geänd., bish. Abs. 6 wird Abs. 5 und geänd., bish. Abs. 7 wird Abs. 6 und Satz 1 geänd. mWv 1.5.2022 durch G v. 15.1.2021 (BGBl. I S. 530).

pflichtigen Personen. [3]Die Absätze 2 und 3 gelten entsprechend, wenn die meldepflichtige Person versichert, dass sie berechtigt ist, die Daten der übrigen meldepflichtigen Personen entgegenzunehmen. [4]Sie ist darüber zu belehren, dass der unberechtigte Empfang unter Vorspiegelung einer Berechtigung nach § 202a des Strafgesetzbuchs[1)] unter Strafe steht.

(5) Abweichend von Absatz 1 kann die Anmeldung von Personen, die in eine Aufnahmeeinrichtung zugezogen sind, automatisiert durch Übernahme der Daten aus dem Ausländerzentralregister nach § 18e des AZR-Gesetzes[2)] erfolgen.

(6) [1]Die Abmeldung in das Ausland kann schriftlich oder in entsprechender Anwendung des § 10 Absatz 2 und 3 elektronisch erfolgen. [2]Der Nachweis der Identität der abmeldepflichtigen Person kann bei der elektronischen Abmeldung auch durch die Angabe des Familiennamens, des Vornamens, des Geburtsdatums und der Seriennummer des zuletzt im Melderegister gespeicherten Ausweises oder Passes nach § 3 Absatz 1 Nummer 17 erfolgen.

§ 23a[3)] Elektronische Anmeldung. (1) [1]Die meldepflichtige Person darf bei der Wegzugsmeldebehörde die nach § 3 Absatz 1 Nummer 1 bis 18 und Absatz 2 Nummer 4 gespeicherten Daten elektronisch anfordern. [2]Hierzu hat sie die in § 18 Absatz 1 Satz 2 genannten Daten zu übermitteln. [3]Die Wegzugsmeldebehörde ist verpflichtet, diese Daten in elektronischer und unveränderbarer Form zu übermitteln (vorausgefüllter Meldeschein). [4]Daten zum gesetzlichen Vertreter, Ehegatten, Lebenspartner oder zu minderjährigen Kindern, für die eine Auskunftssperre nach § 51 oder ein bedingter Sperrvermerk nach § 52 gespeichert ist, dürfen nicht in dem vorausgefüllten Meldeschein enthalten sein.

(2) Die meldepflichtige Person hat die übermittelten Angaben auf ihre Richtigkeit zu prüfen, um die Angaben nach § 19 Absatz 3 Nummer 1 bis 3 zu ergänzen, elektronisch zu bestätigen und an die Zuzugsmeldebehörde zu übermitteln.

(3) Die Vorlage der Bestätigung des Wohnungsgebers oder des entsprechenden Zuordnungsmerkmals nach § 19 Absatz 4 Satz 1 kann bei einer elektronischen Anmeldung durch einen Code, der durch die Zuzugsmeldebehörde an die Zuzugsanschrift der meldepflichtigen Person versendet und von dieser bestätigt wird, ersetzt werden.

(4) § 10 Absatz 2 und 3 gilt entsprechend.

§ 24[4)] Datenerhebung, Meldebestätigung. (1) [1]Bei der An- oder Abmeldung oder der Änderung der Hauptwohnung dürfen bei der meldepflichtigen Person die in § 3 Absatz 1 Nummer 1 bis 18 und in Absatz 2 Nummer 2 Buchstabe a bis c, Nummer 5, 6 und 10 genannten Daten erhoben werden. [2]Dies gilt auch für die Hinweise, die zum Nachweis der Richtigkeit dieser Daten erforderlich sind.

(2) [1]Die meldepflichtige Person erhält unentgeltlich eine schriftliche oder, sofern die An- oder Abmeldung elektronisch durchgeführt wird, eine elektronische Bestätigung über die An- oder Abmeldung (amtliche Meldebestätigung). [2]Diese darf nur folgende Daten enthalten:

1. Familienname,
2. Vornamen unter Kennzeichnung des gebräuchlichen Vornamens,

---

[1)] ***Habersack, Deutsche Gesetze Nr. 85.***
[2)] ***Sartorius ErgBd. Nr. 569.***
[3)] § 23a neu gef. mWv 1.5.2022 durch G v. 15.1.2021 (BGBl. I S. 530).
[4)] § 24 Abs. 2 Satz 2 Nr. 2 geänd. mWv 1.11.2016 durch G v. 11.10.2016 (BGBl. I S. 2218); Abs. 2 Satz 1 geänd. mWv 7.4.2021 durch G v. 15.1.2021 (BGBl. I S. 530).

3. Doktorgrad,
4. Geburtsdatum,
5. Einzugsdatum oder Auszugsdatum,
6. Datum der An- oder Abmeldung,
7. Anschrift und
8. alleinige Wohnung, Haupt- oder Nebenwohnung.

§ 25 Mitwirkungspflichten der meldepflichtigen Person. Die meldepflichtige Person hat auf Verlangen der Meldebehörde

1. die zur ordnungsgemäßen Führung des Melderegisters erforderlichen Auskünfte zu erteilen,
2. die zum Nachweis der Angaben erforderlichen Unterlagen vorzulegen und
3. persönlich bei der Meldebehörde zu erscheinen.

§ 26 Befreiung von der Meldepflicht. [1] Von der Meldepflicht nach § 17 Absatz 1 und 2 sind befreit

1. Mitglieder einer ausländischen diplomatischen Mission oder einer ausländischen konsularischen Vertretung und die mit ihnen im gemeinsamen Haushalt lebenden Familienmitglieder, falls die genannten Personen weder die deutsche Staatsangehörigkeit besitzen noch im Inland ständig ansässig sind, noch dort eine private Erwerbstätigkeit ausüben,
2. Personen, für die diese Befreiung in völkerrechtlichen Übereinkünften festgelegt ist.

[2] Die Befreiung von der Meldepflicht nach Satz 1 Nummer 1 tritt nur ein, wenn Gegenseitigkeit besteht.

§ 27[1)] Ausnahmen von der Meldepflicht. (1) Eine Meldepflicht nach § 17 Absatz 1 und 2 wird nicht begründet, wenn eine Person, die für eine Wohnung im Inland gemeldet ist, eine Gemeinschaftsunterkunft oder eine andere dienstlich bereitgestellte Unterkunft bezieht, um

1. Wehrdienst nach dem Wehrpflichtgesetz[2)] oder freiwilligen Wehrdienst nach dem Soldatengesetz[3)] zu leisten,
2. Bundesfreiwilligendienst nach dem Bundesfreiwilligendienstgesetz[4)] zu leisten,
3. Zivildienst nach dem Zivildienstgesetz[5)] zu leisten,
4. eine Dienstleistung nach dem Vierten Abschnitt des Soldatengesetzes zu erbringen,
5. Dienst bei der Bundeswehr als Berufssoldat oder Soldat auf Zeit oder Vollzugsdienst bei der Bundes- oder der Landespolizei zu leisten, sofern die Unterkunft für nicht länger als zwölf Monate bezogen wird,
6. als Angehörige des öffentlichen Dienstes an Lehrgängen oder Fachstudien zur Aus- oder Fortbildung teilzunehmen.

[1)] § 27 Abs. 1 Nr. 1 geänd. durch G v. 13.5.2015 (BGBl. I S. 706); Abs. 3 Sätze 2–4 angef. mWv 1.11. 2015 durch G v. 20.10.2015 (BGBl. I S. 1722); Abs. 4 Sätze 1, 2 neu gef., Satz 3 geänd. mWv 7.4.2021 durch G v. 15.1.2021 (BGBl. I S. 530).

[2)] Nr. **620**.

[3)] G idF der Bek. v. 30.5.2005 (BGBl. I S. 1482), zuletzt geänd. durch G v. 20.8.2021 (BGBl. I S. 3932), **Sartorius III Nr. 850.**

[4)] Nr. **627**.

[5)] Nr. **625**.

(2) [1] Wer im Inland nach § 17 oder § 28 gemeldet ist und für einen nicht länger als sechs Monate dauernden Aufenthalt eine Wohnung bezieht, muss sich für diese Wohnung weder an- noch abmelden. [2] Wer nach Ablauf von sechs Monaten nicht aus dieser Wohnung ausgezogen ist, hat sich innerhalb von zwei Wochen bei der Meldebehörde anzumelden. [3] Für Personen, die sonst im Ausland wohnen und im Inland nicht nach § 17 Absatz 1 gemeldet sind, besteht diese Pflicht nach Ablauf von drei Monaten.

(3) [1] Die Ausnahme von der Meldepflicht nach Absatz 2 gilt nicht für

1. Spätaussiedler und deren Familienangehörige, wenn sie nach § 8 des Bundesvertriebenengesetzes[1)] verteilt werden, und
2. Asylbewerber oder sonstige Ausländer, die vorübergehend eine Aufnahmeeinrichtung oder eine sonstige zugewiesene Unterkunft beziehen.

[2] Die Meldepflicht nach Absatz 2 in Verbindung mit Satz 1 Nummer 2 kann erfüllt werden, indem die für die Erfassung von Personen in den Aufnahmeeinrichtungen zuständige Stelle der Meldebehörde die für die Anmeldung notwendigen Daten in Form einer Liste übermittelt. [3] Statt einer Liste kann auch eine Kopie der ausländerrechtlichen Erfassung übermittelt werden. [4] Eine elektronische Übermittlung ist in beiden Fällen zulässig.

(4) [1] Für eine Person, der durch eine richterliche Entscheidung die Freiheit entzogen ist, begründet § 17 Absatz 1 keine Meldepflicht, solange

1. der Vollzug der Freiheitsentziehung drei Monate nicht überschreitet oder
2. die betroffene Person im Inland nach § 17 oder § 28 gemeldet ist und der Vollzug der Freiheitsentziehung die Dauer von zwölf Monaten nicht überschreitet.

[2] Andernfalls hat die Leitung der Anstalt die Aufnahme und die Entlassung innerhalb der folgenden zwei Wochen der Meldebehörde, die für den Sitz der Anstalt zuständig ist, mitzuteilen; die betroffene Person ist zu unterrichten. [3] Die Mitteilung enthält die in den Meldescheinen vorgesehenen Daten. [4] Die Mitteilung ersetzt die Anmeldung nach § 23 Absatz 1.

Abschnitt 4. Besondere Meldepflichten

§ 28 Besondere Meldepflichten für Binnenschiffer und Seeleute.

(1) [1] Wer auf ein Binnenschiff zieht, das in einem Schiffsregister im Inland eingetragen ist, hat sich bei der Meldebehörde des Ortes anzumelden, in dem der Heimathafen des Schiffes liegt. [2] Die Vorschriften über die allgemeine Meldepflicht gelten entsprechend. [3] Die An- und Abmeldung kann auch bei einer anderen Meldebehörde oder bei der Wasserschutzpolizei vorgenommen werden, die die Daten an die zuständige Meldebehörde weiterleitet.

(2) [1] Der Reeder eines Seeschiffes, das berechtigt ist, die Bundesflagge zu führen, hat den Kapitän und die Besatzungsmitglieder des Schiffes bei Beginn des Anstellungs-, Heuer- oder Ausbildungsverhältnisses anzumelden. [2] Er hat diese Personen bei Beendigung des Anstellungs-, Heuer- oder Ausbildungsverhältnisses abzumelden. [3] § 24 Absatz 1 gilt entsprechend. [4] Zuständig ist die Meldebehörde am Sitz des Reeders. [5] Die zu meldenden Personen haben dem Reeder die erforderlichen Auskünfte zu geben.

[1)] **Aichberger, SGB Nr. 6/51.**

(3) Die Meldepflicht nach den Absätzen 1 und 2 besteht nicht für Personen, die im Inland für eine Wohnung nach § 17 Absatz 1 gemeldet sind.

(4) Die Meldebehörde kann von Schiffseignern und Reedern Auskunft verlangen über Personen, welche auf ihren Schiffen wohnen oder gewohnt haben.

§ 29[1)] Besondere Meldepflicht in Beherbergungsstätten. (1) [1] Wer in Einrichtungen, die der gewerbs- oder geschäftsmäßigen Aufnahme von Personen dienen (Beherbergungsstätten), für länger als sechs Monate aufgenommen wird, unterliegt der Meldepflicht nach § 17 oder § 28. [2] Wer nicht für eine Wohnung im Inland gemeldet ist, hat sich innerhalb von zwei Wochen bei der Meldebehörde anzumelden, sobald sein Aufenthalt die Dauer von drei Monaten überschreitet.

(2) [1] Beherbergte Personen haben am Tag der Ankunft einen besonderen Meldeschein handschriftlich zu unterschreiben, der die in § 30 Absatz 2 aufgeführten Daten enthält. [2] Mitreisende Angehörige sind auf dem Meldeschein nur der Zahl nach anzugeben. [3] Bei Reisegesellschaften von mehr als zehn Personen betrifft die Verpflichtung nach Satz 1 nur den Reiseleiter; er hat die Anzahl der Mitreisenden und ihre Staatsangehörigkeit anzugeben.

(3) Beherbergte ausländische Personen, die nach Absatz 2 namentlich auf dem Meldeschein aufzuführen sind, haben sich bei der Anmeldung gegenüber den Leitern der Beherbergungsstätten durch die Vorlage eines gültigen Identitätsdokumentes (anerkannter und gültiger Pass oder Passersatz) auszuweisen.

(4) [1] Personen, die in Zelten, Wohnmobilen, Wohnwagen oder Wasserfahrzeugen auf gewerbs- oder geschäftsmäßig überlassenen Plätzen übernachten, unterliegen nicht der Meldepflicht nach § 17 Absatz 1 und 2, solange sie im Inland nach § 17 oder § 28 gemeldet sind. [2] Wer nicht nach § 17 oder § 28 gemeldet ist, hat sich innerhalb von zwei Wochen bei der Meldebehörde anzumelden, sobald der Aufenthalt die Dauer von drei Monaten überschreitet. [3] Die Absätze 2 und 3 gelten entsprechend.

(5) [1] Abweichend von Absatz 2 Satz 1 kann die Meldepflicht mit Zustimmung der beherbergten Person auch dadurch erfüllt werden, dass die in § 30 Absatz 2 genannten Daten elektronisch erhoben werden und die beherbergte Person deren Richtigkeit und Vollständigkeit am Tag der Ankunft bestätigt, indem die beherbergte Person

1. einen kartengebundenen Zahlungsvorgang mit einer starken Kundenauthentifizierung im Sinne des § 1 Absatz 24 des Zahlungsdiensteaufsichtsgesetzes auslöst, bei dem die zweckgebundene Zuordnungsnummer des eingesetzten Zahlungsmittels erhoben wird,
2. den elektronischen Identitätsnachweis nach § 18 des Personalausweisgesetzes[2)], nach § 12 des eID-Karte-Gesetzes oder nach § 78 Absatz 5 des Aufenthaltsgesetzes[3)] erbringt oder
3. ihren Personalausweis nach § 18a des Personalausweisgesetzes, ihre eID-Karte nach § 13 des eID-Karte-Gesetzes oder ihren Aufenthaltstitel nach § 78 Absatz 5 des Aufenthaltsgesetzes zum Vor-Ort-Auslesen verwendet.

[2] Wer Beherbergungsstätten betreibt, kann für seine und andere mit seinen Beherbergungsstätten vertraglich zum Zweck des Erbringens von Beherbergungsdienst-

---

[1)] § 29 Abs. 5 eingef., bish. Abs. 5 wird Abs. 6 mWv 1.1.2020 durch G v. 22.11.2019 (BGBl. I S. 1746); Abs. 5 Satz 2 angef. mWv 18.3.2021 durch G v. 10.3.2021 (BGBl. I S. 332).

[2)] Nr. **255**.

[3)] Nr. **565**.

leistungen verbundenen Beherbergungsstätten zur Erprobung weiterer elektronischer Verfahren zur Erfüllung der Meldepflicht bei dem Bundesministerium des Innern, für Bau und Heimat bis zum Ablauf des 31. Dezember 2023 für die Dauer von höchstens zwei Jahren einen Antrag auf Zulassung eines von Satz 1 abweichenden Verfahrens stellen, bei dem

1. die in § 30 Absatz 2 genannten Daten elektronisch mit Zustimmung der beherbergten Person erhoben werden,
2. die beherbergte Person die Richtigkeit und Vollständigkeit der Daten nach Nummer 1 am Tag der Ankunft in geeigneter Weise bestätigt und
3. das Bundesamt für Sicherheit in der Informationstechnik bei einer vorherigen Prüfung des Verfahrens ein vergleichbares Sicherheitsniveau zu den in Satz 1 Nummer 1 bis 3 genannten Verfahren festgestellt hat.

(6) Die Absätze 2 und 3 gelten nicht für

1. Einrichtungen mit Heimunterbringung, die der Jugend- und Erwachsenenbildung, der Ausbildung oder der Fortbildung dienen, soweit Personen zu den genannten Zwecken untergebracht werden,
2. Betriebs- oder Vereinsheime, wenn dort nur Betriebs- oder Vereinsmitglieder und deren Familienangehörige beherbergt werden,
3. Jugendherbergen und Berghütten, zeitweilig belegte Einrichtungen der öffentlichen oder öffentlich anerkannten Träger der Jugendarbeit und
4. Einrichtungen der öffentlich-rechtlichen Religionsgesellschaften.

§ 30[1)] Besondere Meldescheine für Beherbergungsstätten. (1) [1]Die Leiter der Beherbergungsstätten oder der Einrichtungen nach § 29 Absatz 4 haben besondere Meldescheine bereitzuhalten. [2]Sie können zusätzlich technische Vorrichtungen zur elektronischen Erfüllung der Meldepflicht nach § 29 Absatz 5 vorhalten. [3]Sie haben darauf hinzuwirken, dass die betroffenen Personen

1. die Verpflichtungen nach § 29 Absatz 2 oder die Vorgaben des gewählten elektronischen Verfahrens nach Absatz 5 erfüllen sowie
2. die Verpflichtungen nach § 29 Absatz 3 und 4 Satz 3 erfüllen.

(2) [1]Die Meldescheine enthalten vorbehaltlich der Regelung in Absatz 3 ausschließlich folgende Daten:

1. Datum der Ankunft und der voraussichtlichen Abreise,
2. Familiennamen,
3. Vornamen,
4. Geburtsdatum,
5. Staatsangehörigkeiten,
6. Anschrift,
7. Zahl der Mitreisenden und ihre Staatsangehörigkeit in den Fällen des § 29 Absatz 2 Satz 2 und 3 sowie
8. Seriennummer des anerkannten und gültigen Passes oder Passersatzpapiers bei ausländischen Personen.

[2]Bei ausländischen Personen haben die Leiter der Beherbergungsstätten oder der Einrichtungen nach § 29 Absatz 4 die Angaben im Meldeschein mit denen des

---

[1)] § 30 Abs. 1 und 4 neu gef., Abs. 2 Satz 5 und Abs. 5 angef. mWv 1.1.2020 durch G v. 22.11.2019 (BGBl. I S. 1746).

Identitätsdokumentes zu vergleichen. [3] Ergeben sich hierbei Abweichungen, ist dies auf dem Meldeschein zu vermerken. [4] Legen ausländische Personen kein oder kein gültiges Identitätsdokument vor, ist dies auf dem Meldeschein zu vermerken. [5] Im Fall des § 29 Absatz 5 Nummer 1 ist die zweckgebundene Zuordnungsnummer des eingesetzten Zahlungsmittels zusammen mit den Daten nach Satz 1 zu speichern.

(3) Durch Landesrecht kann bestimmt werden, dass für die Erhebung von Fremdenverkehrs- und Kurbeiträgen weitere Daten auf dem Meldeschein erhoben werden dürfen.

(4) [1] Die nach Absatz 1 verpflichteten Personen haben die ausgefüllten Meldescheine vom Tag der Abreise der beherbergten Person an ein Jahr aufzubewahren und innerhalb von drei Monaten nach Ablauf der Aufbewahrungsfrist zu vernichten. [2] Wird die Meldepflicht elektronisch erfüllt, gelten für die Speicherung und Löschung der nach § 29 Absatz 5 erhobenen Daten die Fristen nach Satz 1. [3] Den nach Landesrecht bestimmten Behörden und den in § 34 Absatz 4 Satz 1 Nummer 1 bis 5 und 9 bis 11 genannten Behörden sind zur Erfüllung ihrer Aufgaben auf Verlangen

1. die nach § 29 Absatz 2 Satz 1 handschriftlich unterschriebenen Meldescheine zur Einsichtnahme vorzulegen und
2. die nach § 29 Absatz 5 elektronisch erhobenen Daten maschinenlesbar zur Verfügung zu stellen.

(5) Sofern das Meldeverfahren elektronisch durchgeführt wird, haben die nach Absatz 1 verpflichteten Personen durch geeignete technische und organisatorische Maßnahmen nach den Artikeln 24, 25 und 32 der Verordnung (EU) 2016/679[1)] sicherzustellen, dass die in Absatz 2 bezeichneten Daten nur nach Maßgabe von Absatz 4 und § 29 Absatz 5 verarbeitet werden.

§ 31[2)] Verarbeitungsbeschränkungen. [1] Die nach § 30 Absatz 2 erhobenen Daten dürfen von den nach Landesrecht bestimmten Behörden und den in § 34 Absatz 4 Satz 1 Nummer 1 bis 5 und 9 bis 11 genannten Behörden verarbeitet werden, sofern dies zur Erfüllung ihrer Aufgaben erforderlich ist. [2] Sie dürfen außerdem zur Aufklärung des Schicksals von Vermissten und Unfallopfern, für die Erhebung von Fremdenverkehrs- und Kurbeiträgen, zur Ausstellung kommunaler Gästekarten sowie für die Beherbergungs- und die Fremdenverkehrsstatistik verarbeitet werden.

§ 32 Besondere Meldepflicht in Krankenhäusern, Heimen und ähnlichen Einrichtungen. (1) [1] Wer in Krankenhäusern, Pflegeheimen oder sonstigen Einrichtungen, die der Betreuung pflegebedürftiger oder behinderter Menschen oder der Heimerziehung dienen, aufgenommen wird oder dort einzieht, muss sich nicht anmelden, solange er für eine Wohnung im Inland gemeldet ist. [2] Wer nicht für eine Wohnung im Inland gemeldet ist, hat sich, sobald sein Aufenthalt die Dauer von drei Monaten überschreitet, innerhalb von zwei Wochen anzumelden. [3] Für Personen, die ihrer Meldepflicht nicht persönlich nachkommen können, haben die Leiter der Einrichtungen die Aufnahme innerhalb von zwei Wochen der Meldebehörde mitzuteilen, die für den Sitz der Einrichtung zuständig ist; die betroffenen Personen sind zu unterrichten. [4] § 17 Absatz 3 Satz 3 bleibt unberührt.

---

1) Nr. **246**.

2) § 31 Überschrift neu gef., Sätze 1, 2 geänd. mWv 26.11.2019 durch G v. 20.11.2019 (BGBl. I S. 1626); Satz 1 geänd. mWv 1.1.2021 durch G v. 22.12.2020 (BGBl. I S. 3334).

(2) [1] Der zuständigen Behörde ist Auskunft aus den Unterlagen der genannten Einrichtungen zu erteilen, wenn dies nach Feststellung der Behörde zur Abwehr einer erheblichen und gegenwärtigen Gefahr, zur Verfolgung von Straftaten oder zur Aufklärung des Schicksals von Vermissten und Unfallopfern im Einzelfall erforderlich ist. [2] Die Auskunft umfasst folgende Daten:

1. Familienname,
2. Vornamen,
3. Geburtsdatum und Geburtsort sowie bei Geburt im Ausland auch den Staat,
4. Staatsangehörigkeiten,
5. Anschriften,
6. Datum der Aufnahme und Datum der Entlassung.

Abschnitt 5. Datenübermittlungen

Unterabschnitt 1. Datenübermittlungen zwischen öffentlichen Stellen[1)]

§ 33[2)] Datenübermittlungen zwischen den Meldebehörden. (1) [1] Hat sich eine Person bei einer Meldebehörde angemeldet, so hat diese die Wegzugsmeldebehörde und die für weitere Wohnungen zuständigen Meldebehörden darüber durch Übermittlung der in § 3 Absatz 1 Nummer 1 bis 18 genannten Daten der betroffenen Person zu unterrichten (Rückmeldung). [2] Bei einem Zuzug aus dem Ausland ist die für den letzten Wohnort im Inland zuständige Meldebehörde als Wegzugsmeldebehörde zu unterrichten. [3] Die Daten sind unverzüglich, spätestens jedoch drei Werktage nach der Anmeldung, durch Datenübertragung zu übermitteln; § 10 Absatz 2 gilt entsprechend.

(2) [1] Die übermittelten Daten sind unverzüglich von der Wegzugsmeldebehörde zu verarbeiten. [2] Die Wegzugsmeldebehörde hat die Zuzugsmeldebehörde unverzüglich, spätestens jedoch drei Werktage nach Eingang der Rückmeldung, über die in § 3 Absatz 2 Nummer 1, 2 Buchstabe d, Nummer 3, 4, 5, 7, 8 und 11 genannten Tatsachen sowie dann zu unterrichten, wenn die in Satz 1 bezeichneten Daten von den bisherigen Angaben abweichen (Auswertung der Rückmeldung). [3] Soweit Meldebehörden desselben Landes beteiligt sind, können für die Datenübermittlung weitergehende Regelungen durch Landesrecht getroffen werden.

(3) [1] Werden die in § 3 Absatz 1 und 2 Nummer 4, 7 und 8 bezeichneten Daten fortgeschrieben, so sind unverzüglich die für weitere Wohnungen der betroffenen Person zuständigen Meldebehörden zu unterrichten, soweit die Daten zur Erfüllung ihrer Aufgaben erforderlich sind. [2] Verstirbt oder verzieht eine meldepflichtige Person, zu der Daten der in § 3 Absatz 1 Nummer 9, 15 und 16 genannten Personen außerhalb der Zuständigkeit der Meldebehörde gespeichert sind, ist unverzüglich die für diese Personen zuständige Meldebehörde über die Fortschreibung zu unterrichten.

(4) [1] Speichert die Meldebehörde eine Auskunftssperre nach § 51 im Melderegister oder hebt die Meldebehörde eine Auskunftssperre auf, so hat sie hierüber die für die letzte frühere oder die neue Wohnung zuständige Meldebehörde und die für weitere Wohnungen zuständigen Meldebehörden unverzüglich zu unter-

---

[1)] *Siehe hierzu ua die Erste Bundesmeldedatenübermittlungs*VO – 1. BMeldDÜV v. 1.12.2014 (BGBl. I S. 1945), zuletzt geänd. durch VO v. 20.4.2022 (BGBl. I S. 683).

[2)] § 33 Abs. 4 Satz 3 angef. mWv 1.11.2016 durch G v. 11.10.2016 (BGBl. I S. 2218); Abs. 1 Satz 3 geänd. mWv 26.11.2019 durch G v. 20.11.2019 (BGBl. I S. 1626); Abs. 3 Satz 1 geänd. mWv 1.5.2022 durch G v. 15.1.2021 (BGBl. I S. 530).

richten. [2]Diese Meldebehörden haben die Auskunftssperre nach § 51 unverzüglich im Melderegister zu speichern und im Falle der Aufhebung zu löschen. [3]Die Sätze 1 und 2 gelten für bedingte Sperrvermerke nach § 52 mit der Maßgabe entsprechend, dass eine Aufhebung nicht stattfindet.

(5) Soweit auf Grund von völkerrechtlichen Übereinkünften ein meldebehördliches Rückmeldeverfahren mit Stellen des Auslands vorgesehen ist, gehen die darin getroffenen Vereinbarungen den Regelungen nach den Absätzen 1 bis 3 vor.

(6) Datenübermittlungen und Auskünfte zwischen den Meldebehörden sind gebührenfrei.

§ 34[1)] Datenübermittlungen an andere öffentliche Stellen. (1)[2)] [1]Die Meldebehörde darf einer anderen öffentlichen Stelle im Sinne von § 2 Absatz 1 bis 3 und 4 Satz 2 des Bundesdatenschutzgesetzes[3)] im Inland aus dem Melderegister folgende Daten übermitteln, soweit dies zur Erfüllung einer öffentlichen Aufgabe erforderlich ist, die in ihrer Zuständigkeit oder in der Zuständigkeit des Empfängers liegt:

1. Familienname,
2. frühere Namen,
3. Vornamen unter Kennzeichnung des gebräuchlichen Vornamens,
4. Doktorgrad,
5. Ordensname, Künstlername,
6. Geburtsdatum und Geburtsort sowie bei Geburt im Ausland auch den Staat,
7. Geschlecht,
8. derzeitige Staatsangehörigkeiten einschließlich der nach § 3 Absatz 2 Nummer 5 gespeicherten Daten,
9. derzeitige und frühere Anschriften, gekennzeichnet nach Haupt- und Nebenwohnung; bei Zuzug aus dem Ausland den Staat, bei Wegzug in das Ausland die Zuzugsanschrift im Ausland und den Staat,
10. Einzugsdatum, Auszugsdatum, Datum des letzten Wegzugs aus einer Wohnung im Inland sowie Datum des letzten Zuzugs aus dem Ausland,
11. zum gesetzlichen Vertreter
    a) Familienname,
    b) Vornamen,
    c) Doktorgrad,

[1)] § 34 Abs. 1 Satz 1 Nr. 3, 6, 10 Buchst. g und Abs. 4 Satz 1 Nr. 10 und 11 geänd., Nr. 12 angef. mWv 1.11.2016 durch G v. 11.10.2016 (BGBl. I S. 2218); Abs. 4 Sätze 3, 4 geänd. mWv 26.11.2019 durch G v. 20.11.2019 (BGBl. I S. 1626); Abs. 5 Satz 1 geänd. mWv 7.4.2021, Abs. 1, 2 neu gef., Abs. 4 Satz 1 Nr. 1, 6 geänd., Abs. 6 neu gef. mWv 1.5.2022 durch G v. 15.1.2021 (BGBl. I S. 530); Abs. 1 Satz 2 geänd. mWv 1.5.2021, Abs. 1 Satz 3 angef. mit unbestimmtem Inkrafttreten durch G v. 28.3.2021 (BGBl. I S. 591).

[2)] Gem. Art. 4 Nr. 5 Buchst. b) G v. 28.3.2021 (BGBl. I S. 591) wird mit noch unbestimmtem Inkrafttreten folgender Satz angefügt:
„Die Meldebehörde darf an eine
1. registerführende Stelle nach § 2 des Identifikationsnummerngesetzes zur Erfüllung der in § 2 Nummer 1 und 2 des Identifikationsnummerngesetzes genannten Aufgaben oder
2. öffentliche Stelle zum Zwecke der Erbringung von Verwaltungsleistungen nach dem Onlinezugangsgesetz durch die Meldebehörde oder die anfragende öffentliche Stelle
zusätzlich die Identifikationsnummer nach dem Identifikationsnummerngesetz nach § 3 Absatz 1 Nummer 8, Nummer 9 Buchstabe i, Nummer 15 Buchstabe j und Nummer 16 Buchstabe h dieses Gesetzes übermitteln."

[3)] Nr. **245**.

d) Anschrift,
e) Geburtsdatum,
f) Geschlecht,
g) Sterbedatum sowie
h) Auskunftssperren nach § 51 und bedingte Sperrvermerke nach § 52,

12. Familienstand; bei Verheirateten oder Lebenspartnern zusätzlich Datum, Ort und Staat der Eheschließung oder der Begründung der Lebenspartnerschaft sowie bei Eheschließung oder Begründung der Lebenspartnerschaft im Ausland auch den Staat,
13. zum Ehegatten oder Lebenspartner
    a) Familienname,
    b) Vornamen,
    c) Geburtsname,
    d) Doktorgrad,
    e) Geburtsdatum,
    f) Geschlecht,
    g) derzeitige Anschriften und Wegzugsanschrift,
    h) Sterbedatum sowie
    i) Auskunftssperren nach § 51 und bedingte Sperrvermerke nach § 52,
14. zu minderjährigen Kindern
    a) Familienname,
    b) Vornamen,
    c) Geburtsdatum,
    d) Geschlecht,
    e) Anschrift im Inland,
    f) Sterbedatum sowie
    g) Auskunftssperren nach § 51 und bedingte Sperrvermerke nach § 52,
15. Auskunftssperren nach § 51 und bedingte Sperrvermerke nach § 52 sowie
16. Sterbedatum und Sterbeort sowie bei Versterben im Ausland auch den Staat.

[2] Den in Absatz 4 Satz 1 genannten Behörden darf die Meldebehörde darüber hinaus folgende Daten übermitteln, soweit dies zur Aufgabenerfüllung erforderlich ist:

1. Ausstellungsbehörde, Ausstellungsdatum, Gültigkeitsdauer, Seriennummer des Personalausweises, vorläufigen Personalausweises oder Ersatz-Personalausweises, des anerkannten Passes oder Passersatzpapiers,
2. Tatsachen nach § 3 Absatz 2 Nummer 4 zu den Pass- und Ausweisdaten,
3. Daten für waffen- und sprengstoffrechtliche Verfahren nach § 3 Absatz 2 Nummer 7 und 8 sowie
4. Daten zum Wohnungsgeber nach § 3 Absatz 2 Nummer 10.

(2) [1] Die Datenübermittlung erfolgt durch

1. das Bereithalten der Daten durch die Meldebehörde zum anschließenden automatisierten Abruf unmittelbar durch die andere öffentliche Stelle, soweit dies nach § 34a zugelassen ist, oder
2. durch elektronische Datenübertragung.

[2] § 10 Absatz 2 gilt für die Fälle des Satzes 1 entsprechend. [3] Zusätzlich darf über die Identität der Stelle, an die die Daten übermittelt werden, kein Zweifel beste-

hen. [4] § 3 des Gesetzes über die Verbindung der informationstechnischen Netze des Bundes und der Länder – Gesetz zur Ausführung von Artikel 91c Absatz 4 des Grundgesetzes[1)] – vom 10. August 2009 (BGBl. I S. 2702, 2706) in der jeweils geltenden Fassung bleibt unberührt. [5] Abweichend von Satz 1 erfolgt eine Datenübermittlung in schriftlicher Form oder durch Übersenden auf Datenträgern in gesicherter Form, wenn eine Datenübermittlung nach Satz 1

1. nicht verfügbar ist,
2. nicht zulässig ist oder
3. verfügbar und zulässig wäre, aber die empfangende Stelle besondere Umstände geltend macht, von einer Datenübermittlung nach Satz 1 abzuweichen.

(3) Die Übermittlung weiterer als der in Absatz 1 Satz 1 bezeichneten Daten oder die Übermittlung der in § 3 Absatz 1 oder 2 genannten Hinweise im Melderegister an andere öffentliche Stellen ist nur dann zulässig, wenn der Empfänger

1. ohne Kenntnis der Daten nicht in der Lage wäre, eine ihm durch Rechtsvorschrift übertragene Aufgabe zu erfüllen, und
2. die Daten bei der betroffenen Person nur mit unverhältnismäßig hohem Aufwand erheben könnte oder von einer Datenerhebung nach der Art der Aufgabe, zu der die Daten erforderlich sind, abgesehen werden muss.

(4) [1] Die Prüfung bei der Meldebehörde, ob die Voraussetzungen nach Absatz 3 und § 8 vorliegen, entfällt, wenn sie von den folgenden Behörden um Übermittlung von Daten und Hinweisen nach Absatz 3 ersucht wird:

1. Polizeibehörden,
2. Staatsanwaltschaften,
3. Amtsanwaltschaften,
4. Gerichte, soweit sie Aufgaben der Strafverfolgung, der Strafvollstreckung oder des Strafvollzugs wahrnehmen,
5. Justizvollzugsbehörden,
6. Verfassungsschutzbehörden,
7. Bundesnachrichtendienst,
8. Militärischer Abschirmdienst,
9. Zollfahndungsdienst,
10. Hauptzollämter,
11. Finanzbehörden, soweit sie strafverfolgend tätig sind, oder
12. Bundesamt für Justiz, soweit es Aufgaben der Vollstreckungshilfe nach dem Rahmenbeschluss 2005/214/JI des Rates vom 24. Februar 2005 über die Anwendung des Grundsatzes der gegenseitigen Anerkennung von Geldstrafen und Geldbußen (ABl. L 76 vom 22.3.2005, S. 16), der durch den Rahmenbeschluss 2009/299/JI (ABl. L 81 vom 27.3.2009, S. 24) geändert worden ist, sowie Aufgaben des Strafnachrichtenaustausches nach dem Rahmenbeschluss 2009/315/JI des Rates vom 26. Februar 2009 über die Durchführung und den Inhalt des Austauschs von Informationen aus dem Strafregister zwischen den Mitgliedstaaten (ABl. L 93 vom 7.4.2009, S. 23) wahrnimmt.

[2] Die ersuchende Behörde hat den Namen und die Anschrift der betroffenen Person unter Hinweis auf den Anlass der Übermittlung aufzuzeichnen. [3] Diese Aufzeichnungen sind aufzubewahren, durch technische und organisatorische Maß-

---

[1)] Nr. **1**.

nahmen nach den Artikeln 24, 25 und 32 der Verordnung (EU) 2016/679[1] zu sichern und nach Ablauf des Kalenderjahres, das dem Jahr der Erstellung der Aufzeichnung folgt, zu vernichten. [4] Satz 3 gilt nicht, wenn die Daten nach Satz 2 Bestandteil von Akten oder Dateisystemen geworden sind.

(5) [1] Wurde eine Auskunftssperre nach § 51 Absatz 1 auf Veranlassung einer in Absatz 4 Satz 1 Nummer 1 bis 4, 6 bis 9 und 11 genannten Behörde von Amts wegen eingetragen, sind die betroffene Person und die veranlassende Stelle über jedes Ersuchen um Übermittlung von Daten zur betroffenen Person unverzüglich zu unterrichten. [2] Sofern nach Anhörung der betroffenen Person, oder, wenn diese nicht erreichbar ist, nach Anhörung der veranlassenden Stelle, eine Gefahr nach § 51 Absatz 1 nicht ausgeschlossen werden kann, ist eine Übermittlung in diesen Fällen nicht zulässig; die ersuchende Stelle erhält eine Mitteilung, die keine Rückschlüsse darauf zulassen darf, ob zu der betroffenen Person keine Daten vorhanden sind oder eine Auskunftssperre besteht. [3] Abweichend von den Sätzen 1 und 2 wird bei Übermittlungsersuchen einer in Absatz 4 Satz 1 genannten Stelle ausschließlich die veranlassende Stelle unterrichtet und angehört.

(6) [1] Datenübermittlungen von Meldebehörden nach Absatz 2 an andere öffentliche Stellen im Inland sind gebührenfrei. [2] Im Fall des Absatzes 2 Satz 5 Nummer 1 gilt dies jedoch nur, wenn die Meldebehörde die Gründe für die fehlende Nutzung des automatisierten Abrufs oder der elektronischen Datenübertragung zu verantworten hat. [3] Landesrechtliche Regelungen zur Gebührenerhebung bei Datenübermittlungen aus zentralen Meldebeständen oder Portalen auf Landesebene bleiben unberührt.

§ 34a[2] Personensuche und freie Suche im automatisierten Abruf.

(1) Ein Abruf ist nur zulässig, soweit die Daten der abrufenden Stelle zur Erfüllung ihrer Aufgaben bekannt sein müssen.

(2) [1] Zu einer namentlich bestimmten Person (Personensuche) dürfen alle Daten nach § 34 Absatz 1 Satz 1 abgerufen werden. [2] Die in § 34 Absatz 4 Satz 1 genannten Behörden dürfen auch die Daten nach § 34 Absatz 1 Satz 2 abrufen.

(3) [1] Zu einer Vielzahl von Personen, die nicht namentlich bestimmt sind (freie Suche), dürfen nur die Daten nach § 34 Absatz 1 Satz 1 Nummer 1 bis 7, Nummer 8 mit Ausnahme der Daten nach § 3 Absatz 2 Nummer 5, 16 sowie die Anschrift der derzeitigen Haupt- oder alleinigen Wohnung abgerufen werden. [2] Die in § 34 Absatz 4 Satz 1 genannten Behörden dürfen auch das Einzugsdatum nach § 34 Absatz 1 Satz 1 Nummer 10 sowie die Daten nach § 34 Absatz 1 Satz 2 Nummer 1, 3 und 4 abrufen.

(4) Der Abruf weiterer Daten und Hinweise nach Absatz 2 ist zulässig, soweit dies durch Bundes- oder Landesrecht bestimmt ist, in dem auch Anlass und Zweck der Übermittlung, der Datenempfänger und die zu übermittelnden Daten festgelegt sind.

(5) [1] Ist im Melderegister eine Auskunftssperre nach § 51 eingetragen, erhält die abrufende Stelle eine Mitteilung, die keine Rückschlüsse darauf zulassen darf, ob zu der betroffenen Person keine Daten vorhanden sind oder ob eine Auskunftssperre besteht (neutrale Antwort). [2] Der Abruf ist in diesen Fällen von der Meldebehörde wie ein Ersuchen um manuelle Datenübermittlung zu behandeln. [3] Die Daten nach § 34 Absatz 1 Satz 1 Nummer 11, 13 und 14 werden nicht über-

[1] Nr. **246**.
[2] § 34a eingef. mWv 1.5.2022 durch G v. 15.1.2021 (BGBl. I S. 530).

mittelt, wenn für diesen Personenkreis eine Auskunftssperre nach § 51 gespeichert ist.

§ 35 Datenübermittlungen an ausländische Stellen. Im Rahmen von Tätigkeiten, die ganz oder teilweise in den Anwendungsbereich des Rechts der Europäischen Union fallen, gilt § 34 Absatz 1 Satz 1 nach Maßgabe der dafür geltenden Gesetze und Vereinbarungen, wenn Daten übermittelt werden an
1. öffentliche Stellen in anderen Mitgliedstaaten der Europäischen Union,
2. öffentliche Stellen in anderen Vertragsstaaten des Abkommens über den Europäischen Wirtschaftsraum,
3. Organe und Einrichtungen der Europäischen Union oder
4. Organe und Einrichtungen der Europäischen Atomgemeinschaft.

§ 36[1)] Regelmäßige Datenübermittlungen. (1) Datenübermittlungen an andere öffentliche Stellen, die ohne Ersuchen in allgemein bestimmten Fällen regelmäßig wiederkehrend durchgeführt werden (regelmäßige Datenübermittlungen), sind zulässig, soweit dies durch Bundes- oder Landesrecht bestimmt ist, in dem Anlass und Zweck der Übermittlungen, der Empfänger und die zu übermittelnden Daten festgelegt sind.

(2) [1] Eine Datenübermittlung nach § 58c Absatz 1 Satz 1 des Soldatengesetzes[2)] ist nur zulässig, soweit die betroffene Person nicht widersprochen hat. [2] Bei einem Widerspruch hat die betroffene Person gegenüber der Meldebehörde ein Recht auf unentgeltliche Einrichtung einer Übermittlungssperre. [3] Die betroffene Person ist auf ihr Widerspruchsrecht bei der Anmeldung und spätestens im Oktober eines jeden Jahres durch ortsübliche Bekanntmachung hinzuweisen.

§ 37[3)] Datenweitergabe. (1) [1] Innerhalb der Verwaltungseinheit, der die Meldebehörde angehört, dürfen unter den in § 34 Absatz 1 genannten Voraussetzungen sämtliche der in § 3 Absatz 1 aufgeführten Daten und Hinweise weitergegeben werden. [2] Für die Einsichtnahme und Weitergabe von Daten und Hinweisen nach § 3 Absatz 2 gilt § 34 Absatz 3 entsprechend.

(2) [1] Die Einrichtung automatisierter Verfahren zur Datenübertragung an andere Stellen innerhalb der Verwaltungseinheit, der die Meldebehörde angehört, bedarf der Zulassung durch den Leiter der Verwaltungseinheit; dabei hat er die abrufberechtigten Stellen sowie die erforderlichen technischen und organisatorischen Maßnahmen nach den Artikeln 24, 25 und 32 der Verordnung (EU) 2016/679[4)] schriftlich festzulegen. [2] Die abrufberechtigte Stelle darf von der Möglichkeit des Datenabrufs nur Gebrauch machen, wenn dies im Einzelfall zur Erfüllung ihrer Aufgaben erforderlich ist. [3] § 34a Absatz 5 gilt entsprechend.

---

1) § 36 Abs. 2 Satz 1 geänd. durch G v. 20.11.2014 (BGBl. I S. 1738); Abs. 1 geänd., Abs. 2 Satz 2 eingef, bish. Satz 2 wird Satz 3 mWv 26.11.2019 durch G v. 20.11.2019 (BGBl. I S. 1626).

2) G idF der Bek. v. 30.5.2005 (BGBl. I S. 1482), zuletzt geänd. durch G v. 20.8.2021 (BGBl. I S. 3932), **Sartorius III Nr. 850.**

3) § 37 Abs. 2 Satz 1 geänd. mWv 26.11.2019 durch G v. 20.11.2019 (BGBl. I S. 1626); Abs. 2 Satz 3 angef. mWv 1.5.2022 durch G v. 15.1.2021 (BGBl. I S. 530).

4) Nr. **246**.

§ 38[1)] Auswahldaten für automatisierte Abrufe und für Datenübermittlungen über Personengruppen. (1)[2)] [1]Für automatisierte Abrufe von Daten mittels Personensuche sind aus dem Datenkatalog nach § 34 Absatz 1 Satz 1 folgende Auswahldaten zu verwenden:

1. hinsichtlich des Namens
   a) der Familienname und mindestens ein Vorname,
   b) ein früherer Name und mindestens ein Vorname,
   c) der Ordensname oder
   d) der Künstlername sowie
2. zusätzlich zu den Angaben nach Nummer 1
   a) eine Anschrift oder
   b) ein Wohnort und mindestens eines der folgenden Daten:
      aa) Straße,
      bb) Geburtsdatum,
      cc) Geburtsort sowie bei Geburt im Ausland auch den Staat,
      dd) Geschlecht,
      ee) Sterbedatum,
      ff) Sterbeort sowie bei Versterben im Ausland auch den Staat.

[2]Die AZR-Nummer darf in den Fällen und nach Maßgabe des § 10 Absatz 4 Satz 2 Nummer 4 des AZR-Gesetzes nur zum Zweck der eindeutigen Zuordnung als zusätzliches Auswahldatum verwendet werden. [3]Für Familiennamen, frühere Namen und Vornamen sowie für Ordens- und Künstlernamen ist eine phonetische Suche zulässig.

(2) [1]Für automatisierte Abrufe und für Ersuchen um Übermittlung von Daten mittels freier Suche sollen vorbehaltlich des Satzes 2 verwenden:

1. die in § 34 Absatz 4 Satz 1 genannten Behörden alle verfügbaren Daten nach § 34 Absatz 1 Satz 1 und die Daten nach § 34 Absatz 1 Satz 2 Nummer 3,
2. alle übrigen öffentlichen Stellen nur die verfügbaren Daten nach § 34 Absatz 1 Satz 1.

[2]Die Daten beigeschriebener Personen nach § 34 Absatz 1 Satz 1 Nummer 11, 13 und 14, das Datum des letzten Wegzugs aus einer Wohnung im Inland und das Datum des letzten Zuzugs aus dem Ausland nach § 34 Absatz 1 Satz 1 Nummer 10 sowie Auskunftssperren nach § 51 und bedingte Sperrvermerke nach § 52 sind als Auswahldaten nicht zulässig. [3]Für Familiennamen, frühere Namen und Vornamen sowie für Ordens- und Künstlernamen ist eine phonetische Suche zulässig.

(3) Die Verwendung von weiteren Auswahldaten nach den Absätzen 1 und 2 ist zulässig, soweit dies durch Bundes- oder Landesrecht bestimmt ist, in dem auch Anlass und Zweck des Abrufs festgelegt sind.

(4) [1]Werden auf Grund eines automatisierten Abrufs die Datensätze mehrerer Personen angezeigt, darf die abrufberechtigte Stelle diese Daten nur in dem Umfang verwenden, der zur Erfüllung der ihr durch Rechtsvorschrift übertrage-

---

[1)] *§ 38 neu gef. mWv 1.5.2022 durch G v. 15.1.2021* (BGBl. I S. 530); Abs. 1 Satz 3 eingef., bish. Satz 3 wird Satz 4 mit unbestimmtem Inkrafttreten durch G v. 28.3.2021 (BGBl. I S. 591).

[2)] Gem. Art. 4 Nr. 7 G v. 28.3.2021 (BGBl. I S. 591) wird nach Satz 2 mit noch unbestimmtem Inkrafttreten folgender Satz eingefügt: „Die Identifikationsnummer nach § 139b der Abgabenordnung darf in den Fällen des § 34a Absatz 2 Satz 3 zusätzlich als Auswahldatum verwendet werden."

nen Aufgaben erforderlich ist. [2]Nicht erforderliche Daten sind unverzüglich zu löschen.

(5) [1]Die abrufende Stelle kann für den Fall einer neutralen Antwort auf eine weitere Bearbeitung der Anfrage durch die Meldebehörde verzichten. [2]Die Pflicht zur unverzüglichen Unterrichtung der veranlassenden Stelle nach § 34 Absatz 5 Satz 1 und 3 bleibt unberührt.

§ 39[1)] Verfahren des automatisierten Abrufs. (1) Bei der Einrichtung eines automatisierten Abrufverfahrens hat die abrufberechtigte Stelle durch geeignete technische und organisatorische Maßnahmen nach den Artikeln 24, 25 und 32 der Verordnung (EU) 2016/679[2)] sicherzustellen, dass Daten nur durch hierzu befugte Personen abgerufen werden können und dass nur die Daten abgerufen werden, die für ihre Aufgabenerfüllung erforderlich sind.

(2) [1]Werden auf Grund eines automatisierten Abrufs nach § 34a die Datensätze von unterschiedlichen Personen gefunden, werden hierzu Identifikationsmerkmale gebildet und übermittelt. [2]Zur Bildung dieser Identifikationsmerkmale dürfen die in § 3 genannten Daten nicht verarbeitet werden. [3]Der Empfänger der Daten darf das Identifikationsmerkmal nur an die Meldebehörde übermitteln.

(3) [1]Für die in § 34 Absatz 4 Satz 1 genannten sowie weitere durch Bundes- oder Landesrecht bestimmte öffentliche Stellen ist bei zentralen Meldedatenbeständen der Länder oder, sofern solche nicht vorhanden sind, bei sonstigen Stellen, die durch Landesrecht dazu bestimmt sind, oder bei den Meldebehörden zu jeder Zeit sicherzustellen, dass Daten über das Internet oder über das Verbindungsnetz des Bundes und der Länder abgerufen werden können. [2]Absatz 1 Satz 2 bis 4 gilt entsprechend.

(4) [1]Die Verantwortung für die Zulässigkeit des einzelnen automatisierten Abrufs trägt die abrufende Stelle. [2]Die Meldebehörde überprüft die Zulässigkeit des Abrufs nur, wenn dazu Anlass besteht.

§ 39a[3)] Datenbestätigung für öffentliche Stellen. (1) [1]Die Meldebehörde darf Daten einer namentlich bestimmten Person, die sie von einer anderen öffentlichen Stelle im Wege einer maschinellen Anfrage erhält, automatisiert auf Übereinstimmung mit den im Melderegister gespeicherten Daten prüfen, soweit eine Datenübermittlung nach § 34 zulässig wäre. [2]Für die Auswahldaten, die der Anfrage um Datenbestätigung zugrunde gelegt werden dürfen, gilt § 38 Absatz 1 entsprechend.

(2) [1]Wird die Person mit den Auswahldaten im Melderegister eindeutig identifiziert und stimmen die Daten mit den im Melderegister gespeicherten Daten überein, bestätigt die Meldebehörde dies der anfragenden Stelle. [2]Werden mit den angegebenen Daten mehrere übereinstimmende Datensätze gefunden, teilt die Meldebehörde diese Tatsache mit. [3]Ist im Melderegister eine Auskunftssperre nach § 51 eingetragen oder ist zu der betroffenen Person kein übereinstimmender Datensatz vorhanden, erhält die anfragende Stelle eine Mitteilung, die keine Rückschlüsse darauf zulassen darf, welcher von beiden Fällen vorliegt.

[1)] § 39 Abs. 1 Satz 1, Abs. 2 Satz 2 geänd. mWv 26.11.2019 durch G v. 20.11.2019 (BGBl. I S. 1626); Abs. 1 Satz 1 geänd., Sätze 2–4 aufgeh., Abs. 2 Satz 1 neu gef. mWv 1.5.2022 durch G v. 15.1.2021 (BGBl. I S. 530).

[2)] Nr. **246**.

[3)] § 39a eingef. mWv 1.5.2022 durch G v. 15.1.2021 (BGBl. I S. 530).

(3) § 34 Absatz 5 und 6 sowie § 39 Absatz 1, 3 und 4 sind entsprechend anzuwenden.

§ 40[1)] Protokollierungspflicht bei automatisiertem Abruf und bei Datenbestätigung. (1) Die Meldebehörde hat bei einer Personensuche im automatisierten Abruf und bei einer Datenbestätigung Folgendes zu protokollieren:

1. die abrufberechtigte Stelle,
2. die abgerufenen Daten,
3. den Zeitpunkt des Abrufs,
4. das Aktenzeichen der abrufenden Behörde,
5. den Anlass des Abrufs,
6. die Kennung der abrufenden Person oder bei einem maschinellen Abruf die Bezeichnung des Verfahrens und
7. die nach den Auswahldaten als abrufbar gekennzeichneten Datensätze der gefundenen Personen (Treffer).

(2) Bei einer freien Suche im automatisierten Abruf sind

1. zusätzlich zu Absatz 1 Nummer 1 bis 6 die verwendeten Auswahldaten zu protokollieren und
2. statt der Treffer nach Absatz 1 Nummer 7 die als abrufbar gekennzeichneten Datensätze der gefundenen nicht namentlich bestimmten Personen (Ergebnisse) zu protokollieren.

(3) Ist die abrufende oder maschinell anfragende Stelle eine der in § 34 Absatz 4 Satz 1 genannten Behörden, hat sie die Protokollierung vorzunehmen.

(4) Die Meldebehörde hat bei einem automatisierten Datenabruf durch die betroffene Person über ein Verwaltungsportal (§ 2 Absatz 2 des Onlinezugangsgesetzes[2)]) Folgendes zu protokollieren:

1. Familienname, Vornamen, Geburtsdatum sowie die Anschrift der derzeitigen Haupt- oder alleinigen Wohnung der betroffenen Person,
2. die Art der Dienstleistung,
3. die abgerufenen Daten und
4. den Zeitpunkt des Abrufs.

(5) [1] Die Protokolldaten sind mindestens zwölf Monate aufzubewahren und zu sichern. [2] Sie sind spätestens zum Ende des Kalenderjahres zu löschen, das auf die Speicherung folgt. [3] Die Protokolldaten dürfen nur für Zwecke der Datenschutzkontrolle, hieraus folgender Strafverfahren, der Sicherstellung des Betriebs der Register und der Auskunftserteilung an die betroffene Person verarbeitet werden.

§ 41[3)] Zweckbindung übermittelter Daten und Hinweise. [1] Die Empfänger dürfen die Daten und Hinweise, soweit gesetzlich nichts anderes bestimmt ist, nur für die Zwecke verarbeiten, zu deren Erfüllung sie ihnen übermittelt oder weitergegeben wurden. [2] In den Fällen der §§ 51 und 52 ist eine Verarbeitung der übermittelten oder weitergegebenen Daten und Hinweise nur zulässig, wenn die

---

[1)] § 40 Abs. 4 Satz 3 geänd. mWv 26.11.2019 durch G v. 20.11.2019 (BGBl. I S. 1626); Überschrift und *Abs. 1, 2 neu gef., Abs. 3 geänd., Abs. 4 eingef.*, bish. Abs. 4 wird Abs. 5 mWv 1.5.2022 durch G v. 15.1.2021 (BGBl. I S. 530).

[2)] G v. 14.8.2017 (BGBl. I S. 3122, 3138), zuletzt geänd. durch G v. 28.6.2021 (BGBl. I S. 2250), **Sartorius III Nr. 718.**

[3)] § 41 Sätze 1, 2 geänd. mWv 26.11.2019 durch G v. 20.11.2019 (BGBl. I S. 1626).

Beeinträchtigung schutzwürdiger Interessen der betroffenen Person ausgeschlossen werden kann.

§ 42[1)] Datenübermittlungen an öffentlich-rechtliche Religionsgesellschaften. (1) Die Meldebehörde darf einer öffentlich-rechtlichen Religionsgesellschaft unter den in § 34 Absatz 1 Satz 1 genannten Voraussetzungen zur Erfüllung ihrer Aufgaben, nicht jedoch zu arbeitsrechtlichen Zwecken folgende Daten ihrer Mitglieder auch regelmäßig übermitteln:

1. Familienname,
2. frühere Namen,
3. Vornamen unter Kennzeichnung des gebräuchlichen Vornamens,
4. Doktorgrad,
5. Ordensname, Künstlername,
6. Geburtsdatum und Geburtsort sowie bei Geburt im Ausland auch den Staat,
7. zum gesetzlichen Vertreter
   a) Familienname,
   b) Vornamen,
   c) Doktorgrad,
   d) Anschrift,
   e) Geburtsdatum,
   f) Geschlecht,
   g) Sterbedatum sowie
   h) Auskunftssperren nach § 51 und bedingte Sperrvermerke nach § 52,
8. Geschlecht,
9. derzeitige Staatsangehörigkeiten,
10. rechtliche Zugehörigkeit zu der öffentlich-rechtlichen Religionsgesellschaft,
11. derzeitige Anschriften, gekennzeichnet nach Haupt- und Nebenwohnung, die letzte frühere Anschrift, bei Zuzug aus dem Ausland die letzte Anschrift im Inland, bei Wegzug in das Ausland auch die Zuzugsanschrift im Ausland und den Staat,
12. Einzugsdatum und Auszugsdatum,
13. Familienstand beschränkt auf die Angabe, ob verheiratet oder eine Lebenspartnerschaft führend oder nicht; zusätzlich bei Verheirateten oder Lebenspartnern: Datum, Ort und Staat der Eheschließung oder der Begründung der Lebenspartnerschaft,
14. Zahl der minderjährigen Kinder,
15. Auskunftssperren nach § 51 und bedingte Sperrvermerke nach § 52 sowie
16. Sterbedatum und Sterbeort sowie bei Versterben im Ausland auch den Staat.

(2) Haben Mitglieder einer öffentlich-rechtlichen Religionsgesellschaft Familienangehörige, darf die Meldebehörde von diesen Familienangehörigen folgende Daten übermitteln:

[1)] § 42 Abs. 1 einl. Satzteil, Nr. 11 und 13, Abs. 2 Nr. 5 und Abs. 3 Satz 1 geänd., Abs. 4a eingef. durch G v. 20.11.2014 (BGBl. I S. 1738); Abs. 1 Nr. 3, 7 Buchst. h, Nr. 15 und Abs. 2 Nr. 6 geänd. mWv 1.11. 2016 durch G v. 11.10.2016 (BGBl. I S. 2218); Abs. 3 Satz 3 eingef., bish. Satz 3 wird Satz 4, Abs. 5 Satz 1 geänd. mWv 26.11.2019 durch G v. 20.11.2019 (BGBl. I S. 1626); Abs. 4a Satz 3 geänd. mWv 27.6.2020 durch VO v. 19.6.2020 (BGBl. I S. 1328); Abs. 1 Nr. 11 geänd. mWv 7.4.2021, Abs. 2 einl. Satzteil und Nr. 1 geänd., Nr. 2, 3 eingef., bish. Nr. 2–4 weren Nr. 4–6, bish. Nr. 5 wird Nr. 7 und geänd., bish. Nr. 6, 7 werden Nr. 8, 9, Abs. 3 Satz 2 geänd. mWv 1.5.2022 durch G v. 15.1.2021 (BGBl. I S. 530).

1. Familiennamen,
2. frühere Namen,
3. Vornamen,
4. Geburtsdatum und Geburtsort,
5. Geschlecht,
6. Zugehörigkeit zu einer öffentlich-rechtlichen Religionsgesellschaft,
7. derzeitige Anschriften, gekennzeichnet nach Haupt- und Nebenwohnung, und letzte frühere Anschrift,
8. Auskunftssperren nach § 51 und bedingte Sperrvermerke nach § 52 sowie
9. Sterbedatum.

(3) [1] Familienangehörige im Sinne des Absatzes 2 sind der Ehegatte oder Lebenspartner, minderjährige Kinder und die Eltern von minderjährigen Kindern. [2] Familienangehörige, die nicht derselben oder keiner öffentlich-rechtlichen Religionsgesellschaft angehören, haben das Recht, der Übermittlung ihrer Daten zu widersprechen; sie sind auf dieses Recht bei der Anmeldung nach § 17 Absatz 1 sowie einmal jährlich durch ortsübliche Bekanntmachung hinzuweisen. [3] § 36 Absatz 2 Satz 2 gilt entsprechend. [4] Satz 2 gilt nicht, soweit Daten für Zwecke des Steuererhebungsrechts der jeweiligen öffentlich-rechtlichen Religionsgesellschaft übermittelt werden.

(4) Für Datenübermittlungen nach den Absätzen 1 und 2 gilt § 34 Absatz 5 entsprechend.

(4a) [1] Die Meldebehörden dürfen den öffentlich-rechtlichen Religionsgesellschaften jeweils zu Beginn einer standardisierten Datenübermittlung zu einem bundesweit einheitlichen Stichtag die in den Absätzen 1 und 2 genannten sowie die gemäß § 55 Absatz 2 durch Landesrecht bestimmten Daten innerhalb von längstens zwölf Monaten automatisiert übermitteln, um einen einmaligen Abgleich zum Zwecke der Bestands- und Ersterfassung und darauf aufbauende Folgedatenübermittlungen zu ermöglichen. [2] Dabei sind auch Widersprüche nach § 42 Absatz 3 Satz 2 zu übermitteln. [3] Der jeweilige Stichtag wird vom Bundesministerium des Innern, für Bau und Heimat im Bundesanzeiger bekannt gegeben.

(5) [1] Eine Datenübermittlung nach den Absätzen 1 und 2 ist nur zulässig, wenn sichergestellt ist, dass beim Empfänger ausreichende Maßnahmen zum Datenschutz getroffen sind. [2] Die Feststellung hierüber trifft eine durch Landesrecht zu bestimmende Behörde.

§ 43[1)] Datenübermittlungen an die Suchdienste. (1) Die Meldebehörde darf den Suchdiensten zur Erfüllung ihrer öffentlich-rechtlichen Aufgaben regelmäßig folgende Daten von den Personen, die aus den in § 1 Absatz 2 Nummer 3 des Bundesvertriebenengesetzes[2)] bezeichneten Gebieten stammen, übermitteln:

1. Familienname,
2. frühere Namen,
3. Vornamen unter Kennzeichnung des gebräuchlichen Vornamens,
4. Geburtsdatum und Geburtsort sowie bei Geburt im Ausland auch den Staat,
5. derzeitige und frühere Anschriften,
6. Anschrift am 1. September 1939.

[1)] § 43 Abs. 1 Nr. 3, Abs. 2 Satz 1 einl. Satzteil geänd., Nr. 3 aufgeh., bish. Nr. 4 wird Nr. 3, Satz 2 Nr. 1 geänd. mWv 1.11.2016 durch G v. 11.10.2016 (BGBl. I S. 2218).

[2)] **Aichberger, SGB Nr. 6/51.**

(2) [1] Die Meldebehörde darf den Suchdiensten zur Erfüllung ihrer öffentlich-rechtlichen Aufgaben über die in Absatz 1 genannten Daten hinaus folgende Daten durch das automatisierte Abrufverfahren übermitteln:

1. Geschlecht,
2. derzeitige Staatsangehörigkeiten,
3. Einzugsdatum und Auszugsdatum.

[2] Als Auswahldaten für Abrufe dürfen die Suchdienste neben den nach § 38 Absatz 4 Satz 1 allen öffentlichen Stellen zur Verfügung stehenden Daten die folgenden verwenden:

1. bei Zuzug aus dem Ausland auch den Staat und die letzte Anschrift im Inland, bei Wegzug in das Ausland auch die Zuzugsanschrift im Ausland und den Staat,
2. Einzugsdatum und Auszugsdatum,
3. derzeitige Staatsangehörigkeiten,
4. Familienstand,
5. Sterbedatum und Sterbeort sowie bei Versterben im Ausland auch den Staat.

Unterabschnitt 2. Melderegisterauskunft

§ 44[1] Einfache Melderegisterauskunft. (1) [1] Wenn eine Person zu einer anderen Person oder wenn eine andere als die in § 34 Absatz 1 Satz 1 oder § 35 bezeichnete Stelle Auskunft verlangt, darf die Meldebehörde nur Auskunft über folgende Daten einzelner bestimmter Personen erteilen (einfache Melderegisterauskunft):

1. Familienname,
2. Vornamen unter Kennzeichnung des gebräuchlichen Vornamens,
3. Doktorgrad und
4. derzeitige Anschriften sowie,
5. sofern die Person verstorben ist, diese Tatsache.

[2] Sofern die Daten für gewerbliche Zwecke verwendet werden, sind diese anzugeben.

(2) Absatz 1 gilt auch, wenn Auskunft über Daten einer Vielzahl von Personen verlangt wird.

(3) Die Erteilung einer einfachen Melderegisterauskunft ist nur zulässig, wenn

1. die Identität der Person, über die eine Auskunft begehrt wird, eindeutig festgestellt werden kann auf Grund der in der Anfrage mitgeteilten Angaben über
   a) den Familiennamen,
   b) den früheren Namen,
   c) die Vornamen,
   d) das Geburtsdatum,
   e) das Geschlecht oder
   f) eine Anschrift und
2. die Daten nicht für Zwecke der Werbung oder des Adresshandels verwendet werden und die Auskunft verlangende Person oder Stelle dies erklärt.

---

[1] § 44 Abs. 1 Satz 1 Nr. 2 geänd. mWv 1.11.2016 durch G v. 11.10.2016 (BGBl. I S. 2218); Abs. 3, 4 neu gef., Abs. 5 angef. mWv 26.11.2019 durch G v. 20.11.2019 (BGBl. I S. 1626).

(4) Es ist verboten, Daten aus einer Melderegisterauskunft gewerblich zu verwenden, ohne dass ein Zweck nach Absatz 1 Satz 2 bei der Anfrage angegeben wurde.

(5) § 45 Absatz 2 gilt entsprechend.

§ 45[1] Erweiterte Melderegisterauskunft. (1) Soweit ein berechtigtes Interesse glaubhaft gemacht wird, darf zu den in § 44 Absatz 1 genannten Daten einzelner bestimmter Personen eine erweiterte Melderegisterauskunft erteilt werden über

1. frühere Namen,
2. Geburtsdatum und Geburtsort sowie bei Geburt im Ausland auch den Staat,
3. Familienstand, beschränkt auf die Angabe, ob verheiratet oder eine Lebenspartnerschaft führend oder nicht,
4. derzeitige Staatsangehörigkeiten,
5. frühere Anschriften,
6. Einzugsdatum und Auszugsdatum,
7. Familienname und Vornamen sowie Anschrift des gesetzlichen Vertreters,
8. Familienname und Vornamen sowie Anschrift des Ehegatten oder des Lebenspartners sowie
9. Sterbedatum und Sterbeort sowie bei Versterben im Ausland auch den Staat.

(2) Die Pflicht zur Information der betroffenen Person gemäß Artikel 14 Absatz 1, 2 und 4 der Verordnung (EU) 2016/679[2] durch den Empfänger der erweiterten Melderegisterauskunft besteht ergänzend zu den in Artikel 14 Absatz 5 der Verordnung (EU) 2016/679 genannten Ausnahmen nicht, wenn durch ihre Erfüllung ein rechtliches Interesse, insbesondere die Geltendmachung von Rechtsansprüchen, beeinträchtigen würde, sofern nicht das berechtigte Interesse der betroffenen Person an der Erfüllung der Informationspflicht überwiegt.

§ 46 Gruppenauskunft. (1) [1]Eine Melderegisterauskunft über eine Vielzahl nicht namentlich bezeichneter Personen (Gruppenauskunft) darf nur erteilt werden, wenn sie im öffentlichen Interesse liegt. [2]Für die Zusammensetzung der Personengruppe dürfen die folgenden Daten herangezogen werden:

1. Geburtsdatum,
2. Geschlecht,
3. derzeitige Staatsangehörigkeit,
4. derzeitige Anschriften,
5. Einzugsdatum und Auszugsdatum,
6. Familienstand mit der Angabe, ob ledig, verheiratet, geschieden, verwitwet, eine Lebenspartnerschaft führend, Lebenspartnerschaft aufgehoben oder Lebenspartner verstorben.

(2) Außer der Tatsache der Zugehörigkeit zu der Gruppe dürfen folgende Daten mitgeteilt werden:

1. Familienname,
2. Vornamen,
3. Doktorgrad,
4. Alter,

---

[1] § 45 Abs. 2 neu gef. mWv 26.11.2019 durch G v. 20.11.2019 (BGBl. I S. 1626).
[2] Nr. **246**.

5. Geschlecht,
6. Staatsangehörigkeiten,
7. derzeitige Anschriften und
8. gesetzliche Vertreter mit Familienname und Vornamen sowie Anschrift.

§ 47 Zweckbindung der Melderegisterauskunft. (1) [1] Bei Melderegisterauskünften nach § 44 zu gewerblichen Zwecken und bei Melderegisterauskünften nach den §§ 45 und 46 sowie bei Vorliegen einer Auskunftssperre nach § 51 Absatz 1 darf der Empfänger die Daten nur für die Zwecke verwenden, zu deren Erfüllung sie ihm übermittelt wurden. [2] Danach sind die Daten zu löschen.

(2) Soweit Daten zum Zwecke der geschäftsmäßigen Anschriftenermittlung für Dritte erhoben werden, dürfen diese nicht wiederverwendet werden.

§ 48[1)] Melderegisterauskunft für öffentlich-rechtliche Rundfunkanstalten. Soweit öffentlich-rechtliche Rundfunkanstalten publizistisch tätig sind, sind sie keine öffentlichen Stellen im Sinne dieses Gesetzes.

§ 49[2)] Automatisierte Melderegisterauskunft. (1) [1] Einfache Melderegisterauskünfte können auch auf Datenträgern erteilt werden, die sich automatisiert verarbeiten lassen. [2] Die der Meldebehörde überlassenen Datenträger oder die der Meldebehörde übermittelten Daten sind nach Erledigung des Antrags unverzüglich zurückzugeben, zu löschen oder zu vernichten.

(2) [1] Einfache Melderegisterauskünfte können auch durch einen automatisierten Abruf über das Internet erteilt werden. [2] Die Antwort an den Antragsteller ist verschlüsselt zu übertragen.

(3) [1] Eine einfache Melderegisterauskunft über das Internet kann auch über ein Portal oder mehrere Portale erteilt werden. [2] Wird ein Portal nicht in öffentlich-rechtlicher Form betrieben, bedarf es der Zulassung durch die zuständige Landesbehörde. [3] Portale haben insbesondere die Aufgabe,
1. die Anfragenden zu registrieren,
2. die Auskunftsersuchen entgegenzunehmen und an die Meldebehörde oder andere Portale weiterzuleiten,
3. die Antworten entgegenzunehmen und an Meldebehörden oder andere Portale weiterzuleiten,
4. die Zahlung der Gebühren und Auslagen an die Meldebehörden sicherzustellen und
5. die Datensicherheit zu gewährleisten.

[4] Absatz 1 Satz 2 gilt entsprechend.

(4) Auskünfte dürfen nur erteilt werden, wenn
1. der Antragsteller die betroffene Person mit ihrem Familiennamen oder einem früheren Familiennamen und mindestens einem jeweils dazugehörigen Vornamen, wobei für Vor- und Familiennamen eine phonetische Suche zulässig ist, sowie entweder mit einer Anschrift oder mit zwei weiteren Daten bezeichnet

---

[1)] § 48 neu gef. mWv 1.11.2016 durch G v. 11.10.2016 (BGBl. I S. 2218).

[2)] § 49 Abs. 1 Satz 3 aufgeh., Abs. 5 geänd. durch G v. 20.11.2014 (BGBl. I S. 1738); Abs. 3 Satz 2 geänd. mWv 1.11.2016 und Abs. 4 Nr. 1 neu gef., Abs. 5 eingef., bish. Abs. 5 wird Abs. 6. mWv 1.5. 2017 durch G v. 11.10.2016 (BGBl. I S. 2218); Abs. 6 geänd. mWv 26.11.2019 durch G v. 20.11.2019 (BGBl. I S. 1626); Abs. 7 angef. mWv 1.5.2022 durch G v. 15.1.2021 (BGBl. I S. 530).

hat, wobei die Daten nach Absatz 5 Nummer 5 und 9 nicht zusammen verwendet werden dürfen, und
2. die Identität der betroffenen Person durch einen automatisierten Abgleich der im Antrag angegebenen Daten mit den im Melderegister gespeicherten Daten der betroffenen Person eindeutig festgestellt worden ist.

(5) Für die weitere Bezeichnung der betroffenen Person nach Absatz 4 Nummer 1 können folgende Daten zusätzlich verwendet werden:
1. Ordensname,
2. Künstlername,
3. Geburtsdatum,
4. Geburtsort sowie bei Geburt im Ausland auch den Staat,
5. Geschlecht,
6. Vorname und Familienname des gesetzlichen Vertreters,
7. Einzugsdatum zu einer Anschrift,
8. Auszugsdatum zu einer Anschrift,
9. Familienstand,
10. Datum und Ort der Eheschließung oder Begründung der Lebenspartnerschaft sowie bei Eheschließung oder Begründung der Lebenspartnerschaft im Ausland auch den Staat,
11. Vorname und Familienname des Ehegatten oder Lebenspartners,
12. Sterbedatum,
13. Sterbeort sowie bei Versterben im Ausland auch den Staat.

(6) § 10 Absatz 2 und § 40 gelten entsprechend.

(7) [1] Die anfragende Person oder Stelle nach § 44 Absatz 1 Satz 1 kann für den Fall einer neutralen Antwort auf eine weitere Bearbeitung der Anfrage durch die Meldebehörde verzichten. [2] Die Pflicht zur unverzüglichen Unterrichtung der betroffenen Person und der veranlassenden Stelle nach § 51 Absatz 3 bleibt unberührt.

§ 49a[1)] Datenbestätigung. (1) Die Meldebehörde darf Daten einer namentlich bestimmten Person, die sie im Wege einer maschinellen Anfrage erhält, automatisiert auf Übereinstimmung mit den im Melderegister gespeicherten Daten prüfen, soweit eine einfache Melderegisterauskunft zulässig wäre.

(2) [1] Wird eine Person mit den Auswahldaten im Melderegister eindeutig identifiziert und stimmen die Daten mit den im Melderegister gespeicherten Daten überein, bestätigt die Meldebehörde dies der anfragenden Person oder Stelle. [2] Ist dies nicht der Fall oder ist im Melderegister eine Auskunftssperre nach § 51 oder ein bedingter Sperrvermerk nach § 52 eingetragen, erhält die anfragende Person oder Stelle eine Mitteilung, die keine Rückschlüsse darauf zulassen darf, ob zu der betroffenen Person keine übereinstimmenden Daten vorhanden sind, eine Auskunftssperre oder ein bedingter Sperrvermerk besteht.

(3) [1] Personen, für die eine Auskunftssperre eingetragen ist, sind über sie betreffende Anfragen unverzüglich zu unterrichten. [2] § 51 Absatz 3 und 5 gilt entsprechend.

(4) § 10 Absatz 2 sowie § 40 Absatz 1, 3 und 4 gelten entsprechend.

[1)] § 49a eingef. mWv 1.5.2022 durch G v. 15.1.2021 (BGBl. I S. 530).

§ 50[1)] Melderegisterauskünfte in besonderen Fällen. (1) [1] Die Meldebehörde darf Parteien, Wählergruppen und anderen Trägern von Wahlvorschlägen im Zusammenhang mit Wahlen und Abstimmungen auf staatlicher und kommunaler Ebene in den sechs der Wahl oder Abstimmung vorangehenden Monaten Auskunft aus dem Melderegister über die in § 44 Absatz 1 Satz 1 bezeichneten Daten von Gruppen von Wahlberechtigten erteilen, soweit für deren Zusammensetzung das Lebensalter bestimmend ist. [2] Die Geburtsdaten der Wahlberechtigten dürfen dabei nicht mitgeteilt werden. [3] Die Person oder Stelle, der die Daten übermittelt werden, darf diese nur für die Werbung bei einer Wahl oder Abstimmung verwenden und hat sie spätestens einen Monat nach der Wahl oder Abstimmung zu löschen oder zu vernichten.

(2) [1] Verlangen Mandatsträger, Presse oder Rundfunk Auskunft aus dem Melderegister über Alters- oder Ehejubiläen von Einwohnern, darf die Meldebehörde Auskunft erteilen über

1. Familienname,
2. Vornamen,
3. Doktorgrad,
4. Anschrift sowie
5. Datum und Art des Jubiläums.

[2] Altersjubiläen im Sinne des Satzes 1 sind der 70. Geburtstag, jeder fünfte weitere Geburtstag und ab dem 100. Geburtstag jeder folgende Geburtstag; Ehejubiläen sind das 50. und jedes folgende Ehejubiläum.

(3) [1] Adressbuchverlagen darf zu allen Einwohnern, die das 18. Lebensjahr vollendet haben, Auskunft erteilt werden über deren

1. Familienname,
2. Vornamen,
3. Doktorgrad und
4. derzeitige Anschriften.

[2] Die übermittelten Daten dürfen nur für die Herausgabe von Adressbüchern (Adressenverzeichnisse in Buchform) verwendet werden.

(4) [1] Die Meldebehörde hat dem Eigentümer der Wohnung und, wenn er nicht selbst Wohnungsgeber ist, auch dem Wohnungsgeber bei Glaubhaftmachung eines rechtlichen Interesses unentgeltlich Auskunft über Familiennamen und Vornamen sowie Doktorgrad der in seiner Wohnung gemeldeten Einwohner zu erteilen. [2] Die Auskunft kann auf Antrag des Auskunftsberechtigten im elektronischen Verfahren erteilt werden; § 10 Absatz 2 und 3 gilt entsprechend.

(5) [1] *Die betroffene Person hat* das Recht, der Übermittlung ihrer Daten nach den Absätzen 1 bis 3 zu widersprechen; hierauf ist bei der Anmeldung nach § 17 Absatz 1 sowie einmal jährlich durch ortsübliche Bekanntmachung hinzuweisen. [2] § 36 Absatz 2 Satz 2 gilt entsprechend.

(6) [1] Eine Erteilung von Auskünften nach den Absätzen 1 bis 3 unterbleibt, wenn eine Auskunftssperre nach § 51 vorliegt. [2] Eine Auskunft nach Absatz 3 darf außerdem nicht erteilt werden, wenn ein bedingter Sperrvermerk nach § 52 eingetragen ist.

[1)] § 50 Abs. 5 Satz 2 angef. mWv 26.11.2019 durch G v. 20.11.2019 (BGBl. I S. 1626).

§ 51[1] **Auskunftssperren.** (1) [1] Liegen Tatsachen vor, die die Annahme rechtfertigen, dass der betroffenen oder einer anderen Person durch eine Melderegisterauskunft eine Gefahr für Leben, Gesundheit, persönliche Freiheit oder ähnliche schutzwürdige Interessen erwachsen kann, hat die Meldebehörde auf Antrag oder von Amts wegen unentgeltlich eine Auskunftssperre im Melderegister einzutragen. [2] Ein ähnliches schutzwürdiges Interesse ist insbesondere der Schutz der betroffenen oder einer anderen Person vor Bedrohungen, Beleidigungen sowie unbefugten Nachstellungen. [3] Bei der Feststellung, ob Tatsachen im Sinne des Satzes 1 vorliegen, ist auch zu berücksichtigen, ob die betroffene oder eine andere Person einem Personenkreis angehört, der sich auf Grund seiner beruflichen oder ehrenamtlich ausgeübten Tätigkeit allgemein in verstärktem Maße Anfeindungen oder sonstigen Angriffen ausgesetzt sieht.

(2) [1] Sofern nach Anhörung der betroffenen Person eine Gefahr nach Absatz 1 nicht ausgeschlossen werden kann, ist eine Melderegisterauskunft nicht zulässig. [2] Ist die betroffene Person nicht erreichbar, ist in den Fällen, in denen eine Auskunftssperre auf Veranlassung einer in § 34 Absatz 4 Satz 1 Nummer 1 bis 4, 6 bis 9 und 11 genannten Behörde von Amts wegen eingetragen wurde, die veranlassende Stelle anzuhören. [3] Sofern eine Auskunft nicht erteilt wird, erhält die ersuchende Person oder Stelle eine Mitteilung, die keine Rückschlüsse darauf zulassen darf, ob zu der betroffenen Person keine Daten vorhanden sind oder eine Auskunftssperre besteht.

(3) Wurde eine Auskunftssperre eingetragen, sind die betroffene Person und, sofern die Eintragung auf Veranlassung einer in § 34 Absatz 4 Satz 1 Nummer 1 bis 4, 6 bis 9 und 11 genannten Behörde von Amts wegen erfolgte, zusätzlich die veranlassende Stelle über jedes Ersuchen um eine Melderegisterauskunft unverzüglich zu unterrichten.

(4) [1] Die Auskunftssperre wird auf zwei Jahre befristet. [2] Sie kann auf Antrag oder von Amts wegen verlängert werden. [3] Die betroffene Person ist vor Aufhebung der Sperre zu unterrichten, soweit sie erreichbar ist. [4] Wurde die Sperre von einer in § 34 Absatz 4 Satz 1 Nummer 1 bis 4, 6 bis 9 und 11 genannten Behörde veranlasst, ist diese zu unterrichten, wenn die betroffene Person nicht erreichbar ist.

(5) Die Melderegisterauskunft ist ferner nicht zulässig,

1. soweit die Einsicht in ein Personenstandsregister nach § 63 des Personenstandsgesetzes[2] nicht gestattet werden darf und
2. in den Fällen des § 1758 des Bürgerlichen Gesetzbuchs[3].

§ 52[4] **Bedingter Sperrvermerk.** (1) Die Meldebehörde richtet unentgeltlich einen bedingten Sperrvermerk für derzeitige Anschriften der Personen ein, die nach Kenntnis der Meldebehörde wohnhaft gemeldet sind in

---

[1] § 51 Abs. 3 geänd. mWv 1.11.2016 durch G v. 11.10.2016 (BGBl. I S. 2218); Abs. 1 geänd. mWv 26.11.2019 durch G v. 20.11.2019 (BGBl. I S. 1626); Abs. 1 Sätze 2, 3 angef., Abs. 3 neu gef. mWv 3.4.2021 durch G v. 30.3.2021 (BGBl. I S. 441, geänd. durch G v. 30.3.2021 BGBl. I S. 448); Abs. 2 Satz 2, Abs. 3, Abs. 4 Satz 4 geänd. mWv 7.4.2021 durch G v. 15.1.2021 (BGBl. I S. 530).

[2] Nr. **260**.

[3] **Habersack, Deutsche Gesetze Nr. 20.**

[4] § 52 Abs. 1 einl. Satzteil geänd. mWv 1.11.2016 durch G v. 11.10.2016 (BGBl. I S. 2218); Abs. 1 einl. Satzteil geänd. mWv 26.11.2019 durch G v. 20.11.2019 (BGBl. I S. 1626); Abs. 1 Nr. 1, 2 aufgeh., bish. Nr. 3 wird Nr. 1 und geänd., bish. Nr. 4, 5 werden Nr. 2, 3, Abs. 2 Satz 3 angef. mWv 7.4.2021 durch G v. 15.1.2021 (BGBl. I S. 530).

1. Pflegeheimen oder sonstigen Einrichtungen, die der Betreuung pflegebedürftiger oder behinderter Menschen oder der Heimerziehung dienen,
2. Einrichtungen zum Schutz vor häuslicher Gewalt oder
3. Einrichtungen zur Behandlung von Suchterkrankungen.

(2) [1] In diesen Fällen darf, soweit nicht die Voraussetzungen des § 51 Absatz 1 bis 3 vorliegen, eine Melderegisterauskunft nur erteilt werden, wenn eine Beeinträchtigung schutzwürdiger Interessen ausgeschlossen werden kann. [2] Die betroffene Person ist vor Erteilung einer Melderegisterauskunft zu hören. [3] Ist der Meldebehörde eine aktuelle, nicht gesperrte Anschrift bekannt, so darf sie diese aktuelle Anschrift beauskunften.

Unterabschnitt 3. Zeugenschutz

§ 53[1)] Zeugenschutz. Die Vorschriften des Zeugenschutz-Harmonisierungsgesetzes[2)] vom 11. Dezember 2001 (BGBl. I S. 3510), das durch Artikel 2 Absatz 12 des Gesetzes vom 19. Februar 2007 (BGBl. I S. 122) geändert worden ist, in der jeweils geltenden Fassung bleiben von den Regelungen zu Datenübermittlungen und Datenweitergabe nach den §§ 34, 34a, 36, 37 und 49 unberührt.

Abschnitt 6. Ordnungswidrigkeiten

§ 54[3)] Bußgeldvorschriften. (1) Ordnungswidrig handelt, wer entgegen § 19 Absatz 6 eine Wohnanschrift anbietet oder zur Verfügung stellt.

(2) Ordnungswidrig handelt, wer vorsätzlich oder fahrlässig

1. entgegen § 17 Absatz 1, auch in Verbindung mit § 27 Absatz 2 Satz 2 oder § 28 Absatz 1 Satz 1 oder Satz 2, entgegen § 29 Absatz 1 Satz 2 oder Absatz 4 Satz 2 oder § 32 Absatz 1 Satz 2 sich nicht, nicht richtig oder nicht rechtzeitig anmeldet,
2. entgegen § 17 Absatz 2 Satz 1 sich nicht oder nicht rechtzeitig abmeldet,
3. entgegen § 19 Absatz 1 Satz 2 den Einzug nicht, nicht richtig oder nicht rechtzeitig bestätigt,
4. entgegen § 19 Absatz 1 Satz 5 eine Bestätigung ausstellt,
5. einer vollziehbaren Anordnung nach § 19 Absatz 5 oder § 25 oder § 28 Absatz 4 zuwiderhandelt,
6. entgegen § 21 Absatz 4 Satz 2 eine Mitteilung nicht, nicht richtig, nicht vollständig oder nicht rechtzeitig macht,
7. entgegen § 28 Absatz 2 Satz 1 oder Satz 2 den Kapitän oder ein Besatzungsmitglied nicht oder nicht rechtzeitig anmeldet oder nicht oder nicht rechtzeitig abmeldet,
8. entgegen § 29 Absatz 2 Satz 1 einen besonderen Meldeschein nicht oder nicht rechtzeitig unterschreibt,
9. entgegen § 30 Absatz 1 Satz 1 einen besonderen Meldeschein nicht bereithält,

---

1) § 53 geänd. mWv 1.5.2022 durch G v. 15.1.2021 (BGBl. I S. 530).

2) **Habersack, Deutsche Gesetze ErgBd. Nr. 90b.**

3) § 54 Abs. 1 neu gef., Abs. 2 Nr. 3, 10, 11, Abs. 3 geänd., Abs. 2 Nr. 12, 13 aufgeh. mWv 26.11.2019 durch G v. 20.11.2019 (BGBl. I S. 1626); Abs. 2 Nr. 9 geänd., Nr. 10 und 11 neu gef. mWv 1.1.2020 durch G v. 22.11.2019 (BGBl. I S. 1746).

10. entgegen § 30 Absatz 4 Satz 1, auch in Verbindung mit Satz 2, einen Meldeschein nicht oder nicht mindestens ein Jahr aufbewahrt oder Daten nicht oder nicht mindestens ein Jahr speichert,
11. entgegen § 30 Absatz 4 Satz 3 einen Meldeschein nicht oder nicht rechtzeitig vorlegt oder Daten nicht oder nicht rechtzeitig zur Verfügung stellt,[1)]

(3) Die Ordnungswidrigkeit kann in den Fällen des Absatzes 1 mit einer Geldbuße bis zu fünfzigtausend Euro und in den übrigen Fällen mit einer Geldbuße bis zu tausend Euro geahndet werden.

Abschnitt 7. Sonstige Vorschriften, Schlussvorschriften

§ 55[2) 3)] **Regelungsbefugnisse der Länder.** (1) Durch Landesrecht kann bestimmt werden, dass für die Erfüllung von Aufgaben der Länder weitere als die in § 3 aufgeführten Daten und Hinweise verarbeitet werden.

(2) Durch Landesrecht kann bestimmt werden, dass den öffentlich-rechtlichen Religionsgesellschaften zur Erfüllung ihrer Aufgaben weitere als die in § 42 genannten Daten übermittelt werden dürfen.

(3) [1] Durch Landesrecht können die Einrichtung, die Führung und die Aufgaben von zentralen Meldedatenbeständen geregelt werden. [2] In diesem Fall gelten die §§ 4, 5, 6 Absatz 2 Satz 1 und 2 sowie die §§ 7, 8, 10, 11 und 40 entsprechend.

(4) Durch Landesrecht kann das Muster der Meldescheine für die Meldungen nach § 17 Absatz 1 und 2 Satz 1, der einfachen Meldebescheinigung nach § 18 Absatz 1, der Meldebestätigung nach § 24 Absatz 2 und der besonderen Meldescheine nach § 30 Absatz 1 bestimmt werden.

(5) Durch Landesrecht können regelmäßige Datenübermittlungen nach § 36 Absatz 1 im Rahmen der Erfüllung von Aufgaben der Länder geregelt werden, soweit dadurch Anlass und Zweck der Übermittlung festgelegt und der Empfänger sowie die zu übermittelnden Daten bestimmt werden.

(6) Durch Landesrecht kann die Übermittlung weiterer Daten und Hinweise nach § 34a Absatz 4 im Rahmen der Erfüllung von Aufgaben der Länder geregelt werden, soweit dadurch Anlass und Zweck der Übermittlung festgelegt und der Empfänger sowie die zu übermittelnden Daten bestimmt werden.

(7) Durch Landesrecht kann bestimmt werden, welche weiteren Daten nach § 38 Absatz 3 im Rahmen der Erfüllung von Aufgaben der Länder als Auswahldaten für Abrufe zulässig sind, soweit dadurch Anlass und Zweck des Abrufs bestimmt werden.

(8) [1] Durch Landesrecht kann bestimmt werden, welche sonstigen Stellen nach § 39 Absatz 3 Daten zum Abruf anbieten. [2] Sofern bestimmt wird, dass der Datenabruf innerhalb eines Landes abweichend von § 39 Absatz 3 über landesinterne Netze erfolgt, ist sicherzustellen, dass Maßnahmen nach den Artikeln 24, 25 und 32 der Verordnung (EU) 2016/679[4)] getroffen werden.

(9) Von den in § 33 Absatz 1 bis 3 und 6, § 34 Absatz 6 sowie in § 39 Absatz 3 getroffenen Regelungen und von den auf Grund von § 56 Absatz 1 getroffenen

---

[1)] Zeichensetzung amtlich.
[2)] § 55 ist bereits am 26.11.2014 in Kraft getreten; vgl. Fußnote am Titel.
[3)] § 55 Abs. 1, 5, 6 geänd., Abs. 8 Satz 2 neu gef. mWv 26.11.2019 durch G v. 20.11.2019 (BGBl. I S. 1626); Abs. 6, 7 geänd. mWv 1.5.2022 durch G v. 15.1.2021 (BGBl. I S. 530).
[4)] Nr. **246**.

Regelungen des Verwaltungsverfahrens kann durch Landesrecht nicht abgewichen werden.

§ 56[1) 2)] **Verordnungsermächtigungen.** (1) Das Bundesministerium des Innern, für Bau und Heimat wird ermächtigt, durch Rechtsverordnung[3)] mit Zustimmung des Bundesrates

1. zur Durchführung von Datenübermittlungen nach § 23 Absatz 2 und 3 sowie § 33 Absatz 1 bis 3, die zur Fortschreibung der Melderegister erforderlich sind, die zu übermittelnden Daten, ihre Form sowie das Nähere über das Verfahren der Übermittlung festzulegen,
2. zur Durchführung von regelmäßigen Datenübermittlungen nach § 36 Absatz 1, die zur Aufgabenerfüllung der datenempfangenden öffentlichen Stelle erforderlich sind, die zu übermittelnden Daten, ihre Form sowie das Nähere über das Verfahren der Übermittlung festzulegen,
3. zur Durchführung von automatisierten Abrufen nach den §§ 34a, 38 und 39 die Voraussetzungen, unter denen ein Datenabruf erfolgen darf, sowie die Form und den Inhalt der Daten festzulegen,
4. zur Durchführung von Datenübermittlungen zwischen Meldebehörden und einem Verwaltungsportal nach § 3 Absatz 2 des Onlinezugangsgesetzes[4)] vom 14. August 2017 (BGBl. I S. 3122, 3138), die zur Erbringung von elektronischen Verwaltungsleistungen nach diesem Gesetz erforderlich sind, die zu übermittelnden Daten, ihre Form sowie das Nähere über das Verfahren der Übermittlung festzulegen,
5. zur Durchführung von Melderegisterauskünften über Portale nach § 49 Absatz 3 die Voraussetzungen und das Verfahren zur Zulassung von Portalen zu regeln und
6. das Vertrauensniveau im Sinne des Artikels 8 der Verordnung (EU) Nr. 910/2014[5)] des Europäischen Parlaments und des Rates vom 23. Juli 2014 über elektronische Identifizierung und Vertrauensdienste für elektronische Transaktionen im Binnenmarkt und zur Aufhebung der Richtlinie 1999/93/EG (ABl. L 257 vom 28.8.2014, S. 73; L 23 vom 29.1.2015, S. 19; L 155 vom 14.6.2016, S. 44) festzulegen, das bei einer elektronischen Beantragung von Verwaltungsleistungen nach diesem Gesetz jeweils erforderlich ist.

(2) [1] Das Bundesministerium des Innern, für Bau und Heimat wird ermächtigt, durch Rechtsverordnung, die nicht der Zustimmung des Bundesrates bedarf, die Einzelheiten der elektronischen Speicherung nach § 29 Absatz 5 und § 30 Absatz 4, insbesondere die bei der Speicherung der Daten einzuhaltenden Datenformate, zu regeln. [2] Es hat dabei die technischen und wirtschaftlichen Belange der nach § 30

---

1) *§ 56 ist bereits am 26.11.2014 in Kraft getreten; vgl. Fußnote am Titel.*

2) § 56 Abs. 1 Nr. 1, 3 geänd., Nr. 4 aufgeh., bish. Nr. 5 wird Nr. 4 mWv 26.11.2019 durch G v. 20.11.2019 (BGBl. I S. 1626); Abs. 2 eingef., bish. Abs. 2 wird Abs. 3 mWv 1.1.2020 durch G v. 22.11.2019 (BGBl. I S. 1746); Abs. 1 einl. Satzteil geänd. mWv 27.6.2020 durch VO v. 19.6.2020 (BGBl. I S. 1328); Abs. 1 Nr. 1, 3 geänd., Nr. 4 eingef., bish. Nr. 4 wird Nr. 5 und geänd., Nr. 6 angef. mWv 7.4.2021 durch G v. 15.1.2021 (BGBl. I S. 530).

3) Siehe hierzu ua die Erste BundesmeldedatenübermittlungsVO – 1. BMeldDÜV v. 1.12.2014 (BGBl. I S. 1945), zuletzt geänd. durch VO v. 20.4.2022 (BGBl. I S. 683).

4) G v. 14.8.2017 (BGBl. I S. 3122, 3138), zuletzt geänd. durch G v. 28.6.2021 (BGBl. I S. 2250), **Sartorius III Nr. 718.**

5) VO v. 23.7.2014 (ABl. L 257 S. 73, ber. ABl. 2015 L 23 S. 19, ABl. 2016 L 155 S. 44), **Sartorius III Nr. 741.**

Absatz 1 Satz 1 verpflichteten Beherbergungsstätten und Einrichtungen zu berücksichtigen.

(3) [1] Soweit in Rechtsverordnungen auf Grund dieses Gesetzes Form und Verfahren von Datenübermittlungen zu bestimmen sind, kann insoweit auf jedermann zugängliche Bekanntmachungen sachverständiger Stellen verwiesen werden. [2] In der Rechtsverordnung sind das Datum der Bekanntmachung, die Fundstelle und die Bezugsquelle der Bekanntmachung anzugeben. [3] Die Bekanntmachung ist beim Bundesarchiv niederzulegen; in der Rechtsverordnung ist darauf hinzuweisen.

§ 57[1)] Verwaltungsvorschriften. Die Bundesregierung kann mit Zustimmung des Bundesrates allgemeine Verwaltungsvorschriften zur Durchführung dieses Gesetzes und der auf Grund dieses Gesetzes erlassenen Rechtsverordnungen erlassen.[2)]

§ 58[3)] *(aufgehoben)*

[1)] § 57 ist bereits am 26.11.2014 in Kraft getreten; vgl. Fußnote am Titel.
[2)] Siehe hierzu ua Bundesmeldegesetz-Verwaltungsvorschrift v. 28.10.2015 (BAnz AT 30.10.2015 B2).
[3)] § 58 aufgeh. mWv 26.11.2019 durch G v. 20.11.2019 (BGBl. I S. 1626).

296. Gesetz zum Schutz vor schädlichen Umwelteinwirkungen durch Luftverunreinigungen, Geräusche, Erschütterungen und ähnliche Vorgänge (Bundes-Immissionsschutzgesetz – BImSchG)[1) 2) 3)]

In der Fassung der Bekanntmachung vom 17. Mai 2013[4)]

(BGBl. I S. 1274, ber. 2021 S. 123)

FNA 2129-8

geänd. durch Art. 1 Elftes ÄndG v. 2.7.2013 (BGBl. I S. 1943), Art. 1 Zwölftes ÄndG v. 20.11.2014 (BGBl. I S. 1740), Art. 76 Zehnte ZuständigkeitsanpassungsVO v. 31.8.2015 (BGBl. I S. 1474), Art. 3 G zur Änd. des UmweltstatistikG, des HochbaustatistikG sowie bestimmter immissionsschutz- und wasserrechtlicher Vorschriften v. 26.7.2016 (BGBl. I S. 1839), Art. 1 G zur Umsetzung der RL 2012/18/EU zur Beherrschung der Gefahren schwerer Unfälle mit gefährlichen Stoffen, zur Änd. und anschließenden Aufh. der RL 96/82/EG des Rates v. 30.11.2016 (BGBl. I S. 2749), Art. 55 G zum Abbau verzichtbarer Anordnungen der Schriftform im Verwaltungsrecht des Bundes v. 29.3.2017 (BGBl. I S. 626), Art. 3 G zur Anpassung des Umwelt-RechtsbehelfsG und anderer Vorschriften an europa- und völkerrechtliche Vorgaben v. 29.5.2017 (BGBl. I S. 1298), Art. 3 G zur Einführung einer wasserrechtlichen Genehmigung für Behandlungsanlagen für Deponiesickerwasser, zur Änd. der Vorschriften zur Eignungsfeststellung für Anlagen zum Lagern, Abfüllen oder Umschlagen wassergefährdender Stoffe und zur Änd. des Bundes-

---

[1)] **Amtl. Anm.**: Dieses Gesetz dient der Umsetzung folgender Richtlinien:
- Richtlinie 96/82/EG des Rates vom 9. Dezember 1996 zur Beherrschung der Gefahren bei schweren Unfällen mit gefährlichen Stoffen (ABl. L 345 vom 31.12.2003, S. 97), die zuletzt durch die Richtlinie 2012/18/EU (ABl. L 197 vom 24.7.2012, S. 1) geändert worden ist;
- Richtlinie 97/68/EG des Europäischen Parlaments und des Rates vom 16. Dezember 1997 zur Angleichung der Rechtsvorschriften der Mitgliedstaaten über Maßnahmen zur Bekämpfung der Emission von gasförmigen Schadstoffen und luftverunreinigenden Partikeln aus Verbrennungsmotoren für mobile Maschinen und Geräte (ABl. L 59 vom 27.2.1998, S. 1), die zuletzt durch die Richtlinie 2012/46/EU (ABl. L 353 vom 21.12.2012, S. 80) geändert worden ist;
- Richtlinie 98/70/EG des Europäischen Parlaments und des Rates vom 13. Oktober 1998 über die Qualität von Otto- und Dieselkraftstoffen und zur Änderung der Richtlinie 93/12/EWG des Rates (ABl. L 350 vom 28.12.1998, S. 58), die zuletzt durch die Richtlinie 2009/30/EG (ABl. L 140 vom 5.6.2009, S. 88) geändert worden ist;
- Richtlinie 1999/32/EG des Rates vom 26. April 1999 über eine Verringerung des Schwefelgehalts bestimmter flüssiger Kraft- oder Brennstoffe und zur Änderung der Richtlinie 93/12/EWG (ABl. L 121 vom 11.5.1999, S. 13), die zuletzt durch die Richtlinie 2009/30/EG (ABl. L 140 vom 5.6.2009, S. 88) geändert worden ist;
- Richtlinie 2000/25/EG des Europäischen Parlaments und des Rates vom 22. Mai 2000 über Maßnahmen zur Bekämpfung der Emission gasförmiger Schadstoffe und luftverunreinigender Partikel aus Motoren, die für den Antrieb von land- und forstwirtschaftlichen Zugmaschinen bestimmt sind, und zur Änderung der Richtlinie 74/150/EWG des Rates (ABl. L 173 vom 12.7.2000, S. 1), die zuletzt durch die Richtlinie 2011/87/EU (ABl. L 301 vom 18.11.2011, S. 1) geändert worden ist;
- Richtlinie 2002/49/EG des Europäischen Parlaments und des Rates vom 25. Juni 2002 über die Bewertung und Bekämpfung von Umgebungslärm (ABl. L 189 vom 18.7.2002, S. 12);
- Richtlinie 2003/35/EG des Europäischen Parlaments und des Rates vom 26. Mai 2003 über die Beteiligung der Öffentlichkeit bei der Ausarbeitung bestimmter umweltbezogener Pläne und Programme und zur Änderung der Richtlinien 85/337/EWG und 96/61/EG des Rates in Bezug auf die Öffentlichkeitsbeteiligung und den Zugang zu Gerichten (ABl. L 156 vom 25.6.2003, S. 17), die zuletzt durch die Richtlinie 2011/92/EU (ABl. L 26 vom 28.1.2012, S. 1) geändert worden ist;
- Richtlinie 2008/50/EG des Europäischen Parlaments und des Rates vom 21. Mai 2008 über Luftqualität und saubere Luft für Europa (ABl. L 152 vom 11.6.2008, S. 1);
- Richtlinie 2008/98/EG des Europäischen Parlaments und des Rates vom 19. November 2008 über Abfälle und zur Aufhebung bestimmter Richtlinien (ABl. L 312 vom 22.11.2008, S. 3, L 127 vom 26.5.2009, S. 24);
- Richtlinie 2009/28/EG des Europäischen Parlaments und des Rates vom 23. April 2009 zur Förderung der Nutzung von Energie aus erneuerbaren Quellen und zur Änderung und anschließenden Aufhebung der Richtlinien 2001/77/EG und 2003/30/EG (ABl. L 140 vom 5.6.2009, S. 16); →

ImmissionsschutzG v. 18.7.2017 (BGBl. I S. 2771), Art. 1 13. ÄndG v. 8.4.2019 (BGBl. I S. 432), Art. 103 Elfte ZuständigkeitsanpassungsVO v. 19.6.2020 (BGBl. I S. 1328), Art. 3 Investitionen-BeschleunigungsG v. 3.12.2020 (BGBl. I S. 2694), Art. 2 Abs. 1 Erstes G zur Änd. des G zur Ausführung des Protokolls über Schadstofffreisetzungs- und -verbringungsregister vom 21. Mai 2003 sowie zur Durchführung der VO (EG) Nr. 166/2006 v. 9.12.2020 (BGBl. I S. 2873), Art. 10 G zur Anpassung des ProduktsicherheitsG und zur Neuordnung des Rechts der überwachungsbedürftigen Anlagen v. 27.7.2021 (BGBl. I S. 3146), Art. 14 PersonengesellschaftsrechtsmodernisierungsG (MoPeG) v. 10.8.2021 (BGBl. I S. 3436), Art. 1 G zur Umsetzung von Vorgaben der RL (EU) 2018/2001 für Zulassungsverfahren nach dem Bundes-ImmissionsschutzG, dem WasserhaushaltsG und dem BundeswasserstraßenG v. 18.8.2021 (BGBl. I S. 3901) und Art. 1 G zur Weiterentwicklung der Treibhausgasminderungs-Quote v. 24.9.2021 (BGBl. I S. 4458)

Zum BImSchG wurden ua folgende Durchführungsvorschriften erlassen:
- VO über kleine und mittlere Feuerungsanlagen – 1. BImSchV v. 26.1.2010 (BGBl. I S. 38), zuletzt geänd. durch VO v. 13.10.2021 (BGBl. I S. 4676), **Sartorius ErgBd. Nr. 296/1**
- VO zur zur Emissionsbegrenzung von leichtflüchtigen halogenierten organischen Verbindungen – 2. BImSchV v. 10.12.1990 (BGBl. I S. 2694), zuletzt geänd. durch VO v. 19.6.2020 (BGBl. I S. 1328), **Gewerberecht Nr. 902**
- VO über genehmigungsbedürftige Anlagen – 4. BImSchV (Nr. **296a**)
- VO über Immissionsschutz- und Störfallbeauftragte – 5. BImSchV v. 30.7.1993 (BGBl. I S. 1433), zuletzt geänd. durch VO v. 28.4.2015 (BGBl. I S. 670), **Sartorius ErgBd. Nr. 296/5**
- VO zur Auswurfbegrenzung von Holzstaub – 7. BImSchV v. 18.12.1975 (BGBl. I S. 3133), **Gewerberecht Nr. 907**
- VO über das Genehmigungsverfahren – 9. BImSchV (Nr. **296b**)
- VO über die Beschaffenheit und die Auszeichnung der Qualitäten von Kraft- und Brennstoffen – 10. BImSchV v. 8.12.2010 (BGBl. I S. 1849), zuletzt geänd. durch VO v. 13.12.2019 (BGBl. I S. 2739), **Sartorius ErgBd. Nr. 296/10**
- VO über Emissionserklärungen – 11. BImSchV idF der Bek. v. 5.3.2007 (BGBl. I S. 289), zuletzt geänd. durch VO v. 9.1.2017 (BGBl. I S. 42), **Sartorius ErgBd. Nr. 296/11**
- Störfall-VO – 12. BImSchV idF der Bek. v. 15.3.2017 (BGBl. I S. 483, ber. S. 3527), zuletzt geänd. durch VO v. 19.6.2020 (BGBl. I S. 1328), **Sartorius ErgBd. Nr. 296/12**
- VO über Großfeuerungs-, Gasturbinen- und Verbrennungsmotoranlagen – 13. BImSchV v. 6.7.2021 (BGBl. I S. 2514), **Sartorius ErgBd. Nr. 296/13**
- VO über Anlagen der Landesverteidigung – 14. BImSchV v. 9.4.1986 (BGBl. I S. 380), **Gewerberecht Nr. 914**
- VerkehrslärmschutzVO – 16. BImSchV v. 12.6.1990 (BGBl. I S. 1036), zuletzt geänd. durch VO v. 4.11.2020 (BGBl. I S. 2334), **Sartorius ErgBd. Nr. 296/16**
- VO über die Verbrennung und die Mitverbrennung von Abfällen – 17. BImSchV v. 2.5.2013 (BGBl. I S. 1021, 1044, ber. S. 3754), zuletzt geänd. durch VO v. 6.7.2021 (BGBl. I S. 2514), **Sartorius ErgBd. Nr. 296/17**
- SportanlagenlärmschutzVO – 18. BImSchV v. 18.7.1991 (BGBl. I S. 1588, ber. S. 1790), zuletzt geänd. durch VO v. 8.10.2021 (BGBl. I S. 4644), **Sartorius ErgBd. Nr. 296/18**
- VO zur Begrenzung der Emissionen flüchtiger organischer Verbindungen beim Umfüllen und Lagern von Ottokraftstoffen – 20. BImSchV idF der Bek. v. 18.8.2014 (BGBl. I S. 1447), zuletzt geänd. durch G v. 27.7.2021 (BGBl. I S. 3146), **Gewerberecht Nr. 920**
- VO zur Begrenzung der Kohlenwasserstoffemissionen bei der Betankung von Kraftfahrzeugen – 21. BImSchV idF der Bek. v. 18.8.2014 (BGBl. I S. 1453), zuletzt geänd. durch G v. 27.7.2021 (BGBl. I S. 3146), **Gewerberecht Nr. 921**
- Verkehrswege-SchallschutzmaßnahmenVO – 24. BImSchV v. 4.2.1997 (BGBl. I S. 172, ber. S. 1253), geänd. durch VO v. 23.9.1997 (BGBl. I S. 2329), **Sartorius ErgBd. Nr. 296/24**

(Fortsetzung der Anm. von voriger Seite)
- Richtlinie 2010/75/EU des Europäischen Parlaments und des Rates vom 24. November 2010 über Industrieemissionen (integrierte Vermeidung und Verminderung der Umweltverschmutzung) (Neufassung) (ABl. L 334 vom 17.12.2010, S. 17).

[2] Zur Sicherstellung ordnungsgemäßer Planungs- und Genehmigungsverfahren während der COVID-19-Pandemie siehe das PlanungssicherstellungsG v. 20.5.2020 (BGBl. I S. 1041), zuletzt geänd. durch G v. *18.3.2021 (BGBl. I S. 353).*

[3] Die Änderung durch G v. 10.8.2021 (BGBl. I S. 3436) tritt erst **mWv 1.1.2024** in Kraft und ist im Text noch nicht berücksichtigt.

[4] Neubekanntmachung des BImSchG idF der Bek. v. 26.9.2002 (BGBl. I S. 3830) in der ab 2.5.2013 geltenden Fassung.

– VO zur Begrenzung von Emissionen aus der Titandioxid-Industrie – 25. BImSchV idF der Bek. v. 30.7.2014 (BGBl. I S. 1316), zuletzt geänd. durch VO v. 24.3.2017 (BGBl. I S. 656), **Gewerberecht Nr. 925**
– VO über elektromagnetische Felder – 26. BImSchV idF der Bek. v. 14.8.2013 (BGBl. I S. 3266), **Sartorius ErgBd. Nr. 296/26**
– VO über Anlagen zur Feuerbestattung – 27. BImSchV v. 19.3.1997 (BGBl. I S. 545), zuletzt geänd. durch VO v. 2.5.2013 (BGBl. I S. 973), **Gewerberecht Nr. 927**
– VO zur Durchführung der unionsrechtlichen Verordnung über Emissionsgrenzwerte und die Typgenehmigung für Verbrennungsmotoren für nicht für den Straßenverkehr bestimmte mobile Maschinen und Geräte – 28. BImSchV v. 21.7.2021 (BGBl. I S. 3125), **Sartorius ErgBd. Nr. 296/28**
– GebührenO für Maßnahmen bei Typprüfungen von Verbrennungsmotoren – 29. BImSchV v. 22.5.2000 (BGBl. I S. 735), zuletzt geänd. durch VO v. 14.8.2012 (BGBl. I S. 1712), **Gewerberecht Nr. 929**
– VO über Anlagen zur biologischen Behandlung von Abfällen – 30. BImSchV v. 20.2.2001 (BGBl. I S. 305, 317), zuletzt geänd. durch VO v. 13.12.2019 (BGBl. I S. 2739), **Sartorius ErgBd. Nr. 296/30**
– VO zur Begrenzung der Emissionen flüchtiger organischer Verbindungen bei der Verwendung organischer Lösemittel in bestimmten Anlagen – 31. BImSchV v. 21.8.2001 (BGBl. I S. 2180), zuletzt geänd. durch G v. 27.7.2021 (BGBl. I S. 3146), **Gewerberecht Nr. 931**
– Geräte- und MaschinenlärmschutzVO – 32. BImSchV v. 29.8.2002 (BGBl. I S. 3478), zuletzt geänd. durch G v. 27.7.2021 (BGBl. I S. 3146), **Sartorius ErgBd. Nr. 296/32**
– VO über die Lärmkartierung – 34. BImSchV v. 6.3.2006 (BGBl. I S. 516), zuletzt geänd. durch VO v. 28.5.2021 (BGBl. I S. 1251), **Sartorius ErgBd. Nr. 296/34**
– VO zur Kennzeichnung der Kraftfahrzeuge mit geringem Beitrag zur Schadstoffbelastung – 35. BImSchV v. 10.10.2006 (BGBl. I S. 2218), zuletzt geänd. durch VO v. 31.8.2015 (BGBl. I S. 1474), **Sartorius ErgBd. Nr. 296/35**
– VO zur Durchführung der Regelungen der Biokraftstoffquote – 36. BImSchV v. 29.1.2007 (BGBl. I S. 60), zuletzt geänd. durch VO v. 12.11.2021 (BGBl. I S. 4932), **Gewerberecht Nr. 936**
– VO zur Anrechnung von strombasierten Kraftstoffen und mitverarbeiteten biogenen Ölen auf die Treibhausgasquote – 37. BImSchV v. 15.5.2017 (BGBl. I S. 1195), geänd. durch G v. 21.12.2020 (BGBl. I S. 3138), **Gewerberecht Nr. 937**
– VO über Luftqualitätsstandards und Emissionshöchstmengen – 39. BImSchV v. 2.8.2010 (BGBl. I S. 1065), zuletzt geänd. durch VO v. 19.6.2020 (BGBl. I S. 1328), **Sartorius ErgBd. Nr. 296/39**
– BekanntgabeVO – 41. BImSchV v. 2.5.2013 (BGBl. I S. 973, 1001, ber. S. 3756), zuletzt geänd. durch G v. 10.8.2021 (BGBl. I S. 3436), **Gewerberecht Nr. 941**
– VO über Verdunstungskühlanlagen, Kühltürme und Nassabscheider – 42. BImSchV v. 12.7.2017 (BGBl. I S. 2379, ber. 2018 S. 202), **Gewerberecht Nr. 942**
– VO über nationale Verpflichtungen zur Reduktion der Emissionen bestimmter Luftschadstoffe – 43. BImSchV v. 18.7.2018 (BGBl. I S. 1222), **Gewerberecht Nr. 943**
– VO über mittelgroße Feuerungs-, Gasturbinen- und Verbrennungsmotoranlagen – 44. BImSchV v. 13.6.2019 (BGBl. I S. 804), geänd. durch VO v. 6.7.2021 (BGBl. I S. 2514), **Gewerberecht Nr. 944**
– AltholzVO – AltholzV v. 15.8.2002 (BGBl. I S. 3302), zuletzt geänd. durch VO v. 19.6.2020 (BGBl. I S. 1328)
– AltölVO – AltölV idF der Bek. v. 16.4.2002 (BGBl. I S. 1368), zuletzt geänd. durch VO v. 5.10.2020 (BGBl. I S. 2091)
– Biokraftstoff-NachhaltigkeitsVO – Biokraft-NachV v. 2.12.2021 (BGBl. I S. 5126, 5143)
– DeponieVO – DepV v. 27.4.2009 (BGBl. I S. 900), zuletzt geänd. durch VO v. 9.7.2021 (BGBl. I S. 2598), **Sartorius ErgBd. Nr. 298h**
– EMAS-Privilegierungs-VO – EMASPrivilegV v. 24.6.2002 (BGBl. I S. 2247), zuletzt geänd. durch VO v. 6.7.2021 (BGBl. I S. 2514), **Sartorius ErgBd. Nr. 297**
– VO über die Entsorgung gebrauchter halogenierter Lösemittel – HKWAbfV v. 23.10.1989 (BGBl. I S. 1918), geänd. durch VO v. 20.10.2006 (BGBl. I S. 2298)
– GefahrstoffVO – GefStoffV v. 26.11.2010 (BGBl. I S. 1643, 1644), zuletzt geänd. durch VO v. 21.7.2021 (BGBl. I S. 3115), **Gewerberecht Nr. 620**
– *KWK-Kosten-Nutzen-Vergleich-VO* – KNV-V v. 28.4.2015 (BGBl. I S. 670), zuletzt geänd. durch VO v. 6.7.2021 (BGBl. I S. 2514)
– Magnetschwebebahn-Bau- und Betriebsordnung – MbBO v. 23.9.1997 (BGBl. I S. 2329)
– Technische Anleitung zur Reinhaltung der Luft – TA Luft v. 18.8.2021 (GMBl S. 1050)
– Technische Anleitung zum Schutz gegen Lärm – TA Lärm v. 26.8.1998 (GMBl S. 503), geänd. durch VwV v. 1.6.2017 (BAnz AT 08.06.2017 B5)
– Upstream-Emissionsminderungs-VO – UERV v. 22.1.2018 (BGBl. I S. 169), zuletzt geänd. durch VO v. 12.11.2021 (BGBl. I S. 4932)
– UVP-Portale-VO – UVPPortV v. 11.11.2020 (BGBl. I S. 2428)

Zur Ausführung und Durchführung des BImSchG haben die **Länder** ua folgende Vorschriften erlassen:
– **Baden-Württemberg:** Immissionsschutz-ZuständigkeitsVO v. 11.5.2010 (GBl. S. 406), zuletzt geänd. durch G v. 17.12.2020 (GBl. S. 1233)

– **Bayern:** Bayerisches ImmissionsschutzG v. 10.12.2019 (GVBl. S. 686), zuletzt geänd. durch G v. 9.11. 2021 (GVBl. S. 608)
– **Berlin:** Landes-ImmissionsschutzG Berlin v. 5.12.2005 (GVBl. S. 735, ber. S. 42), zuletzt geänd. durch G v. 3.2.2010 (GVBl. S. 38)
– **Brandenburg:** LandesimmissionsschutzG idF der Bek. v. 22.7.1999 (GVBl. I S. 386), zuletzt geänd. durch G v. 8.5.2018 (GVBl. I Nr. 8); ImmissionsschutzzuständigkeitsVO v. 31.3.2008 (GVBl. II S. 122), zuletzt geänd. durch VO v. 6.12.2021 (GVBl. II Nr. 98)
– **Bremen:** Bremisches ImmissionsschutzG v. 14.5.2019 (Brem.GBl. S. 316); VO über die Zuständigkeit für die Verfolgung und Ahndung von Ordnungswidrigkeiten nach dem Bundes-ImmissionsschutzG v. 20.11.2007 (Brem.GBl. S. 493), zuletzt geänd. durch Bek. v. 20.10.2020 (Brem.GBl. S. 1172)
– **Hamburg:** Hamburgisches KlimaschutzG v. 20.2.2020 (HmbGVBl. S. 148), geänd. durch G v. 12.5. 2020 (HmbGVBl. S. 280)
– **Hessen:** VO über immissionsschutzrechtliche Zuständigkeiten, zur Bestimmung der federführenden Behörde nach dem G über die Umweltverträglichkeitsprüfung und über Zuständigkeiten nach dem BenzinbleiG v. 26.11.2014 (GVBl. S. 331), geänd. durch VO v. 13.3.2019 (GVBl. S. 42)
– **Mecklenburg-Vorpommern:** Immissionsschutz-ZuständigkeitslandesVO v. 12.2.2015 (GVOBl. M-V S. 70), geänd. durch VO v. 1.6.2017 (GVOBl. M-V S. 114); Immissionsschutz-KostenVO v. 12.12.2018 (GVOBl. M-V S. 430), geänd. durch VO v. 11.12.2020 (GVOBl. M-V S. 1322)
– **Niedersachsen:** ZustVO-Umwelt-Arbeitsschutz v. 27.10.2009 (Nds. GVBl. S. 374), zuletzt geänd. durch VO v. 26.8.2021 (Nds. GVBl. S. 618)
– **Nordrhein-Westfalen:** Landes-ImmissionsschutzG v. 18.3.1975 (GV. NRW. S. 232), zuletzt geänd. durch G v. 1.2.2022 (GV. NRW. S. 122)
– **Rheinland-Pfalz:** Landes-ImmissionsschutzG v. 20.12.2000 (GVBl. S. 578), zuletzt geänd. durch G v. 3.9.2018 (GVBl. S. 372); LandesVO über Zuständigkeiten auf dem Gebiet des Immissionsschutzes v. 14.6.2002 (GVBl. S. 280), zuletzt geänd. durch VO v. 1.12.2020 (GVBl. S. 672)
– **Saarland:** VO über die Zuständigkeiten nach dem Bundes-ImmissionsschutzG und nach dem Treibhausgas-EmissionshandelsG v. 17.2.2014 (Amtsbl. I S. 64)
– **Sachsen:** Immissionsschutz-AusführungsG v. 4.7.1994 (SächsGVBl. S. 1281), zuletzt geänd. durch G v. 23.3.2022 (SächsGVBl. S. 256); Immissionsschutz-ZuständigkeitsVO idF der Bek. v. 14.12.2018 (SächsGVBl. S. 831), zuletzt geänd. durch G v. 9.2.2022 (SächsGVBl. S. 144)
– **Sachsen-Anhalt:** Immissionsschutz-, Gewerbe- und Arbeitsschutzrecht-ZuständigkeitsVO v. 14.6.1994 (GVBl. LSA S. 636, ber. 889), zuletzt geänd. durch VO v. 10.12.2019 (GVBl. LSA S. 988); Immissionsschutz-ZuständigkeitsVO v. 8.10.2015 (GVBl. LSA S. 518), geänd. durch VO v. 18.12.2018 (GVBl. LSA S. 430)
– **Schleswig-Holstein:** Landes-ImmissionsschutzG v. 6.1.2009 (GVOBl. Schl.-H. S. 2), zuletzt geänd. durch VO v. 16.1.2019 (GVOBl. Schl.-H. S. 30); LandesVO über die zuständigen Behörden nach dem Bundes-ImmissionsschutzG v. 20.10.2008 (GVOBl. Schl.-H. S. 540), zuletzt geänd. durch VO v. 16.1. 2020 (GVOBl. Schl.-H. S. 33)
– **Thüringen:** Thüringer VO zur Regelung von Zuständigkeiten und zur Übertragung von Ermächtigungen auf den Gebieten des Immissionsschutzes und des Treibhausgas-Emissionshandels v. 6.4.2008 (GVBl. S. 78), zuletzt geänd. durch VO v. 7.7.2021 (GVBl. S. 355)

Inhaltsübersicht[1)]

Erster Teil. Allgemeine Vorschriften

Zweiter Teil. Errichtung und Betrieb von Anlagen

Erster Abschnitt. Genehmigungsbedürftige Anlagen

[1)] Inhaltsübersicht geänd. *mWv 1.1.2015 durch G v. 20.11.2014* (BGBl. I S. 1740); sie wurde nichtamtlich an weitere Änderungen durch dieses Gesetz angepasst; geänd. mWv 7.12.2016 durch G v. 30.11. 2016 (BGBl. I S. 2749); geänd. mWv 10.12.2020 durch G v. 3.12.2020 (BGBl. I S. 2694); geänd. mWv 31.8.2021 durch G v. 18.8.2021 (BGBl. I S. 3901); geänd. mWv 1.10.2021 durch G v. 24.9.2021 (BGBl. I S. 4458).

(Fortsetzung nächstes Blatt)

298. Gesetz zur Förderung der Kreislaufwirtschaft und Sicherung der umweltverträglichen Bewirtschaftung von Abfällen (Kreislaufwirtschaftsgesetz – KrWG)[1) 2) 3) 4) 5)]

Vom 24. Februar 2012
(BGBl. I S. 212)

FNA 2129-56

geänd. durch Art. 3 G zur Umsetzung der RL über Industrieemissionen v. 8.4.2013 (BGBl. I S. 734, ber. S. 3753), § 44 Abs. 4 TiergesundheitsG v. 22.5.2013 (BGBl. I S. 1324), Art. 4 G zur Neuordnung des Rechts über das Inverkehrbringen, die Rücknahme und die umweltverträgliche Entsorgung von Elektro- und Elektronikgeräten v. 20.10.2015 (BGBl. I S. 1739), Art. 1a Erstes G zur Änd. des BatterieG und des KreislaufwirtschaftsG v. 20.11.2015 (BGBl. I S. 2071), Art. 4 G zur Umsetzung der RL über Tabakerzeugnisse und verwandte Erzeugnisse v. 4.4.2016 (BGBl. I S. 569), Art. 1 G zur Änd. des KreislaufwirtschaftsG und des Elektro- und ElektronikgeräteG v. 27.3.2017 (BGBl. I S. 567), Art. 15 G zur Neuordnung des Rechts zum Schutz vor der schädlichen Wirkung ionisierender Strahlung v. 27.6.2017 (BGBl. I S. 1966), Art. 2 Abs. 9 G zur Modernisierung des Rechts der Umweltverträglichkeitsprüfung v. 20.7.2017 (BGBl. I S. 2808), Art. 1 G zur Umsetzung der AbfallrahmenRL der Europäischen Union v. 23.10.2020 (BGBl. I S. 2232), Art. 2 Abs. 2 Erstes G zur Änd. des G zur Ausführung des Protokolls über Schadstofffreisetzungs- und -verbringungsregister vom 21. Mai 2003 sowie zur Durchführung der VO (EG) Nr. 166/2006 v. 9.12.2020 (BGBl. I S. 2873), Art. 2 G zur Umsetzung von Vorgaben der EinwegkunststoffRL und der AbfallrahmenRL im VerpackungsG und in anderen Gesetzen v. 9.6.2021 (BGBl. I S. 1699), Art. 15 G zur Anpassung des ProduktsicherheitsG und zur Neuordnung des Rechts der überwachungsbedürftigen Anlagen v. 27.7.2021 (BGBl. I S. 3146) und Art. 20 PersonengesellschaftsrechtsmodernisierungsG (MoPeG) v. 10.8.2021 (BGBl. I S. 3436)

Zum KrWG (bzw. vormals KrW-/AbfG) wurden ua folgende Vorschriften erlassen:
- AbfallbeauftragtenVO – AbfBeauftrV v. 2.12.2016 (BGBl. I S. 2770, 2789), zuletzt geänd. durch VO v. 28.4.2022 (BGBl. I S. 700)
- Abfallverzeichnis-VO – AVV v. 10.12.2001 (BGBl. I S. 3379), zuletzt geänd. durch VO v. 30.6.2020 (BGBl. I S. 1533), **Sartorius ErgBd. Nr. 298a**
- Altfahrzeug-VO – AltfahrzeugV idF der Bek. v. 21.6.2002 (BGBl. I S. 2214), zuletzt geänd. durch VO v. 18.11.2020 (BGBl. I S. 2451), **Sartorius ErgBd. Nr. 298b**

---

1) **Amtl. Anm. zum ArtikelG:**

Dieses Gesetz dient der Umsetzung der Richtlinie 2008/98/EG des Europäischen Parlaments und des Rates vom 19. November 2008 über Abfälle und zur Aufhebung bestimmter Richtlinien (ABl. L 312 vom 22.11.2008, S. 3, L 127 vom 26.5.2009, S. 24). Die Verpflichtung aus der Richtlinie 98/34/EG des Europäischen Parlaments und des Rates vom 22. Juni 2008 über ein Informationsverfahren auf dem Gebiet der technischen Vorschriften und der Vorschriften für die Dienste der Informationsgesellschaft (ABl. L 204 vom 21.7.1998, S. 37), die zuletzt durch die Richtlinie 2006/96/EG vom 20. November 2006 (ABl. L 363 vom 20.12.2006, S. 81) geändert worden ist, sind beachtet worden.

2) Verkündet als Art. 1 G zur Neuordnung des Kreislaufwirtschafts- und Abfallrechts v. 24.2.2012 (BGBl. I S. 212, ber. S. 1474); Inkrafttreten gem. Art. 6 Abs. 1 Satz 1 dieses G am 1.6.2012. § 4 Abs. 2, *§ 5 Abs. 2, § 8 Abs. 2, § 10, § 11* Abs. 2 und 3, § 12 Abs. 7, § 16, § 23 Abs. 4, § 24, § 25, § 26 Abs. 1, § 36 Abs. 4 Satz 4, § 38 Abs. 1 Satz 2, § 41 Abs. 2, § 43, § 48 Satz 2, § 52, § 53 Abs. 6, § 54 Abs. 7, § 55 Abs. 2, § 57, § 59 Abs. 1 Satz 2, § 60 Abs. 3, § 61, § 65, § 67 und § 68 treten gem. Art. 6 Abs. 2 dieses G am 1.3.2012 in Kraft.

3) Siehe auch das BatterieG v. 25.6.2009 (BGBl. I S. 1582), zuletzt geänd. durch G v. 3.11.2020 (BGBl. I S. 2280), das Elektro- und ElektronikgeräteG **(Gewerberecht Nr. 880)**, das VerpackungsG **(Sartorius ErgBd. Nr. 299)** und das AbfallverbringungsG v. 19.7.2007 (BGBl. I S. 1462), zuletzt geänd. durch VO v. 8.11.2021 (BGBl. I S. 4899).

4) Zur Sicherstellung ordnungsgemäßer Planungs-und Genehmigungsverfahren während der COVID-19-Pandemie siehe das PlanungssicherstellungsG **(Sartorius III Nr. 160)**.

5) Die Änderungen durch G v. 10.8.2021 (BGBl. I S. 3436) treten erst **mWv 1.1.2024** in Kraft und sind im Text noch nicht berücksichtigt.

– AltholzVO – AltholzV v. 15.8.2002 (BGBl. I S. 3302), zuletzt geänd. durch VO v. 19.6.2020 (BGBl. I S. 1328)
– AltölVO – AltölV idF der Bek. v. 16.4.2002 (BGBl. I S. 1368), zuletzt geänd. durch VO v. 5.10.2020 (BGBl. I S. 2091)
– VO über Anlagen zur biologischen Behandlung von Abfällen v. 20.2.2001 (BGBl. I S. 305, 317), zuletzt geänd. durch VO v. 13.12.2019 (BGBl. I S. 2739), **Sartorius ErgBd. Nr. 296/30**
– Anzeige- und ErlaubnisVO – AbfAEV v. 5.12.2013 (BGBl. I S. 4043), zuletzt geänd. durch VO v. 28.4. 2022 (BGBl. I S. 700)
– BioabfallVO – BioAbfV idF der Bek. v. 4.4.2013 (BGBl. I S. 658), zuletzt geänd. durch VO v. 28.4.2022 (BGBl. I S. 700)
– Chemikalien-KlimaschutzVO – ChemKlimaschutzV v. 2.7.2008 (BGBl. I S. 1139), zuletzt geänd. durch VO v. 19.6.2020 (BGBl. I S. 1328)
– Chemikalien-OzonschichtVO – ChemOzonSchichtV idF der Bek. v. 15.2.2012 (BGBl. I S. 409), zuletzt geänd. durch VO v. 19.6.2020 (BGBl. I S. 1328)
– DeponieVO – DepV v. 27.4.2009 (BGBl. I S. 900), zuletzt geänd. durch VO v. 9.7.2021 (BGBl. I S. 2598), **Sartorius ErgBd. Nr. 298h**
– EinwegkunststoffkennzeichnungsVO – EWKKennzV v. 24.6.2021 (BGBl. I S. 2024)
– EinwegkunststoffverbotsVO – EWKVerbotsV v. 20.1.2021 (BGBl. I S. 95)
– Elektro- und Elektronikgeräte-Stoff-VO – ElektroStoffV v. 19.4.2013 (BGBl. I S. 1111), zuletzt geänd. durch G v. 10.8.2021 (BGBl. I S. 3436)
– EMAS-Privilegierungs-VO – EMASPrivilegV v. 24.6.2002 (BGBl. I S. 2247), zuletzt geänd. durch VO v. 6.7.2021 (BGBl. I S. 2514), **Sartorius ErgBd. Nr. 297**
– EntsorgungsfachbetriebeVO – EfbV v. 2.12.2016 (BGBl. I S. 2770), zuletzt geänd. durch G v. 20.5.2021 (BGBl. I S. 1145), **Gewerberecht Nr. 855**
– VO über die Entsorgung gebrauchter halogenierter Lösemittel – HKWAbfV v. 23.10.1989 (BGBl. I S. 1918), geänd. durch VO v. 20.10.2006 (BGBl. I S. 2298)
– ErsatzbaustoffVO – ErsatzbaustoffV v. 9.7.2021 (BGBl. I S. 2598)
– GewinnungsabfallVO – GewinnungsAbfV v. 27.4.2009 (BGBl. I S. 900), geänd. durch G v. 24.2.2012 (BGBl. I S. 212), **Sartorius ErgBd. Nr. 298g**
– GewerbeabfallVO – GewAbfV v. 18.4.2017 (BGBl. I S. 896), zuletzt geänd. durch VO v. 28.4.2022 (BGBl. I S. 700), **Sartorius ErgBd. Nr. 298e**
– KlärschlammVO – AbfKlärV v. 27.9.2017 (BGBl. I S. 3465), zuletzt geänd. durch VO v. 19.6.2020 (BGBl. I S. 1328)
– NachweisVO – NachwV v. 20.10.2006 (BGBl. I S. 2298), zuletzt geänd. durch VO v. 28.4.2022 (BGBl. I S. 700), **Gewerberecht Nr. 853**
– PCB/PCT-AbfallVO – PCBAbfallV v. 26.6.2000 (BGBl. I S. 932), zuletzt geänd. durch G v. 24.2.2012 (BGBl. I S. 212)
– POP-Abfall-Überwachungs-VO – POP-Abfall-ÜberwV v. 17.7.2017 (BGBl. I S. 2644), zuletzt geänd. durch VO v. 28.4.2022 (BGBl. I S. 700)
– Tierische Nebenprodukte-BeseitigungsVO – TierNebV v. 27.7.2006 (BGBl. I S. 1735), zuletzt geänd. durch G v. 4.12.2018 (BGBl. I S. 2254)
– VersatzVO – VersatzV v. 24.7.2002 (BGBl. I S. 2833), zuletzt geänd. durch G v. 24.2.2012 (BGBl. I S. 212)

Zur Ausführung und Durchführung des KrWG (bzw. vormals KrW-/AbfG) haben die **Länder** ua folgende Vorschriften erlassen:
– **Hessen:** Hessisches KrWG-AusführungsG v. 6.3.2013 (GVBl. S. 80), zuletzt geänd. durch G v. 3.5.2018 (GVBl. S. 82)
– **Nordrhein-Westfalen:** LandeskreislaufwirtschaftsG v. 21.6.1988 (GV. NRW. S. 250), zuletzt geänd. durch G v. 1.2.2022 (GV. NRW. S. 136)
– **Rheinland-Pfalz:** LandeskreislaufwirtschaftsG v. 22.11.2013 (GVBl. S. 459), zuletzt geänd. durch G v. 19.12.2018 (GVBl. S. 469)
– **Thüringen:** Thüringer KrWG-AusführungsG v. 23.11.2017 (GVBl. S. 246), geänd. durch G v. 18.12. 2018 (GVBl. S. 731)

Inhaltsübersicht[1)]

Teil 1. Allgemeine Vorschriften

[1)] Inhaltsübersicht geänd. mWv 29.10.2020 durch G v. 23.10.2020 (BGBl. I S. 2232).

(Fortsetzung nächstes Blatt)

300. Baugesetzbuch (BauGB)[1) 2)]

In der Fassung der Bekanntmachung vom 3. November 2017[3)]
(BGBl. I S. 3634)

FNA 213-1

geänd. durch Art. 2 HochwasserschutzG II v. 30.6.2017 (BGBl. I S. 2193), Art. 6 G zum Schutz der Bevölkerung bei einer epidemischen Lage von nationaler Tragweite v. 27.3.2020 (BGBl. I S. 587), Art. 2 G zur Vereinheitlichung des Energieeinsparrechts für Gebäude und zur Änd. weiterer Gesetze v. 8.8.2020 (BGBl. I S. 1728), Art. 1 BaulandmobilisierungsG v. 14.6.2021 (BGBl. I S. 1802), Art. 1 G zur baulichen Anpassung von Anlagen der Jungsauen- und Sauenhaltung v. 16.7.2021 (BGBl. I S. 2939), Art. 9 AufbauhilfeG 2021 v. 10.9. 2021 (BGBl. I S. 4147) und Art. 2 G zur Änd. des EnergiewirtschaftsG zur Einführung von Füllstandsvorgaben für Gasspeicheranlagen sowie zur Änd. von § 246 des BauGB v. 26.4.2022 (BGBl. I S. 674)

Zum BauGB haben die **Länder** ua folgende Vorschriften erlassen:
– **Baden-Württemberg:** AusführungsG zum BauGB v. 23.6.2009 (GBl. S. 251); GutachterausschußVO v. 11.12.1989 (GBl. S. 541), zuletzt geänd. durch VO v. 21.12.2021 (GBl. 2022 S. 1); DurchführungsVO zum BauGB v. 2.3.1998 (GBl. S. 185), zuletzt geänd. durch VO v. 21.12.2021 (GBl. 2022 S. 1);
– **Bayern:** AusführungsG zum Bau- und RaumordnungsG 1998 v. 9.5.1998 (GVBl. S. 242); UmlegungsausschussVO v. 18.1.1961 (BayRS III S. 483), zuletzt geänd. durch V v. 30.9.2014 (GVBl S. 411); Gerichtliche ZuständigkeitsVO Justiz v. 11.6.2012 (GVBl. S. 295), zuletzt geänd. durch V v. 8.9.2021 (GVBl. S. 583); GutachterausschussVO v. 5.4.2005 (GVBl. S. 88), zuletzt geänd. durch V v. 26.3.2019 (GVBl. S. 98); Bauwesen-ZuständigkeitsVO v. 5.7.1994 (GVBl. S. 573), zuletzt geänd. durch V v. 16.6.2020 (GVBl. S. 310);
– **Berlin:** BauGB-AusführungsG idF der Bek. v. 7.11.1999 (GVBl. S. 578), zuletzt geänd. durch G v. 27.9.2021 (GVBl. S. 1119); BauGB-DurchführungsVO v. 5.6.2018 (GVBl. S. 407), zuletzt geänd. durch G v. 27.9.2021 (GVBl. S. 1119); ErschließungsbeitragsG v. 12.7.1995 (GVBl. S. 444), zuletzt geänd. durch G v. 12.10.2020 (GVBl. S. 807);
– **Brandenburg:** UmlegungsausschussVO v. 23.2.2009 (GVBl. II S. 101); GutachterausschussVO v. 12.5.2010 (GVBl. II Nr. 27), geänd. durch VO v. 21.9.2017 (GVBl. II Nr. 52); Gutachterausschuss-GebührenO v. 30.7. 2010 (GVBl. II Nr. 51), zuletzt geänd. durch VO v. 21.1.2019 (GVBl. II Nr. 7);
– **Bremen:** BauGB-DurchführungsVO v. 22.6.1993 (Brem.GBl. S. 234), zuletzt geänd. durch Bek. v. 20.10. 2020 (Brem.GBl. S. 1172); Erschließungsanlagen-BeitragserhebungsG v. 12.6.1973 (Brem.GBl. S. 127), zuletzt geänd. durch G v. 25.5.2010 (Brem.GBl. S. 365); ErschließungsbeitragsG v. 20.12.1982 (Brem.GBl. S. 405), zuletzt geänd. durch G v. 25.5.2010 (Brem.GBl. S. 365); GutachterausschussVO v. 2.9.2008 (Brem.GBl. S. 321), geänd. durch VO v. 17.6.2014 (Brem.GBl. S. 314); BauGB-GenehmigungswegfallG idF der Bek. v. 7.7.1987 (Brem.GBl. S. 215), zuletzt geänd. durch G v. 26.5.1998 (Brem. GBl. S. 134);
– **Hamburg:** BauleitplanfeststellungsG idF der Bek. v. 30.11.1999 (HmbGVBl. S. 271), zuletzt geänd. durch G v. 9.2.2022 (HmbGVBl. S. 104); GutachterausschussVO v. 12.5.2009 (HmbGVBl. S. 124); Enteignungsverfahren-DurchführungsVO v. 18.2.2004 (HmbGVBl. S. 107), geänd. durch G v. 31.3.2021 (HmbGVBl. S. 182); BodenordnungskommissionsG v. 29.4.1997 (HmbGVBl. S. 131), zuletzt geänd. durch G v. 18.12.2020 (HmbGVBl. S. 703);
– **Hessen:** BauGB-AusführungsVO v. 15.6.2018 (GVBl. S. 258), zuletzt geänd. durch G v. 30.9.2021 (GVBl. S. 602)

[1)] **Amtl. Anm.:** Dieses Gesetz dient der Umsetzung folgender Richtlinien:
1. Richtlinie 92/43/EWG des Rates vom 21. Mai 1992 zur Erhaltung der natürlichen Lebensräume sowie der wild lebenden Tiere und Pflanzen (ABl. L 206 vom 22.7.1992, S. 7), die zuletzt durch die Richtlinie 2013/17/EU (ABl. L 158 vom 10.6.2013, S. 193) geändert worden ist,
2. Richtlinie 2001/42/EG des Europäischen Parlaments und des Rates vom 27. Juni 2001 über die Prüfung der Umweltauswirkungen bestimmter Pläne und Programme (ABl. L 197 vom 21.7.2001, S. 30),
3. Richtlinie 2009/147/EG des Europäischen Parlaments und des Rates vom 30. November 2009 über die Erhaltung der wildlebenden Vogelarten (ABl. L 20 vom 26.1.2010, S. 7), die zuletzt durch die Richtlinie 2013/17/EU (ABl. L 158 vom 10.6.2013, S. 193) geändert worden ist,
4. Richtlinie 2011/92/EU des Europäischen Parlaments und des Rates vom 13. Dezember 2011 über die Umweltverträglichkeitsprüfung bei bestimmten öffentlichen und privaten Projekten (ABl. L 26 vom 28.1. 2012, S. 1), die zuletzt durch die Richtlinie 2014/52/EU (ABl. L 124 vom 25.4.2014, S. 1) geändert worden ist.

[2)] Beachte hierzu ua das Planungssicherstellungsgesetz v. 20.5.2020 (BGBl. I S. 1041).

[3)] Neubekanntmachung des BauGB idF der Bek. v. 23.9.2004 (BGBl. I S. 2414) in der ab 1.10.2017 geltenden Fassung.

– **Mecklenburg-Vorpommern:** BaugesetzbuchausführungsG v. 30.1.1998 (GVOBl. M-V S. 110), zuletzt geänd. durch G v. 19.3.2021 (GVOBl. M-V S. 270); GutachterausschusslandesVO v. 29.6.2011 (GVOBl. M-V S. 441); Enteignungsverfahren-DurchführungsVO v. 4.5.1993 (GVOBl. M-V S. 515); AnzeigepflichtVO v. 5.2.1998 (GVOBl. M-V S. 124), geänd. durch VO v. 10.10.2000 (GVOBl. M-V S. 530);

– **Niedersachsen:** NBauGB-DurchführungsG v. 13.5.2009 (Nds. GVBl. S. 169); Baugesetzbuch-DVO idF der Bek. v. 24.5.2005 (Nds. GVBl. S. 183), zuletzt geänd. durch G v. 15.7.2020 (Nds. GVBl. S. 244); Gutachterausschuss-GebührenO v. 25.6.2019 (Nds. GVBl. S. 156), geänd. durch VO v. 23.2.2021 (Nds. GVBl. S. 77);

– **Nordrhein-Westfalen:** Baugesetzbuch-AusführungsG v. 3.2.2015 (GV. NRW. S. 211), zuletzt geänd. durch G v. 13.4.2022 (GV. NRW. S. 671); BauGB-DurchführungsVO v. 7.7.1987 (GV. NRW. S. 220), zuletzt geänd. durch VO v. 14.12.2021 (GV. NRW. S. 1473); GrundstückswertermittlungsVO v. 8.12.2020 (GV. NRW. S. 1186), geänd. durch VO v. 9.6.2021 (GV. NRW. S. 751); BaulandsachenzusammenfassungsVO v. 21.10. 1994 (GV. NRW. S. 961), zuletzt geänd. durch VO v. 24.9.2014 (GV. NRW. S. 647);

– **Rheinland-Pfalz:** BauGB-ZuständigkeitsVO v. 21.12.2007 (GVBl. 2008 S. 22); UmlegungsausschussVO v. 27.6.2007 (GVBl. S. 102); GutachterausschussVO v. 20.4.2005 (GVBl. S. 139), zuletzt geänd. durch G v. 19.12.2018 (GVBl. S. 448);

– **Saarland:** BauGB-ZuständigkeitsVO v. 13.12.2012 (Amtsbl. 2013 I S. 3), zuletzt geänd. durch VO v. 7.4.2020 (Amtsbl. I S. 249); GutachterausschußVO v. 21.8.1990 (Amtsbl. S. 957), zuletzt geänd. durch G v. 8.12.2021 (Amtsbl. I S. 2629); UmlegungsausschußV v. 11.9.1998 (Amtsbl. S. 950), zuletzt geänd. durch G v. 4.12.2019 (Amtsbl. 2020 I S. 211);

– **Sachsen:** GutachterausschussVO v. 15.11.2011 (SächsGVBl. S. 598), zuletzt geänd. durch VO v. 25.3.2021 (SächsGVBl. S. 426);

– **Sachsen-Anhalt:** Durchführung des Baugesetzbuchs LSA v. 1.12.1999 (MBl. LSA 2000 S. 227); GutachterausschussVO v. 18.12.2013 (GVBl. LSA S. 555), geänd. durch G v. 7.7.2020 (GVBl. LSA S. 372); Bodenordnung-VO v. 31.10.1991 (GVBl. LSA S. 430), zuletzt geänd. durch G v. 19.3.2002 (GVBl. LSA S. 130); UntersagungsVO zur Bebauungsteilgenehmigung v. 2.1.1998 (GVBl. LSA S. 2);

– **Schleswig-Holstein:** Baugesetzbuch-AusführungsG v. 21.10.1998 (GVOBl. Schl.-H. S. 303), zuletzt geänd. durch G v. 8.10.2009 (GVOBl. Schl.-H. S. 640); Vierte BundesbauG-DurchführungsVO v. 30.3.1961 (GVOBl. Schl.-H. S. 45), zuletzt geänd. durch VO v. 17.10.1980 (GVOBl. Schl.-H. S. 315); Sechste BundesbauG-DurchführungsVO v. 14.6.1961 (GVOBl. Schl.-H. S. 108); GutachterausschussVO v. 16.7.2014 (GVOBl. Schl.-H. S. 158), zuletzt geänd. durch VO v. 16.1.2019 (GVOBl. Schl.-H. S. 30); BauGB-ZuständigkeitsVO v. 2.9.2021 (GVOBl. Schl.-H. S. 1057);

– **Thüringen:** Vorläufige BauGB-ZuständigkeitsVO v. 25.3.1991 (GVBl. S. 67); UmlegungsausschussVO v. 22.3.2005 (GVBl. S. 155), zuletzt geänd. durch G v. 18.12.2018 (GVBl. S. 731); GutachterausschussVO v. 30.6.2021 (GVBl. S. 356).

Außerdem haben die Länder **Bauordnungen** und ua folgende zugehörige Vorschriften erlassen:

– **Baden-Württemberg:** LandesbauO idF der Bek. v. 5.3.2010 (GBl. S. 357, ber. S. 416), zuletzt geänd. durch VO v. 21.12.2021 (GBl. 2022 S. 1); Allgemeine LBO-AusführungsVO v. 5.2.2010 (GBl. S. 24), zuletzt geänd. durch VO v. 21.12.2021 (GBl. 2022 S. 1); VersammlungsstättenVO v. 28.4.2004 (GBl. S. 311, ber. S. 653), zuletzt geänd. durch VO v. 21.12.2021 (GBl. 2022 S. 1); Elektrische Betriebsräume-Bau-VO v. 8.12.2020 (GBl. S. 1182, 1192), geänd. durch VO v. 21.12.2021 (GBl. 2022 S. 1); CampingplatzVO v. 15.7.1984 (GBl. S. 545, ber. 1985 S. 20), zuletzt geänd. durch VO v. 21.12.2021 (GBl. 2022 S. 1); BauprüfVO v. 10.5.2010 (GBl. S. 446), zuletzt geänd. durch VO v. 21.12.2021 (GBl. 2022 S. 1); Verfahrensverordnung zur LBO v. 13.11.1995 (GBl. S. 794), zuletzt geänd. durch VO v. 21.12.2021 (GBl. 2022 S. 1); VerkaufsstättenVO v. 11.2. 1997 (GBl. S. 84), zuletzt geänd. durch VO v. 21.12.2021 (GBl. 2022 S. 1); GaragenVO v. 7.7.1997 (GBl. S. 332), zuletzt geänd. durch VO v. 21.12.2021 (GBl. 2022 S. 1);

– **Bayern:** BauO idF der Bek. v. 14.8.2007 (GVBl. S. 588), zuletzt geänd. durch G v. 25.5.2021 (GVBl. S. 286); Elektrische Anlagen-BetriebsräumebauVO v. 13.4.1977 (BayRS III S. 575), zuletzt geänd. durch V v. 8.12. 1997 (GVBl. S. 827); VersammlungsstättenVO v. 2.11.2007 (GVBl. S. 736), zuletzt geänd. durch V v. 7.8.2018 (GVBl. S. 694); Garagen- und Stellplatzverordnung v. 30.11.1993 (GVBl. S. 910), zuletzt geänd. durch V v. 7.8.2018 (GVBl. S. 694); BauvorlagenVO v. 10.11.2007 (GVBl. S. 792), zuletzt geänd. durch G v. 23.12.2020 (GVBl. S. 663); FeuerungsVO v. 11.11.2007 (GVBl. S. 800), zuletzt geänd. durch V v. 7.8.2018 (GVBl. S. 694); FeuerbeschauVO v. 5.6.1999 (GVBl. S. 270), zuletzt geänd. durch V v. 16.5.2019 (GVBl. S. 315); PrüfsachverständigenVO v. 29.11.2007 (GVBl. S. 829), zuletzt geänd. durch G v. 23.12.2020 (GVBl. S. 663);

– **Berlin:** BauO v. 29.9.2005 (GVBl. S. 495), zuletzt geänd. durch G v. 12.10.2020 (GVBl. S. 807); Bautechnische PrüfungsVO v. 12.2.2010 (GVBl. S. 62), zuletzt geänd. durch VO v. 15.12.2020 (GVBl. S. 1506); BauverfahrensVO v. 15.11.2017 (GVBl. S. 636, ber. 2018 S. 147), zuletzt geänd. durch VO v. 20.9.2020 (GVBl. S. 742);

– **Brandenburg:** BauO idF der Bek. v. 15.11.2018 (GVBl. I Nr. 39), zuletzt geänd. durch G v. 9.2.2021 (GVBl. I Nr. 5); Garagen- und StellplatzVO v. 8.11.2017 (GVBl. II Nr. 61); Bautechnische PrüfungsVO v. 10.9.2008 (GVBl. II S. 374), zuletzt geänd. durch VO v. 24.8.2021 (GVBl. II Nr. 79); BauvorlagenVO v. 7.11.2016 (GVBl. II Nr. 60), zuletzt geänd. durch VO v. 31.3.2021 (GVBl. II Nr. 33); FeuerungsVO v. 13.1.2006 (GVBl. II S. 58), geänd. durch VO v. 13.9.2010 (GVBl. II Nr. 61 S. 1); Verkaufsstätten-BauVO v. 8.11.2017 (GVBl. II

Nr. 60); BaugebührenO v. 20.8.2009 (GVBl. II S. 562), zuletzt geänd. durch VO v. 12.5.2021 (GVBl. II Nr. 50);

- **Bremen:** Landesbauordnung v. 4.9.2018 (Brem.GBl. S. 320), zuletzt geänd. durch G v. 22.9.2020 (Brem.GBl. S. 963); VO über die Prüfingenieure und Prüfsachverständigen (BremPPV) v. 7.1.2016 (Brem.GBl. S. 41); BauvorlagenVO v. 2.5.2019 (Brem.GBl. S. 368);
- **Hamburg:** BauO v. 14.12.2005 (HmbGVBl. S. 525, ber. S. 563), zuletzt geänd. durch G v. 20.2.2020 (HmbGVBl. S. 148); FeuerungsVO v. 25.9.2007 (HmbGVBl. S. 338), geänd. durch VO v. 2.11.2010 (HmbGVBl. S. 582); BauvorlagenVO v. 30.6.2020 (HmbGVBl. S. 391, ber. 2021 S. 280); BaugebührenO v. 23.5.2006 (HmbGVBl. S. 261), zuletzt geänd. durch VO v. 7.12.2021 (HmbGVBl. S. 901); GaragenVO v. 17.1.2012 (HmbGVBl. S. 8);
- **Hessen:** BauO v. 28.5.2018 (GVBl. S. 198), zuletzt geänd. durch G v. 3.6.2020 (GVBl. S. 378); Bauprodukte- und Bauartenverordnung v. 20.1.2004 (GVBl. I S. 56), zuletzt geänd. durch VO v. 4.12.2017 (GVBl. S. 396); FeuerungsVO v. 15.10.2020 (GVBl. S. 748); Prüfberechtigten- und PrüfsachverständigenVO v. 18.12.2006 (GVBl. I S. 745), zuletzt geänd. durch VO v. 2.12.2020 (GVBl. S. 854, ber. 927); GaragenVO v. 17.11.2014 (GVBl. S. 286);
- **Mecklenburg-Vorpommern:** LandesbauO idF der Bek. v. 15.10.2015 (GVOBl. M-V S. 334, ber. 2016 S. 28), zuletzt geänd. durch G v. 26.6.2021 (GVOBl. M-V S. 1033); BauvorlagenVO v. 10.7.2006 (GVOBl. M-V S. 612), geänd. durch VO v. 28.6.2016 (GVOBl. M-V S. 519); Bauprodukte- und BauartenVO v. 10.7. 2006 (GVOBl. M-V S. 610), zuletzt geänd. durch VO v. 14.7.2015 (GVOBl. M-V S. 190); CampingplatzVO v. 9.1.1996 (GVOBl. M-V S. 84), zuletzt geänd. durch VO v. 7.12.2010 (GVOBl. M-V S. 771); BauprüfVO v. 14.4.2016 (GVOBl. M-V S. 171), geänd. durch VO v. 11.6.2021 (GVOBl. M-V S. 1019);
- **Niedersachsen:** NBauO v. 3.4.2012 (Nds. GVBl. S. 46), zuletzt geänd. durch G v. 10.11.2021 (Nds. GVBl. S. 739); NBauO-DurchführungsVO v. 26.9.2012 (Nds. GVBl. S. 382), zuletzt geänd. durch VO v. 19.9.2019 (Nds. GVBl. S. 277); Elektrische Anlagen-BetriebsräumebauVO v. 25.1.2011 (Nds. GVBl. S. 19); VersammlungsstättenVO v. 8.11.2004 (Nds. GVBl. S. 426), zuletzt geänd. durch VO v. 23.11.2021 (Nds. GVBl. S. 758); CampingplatzVO v. 12.4.1984 (Nds. GVBl. S. 109), zuletzt geänd. durch VO v. 13.11.2012 (Nds. GVBl. S. 438); Bautechnische PrüfungsVO v. 24.7.1987 (Nds. GVBl. S. 129), zuletzt geänd. durch VO v. 23.11.2021 (Nds. GVBl. S. 758); BauvorlagenVO v. 23.11.2021 (Nds. GVBl. S. 760); Garagen- und StellplatzVO v. 4.9. 1989 (Nds. GVBl. S. 327), zuletzt geänd. durch VO v. 11.10.2012 (Nds. GVBl. S. 401); VerkaufsstättenVO v. 17.1.1997 (Nds. GVBl. S. 31), zuletzt geänd. durch VO v. 13.11.2012 (Nds. GVBl. S. 438); BaugebührenO v. 13.1.1998 (Nds. GVBl. S. 3), zuletzt geänd. durch VO v. 21.3.2022 (Nds. GVBl. S. 221); FeuerungsVO v. 27.3.2008 (Nds. GVBl. S. 96), zuletzt geänd. durch VO v. 30.6.2020 (Nds. GVBl. S. 199);
- **Nordrhein-Westfalen:** LandesbauO v. 21.7.2018 (GV. NRW. S. 421), zuletzt geänd. durch G v. 14.9.2021 (GV. NRW. S. 1086); SonderbauVO v. 2.12.2016 (GV. NRW. 2017 S. 2, ber. 2020 S. 148, 2020 148); Camping- und WochenendplatzVO v. 24.3.2011 (GV. NRW. S. 197), zuletzt geänd. durch VO v. 10.12.2018 (GV. NRW. S. 680); Bautechnische PrüfungsVO v. 6.12.1995 (GV. NRW. S. 1241), zuletzt geänd. durch VO v. 2.7.2021 (GV. NRW. S. 845); FeuerungsVO v. 10.12.2018 (GV. NRW. S. 675);
- **Rheinland-Pfalz:** LandesbauO v. 24.11.1998 (GVBl. S. 365), zuletzt geänd. durch G v. 28.9.2021 (GVBl. S. 543); VersammlungsstättenVO v. 13.3.2018 (GVBl. S. 29), geänd. durch VO v. 15.11.2018 (GVBl. S. 388); LandesVO über Betriebsräume für elektrische Anlagen v. 6.7.1977 (GVBl. S. 254), geänd. durch G v. 16.12. 2002 (GVBl. S. 481); Camping- und WochenendplatzVO v. 18.9.1984 (GVBl. S. 195), zuletzt geänd. durch VO v. 8.8.2017 (GVBl. S. 184); GaragenVO v. 13.7.1990 (GVBl. S. 243), geänd. durch G v. 16.12.2002 (GVBl. S. 481); VerkaufsstättenVO v. 8.7.1998 (GVBl. S. 229), zuletzt geänd. durch G v. 16.12.2002 (GVBl. S. 481); VO über die Gebühren für Amtshandlungen der Bauaufsichtsbehörden und über die Vergütung der Leistungen der Prüfingenieurinnen und Prüfingenieure für Baustatik v. 9.1.2007 (GVBl. S. 22), zuletzt geänd. durch VO v. 18.3.2021 (GVBl. S. 195);
- **Saarland:** LandesbauO v. 18.2.2004 (Amtsbl. S. 822), zuletzt geänd. durch G v. 16.3.2022 (Amtsbl. I S. 648); BauvorlagenVO v. 15.6.2011 (Amtsbl. I S. 254), zuletzt geänd. durch G v. 16.2.2022 (Amtsbl. I S. 456); GaragenVO idF der Bek. v. 30.8.1976 (Amtsbl. S. 951), geänd. durch VO v. 25.8.2008 (Amtsbl. S. 1470); Prüfberechtigten- und PrüfsachverständigenVO v. 26.1.2011 (Amtsbl. I S. 30), zuletzt geänd. durch G v. 16.2. 2022 (Amtsbl. I S. 456); Technische PrüfVO v. 26.1.2011 (Amtsbl. I S. 30, 48), zuletzt geänd. durch VO v. *12.11.2015 (Amtsbl. I S. 888); Versammlungs*stättenVO v. 21.6.2021 (Amtsbl. I S. 1684), geänd. durch G v. 16.3.2022 (Amtsbl. I S. 648); Elektrische Anlagen-BetriebsräumebauVO v. 27.1.2014 (Amtsbl. I S. 17); Camping- und WochenendplatzVO v. 22.6.1999 (Amtsbl. S. 1158), zuletzt geänd. durch G v. 15.7.2015 (Amtsbl. I S. 632); VerkaufsstättenVO v. 25.9.2000 (Amtsbl. S. 1934), zuletzt geänd. durch G v. 15.7.2015 (Amtsbl. I S. 632);
- **Sachsen:** BauO idF der Bek. v. 11.5.2016 (SächsGVBl. S. 186), zuletzt geänd. durch VO v. 12.4.2021 (SächsGVBl. S. 517); BauO-DurchführungsVO v. 2.9.2004 (SächsGVBl. S. 427), zuletzt geänd. durch VO v. 12.4.2021 (SächsGVBl. S. 517); VwV zur BauO v. 18.3.2005 (SächsABl. SDr. S. 59, ber. S. 363), zuletzt geänd. durch VwV v. 9.5.2019 (SächsABl. S. 782); RLn für die Durchführung von Bauaufgaben des Freistaates Sachsen im Zuständigkeitsbereich des Staatshochbauverwaltung; VO über Bauvorlagen und bautechnische Prüfungen v. 2.9.1997 (SächsABl. S. 533);

– **Sachsen-Anhalt:** BauO idF der Bek. v. 10.9.2013 (GVBl. LSA S. 440), zuletzt geänd. durch G v. 18.11.2020 (GVBl. LSA S. 660); BaugebührenO v. 4.5.2006 (GVBl. LSA S. 315), zuletzt geänd. durch VO v. 17.8.2018 (GVBl. LSA S. 284); FeuerungsVO v. 27.3.2006 (GVBl. LSA S. 177), geänd. durch VO v. 20.10.2008 (GVBl. LSA S. 374)
– **Schleswig-Holstein:** LandesbauO v. 22.1.2009 (GVOBl. Schl.-H. S. 6), zuletzt geänd. durch G v. 6.12.2021 (GVOBl. Schl.-H. S. 1422); Allg. LandesVO zur Durchführung der LBO v. 25.4.1968 (GVOBl. Schl.-H. S. 105), zuletzt geänd. durch VO v. 10.7.1980 (GVOBl. Schl.-H. S. 263); VersammlungsstättenVO v. 11.9. 2014 (GVOBl. Schl.-H. S. 245), geänd. durch VO v. 16.9.2019 (GVOBl. Schl.-H. S. 395); Landesverordnung über den Bau von Betriebsräumen für elektrische Anlagen v. 25.2.2020 (GVOBl. Schl.-H. S. 140); BauvorlagenVO v. 3.4.2019 (GVOBl. Schl.-H. S. 87), aufgeh. mWv. **1.9.2022** durch VO v. 5.1.2022 (GVOBl. Schl.-H. S. 26); LandesVO über die Zuständigkeiten der Landesbauämter v. 19.5.1995 (GVOBl. Schl.-H. S. 227); LandesVO über die Prüfingenieurinnen oder Prüfingenieure für Baustatik, sowie Prüfsachverständigen v. 31.5.2021 (GVOBl. Schl.-H. S. 662); GaragenVO v. 22.4.2020 (GVOBl. Schl.-H. S. 203); FeuerungsVO v. 25.2.2020 (GVOBl. Schl.-H. S. 142); BaugebührenVO v. 12.11.2018 (GVOBl. Schl.-H. S. 703), zuletzt geänd. durch VO v. 2.8.2021 (GVOBl. Schl.-H. S. 972); VerkaufsstättenVO v. 15.11.2019 (GVOBl. Schl.-H. S. 536); Camping- und WochenendplatzVO v. 13.7.2010 (GVOBl. Schl.-H. S. 522), geänd. durch VO v. 24.7. 2015 (GVOBl. Schl.-H. S. 301);
– **Thüringen:** BauO v. 13.3.2014 (GVBl. S. 49), zuletzt geänd. durch G v. 23.11.2020 (GVBl. S. 561); BauvorlagenVO v. 23.3.2010 (GVBl. S. 129), geänd. durch VO v. 2.12.2015 (GVBl. S. 212); FeuerungsVO v. 10.8.2009 (GVBl. S. 745), zuletzt geänd. durch VO v. 16.6.2021 (GVBl. S. 274).

Inhaltsübersicht[1)]

Erstes Kapitel. Allgemeines Städtebaurecht

Erster Teil. Bauleitplanung

Erster Abschnitt. Allgemeine Vorschriften

Zweiter Abschnitt. Vorbereitender Bauleitplan (Flächennutzungsplan)

Dritter Abschnitt. Verbindlicher Bauleitplan (Bebauungsplan)

Vierter Abschnitt. Zusammenarbeit mit Privaten; vereinfachtes Verfahren

---

1) Inhaltsübersicht geänd. mWv 28.3.2020 durch G v. 27.3.2020 (BGBl. I S. 587); geänd. mWv 23.6.2021 durch G v. 14.6.2021 (BGBl. I S. 1802); geänd. mWv 23.7.2021 durch G v. 16.7.2021 (BGBl. I S. 2939); geänd. mWv 15.9.2021 durch G v. 10.9.2021 (BGBl. I S. 4147).

[2]In den Fällen der Nummer 1 hat die Gemeinde bei der Ausübung des Vorkaufsrechts zugunsten eines Dritten die Frist, in der das Grundstück für den vorgesehenen Zweck zu verwenden ist, zu bezeichnen.

(2) [1]Mit der Ausübung des Vorkaufsrechts kommt der Kaufvertrag zwischen dem Begünstigten und dem Verkäufer zustande. [2]Die Gemeinde haftet für die Verpflichtung aus dem Kaufvertrag neben dem Begünstigten als Gesamtschuldnerin.

(3) [1]Für den von dem Begünstigten zu zahlenden Betrag und das Verfahren gilt § 28 Absatz 2 bis 4 entsprechend. [2]Kommt der Begünstigte seiner Verpflichtung nach Absatz 1 Satz 1 Nummer 1 nicht nach, soll die Gemeinde in entsprechender Anwendung des § 102 die Übertragung des Grundstücks zu ihren Gunsten oder zugunsten eines Übernahmewilligen verlangen, der zur Verwirklichung des Verwendungszwecks innerhalb angemessener Frist in der Lage ist und sich hierzu verpflichtet. [3]Für die Entschädigung und das Verfahren gelten die Vorschriften des Fünften Teils über die Rückenteignung entsprechend. [4]Die Haftung der Gemeinde nach § 28 Absatz 3 Satz 7 bleibt unberührt.

§ 28[1)] Verfahren und Entschädigung. (1) [1]Der Verkäufer hat der Gemeinde den Inhalt des Kaufvertrags unverzüglich mitzuteilen; die Mitteilung des Verkäufers wird durch die Mitteilung des Käufers ersetzt. [2]Das Grundbuchamt darf bei Kaufverträgen den Käufer als Eigentümer in das Grundbuch nur eintragen, wenn ihm die Nichtausübung oder das Nichtbestehen des Vorkaufsrechts nachgewiesen ist. [3]Besteht ein Vorkaufsrecht nicht oder wird es nicht ausgeübt, hat die Gemeinde auf Antrag eines Beteiligten darüber unverzüglich ein Zeugnis auszustellen. [4]Das Zeugnis gilt als Verzicht auf die Ausübung des Vorkaufsrechts.

(2) [1]Das Vorkaufsrecht kann nur binnen drei Monaten nach Mitteilung des Kaufvertrags durch Verwaltungsakt gegenüber dem Verkäufer ausgeübt werden. [2]Die §§ 463, 464 Absatz 2, §§ 465 bis 468 und 471 des Bürgerlichen Gesetzbuchs[2)] sind anzuwenden. [3]Nach Mitteilung des Kaufvertrags ist auf Ersuchen der Gemeinde zur Sicherung ihres Anspruchs auf Übereignung des Grundstücks eine Vormerkung in das Grundbuch einzutragen; die Gemeinde trägt die Kosten der Eintragung der Vormerkung und ihrer Löschung. [4]Das Vorkaufsrecht ist nicht übertragbar. [5]Bei einem Eigentumserwerb auf Grund der Ausübung des Vorkaufsrechts erlöschen rechtsgeschäftliche Vorkaufsrechte. [6]Wird die Gemeinde nach Ausübung des Vorkaufsrechts im Grundbuch als Eigentümerin eingetragen, kann sie das Grundbuchamt ersuchen, eine zur Sicherung des Übereignungsanspruchs des Käufers im Grundbuch eingetragene Vormerkung zu löschen; sie darf das Ersuchen nur stellen, wenn die Ausübung des Vorkaufsrechts für den Käufer unanfechtbar ist.

(3) [1]Abweichend von Absatz 2 Satz 2 kann die Gemeinde den zu zahlenden Betrag nach dem Verkehrswert des Grundstücks (§ 194) im Zeitpunkt des Kaufes *bestimmen, wenn der* vereinbarte Kaufpreis den Verkehrswert überschreitet. [2]In diesem Falle ist der Verkäufer berechtigt, bis zum Ablauf eines Monats nach Unanfechtbarkeit des Verwaltungsakts über die Ausübung des Vorkaufsrechts vom Vertrag zurückzutreten. [3]Auf das Rücktrittsrecht sind die §§ 346 bis 349 und 351 des Bürgerlichen Gesetzbuchs entsprechend anzuwenden. [4]Tritt der Verkäufer vom Vertrag zurück, trägt die Gemeinde die Kosten des Vertrags auf der Grundlage des Verkehrswerts. [5]Tritt der Verkäufer vom Vertrag nicht zurück, erlischt nach

---

1) § 28 Abs. 2 Satz 1, Abs. 3 Satz 1 geänd. mWv 23.6.2021 durch G v. 14.6.2021 (BGBl. I S. 1802).

2) **Habersack, Deutsche Gesetze Nr. 20.**

Ablauf der Rücktrittsfrist nach Satz 2 die Pflicht des Verkäufers aus dem Kaufvertrag, der Gemeinde das Eigentum an dem Grundstück zu übertragen. [6]In diesem Falle geht das Eigentum an dem Grundstück auf die Gemeinde über, wenn auf Ersuchen der Gemeinde der Übergang des Eigentums in das Grundbuch eingetragen ist. [7]Führt die Gemeinde das Grundstück nicht innerhalb einer angemessenen Frist dem mit der Ausübung des Vorkaufsrechts verfolgten Zweck zu, hat sie dem Verkäufer einen Betrag in Höhe des Unterschieds zwischen dem vereinbarten Kaufpreis und dem Verkehrswert zu zahlen. [8]§ 44 Absatz 3 Satz 2 und 3, § 43 Absatz 2 Satz 1 sowie die §§ 121 und 122 sind entsprechend anzuwenden.

(4) [1]In den Fällen des § 24 Absatz 1 Satz 1 Nummer 1 bestimmt die Gemeinde den zu zahlenden Betrag nach den Vorschriften des Zweiten Abschnitts des Fünften Teils, wenn der Erwerb des Grundstücks für die Durchführung des Bebauungsplans erforderlich ist und es nach dem festgesetzten Verwendungszweck enteignet werden könnte. [2]Mit der Unanfechtbarkeit des Bescheids über die Ausübung des Vorkaufsrechts erlischt die Pflicht des Verkäufers aus dem Kaufvertrag, der Gemeinde das Eigentum an dem Grundstück zu übertragen. [3]In diesem Falle geht das Eigentum an dem Grundstück auf die Gemeinde über, wenn auf Ersuchen der Gemeinde der Übergang des Eigentums in das Grundbuch eingetragen ist.

(5) [1]Die Gemeinde kann für das Gemeindegebiet oder für sämtliche Grundstücke einer Gemarkung auf die Ausübung der ihr nach diesem Abschnitt zustehenden Rechte verzichten. [2]Sie kann den Verzicht jederzeit für zukünftig abzuschließende Kaufverträge widerrufen. [3]Der Verzicht und sein Widerruf sind ortsüblich bekannt zu machen. [4]Die Gemeinde teilt dem Grundbuchamt den Wortlaut ihrer Erklärung mit. [5]Hat die Gemeinde auf die Ausübung ihrer Rechte verzichtet, bedarf es eines Zeugnisses nach Absatz 1 Satz 3 nicht, soweit nicht ein Widerruf erklärt ist.

(6) [1]Hat die Gemeinde das Vorkaufsrecht ausgeübt und sind einem Dritten dadurch Vermögensnachteile entstanden, hat sie dafür Entschädigung zu leisten, soweit dem Dritten ein vertragliches Recht zum Erwerb des Grundstücks zustand, bevor ein gesetzliches Vorkaufsrecht der Gemeinde auf Grund dieses Gesetzbuchs oder solcher landesrechtlicher Vorschriften, die durch § 186 des Bundesbaugesetzes aufgehoben worden sind, begründet worden ist. [2]Die Vorschriften über die Entschädigung im Zweiten Abschnitt des Fünften Teils sind entsprechend anzuwenden. [3]Kommt eine Einigung über die Entschädigung nicht zustande, entscheidet die höhere Verwaltungsbehörde.

Dritter Teil. Regelung der baulichen und sonstigen Nutzung; Entschädigung

Erster Abschnitt. Zulässigkeit von Vorhaben

§ 29 Begriff des Vorhabens; Geltung von Rechtsvorschriften. (1) Für Vorhaben, die die Errichtung, Änderung oder Nutzungsänderung von baulichen Anlagen zum Inhalt haben, und für Aufschüttungen und Abgrabungen größeren Umfangs sowie für Ausschachtungen, Ablagerungen einschließlich Lagerstätten *gelten die §§ 30* bis 37.

(2) Die Vorschriften des Bauordnungsrechts und andere öffentlich-rechtliche Vorschriften bleiben unberührt.

(2) Die für das Eigentum an Grundstücken bestehenden Vorschriften sind, soweit dieses Gesetzbuch nichts anderes vorschreibt, entsprechend auch auf grundstücksgleiche Rechte anzuwenden.

(3) [1] Die Gemeinde kann sofort oder in absehbarer Zeit bebaubare Flächen in Karten oder Listen auf der Grundlage eines Lageplans erfassen, der Flur- und Flurstücksnummern, Straßennamen und Angaben zur Grundstücksgröße enthält (Baulandkataster). [2] Sie kann die Flächen in Karten oder Listen veröffentlichen, soweit der Grundstückseigentümer nicht widersprochen hat. [3] Die Gemeinde hat ihre Absicht zur Veröffentlichung einen Monat vorher öffentlich bekannt zu geben und dabei auf das Widerspruchsrecht der Grundstückseigentümer hinzuweisen.

§ 200a Ersatzmaßnahmen. [1] Darstellungen für Flächen zum Ausgleich und Festsetzungen für Flächen oder Maßnahmen zum Ausgleich im Sinne des § 1a Absatz 3 umfassen auch Ersatzmaßnahmen. [2] Ein unmittelbarer räumlicher Zusammenhang zwischen Eingriff und Ausgleich ist nicht erforderlich, soweit dies mit einer geordneten städtebaulichen Entwicklung und den Zielen der Raumordnung sowie des Naturschutzes und der Landschaftspflege vereinbar ist.

§ 201 Begriff der Landwirtschaft. Landwirtschaft im Sinne dieses Gesetzbuchs ist insbesondere der Ackerbau, die Wiesen- und Weidewirtschaft einschließlich Tierhaltung, soweit das Futter überwiegend auf den zum landwirtschaftlichen Betrieb gehörenden, landwirtschaftlich genutzten Flächen erzeugt werden kann, die gartenbauliche Erzeugung, der Erwerbsobstbau, der Weinbau, die berufsmäßige Imkerei und die berufsmäßige Binnenfischerei.

§ 201a[1] Verordnungsermächtigung zur Bestimmung von Gebieten mit einem angespannten Wohnungsmarkt. [1] Die Landesregierungen werden ermächtigt, durch Rechtsverordnung Gebiete mit einem angespannten Wohnungsmarkt zu bestimmen. [2] Die Rechtsverordnung nach Satz 1 gilt für die Anwendung der Regelungen in § 25 Absatz 1 Satz 1 Nummer 3, § 31 Absatz 3, § 175 Absatz 2 Satz 2 und § 176 Absatz 1 Satz 1 Nummer 3. [3] Ein Gebiet mit einem angespannten Wohnungsmarkt liegt vor, wenn die ausreichende Versorgung der Bevölkerung mit Mietwohnungen in einer Gemeinde oder einem Teil der Gemeinde zu angemessenen Bedingungen besonders gefährdet ist. [4] Dies kann insbesondere dann der Fall sein, wenn

1. die Mieten deutlich stärker steigen als im bundesweiten Durchschnitt,
2. die durchschnittliche Mietbelastung der Haushalte den bundesweiten Durchschnitt deutlich übersteigt,
3. die Wohnbevölkerung wächst, ohne dass durch Neubautätigkeit insoweit erforderlicher Wohnraum geschaffen wird, oder
4. geringer Leerstand bei großer Nachfrage besteht.

[5] Eine Rechtsverordnung nach Satz 1 muss spätestens mit Ablauf des 31. Dezember 2026 außer Kraft treten. [6] Sie muss begründet werden. [7] Aus der Begründung muss sich ergeben, auf Grund welcher Tatsachen ein Gebiet mit einem angespannten Wohnungsmarkt im Einzelfall vorliegt. [8] Die betroffenen Gemeinden und die auf Landesebene bestehenden kommunalen Spitzenverbände sollen vor dem Erlass der Rechtsverordnung beteiligt werden.

---

[1] § 201a eingef. mWv 23.6.2021 durch G v. 14.6.2021 (BGBl. I S. 1802).

§ 202 Schutz des Mutterbodens. Mutterboden, der bei der Errichtung und Änderung baulicher Anlagen sowie bei wesentlichen anderen Veränderungen der Erdoberfläche ausgehoben wird, ist in nutzbarem Zustand zu erhalten und vor Vernichtung oder Vergeudung zu schützen.

Zweiter Abschnitt. Zuständigkeiten

§ 203 Abweichende Zuständigkeitsregelung. (1) Die Landesregierung oder die von ihr bestimmte Behörde kann im Einvernehmen mit der Gemeinde durch Rechtsverordnung bestimmen, dass die nach diesem Gesetzbuch der Gemeinde obliegenden Aufgaben auf eine andere Gebietskörperschaft übertragen werden oder auf einen Verband, an dessen Willensbildung die Gemeinde mitwirkt.

(2) [1] Durch Landesgesetz können Aufgaben der Gemeinden nach diesem Gesetzbuch auf Verbandsgemeinden, Verwaltungsgemeinschaften oder vergleichbare gesetzliche Zusammenschlüsse von Gemeinden, denen nach Landesrecht örtliche Selbstverwaltungsaufgaben der Gemeinde obliegen, übertragen werden. [2] In dem Landesgesetz ist zu regeln, wie die Gemeinden an der Aufgabenerfüllung mitwirken.

(3) Die Landesregierung kann durch Rechtsverordnung die nach diesem Gesetzbuch der höheren Verwaltungsbehörde zugewiesenen Aufgaben auf andere staatliche Behörden, Landkreise oder kreisfreie Gemeinden übertragen.

(4) [1] Unterliegen die Planungsbereiche gemeinsamer Flächennutzungspläne (§ 204) oder von Flächennutzungsplänen und Satzungen eines Planungsverbands (§ 205) der Zuständigkeit verschiedener höherer Verwaltungsbehörden, ist die Oberste Landesbehörde für die Entscheidung im Genehmigungs- und Zustimmungsverfahren zuständig. [2] Liegen die Geltungsbereiche in verschiedenen Ländern, entscheiden die Obersten Landesbehörden im gegenseitigen Einvernehmen.

§ 204 Gemeinsamer Flächennutzungsplan, Bauleitplanung bei Bildung von Planungsverbänden und bei Gebiets- oder Bestandsänderung. (1) [1] Benachbarte Gemeinden sollen einen gemeinsamen Flächennutzungsplan aufstellen, wenn ihre städtebauliche Entwicklung wesentlich durch gemeinsame Voraussetzungen und Bedürfnisse bestimmt wird oder ein gemeinsamer Flächennutzungsplan einen gerechten Ausgleich der verschiedenen Belange ermöglicht. [2] Ein gemeinsamer Flächennutzungsplan soll insbesondere aufgestellt werden, wenn die Ziele der Raumordnung oder wenn Einrichtungen und Anlagen des öffentlichen Verkehrs, sonstige Erschließungsanlagen sowie Gemeinbedarfs- oder sonstige Folgeeinrichtungen eine gemeinsame Planung erfordern. [3] Der gemeinsame Flächennutzungsplan kann von den beteiligten Gemeinden nur gemeinsam aufgehoben, geändert oder ergänzt werden; die Gemeinden können vereinbaren, dass sich die Bindung nur auf bestimmte räumliche oder sachliche Teilbereiche erstreckt. [4] Ist eine gemeinsame Planung nur für räumliche oder sachliche Teilbereiche erforderlich, genügt anstelle eines gemeinsamen Flächennutzungsplans eine Vereinbarung der beteiligten Gemeinden über bestimmte Darstellungen in ihren Flächennutzungsplänen. [5] Sind die Voraussetzungen für eine gemeinsame Planung nach Satz 1 und 4 entfallen oder ist ihr Zweck erreicht, können die beteiligten Gemeinden den Flächennutzungsplan für ihr Gemeindegebiet ändern oder ergänzen; vor Einleitung des Bauleitplanverfahrens ist die Zustimmung der höheren Verwaltungsbehörde erforderlich.

(2) [1] Werden Gemeinden in ihrem Gebiet oder Bestand geändert oder geht die Zuständigkeit zur Aufstellung von Flächennutzungsplänen auf Verbände oder sons-

(2) Im Anwendungsbereich des § 34 Absatz 2 ist § 14 Absatz 1a der Baunutzungsverordnung nicht anzuwenden; für die der öffentlichen Versorgung mit Telekommunikationsdienstleistungen dienenden Nebenanlagen gilt dort § 14 Absatz 2 der Baunutzungsverordnung entsprechend.

Zweiter Teil. Schlussvorschriften

§ 246[1)] Sonderregelungen für einzelne Länder; Sonderregelungen für Flüchtlingsunterkünfte. (1) In den Ländern Berlin und Hamburg entfallen die in § 6 Absatz 1, § 10 Absatz 2 und § 190 Absatz 1 vorgesehenen Genehmigungen oder Zustimmungen; das Land Bremen kann bestimmen, dass diese Genehmigungen oder Zustimmungen entfallen.

(1a) [1] Die Länder können bestimmen, dass Bebauungspläne, die nicht der Genehmigung bedürfen, und Satzungen nach § 34 Absatz 4 Satz 1, § 35 Absatz 6 und § 165 Absatz 6 vor ihrem Inkrafttreten der höheren Verwaltungsbehörde anzuzeigen sind; dies gilt nicht für Bebauungspläne nach § 13. [2] Die höhere Verwaltungsbehörde hat die Verletzung von Rechtsvorschriften, die eine Versagung der Genehmigung nach § 6 Absatz 2 rechtfertigen würde, innerhalb eines Monats nach Eingang der Anzeige geltend zu machen. [3] Der Bebauungsplan und die Satzungen dürfen nur in Kraft gesetzt werden, wenn die höhere Verwaltungsbehörde die Verletzung von Rechtsvorschriften nicht innerhalb der in Satz 2 bezeichneten Frist geltend gemacht hat.

(2) [1] Die Länder Berlin und Hamburg bestimmen, welche Form der Rechtsetzung an die Stelle der in diesem Gesetzbuch vorgesehenen Satzungen tritt. [2] Das Land Bremen kann eine solche Bestimmung treffen. [3] Die Länder Berlin, Bremen und Hamburg können eine von § 10 Absatz 3, § 16 Absatz 2, § 22 Absatz 2, § 143 Absatz 1, § 162 Absatz 2 Satz 2 bis 4 und § 165 Absatz 8 abweichende Regelung treffen.

(3) § 171f ist auch auf Rechtsvorschriften der Länder anzuwenden, die vor dem 1. Januar 2007 in Kraft getreten sind.

(4) Die Senate der Länder Berlin, Bremen und Hamburg werden ermächtigt, die Vorschriften dieses Gesetzbuchs über die Zuständigkeit von Behörden dem besonderen Verwaltungsaufbau ihrer Länder anzupassen.

(5) Das Land Hamburg gilt für die Anwendung dieses Gesetzbuchs auch als Gemeinde.

(6) § 9 Absatz 2d gilt entsprechend für Pläne, die gemäß § 173 Absatz 3 Satz 1 des Bundesbaugesetzes in Verbindung mit § 233 Absatz 3 als Bebauungspläne fortgelten.

(7) [1] Die Länder können bestimmen, dass § 34 Absatz 1 Satz 1 bis zum 31. Dezember 2004 nicht für Einkaufszentren, großflächige Einzelhandelsbetriebe und sonstige großflächige Handelsbetriebe im Sinne des § 11 Absatz 3 der Baunutzungsverordnung[2)] anzuwenden ist. [2] Wird durch eine Regelung nach Satz 1 die bis dahin zulässige Nutzung eines Grundstücks aufgehoben oder wesentlich geändert, ist § 238 entsprechend anzuwenden.

(8) Bis zum Ablauf des 31. Dezember 2024 gilt § 34 Absatz 3a Satz 1 entsprechend für die Nutzungsänderung zulässigerweise errichteter baulicher Anlagen in

---

[1)] § 246 Abs. 6 neu gef., Abs. 8, 9, 10 Satz 1, 11 Satz 1, 12 Satz 1 geänd., Sätze 2, 3 eingef., bish. Satz 2 wird Satz 4, Abs. 13 Satz 1 geänd., Sätze 2, 3 eingef., bish. Sätze 2–5 werden Sätze 4–7, neue Sätze 6, 7 geänd., Abs. 13a eingef., Abs. 14 Satz 6, Abs. 15–17 geänd. mWv 23.6.2021 durch G v. 14.6.2021 (BGBl. I S. 1802); Abs. 14 neu gef., Abs. 16, 17 geänd. mWv 30.4.2022 durch G v. 26.4.2022 (BGBl. I S. 674).

[2)] Nr. **311**.

bauliche Anlagen, die der Unterbringung von Flüchtlingen oder Asylbegehrenden dienen, und für deren Erweiterung, Änderung oder Erneuerung.

(9) Bis zum Ablauf des 31. Dezember 2024 gilt die Rechtsfolge des § 35 Absatz 4 Satz 1 für Vorhaben entsprechend, die der Unterbringung von Flüchtlingen oder Asylbegehrenden dienen, wenn das Vorhaben im unmittelbaren räumlichen Zusammenhang mit nach § 30 Absatz 1 oder § 34 zu beurteilenden bebauten Flächen innerhalb des Siedlungsbereichs erfolgen soll.

(10) [1] Bis zum Ablauf des 31. Dezember 2024 kann in Gewerbegebieten (§ 8 der Baunutzungsverordnung, auch in Verbindung mit § 34 Absatz 2) für Aufnahmeeinrichtungen, Gemeinschaftsunterkünfte oder sonstige Unterkünfte für Flüchtlinge oder Asylbegehrende von den Festsetzungen des Bebauungsplans befreit werden, wenn an dem Standort Anlagen für soziale Zwecke als Ausnahme zugelassen werden können oder allgemein zulässig sind und die Abweichung auch unter Würdigung nachbarlicher Interessen mit öffentlichen Belangen vereinbar ist. [2] § 36 gilt entsprechend.

(11) [1] Soweit in den Baugebieten nach den §§ 2 bis 7 der Baunutzungsverordnung (auch in Verbindung mit § 34 Absatz 2) Anlagen für soziale Zwecke als Ausnahme zugelassen werden können, gilt § 31 Absatz 1 mit der Maßgabe, dass dort bis zum Ablauf des 31. Dezember 2024 Aufnahmeeinrichtungen, Gemeinschaftsunterkünfte oder sonstige Unterkünfte für Flüchtlinge oder Asylbegehrende in der Regel zugelassen werden sollen. [2] Satz 1 gilt entsprechend für in übergeleiteten Plänen festgesetzte Baugebiete, die den in Satz 1 genannten Baugebieten vergleichbar sind.

(12) [1] Bis zum Ablauf des 31. Dezember 2024 kann für die auf längstens drei Jahre zu befristende

1. Errichtung mobiler Unterkünfte für Flüchtlinge oder Asylbegehrende,
2. Nutzungsänderung zulässigerweise errichteter baulicher Anlagen in Gewerbe- und Industriegebieten sowie in Sondergebieten nach den §§ 8 bis 11 der Baunutzungsverordnung (auch in Verbindung mit § 34 Absatz 2) in Aufnahmeeinrichtungen, Gemeinschaftsunterkünfte oder sonstige Unterkünfte für Flüchtlinge oder Asylbegehrende

von den Festsetzungen des Bebauungsplans befreit werden, wenn die Befreiung auch unter Würdigung nachbarlicher Interessen mit den öffentlichen Belangen vereinbar ist. [2] Die in Satz 1 genannte Frist von drei Jahren kann bei Vorliegen der dort genannten Befreiungsvoraussetzungen um weitere drei Jahre verlängert werden, längstens jedoch bis zum Ablauf des 31. Dezember 2027. [3] Sofern die Frist bereits abgelaufen ist, gilt Satz 1 auch für die auf drei Jahre, längstens jedoch bis zum Ablauf des 31. Dezember 2027 zu befristende Fortsetzung der zuvor ausgeübten Nutzung einer bestehenden baulichen Anlage entsprechend. [4] § 36 gilt entsprechend.

(13) [1] Im Außenbereich (§ 35) gilt unbeschadet des Absatzes 9 bis zum Ablauf des 31. Dezember 2024 die Rechtsfolge des § 35 Absatz 4 Satz 1 entsprechend für

1. die auf längstens drei Jahre zu befristende Errichtung mobiler Unterkünfte für Flüchtlinge oder Asylbegehrende,
2. die Nutzungsänderung zulässigerweise errichteter baulicher Anlagen, auch wenn deren bisherige Nutzung aufgegeben wurde, in Aufnahmeeinrichtungen, Gemeinschaftsunterkünfte oder sonstige Unterkünfte für Flüchtlinge oder Asylbegehrende, einschließlich einer erforderlichen Erneuerung oder Erweiterung.

[2] Die in Satz 1 Nummer 1 genannte Frist von drei Jahren kann um weitere drei Jahre, längstens jedoch bis zum Ablauf des 31. Dezember 2027 verlängert werden; für die Verlängerung gilt die Rechtsfolge des § 35 Absatz 4 Satz 1 entsprechend. [3] Sofern

die Frist bereits abgelaufen ist, gilt auch für die Entscheidung über die auf drei Jahre, längstens jedoch bis zum Ablauf des 31. Dezember 2027 zu befristende erneute Zulässigkeit einer bereits errichteten mobilen Unterkunft für Flüchtlinge oder Asylbegehrende die Rechtsfolge des § 35 Absatz 4 Satz 1 entsprechend. [4] Für Vorhaben nach Satz 1 gilt § 35 Absatz 5 Satz 2 Halbsatz 1 und Satz 3 entsprechend. [5] Wird zum Zeitpunkt einer Nutzungsänderung nach Satz 1 Nummer 2 eine Nutzung zulässigerweise ausgeübt, kann diese im Anschluss wieder aufgenommen werden; im Übrigen gelten für eine nachfolgende Nutzungsänderung die allgemeinen Regeln. [6] Die Rückbauverpflichtung nach Satz 4 entfällt, wenn eine nach Satz 5 zulässige Nutzung aufgenommen wird oder wenn sich die Zulässigkeit der nachfolgenden Nutzung aus § 30 Absatz 1, 2 oder § 33 ergibt. [7] Die Sicherstellung der Rückbauverpflichtung nach Satz 4 in entsprechender Anwendung des § 35 Absatz 5 Satz 3 ist nicht erforderlich, wenn Vorhabenträger ein Land oder eine Gemeinde ist.

(13a) Von den Absätzen 8 bis 13 darf nur Gebrauch gemacht werden, soweit dringend benötigte Unterkünfte im Gebiet der Gemeinde, in der sie entstehen sollen, nicht oder nicht rechtzeitig bereitgestellt werden können.

(14) [1] Soweit auch bei Anwendung der Absätze 8 bis 13 dringend benötigte Unterkunftsmöglichkeiten im Gebiet der Gemeinde, in der sie entstehen sollen, nicht oder nicht rechtzeitig bereitgestellt werden können, kann bei Aufnahmeeinrichtungen, Gemeinschaftsunterkünften oder sonstigen Unterkünften für Flüchtlinge oder Asylbegehrende bis zum Ablauf des 31. Dezember 2024 von den Vorschriften dieses Gesetzbuchs oder den aufgrund dieses Gesetzbuchs erlassenen Vorschriften in erforderlichem Umfang abgewichen werden. [2] Zuständig ist die höhere Verwaltungsbehörde. [3] Die Gemeinde ist anzuhören; diese Anhörung tritt auch an die Stelle des in § 14 Absatz 2 Satz 2 vorgesehenen Einvernehmens. [4] Satz 3 findet keine Anwendung, wenn Vorhabenträger die Gemeinde oder in deren Auftrag ein Dritter ist. [5] Für Vorhaben nach Satz 1 gilt § 35 Absatz 5 Satz 2 erster Halbsatz und Satz 3 entsprechend. [6] Absatz 13 Satz 5 gilt entsprechend. [7] Die Rückbauverpflichtung nach Satz 5 entfällt, wenn eine nach Satz 6 zulässige Nutzung aufgenommen wird oder wenn sich die Zulässigkeit der nachfolgenden Nutzung aus § 30 Absatz 1, 2 oder § 33 ergibt. [8] Die Sicherstellung der Rückbauverpflichtung nach Satz 5 in entsprechender Anwendung des § 35 Absatz 5 Satz 3 ist nicht erforderlich, wenn Vorhabenträger ein Land oder eine Gemeinde ist. [9] Wenn Vorhabenträger ein Land oder in dessen Auftrag ein Dritter ist, gilt § 37 Absatz 3 entsprechend; im Übrigen findet § 37 bis zum Ablauf des 31. Dezember 2024 auf Vorhaben nach Satz 1 keine Anwendung.

(15) In Verfahren zur Genehmigung von baulichen Anlagen, die der Unterbringung von Flüchtlingen oder Asylbegehrenden dienen, gilt bis zum Ablauf des 31. Dezember 2024 das Einvernehmen abweichend von § 36 Absatz 2 Satz 2 (auch in Verbindung mit Absatz 10 Satz 2 und Absatz 12 Satz 2) als erteilt, wenn es nicht innerhalb eines Monats verweigert wird.

(16) Bei Vorhaben nach den Absätzen 9 und 13 sowie bei Vorhaben nach Absatz 14 im Außenbereich gilt § 18 Absatz 3 Satz 2 des Bundesnaturschutzgesetzes[1)] bis zum Ablauf des 31. Dezember 2024 entsprechend.

(17) Die Befristung bis zum Ablauf des 31. Dezember 2024 in den Absätzen 8 bis 13 sowie 14 bis 16 bezieht sich nicht auf die Geltungsdauer einer Genehmigung, sondern auf den Zeitraum, bis zu dessen Ende im bauaufsichtlichen Zulassungsverfahren von den Vorschriften Gebrauch gemacht werden kann.

[1)] Nr. **880**.

§ 246a Überschwemmungsgebiete, überschwemmungsgefährdete Gebiete. Anlässlich der Neubekanntmachung eines Flächennutzungsplans nach § 6 Absatz 6 sollen die in § 5 Absatz 4a bezeichneten Gebiete nach Maßgabe dieser Bestimmung nachrichtlich übernommen und vermerkt werden.

§ 246b[1)] Sonderregelungen für Anlagen für gesundheitliche Zwecke im Zuge der COVID-19-Pandemie. (1) [1] Soweit Anlagen für gesundheitliche Zwecke zur Versorgung von Personen, die sich mit dem Coronavirus SARS-CoV-2 infiziert haben oder möglicherweise infiziert haben oder die gegen das Coronavirus SARS-CoV-2 geimpft oder auf dieses getestet werden sollen, im Gebiet der Gemeinde, in der sie im Wege der Errichtung, Änderung oder Nutzungsänderung von baulichen Anlagen entstehen sollen, nicht oder nicht rechtzeitig bereitgestellt werden können, kann bei der Zulassung dieser Vorhaben bis zum Ablauf des 31. Dezember 2022 von den Vorschriften dieses Gesetzbuchs oder den aufgrund dieses Gesetzbuchs erlassenen Vorschriften in erforderlichem Umfang, erforderlichenfalls auch befristet, unter der Voraussetzung abgewichen werden, dass Vorhabenträger der Bund, ein Land, ein Landkreis oder eine Gemeinde oder ein im Auftrag eines der Vorgenannten tätiger Dritter ist. [2] Zuständig ist die höhere Verwaltungsbehörde. [3] Die Gemeinde ist anzuhören; diese Anhörung tritt auch an die Stelle des in § 14 Absatz 2 Satz 2 vorgesehenen Einvernehmens. [4] Satz 3 findet keine Anwendung, wenn Vorhabenträger die Gemeinde oder in deren Auftrag ein Dritter ist. [5] Für Vorhaben nach Satz 1 gilt § 35 Absatz 5 Satz 2 erster Halbsatz und Satz 3 entsprechend. [6] § 246 Absatz 13 Satz 5 gilt entsprechend auch bei zwischenzeitlichen Nutzungsänderungen zu Anlagen für gesundheitliche Zwecke nach Satz 1. [7] Die Rückbauverpflichtung nach Satz 5 entfällt, wenn eine nach Satz 6 zulässige Nutzung aufgenommen wird oder wenn sich die Zulässigkeit der nachfolgenden Nutzung aus § 30 Absatz 1, 2 oder § 33 ergibt. [8] Die Sicherstellung der Rückbauverpflichtung nach Satz 5 in entsprechender Anwendung des § 35 Absatz 5 Satz 3 ist nicht erforderlich, wenn Vorhabenträger der Bund, ein Land, ein Landkreis oder eine Gemeinde ist. [9] Wenn Vorhabenträger der Bund, ein Land, ein Landkreis oder ein im Auftrag eines der Vorgenannten tätiger Dritter ist, gilt § 37 Absatz 3 entsprechend; im Übrigen findet § 37 bis zum Ablauf des 31. Dezember 2022 auf Vorhaben nach Satz 1 keine Anwendung.

(2) In Verfahren zur Genehmigung von baulichen Anlagen im Sinne des Absatzes 1 Satz 1 gilt bis zum Ablauf des 31. Dezember 2022 das Einvernehmen abweichend von § 36 Absatz 2 Satz 2 als erteilt, wenn es nicht innerhalb eines Monats verweigert wird.

(3) Bei Vorhaben nach Absatz 1 im Außenbereich gilt § 18 Absatz 3 Satz 2 des Bundesnaturschutzgesetzes[2)] bis zum Ablauf des 31. Dezember 2022 entsprechend.

(4) Die Befristung in Absatz 1 Satz 1 bezieht sich nicht auf die Geltungsdauer einer Genehmigung, sondern auf den Zeitraum, bis zu dessen Ende im bauauf-

(Fortsetzung nächstes Blatt)

[1)] § 246b neu gef. mWv 23.6.2021 durch G v. 14.6.2021 (BGBl. I S. 1802).
[2)] Nr. **880**.

18. entgegen § 12 Abs. 5 Satz 1 einen Bildträger vertreibt,
19. entgegen § 13 Abs. 1 einem Kind oder einer jugendlichen Person das Spielen an Bildschirmspielgeräten gestattet oder
20. entgegen § 15 Abs. 6 einen Hinweis nicht, nicht richtig oder nicht rechtzeitig gibt.

(2) Ordnungswidrig handelt, wer als Anbieter vorsätzlich oder fahrlässig

1. entgegen § 12 Abs. 2 Satz 1 und 2, auch in Verbindung mit Abs. 5 Satz 3 oder § 13 Abs. 3, einen Hinweis nicht, nicht richtig oder nicht in der vorgeschriebenen Weise gibt,
2. einer vollziehbaren Anordnung nach § 12 Abs. 2 Satz 3 Nr. 1, auch in Verbindung mit Abs. 5 Satz 3 oder § 13 Abs. 3, oder nach § 14 Abs. 7 Satz 3 zuwiderhandelt,
3. entgegen § 12 Abs. 5 Satz 2 einen Hinweis nicht, nicht richtig, nicht in der vorgeschriebenen Weise oder nicht rechtzeitig anbringt oder
4. entgegen § 14 Abs. 7 Satz 1 einen Film oder ein Spielprogramm mit „Infoprogramm" oder „Lehrprogramm" kennzeichnet.

(3) Ordnungswidrig handelt, wer vorsätzlich oder fahrlässig

1. entgegen § 12 Abs. 2 Satz 4 einen Hinweis nicht, nicht richtig oder nicht in der vorgeschriebenen Weise gibt,
2. entgegen § 14a Absatz 1 Satz 2 einen Film oder ein Spielprogramm bereithält,
3. entgegen § 24 Abs. 5 Satz 2 eine Mitteilung verwendet,
4. einer vollziehbaren Anordnung nach § 24b Absatz 4 Satz 1 zuwiderhandelt oder
5. entgegen § 24d Satz 1 nicht sicherstellt, dass ein Empfangsbevollmächtigter im Inland benannt ist.

(4) [1] Ordnungswidrig handelt, wer als Person über 18 Jahren ein Verhalten eines Kindes oder einer jugendlichen Person herbeiführt oder fördert, das durch ein in Absatz 1 Nr. 5 bis 8, 10, 12, 14 bis 16 oder 19 oder in § 27 Abs. 1 Nr. 1 oder 2 bezeichnetes oder in § 12 Abs. 3 Nr. 1 enthaltenes Verbot oder durch eine vollziehbare Anordnung nach § 7 Satz 1 verhindert werden soll. [2] Hinsichtlich des Verbots in § 12 Abs. 3 Nr. 1 gilt dies nicht für die personensorgeberechtigte Person und für eine Person, die im Einverständnis mit der personensorgeberechtigten Person handelt.

(5) [1] Die Ordnungswidrigkeit kann in den Fällen des Absatzes 3 Nummer 4 mit einer Geldbuße bis zu fünf Millionen Euro und in den übrigen Fällen mit einer Geldbuße bis zu fünfzigtausend Euro geahndet werden. [2] § 30 Absatz 2 Satz 3 des Gesetzes über Ordnungswidrigkeiten[1)] ist für die Fälle des Absatzes 3 Nummer 4 anzuwenden.

(6) In den Fällen des Absatzes 3 Nummer 2, 4 und 5 kann die Ordnungswidrigkeit auch dann geahndet werden, wenn sie nicht im Geltungsbereich dieses Gesetzes begangen wird.

(7) Verwaltungsbehörde im Sinne des § 36 Absatz 1 Nummer 1 des Gesetzes über Ordnungswidrigkeiten ist in den Fällen des Absatzes 3 Nummer 2, 4 und 5 die Bundeszentrale für Kinder- und Jugendmedienschutz.

[1)] **Habersack, Deutsche Gesetze Nr. 94.**

Abschnitt 7. Schlussvorschriften

§ 29 Übergangsvorschriften. Auf die nach bisherigem Recht mit „Nicht freigegeben unter achtzehn Jahren" gekennzeichneten Filmprogramme für Bildträger findet § 18 Abs. 8 Satz 1 mit der Maßgabe Anwendung, dass an die Stelle der Angabe „§ 14 Abs. 2 Nr. 1 bis 5" die Angabe „§ 14 Abs. 2 Nr. 1 bis 4" tritt.

§ 29a[1] Weitere Übergangsregelung. Beisitzerinnen und Beisitzer der Bundesprüfstelle für jugendgefährdende Medien und ihre Vertreterinnen und Vertreter, die sich am 1. Mai 2021 im Amt befinden, können unabhängig von ihrer bisherigen Mitgliedschaft in der Bundesprüfstelle noch höchstens zweimal als Beisitzerin oder Beisitzer oder als Vertreterin oder Vertreter berufen werden.

§ 29b[2] Bericht und Evaluierung. [1] Dieses Gesetz wird drei Jahre nach Inkrafttreten evaluiert, um zu untersuchen, inwiefern die in § 10a niedergelegten Schutzziele erreicht wurden. [2] Die Bundesregierung unterrichtet den Deutschen Bundestag über das Ergebnis der Evaluation. [3] In der Folge wird alle zwei Jahre dem Beirat Bericht erstattet über die weitere Entwicklung bei dem Erreichen der Schutzziele des § 10a. [4] Alle vier Jahre ist dieser Bericht von der Bundesregierung dem Deutschen Bundestag vorzulegen.

§ 30 Inkrafttreten, Außerkrafttreten. (1) [1] Dieses Gesetz tritt an dem Tag in Kraft, an dem der Staatsvertrag der Länder über den Schutz der Menschenwürde und den Jugendschutz in Rundfunk und Telemedien[3] in Kraft[4] tritt. [2] Gleichzeitig treten das Gesetz zum Schutze der Jugend in der Öffentlichkeit vom 25. Februar 1985 (BGBl. I S. 425), zuletzt geändert durch Artikel 8a des Gesetzes vom 15. Dezember 2001 (BGBl. I S. 3762) und das Gesetz über die Verbreitung jugendgefährdender Schriften und Medieninhalte in der Fassung der Bekanntmachung vom 12. Juli 1985 (BGBl. I S. 1502), zuletzt geändert durch Artikel 8b des Gesetzes vom 15. Dezember 2001 (BGBl. I S. 3762) außer Kraft. [3] Das Bundesministerium für Familie, Senioren, Frauen und Jugend gibt das Datum des Inkrafttretens dieses Gesetzes im Bundesgesetzblatt bekannt[5].

(2) Abweichend von Absatz 1 Satz 1 treten § 10 Abs. 2 und § 28 Abs. 1 Nr. 13 am 1. Januar 2007 in Kraft.

---

[1] § 29a neu gef. mWv 1.5.2021 durch G v. 9.4.2021 (BGBl. I S. 742).

[2] § 29b eingef. mWv 1.5.2021 durch G v. 9.4.2021 (BGBl. I S. 742).

[3] *StV v. 10.9.2002, zuletzt geänd. durch StV v. 3.12.2015* (GBl. 2016 S. 126), **Sartorius III Nr. 796.**

[4] Inkrafttreten des Jugendmedienschutz-StaatsV **(Sartorius III Nr. 796)** gem. seinem § 28 Abs. 1 am 1.4.2003.

[5] Siehe die Bek. v. 1.4.2003 (BGBl. I S. 476), wonach das JugendschutzG am 1.4.2003 in Kraft getreten ist.

500. Hochschulrahmengesetz (HRG)[1)]

In der Fassung der Bekanntmachung vom 19. Januar 1999[2)]
(BGBl. I S. 18)

FNA 2211-3

geänd. durch Art. 7 G zur Änd. des Begriffs „Erziehungsurlaub" v. 30.11.2000 (BGBl. I S. 1638), Art. 68 Siebente ZuständigkeitsanpassungsVO v. 29.10.2001 (BGBl. I S. 2785), Art. 1 Fünftes HochschulrahmenG-ÄndG v. 16.2.2002 (BGBl. I S. 693, nichtig gem. Urt. des BVerfG v. 27.7.2004 – 2 BvF 2/02 –), Art. 28 Behindertengleichstellungs-EinführungsG v. 27.4.2002 (BGBl. I S. 1467), Art. 1 Sechstes HochschulrahmenG-ÄndG v. 8.8.2002 (BGBl. I S. 3138, teilw. nichtig gem. Urt. des BVerfG v. 26.1.2005 – 2 BvF 1/03 –), Art. 1 Siebtes HochschulrahmenG-ÄndG v. 28.8.2004 (BGBl. I S. 2298), Art. 1 G zur Änd. dienst- und arbeitsrechtl. Vorschr. im Hochschulbereich v. 27.12.2004 (BGBl. I S. 3835), Art. 2 Abs. 3 Elterngeld- EinführungsG v. 5.12.2006 (BGBl. I S. 2748), Art. 2 G zur Änd. arbeitsrechtl. Vorschr. in der Wissenschaft v. 12.4.2007 (BGBl. I S. 506), Art. 6 Abs. 2 G zur Neuregelung des Mutterschutzrechts v. 23.5.2017 (BGBl. I S. 1228), Entsch. des BVerfG – 1 BvL 3/14, 1 BvL 4/14 – v. 19.12.2017 (BGBl. 2018 I S. 123) und Art. 1 Achtes ÄndG v. 15.11.2019 (BGBl. I S. 1622)

Inhaltsübersicht[3)]

[1)] Zum HRG haben die Länder u.a. folgende Vorschriften erlassen:
- **Baden-Württemberg:** LandeshochschulG v. 1.1.2005 (GBl. S. 1), zuletzt geänd. durch VO v. 21.12. 2021 (GBl. 2022 S. 1); LandeshochschulgebührenG v. 1.1.2005 (GBl. S. 1, 56), zuletzt geänd. durch G v. 26.4.2022 (GBl. S. 251),
- **Bayern:** Bayerisches HochschulG v. 23.5.2006 (GVBl. S. 245), zuletzt geänd. durch G v. 23.12.2021 (GVBl. S. 669); HochschulgebührenVO v. 18.6.2007 (GVBl. S. 399), zuletzt geänd. durch V v. 1.2.2013 (GVBl S. 38),
- **Berlin:** Berliner HochschulG idF der Bek. v. 26.7.2011 (GVBl. S. 378), zuletzt geänd. durch G v. 14.9. 2021 (GVBl. S. 1039),
- **Brandenburg:** Brandenburgisches HochschulG v. 28.4.2014 (GVBl. I Nr. 18), zuletzt geänd. durch G v. 23.9.2020 (GVBl. I Nr. 26),
- **Bremen:** Bremisches HochschulG idF der Bek. v. 9.5.2007 (Brem.GBl. S. 339), zuletzt geänd. durch G v. 29.3.2022 (Brem.GBl. S. 159),
- **Hamburg:** Hamburgisches HochschulG v. 18.7.2001 (HmbGVBl. S. 171), zuletzt geänd. durch G v. 28.11.2017 (HmbGVBl. S. 365),
- **Hessen:** Hessisches HochschulG v. 14.12.2021 (GVBl. S. 931), geänd. durch G v. 1.4.2022 (GVBl. S. 184),
- **Mecklenburg-Vorpommern:** LandeshochschulG idF der Bek. v. 25.1.2011 (GVOBl. M-V S. 18), zuletzt geänd. durch G v. 21.6.2021 (GVOBl. M-V S. 1018),
- **Niedersachsen:** Niedersächsisches HochschulG idF der Bek. v. 26.2.2007 (Nds. GVBl. S. 69), zuletzt geänd. durch G v. 23.3.2022 (Nds. GVBl. S. 218),
- **Nordrhein-Westfalen:** HochschulG v. 16.9.2014 (GV. NRW. S. 547), zuletzt geänd. durch G v. 25.11. 2021 (GV. NRW. S. 1210a),
- **Rheinland-Pfalz:** HochschulG v. 23.9.2020 (GVBl. S. 461), zuletzt geänd. durch VO v. 22.7.2021 (GVBl. S. 453); LandesG über die Deutsche Universität für Verwaltungswissenschaften Speyer idF der Bek. v. 19.11.2010 (GVBl. S. 502), zuletzt geänd. durch G v. 19.12.2018 (GVBl. S. 448),
- **Saarland:** *Saarländisches HochschulG v. 30.11.2016* (Amtsbl. I S. 1080), zuletzt geänd. durch G v. 8.12. 2021 (Amtsbl. I S. 2629),
- **Sachsen:** Sächsisches HochschulfreiheitsG idF der Bek. v. 15.1.2013 (SächsGVBl. S. 3), zuletzt geänd. durch G v. 30.9.2021 (SächsGVBl. S. 1122),
- **Sachsen-Anhalt:** HochschulG des Landes Sachsen-Anhalt idF der Bek. v. 1.7.2021 (GVBl. LSA S. 368, 369),
- **Schleswig-Holstein:** HochschulG idF der Bek. v. 5.2.2016 (GVOBl. Schl.-H. S. 39), zuletzt geänd. durch G v. 3.2.2022 (GVOBl. Schl.-H. S. 102),
- **Thüringen:** Thüringer HochschulG v. 10.5.2018 (GVBl. S. 149), zuletzt geänd. durch G v. 23.3.2021 (GVBl. S. 115); Thüringer VO zur Gründung von Fachhochschulen v. 17.9.1991 (GVBl. S. 414).

[2)] Neubekanntmachung des HRG idF der Bek. v. 9.4.1987 (BGBl. I S. 1170) in der ab 25.8.1998 geltenden Fassung.

[3] Inhaltsübersicht geänd. mWv 4.9.2004 durch G v. 28.8.2004 (BGBl. I S. 2298); geänd. mWv 31.12.2004 durch G v. 27.12.2004 (BGBl. I S. 3835); geänd. mWv 18.4.2007 durch G v. 12.4.2007 (BGBl. I S. 506); geänd. mWv 23.11.2019 durch G v. 15.11.2019 (BGBl. I S. 1622); sie wurde nichtamtlich an die Änderungen durch G v. 8.8.2002 (BGBl. I S. 3138) angepasst.

kapazitäten (§ 29 Abs. 1) und die Berechnung von Studentenzahlen bei der Hochschulplanung.

§ 11 Regelstudienzeit bis zum ersten berufsqualifizierenden Abschluß. [1] Die Regelstudienzeit bis zum ersten berufsqualifizierenden Abschluß beträgt, unbeschadet des § 19 Abs. 2 Satz 2,

1. bei Fachhochschulstudiengängen höchstens vier Jahre,
2. bei anderen Studiengängen viereinhalb Jahre.

[2] Darüber hinausgehende Regelstudienzeiten dürfen in besonders begründeten Fällen festgesetzt werden; dies gilt auch für Studiengänge, die in besonderen Studienformen durchgeführt werden. [3] In geeigneten Fachrichtungen sind Studiengänge einzurichten, die in kürzerer Zeit zu einem ersten berufsqualifizierenden Abschluß führen.

§ 12 Postgraduale Studiengänge. [1] Für Absolventen eines Hochschulstudiums können zur Vermittlung weiterer wissenschaftlicher oder beruflicher Qualifikationen oder zur Vertiefung eines Studiums, insbesondere zur Heranbildung des wissenschaftlichen und künstlerischen Nachwuchses, Zusatz-, Ergänzungs- und Aufbaustudien (postgraduale Studien) angeboten werden. [2] Postgraduale Studiengänge, die zu einem Diplom- oder Magistergrad führen, sollen höchstens zwei Jahre dauern. [3] § 19 Abs. 3 bleibt unberührt.

§ 13 Fernstudium, Multimedia. (1) [1] Bei der Reform von Studium und Lehre und bei der Bereitstellung des Lehrangebots sollen die Möglichkeiten eines Fernstudiums sowie der Informations- und Kommunikationstechnik genutzt werden. [2] Bund, Länder und Hochschulen fördern diese Entwicklung im Rahmen ihrer Zuständigkeiten.

(2) [1] Eine in einer Prüfungsordnung vorgesehene Studienleistung wird auch durch die erfolgreiche Teilnahme an einer entsprechenden Fernstudieneinheit nachgewiesen, soweit die Einheit dem entsprechenden Lehrangebot des Präsenzstudiums inhaltlich gleichwertig ist. [2] Die Feststellung der Gleichwertigkeit wird durch Landesrecht geregelt.

§ 14 Studienberatung. [1] Die Hochschule unterrichtet Studierende und Studienbewerber über die Studienmöglichkeiten und über Inhalte, Aufbau und Anforderungen eines Studiums. [2] Während des gesamten Studiums unterstützt sie die Studierenden durch eine studienbegleitende fachliche Beratung. [3] Sie orientiert sich bis zum Ende des ersten Jahres des Studiums über den bisherigen Studienverlauf, informiert die Studierenden und führt gegebenenfalls eine Studienberatung durch. [4] Die Hochschule soll bei der Studienberatung insbesondere mit den für die Berufsberatung und den für die staatlichen Prüfungen zuständigen Stellen zusammenwirken.

§ 15 Prüfungen und Leistungspunktsystem. (1) [1] Das Studium wird in der Regel durch eine Hochschulprüfung, eine staatliche oder eine kirchliche Prüfung abgeschlossen. [2] In Studiengängen mit einer Regelstudienzeit von mindestens vier Jahren findet eine Zwischenprüfung statt. [3] Prüfungen können auch studienbegleitend abgenommen werden. [4] Der Übergang in das Hauptstudium setzt in der Regel die erfolgreiche Ablegung einer Zwischenprüfung voraus.

(2) [1] Für alle geeigneten Studiengänge sind die Voraussetzungen zu bestimmen, unter denen eine innerhalb der Regelstudienzeit abgelegte Abschlußprüfung im

Falle des Nichtbestehens als nicht unternommen gilt (Freiversuch). [2] Das Landesrecht kann vorsehen, daß eine im Freiversuch bestandene Prüfung zur Notenverbesserung wiederholt werden kann.

(3) Zum Nachweis von Studien- und Prüfungsleistungen soll ein Leistungspunktsystem geschaffen werden, das auch die Übertragung erbrachter Leistungen auf andere Studiengänge derselben oder einer anderen Hochschule ermöglicht.

(4) Prüfungsleistungen dürfen nur von Personen bewertet werden, die selbst mindestens die durch die Prüfung festzustellende oder eine gleichwertige Qualifikation besitzen.

§ 16[1)] Prüfungsordnungen. [1] Hochschulprüfungen werden auf Grund von Prüfungsordnungen abgelegt, die der Genehmigung der nach Landesrecht zuständigen Stelle bedürfen. [2] Prüfungsanforderungen und -verfahren sind so zu gestalten, daß die Abschlußprüfung innerhalb der Regelstudienzeit vollständig abgelegt werden kann. [3] Prüfungsordnungen müssen die Inanspruchnahme der Schutzfristen des § 3 des Mutterschutzgesetzes[2)] sowie der Fristen der landesrechtlichen Regelungen über die Elternzeit ermöglichen. [4] Prüfungsordnungen müssen die besonderen Belange behinderter Studierender zur Wahrung ihrer Chancengleichheit berücksichtigen. [5] Die Genehmigung einer Prüfungsordnung ist zu versagen, wenn sie eine mit § 11 oder § 19 unvereinbare Regelstudienzeit vorsieht. [6] Die Genehmigung kann insbesondere versagt werden, wenn die Prüfungsordnung anderen Vorschriften über die Regelstudienzeit nicht entspricht. [7] Die nach Landesrecht zuständige Stelle kann die Änderung einer geltenden Prüfungsordnung insbesondere verlangen, wenn diese den Anforderungen der Sätze 2 bis 6 nicht entspricht.

§ 17 Vorzeitiges Ablegen der Prüfung. Hochschulprüfungen können vor Ablauf einer für die Meldung festgelegten Frist abgelegt werden, sofern die für die Zulassung zur Prüfung erforderlichen Leistungen nachgewiesen sind.

§ 18[3)] Hochschulgrade. (1) [1] Auf Grund der Hochschulprüfung, mit der ein berufsqualifizierender Abschluss erworben wird, kann die Hochschule einen Diplomgrad mit Angabe der Fachrichtung verleihen. [2] Auf Grund der Hochschulprüfung an Fachhochschulen oder in Fachhochschulstudiengängen anderer Hochschulen wird der Diplomgrad mit dem Zusatz „Fachhochschule" („FH") verliehen. [3] Die Hochschule kann einen Diplomgrad auch auf Grund einer staatlichen Prüfung oder einer kirchlichen Prüfung, mit der ein Hochschulstudium abgeschlossen wird, verleihen. [4] Das Landesrecht kann vorsehen, daß eine Hochschule für den berufsqualifizierenden Abschluß eines Studiums einen Magistergrad verleiht; dies gilt, unbeschadet des § 19, nicht für den Abschluß in einem Fachhochschulstudiengang. [5] Nach näherer Bestimmung des Landesrechts kann eine Hochschule für den berufsqualifizierenden Abschluß eines Studiums auf Grund einer Vereinbarung mit einer ausländischen Hochschule andere als die in den Sätzen 1, 2 und 4 genannten Grade verleihen. [6] Ein Grad nach Satz 5 kann auch zusätzlich zu einem der in den Sätzen 1, 2 und 4 genannten Grade verliehen werden.

[1)] *§ 16 Satz 3 geänd. mWv 2.1.2001 durch G* v. 30.11.2000 (BGBl. I S. 1638); Satz 4 eingef., bish. Sätze 4 bis 6 werden Sätze 5 bis 7 und neuer Satz 7 geänd. mWv 1.5.2002 durch G v. 27.4.2002 (BGBl. I S. 1467).; Satz 3 geänd. mWv 1.1.2018 durch G v. 23.5.2017 (BGBl. I S. 1228)

[2)] **Habersack, Deutsche Gesetze ErgBd. Nr. 79.**

[3)] § 18 Abs. 1 Satz 1 neu gef. mWv 15.8.2002 durch G v. 8.8.2002 (BGBl. I S. 3138).

(2) [1] Im übrigen bestimmt das Landesrecht, welche Hochschulgrade verliehen werden. [2] Es kann vorsehen, daß die Kunsthochschulen für den berufsqualifizierenden Abschluß eines Studiums andere als die in Absatz 1 genannten Grade verleihen.

§ 19[1)] Bachelor- und Masterstudiengänge. (1) Die Hochschulen können Studiengänge einrichten, die zu einem Bachelor- oder Bakkalaureusgrad und zu einem Master- oder Magistergrad führen.

(2) [1] Auf Grund von Prüfungen, mit denen ein erster berufsqualifizierender Abschluß erworben wird, kann die Hochschule einen Bachelor- oder Bakkalaureusgrad verleihen. [2] Die Regelstudienzeit beträgt mindestens drei und höchstens vier Jahre.

(3) [1] Auf Grund von Prüfungen, mit denen ein weiterer berufsqualifizierender Abschluß erworben wird, kann die Hochschule einen Master- oder Magistergrad verleihen. [2] Die Regelstudienzeit beträgt mindestens ein Jahr und höchstens zwei Jahre.

(4) Bei konsekutiven Studiengängen, die zu Graden nach den Absätzen 2 und 3 führen, beträgt die Gesamtregelstudienzeit höchstens fünf Jahre.

(5) § 11 Satz 2 gilt entsprechend.

(6) Den Urkunden über die Verleihung der akademischen Grade fügen die Hochschulen auf Antrag eine englischsprachige Übersetzung bei.

§ 20 Studium an ausländischen Hochschulen. [1] Studien- und Prüfungsleistungen, die an ausländischen Hochschulen erbracht worden sind, werden anerkannt, wenn ihre Gleichwertigkeit festgestellt ist. [2] § 5a Abs. 1 Satz 2 und § 112 des Deutschen Richtergesetzes[2)] bleiben unberührt.

§ 21 (weggefallen)

3. Abschnitt. Forschung

§ 22 Aufgaben und Koordination der Forschung. [1] Die Forschung in den Hochschulen dient der Gewinnung wissenschaftlicher Erkenntnisse sowie der wissenschaftlichen Grundlegung und Weiterentwicklung von Lehre und Studium. [2] Gegenstand der Forschung in den Hochschulen können unter Berücksichtigung der Aufgabenstellung der Hochschule alle wissenschaftlichen Bereiche sowie die Anwendung wissenschaftlicher Erkenntnisse in der Praxis einschließlich der Folgen sein, die sich aus der Anwendung wissenschaftlicher Erkenntnisse ergeben können. [3] Zur gegenseitigen Abstimmung von Forschungsvorhaben und Forschungsschwerpunkten und zur Planung und Durchführung gemeinsamer Forschungsvorhaben wirken die Hochschulen untereinander, mit anderen Forschungseinrichtungen und mit Einrichtungen der überregionalen Forschungsplanung und Forschungsförderung zusammen.

§ 23 (weggefallen)

§ 24 Veröffentlichung von Forschungsergebnissen. Bei der Veröffentlichung von Forschungsergebnissen sind Mitarbeiter, die einen eigenen wissenschaftlichen

---

[1)] § 19 Abs. 1 neu gef. mWv 15.8.2002 durch G v. 8.8.2002 (BGBl. I S. 3138).
[2)] **Habersack, Deutsche Gesetze ErgBd. Nr. 97.**

oder wesentlichen sonstigen Beitrag geleistet haben, als Mitautoren zu nennen; soweit möglich, ist ihr Beitrag zu kennzeichnen.

§ 25 Forschung mit Mitteln Dritter. (1) [1] Die in der Forschung tätigen Hochschulmitglieder sind berechtigt, im Rahmen ihrer dienstlichen Aufgaben auch solche Forschungsvorhaben durchzuführen, die nicht aus den der Hochschule zur Verfügung stehenden Haushaltsmitteln, sondern aus Mitteln Dritter finanziert werden; ihre Verpflichtung zur Erfüllung der übrigen Dienstaufgaben bleibt unberührt. [2] Die Durchführung von Vorhaben nach Satz 1 ist Teil der Hochschulforschung.

(2) Ein Hochschulmitglied ist berechtigt, ein Forschungsvorhaben nach Absatz 1 in der Hochschule durchzuführen, wenn die Erfüllung anderer Aufgaben der Hochschule sowie die Rechte und Pflichten anderer Personen dadurch nicht beeinträchtigt werden und entstehende Folgelasten angemessen berücksichtigt sind; die Forschungsergebnisse sollen in der Regel in absehbarer Zeit veröffentlicht werden.

(3) [1] Ein Forschungsvorhaben nach Absatz 1 ist anzuzeigen. [2] Die Durchführung eines solchen Vorhabens darf nicht von einer Genehmigung abhängig gemacht werden. [3] Die Inanspruchnahme von Personal, Sachmitteln und Einrichtungen der Hochschule darf nur untersagt oder durch Auflagen beschränkt werden, soweit die Voraussetzungen des Absatzes 2 dies erfordern.

(4) [1] Die Mittel für Forschungsvorhaben, die in der Hochschule durchgeführt werden, sollen von der Hochschule verwaltet werden. [2] Die Mittel sind für den vom Geldgeber bestimmten Zweck zu verwenden und nach dessen Bedingungen zu bewirtschaften, soweit gesetzliche Bestimmungen nicht entgegenstehen. [3] Treffen die Bedingungen keine Regelung, so gelten ergänzend die Bestimmungen des Landes. [4] Auf Antrag des Hochschulmitglieds, das das Vorhaben durchführt, soll von der Verwaltung der Mittel durch die Hochschule abgesehen werden, sofern dies mit den Bedingungen des Geldgebers vereinbar ist; Satz 3 gilt in diesem Falle nicht.

(5) [1] Aus Mitteln Dritter bezahlte hauptberufliche Mitarbeiter an Forschungsvorhaben, die in der Hochschule durchgeführt werden, sollen vorbehaltlich des Satzes 3 als Personal der Hochschule im Arbeitsver-

(Fortsetzung nächstes Blatt)

565. Gesetz über den Aufenthalt, die Erwerbstätigkeit und die Integration von Ausländern im Bundesgebiet (Aufenthaltsgesetz – AufenthG)[1] [2] [3]

In der Fassung der Bekanntmachung vom 25. Februar 2008[4]
(BGBl. I S. 162)

FNA 26-12

geänd. durch Art. 6 G zur Änd. des PassG und weiterer Vorschriften v. 20.7.2007 (BGBl. I S. 1566), Art. 1 G zur Umsetzung aufenthalts- und asylrechtlicher RL der EU v. 19.8.2007 (BGBl. I S. 1970), Art. 3 G zur Änd. des BundespolizeiG und anderer Gesetze v. 26.2.2008 (BGBl. I S. 215), Art. 2 Abs. 3 G zur Ergänzung des Rechts zur Anfechtung der Vaterschaft v. 13.3.2008 (BGBl. I S. 313), Art. 19 FGG-ReformG v. 17.12. 2008 (BGBl. I S. 2586), Art. 1 ArbeitsmigrationssteuerungsG v. 20.12.2008 (BGBl. I S. 2846), Art. 1a Viertes G zur Änd. des StraßenverkehrsG v. 22.12.2008 (BGBl. I S. 2965), Art. 4 Abs. 22 G zur Reform der Sachaufklärung in der Zwangsvollstreckung v. 29.7.2009 (BGBl. I S. 2258), Art. 4 Abs. 5 G zur Verfolgung der Vorbereitung von schweren staatsgefährdenden Gewalttaten v. 30.7.2009 (BGBl. I S. 2437), Art. 1 G zur Anpassung des deutschen Rechts an die VO (EG) Nr. 380/2008 v. 12.4.2011 (BGBl. I S. 610), Art. 1 G zur Bekämpfung der Zwangsheirat und zum besseren Schutz der Opfer von Zwangsheirat sowie zur Änd. weiterer aufenthalts- und asylrechtlicher Vorschriften v. 23.6.2011 (BGBl. I S. 1266), Art. 1 G zur Umset-

---

[1] **Amtl. Anm.:** Dieses Gesetz dient der Umsetzung folgender Richtlinien:
1. Richtlinie 2001/40/EG des Rates vom 28. Mai 2001 über die gegenseitige Anerkennung von Entscheidungen über die Rückführung von Drittstaatsangehörigen (ABl. EG Nr. L 149 S. 34),
2. Richtlinie 2001/51/EG des Rates vom 28. Juni 2001 zur Ergänzung der Regelungen nach Artikel 26 des Übereinkommens zur Durchführung des Übereinkommens von Schengen vom 14. Juni 1985 (ABl. EG Nr. L 187 S. 45),
3. Richtlinie 2001/55/EG des Rates vom 20. Juli 2001 über Mindestnormen für die Gewährung vorübergehenden Schutzes im Falle eines Massenzustroms von Vertriebenen und Maßnahmen zur Förderung einer ausgewogenen Verteilung der Belastungen, die mit der Aufnahme dieser Personen und den Folgen dieser Aufnahme verbunden sind, auf die Mitgliedstaaten (ABl. EG Nr. L 212 S. 12),
4. Richtlinie 2002/90/EG des Rates vom 28. November 2002 zur Definition der Beihilfe zur unerlaubten Ein- und Durchreise und zum unerlaubten Aufenthalt (ABl. EG Nr. L 328 S. 17),
5. Richtlinie 2003/86/EG des Rates vom 22. September 2003 betreffend das Recht auf Familienzusammenführung (ABl. EU Nr. L 251 S. 12),
6. Richtlinie 2003/110/EG des Rates vom 25. November 2003 über die Unterstützung bei der Durchbeförderung im Rahmen von Rückführungsmaßnahmen auf dem Luftweg (ABl. EU Nr. L 321 S. 26),
7. Richtlinie 2003/109/EG des Rates vom 25. November 2003 betreffend die Rechtsstellung der langfristig aufenthaltsberechtigten Drittstaatsangehörigen (ABl. EU 2004 Nr. L 16 S. 44),
8. Richtlinie 2004/81/EG vom 29. April 2004 über die Erteilung von Aufenthaltstiteln für Drittstaatsangehörige, die Opfer des Menschenhandels sind oder denen Beihilfe zur illegalen Einwanderung geleistet wurde und die mit den zuständigen Behörden kooperieren (ABl. EU Nr. L 261 S. 19),
9. Richtlinie 2004/83/EG des Rates vom 29. April 2004 über Mindestnormen für die Anerkennung und den Status von Drittstaatsangehörigen oder Staatenlosen als Flüchtlinge oder als Personen, die anderweitig internationalen Schutz benötigen, und über den Inhalt des zu gewährenden Schutzes (ABl. EU Nr. L 304 S. 12),
10. Richtlinie 2004/114/EG des Rates vom 13. Dezember 2004 über die Bedingungen für die Zulassung von Drittstaatsangehörigen zwecks Absolvierung eines Studiums oder Teilnahme an einem Schüleraustausch, einer unbezahlten Ausbildungsmaßnahme oder einem Freiwilligendienst (ABl. EU Nr. L 375 S. 12),
11. Richtlinie 2005/71/EG des Rates vom 12. Oktober 2005 über ein besonderes Zulassungsverfahren für Drittstaatsangehörige zum Zwecke der wissenschaftlichen Forschung (ABl. EU Nr. L 289 S. 15).

[2] Die Änderungen durch G v. 8.7.2019 (BGBl. I S. 1021) treten teilweise erst **mWv 1.1.2024**, die Änderungen durch G v. 15.8.2019 (BGBl. I S. 1307) treten teilweise erst **mWv 2.3.2025** in Kraft und sind insoweit im Text noch nicht berücksichtigt.

[3] Siehe hierzu die AufenthaltsVO (Nr. **566**), das AusländerzentralregisterG **(Sartorius ErgBd. Nr. 569)** und die AZRG-DurchführungsVO v. 17.5.1995 (BGBl. I S. 695), zuletzt geänd. durch G v. 9.7.2021 (BGBl. I S. 2467).

[4] Neubekanntmachung des AufenthaltsG v. 30.7.2004 (BGBl. I S. 1950) in der ab 28.8.2007 geltenden Fassung.

zung aufenthaltsrechtlicher RL der EU und zur Anpassung nationaler Rechtsvorschriften an den EU-Visakodex v. 22.11.2011 (BGBl. I S. 2258), Art. 13 G zur Verbesserung der Eingliederungschancen am Arbeitsmarkt v. 20.12.2011 (BGBl. I S. 2854), Art. 2 G zur Errichtung einer Visa-Warndatei und zur Änd. des AufenthaltsG v. 22.12.2011 (BGBl. I S. 3037), Art. 2 Abs. 25 G zur Änd. von Vorschriften über Verkündung und Bekanntmachungen sowie der ZPO, des EGZPO und der AO v. 22.12.2011 (BGBl. I S. 3044), Art. 1 G zur Umsetzung der HochqualifiziertenRL der EU v. 1.6.2012 (BGBl. I S. 1224, geänd. durch G v. 27.7.2015, BGBl. I S. 1386), Art. 2 G zur Änd. des FreizügigkeitsG/EU und weiterer aufenthaltsrechtlicher Vorschriften v. 21.1.2013 (BGBl. I S. 86), Art. 2 Abs. 5 BetreuungsgeldG v. 15.2.2013 (BGBl. I S. 254), Art. 1, 7 G zur Anpassung von Rechtsvorschriften des Bundes infolge des Beitritts der Republik Kroatien zur EU v. 17.6.2013 (BGBl. I S. 1555 iVm Bek. v. 21.6.2013, BGBl. II S. 680), Art. 12 G zur Förderung der elektronischen Verwaltung sowie zur Änd. weiterer Vorschriften v. 25.7.2013 (BGBl. I S. 2749), Art. 2 Abs. 59 G zur Strukturreform des Gebührenrechts des Bundes v. 7.8.2013 (BGBl. I S. 3154), Art. 2 G zur Umsetzung der RL 2011/95/EU v. 28.8.2013 (BGBl. I S. 3474), Art. 1 G zur Verbesserung der Rechte von international Schutzberechtigten und ausländischen Arbeitnehmern v. 29.8.2013 (BGBl. I S. 3484, ber. S. 3899), Art. 3 G zur Änd. des BundeszentralregisterG und anderer registerrechtlicher Vorschriften v. 6.9.2013 (BGBl. I S. 3556), Art. 3 G zur Änd. des AntiterrordateiG und anderer Gesetze v. 18.12.2014 (BGBl. I S. 2318), Art. 1 G zur Verbesserung der Rechtsstellung von asylsuchenden und geduldeten Ausländern v. 23.12.2014 (BGBl. I S. 2439), Art. 1 G zur Neubestimmung des Bleiberechts und der Aufenthaltsbeendigung v. 27.7.2015 (BGBl. I S. 1386), Art. 128 Zehnte ZuständigkeitsanpassungsVO v. 31.8.2015 (BGBl. I S. 1474), Art. 3, 13 AsylverfahrensbeschleunigungsG v. 20.10.2015 (BGBl. I S. 1722), Art. 2 G zur Verbesserung der Unterbringung, Versorgung und Betreuung ausländischer Kinder und Jugendlicher v. 28.10.2015 (BGBl. I S. 1802), Art. 5 G zur Änd. des Zwölften Buches Sozialgesetzbuch und weiterer Vorschriften v. 21.12.2015 (BGBl. I S. 2557), Art. 6 DatenaustauschverbesserungsG v. 2.2.2016 (BGBl. I S. 130), Art. 2 Abs. 1 VergaberechtsmodernisierungsG v. 17.2.2016 (BGBl. I S. 203), Art. 2 G zur Einführung beschleunigter Asylverfahren v. 11.3.2016 (BGBl. I S. 390), Art. 1 G zur erleichterten Ausweisung von straffälligen Ausländern und zum erweiterten Ausschluss der Flüchtlingsanerkennung bei straffälligen Asylbewerbern v. 11.3.2016 (BGBl. I S. 394), Art. 50 Zweites G über die weitere Bereinigung von Bundesrecht v. 8.7.2016 (BGBl. I S. 1594), Art. 5, 8 Abs. 5, 6 IntegrationsG v. 31.7.2016 (BGBl. I S. 1939, Art. 8 Abs. 5, 6 dieses G aufgeh. durch Art. 2 G v. 4.7.2019, BGBl. I S. 914), Art. 4 Abs. 2 G zur Verbesserung der Bekämpfung des Menschenhandels und zur Änd. des BundeszentralregisterG sowie des Achten Buches Sozialgesetzbuch v. 11.10.2016 (BGBl. I S. 2226), Art. 2 Abs. 3 50. G zur Änd des StGB v. 4.11.2016 (BGBl. I S. 2460), Art. 4 G zur Regelung von Ansprüchen ausländischer Personen in der Grundsicherung für Arbeitsuchende nach dem SGB II und in der Sozialhilfe nach dem SGB XII v. 22.12.2016 (BGBl. I S. 3155), Art. 6 Abs. 15 G zur Reform der strafrechtlichen Vermögensabschöpfung v. 13.4.2017 (BGBl. I S. 872), Art. 1 G zur Umsetzung aufenthaltsrechtlicher Richtlinien der EU zur Arbeitsmigration v. 12.5.2017 (BGBl. I S. 1106), Art. 7 G zu bereichsspezifischen Regelungen der Gesichtsverhüllung und zur Änd. weiterer dienstrechtlicher Vorschriften v. 8.6.2017 (BGBl. I S. 1570), Art. 2 G zur Verbesserung der Sachaufklärung in der Verwaltungsvollstreckung v. 30.6.2017 (BGBl. I S. 2094), Art. 4 G zur Förderung des elektronischen Identitätsnachweises v. 7.7.2017 (BGBl. I S. 2310), Art. 1 G zur Änd. gebührenrechtlicher Regelungen im Aufenthaltsrecht v. 13.7.2017 (BGBl. I S. 2350), Art. 5 G zur Bekämpfung von Kinderehen v. 17.7.2017 (BGBl. I S. 2429), Art. 11 Abs. 13 eIDAS-DurchführungsG v. 18.7.2017 (BGBl. I S. 2745), Art. 1 G zur besseren Durchsetzung der Ausreisepflicht v. 20.7.2017 (BGBl. I S. 2780), Art. 10 Abs. 4 G zur Neuregelung des Schutzes von Geheimnissen bei der Mitwirkung Dritter an der Berufsausübung schweigepflichtiger Personen v. 30.10.2017 (BGBl.I S. 3618), Art. 1 G zur Verlängerung der Aussetzung des Familiennachzugs zu subsidiär Schutzberechtigten v. 8.3.2018 (BGBl. I S. 342), Art. 1 FamiliennachzugsneuregelungsG v. 12.7.2018 (BGBl. I S. 1147), Art. 1 G zur Entfristung des IntegrationsG v. 4.7.2019 (BGBl. I S. 914), Art. 1, 3 G über Duldung bei Ausbildung und Beschäftigung v. 8.7.2019 (BGBl. I S. 1021), Art. 3 AusländerbeschäftigungsförderungsG v. 8.7.2019 (BGBl. I S. 1029), Art. 4 G gegen illegale Beschäftigung und Sozialleistungsmissbrauch v. 11.7.2019 (BGBl. I S. 1066), Art. 3 Zweites DatenaustauschverbesserungsG v. 4.8.2019 (BGBl. I S. 1131), Art. 1, 6 Zweites G zur besseren Durchsetzung der Ausreisepflicht v. 15.8.2019 (BGBl. I S. 1294), Art. 1, 54 Abs. 2 FachkräfteeinwanderungsG v. 15.8.2019 (BGBl. I S. 1307), Art. 49 Zweites Datenschutz-Anpassungs- und UmsetzungsG EU v. 20.11.2019 (BGBl. I S. 1626), Art. 4b Drittes WaffenrechtsänderungsG v. 17.2.2020 (BGBl. I S. 166), Art. 16 Covid-19-G zur Förderung der beruflichen Weiterbildung im Strukturwandel und zur Weiterentwicklung der Ausbildungsförderung v. 20.5.2020 (BGBl. I S. 1044), Art. 3 G über die Errichtung eines Bundesamts für Auswärtige Angelegenheiten und zur Änd. des G über den Auswärtigen Dienst, des AufenthaltsG und zur Anpassung anderer Gesetze an die Errichtung des Bundesamts v. 12.6.2020 (BGBl. I S. 1241), Art. 26a Abs. 1 Siebtes G zur Änd. des SGB IV und anderer Gesetze v. 12.6.2020 (BGBl. I S. 1248), Art. 169 Elfte ZuständigkeitsanpassungsVO v. 19.6.2020 (BGBl. I S. 1328), Art. 3 G zur Verschiebung des Zensus in das Jahr 2022 und zur Änd. des AufenthaltsG v. 3.12.2020 (BGBl. I S. 2675), Art. 7 G zur Stärkung der Sicherheit im Pass-, Ausweis- und ausländerrechtlichen Dokumentenwesen v. 3.12.2020 (BGBl. I S. 2744), Art. 10 G zur Ermittlung der Regelbedarfe und zur Änd. des Zwölften Buches Sozialgesetzbuch sowie weiterer Gesetze v. 9.12.2020 (BGBl. I S. 2855), Art. 16 TelekommunikationsmodernisierungsG v. 23.6.2021 (BGBl. I

S. 1858), Art. 4 G zur Einführung eines elektronischen Identitätsnachweises mit einem mobilen Endgerät v. 5.7.2021 (BGBl. I S. 2281) und Art. 3 G zur Weiterentwicklung des Ausländerzentralregisters v. 9.7.2021 (BGBl. I S. 2467)

Inhaltsübersicht[1]

---

[1] Inhaltsübersicht geänd. mWv 1.1.2009 durch G v. 20.12.2008 (BGBl. I S. 2846); geänd. mWv 1.9.2011 durch G v. 12.4.2011 (BGBl. I S. 610); geänd. mWv 1.7.2011 durch G v. 23.6.2011 (BGBl. I S. 1266); geänd. mWv 26.11.2011 durch G v. 22.11.2011 (BGBl. I S. 2258); geänd. mWv 1.6.2013 durch G v. 22.12. 2011 (BGBl. I S. 3037); geänd. mWv 1.8.2012 durch G v. 1.6.2012 (BGBl. I S. 1224); geänd. mWv 6.9. 2013 und mWv 2.12.2013 durch G v. 29.8.2013 (BGBl. I S. 3484); geänd. mWv 1.1.2015 durch G v. 23.12. 2014 (BGBl. I S. 2439); geänd. mWv 1.8.2015 und mWv 1.1.2016 durch G v. 27.7.2015 (BGBl. I S. 1386); geänd. mWv 24.10.2015 durch G v. 20.10.2015 (BGBl. I S. 1722); geänd. mWv 1.11.2015 durch G v. 28.10.2015 (BGBl. I S. 1802); geänd. mWv 5.2.2016 durch G v. 2.2.2016 (BGBl. I S. 130); geänd. mWv 6.8.2016 und mWv 6.8.2019 durch G v. 31.7.2016 (BGBl. I S. 1939); geänd. mWv 1.8.2017 durch G v. 12.5.2017 (BGBl. I S. 1106); geänd. mWv 15.6.2017 durch G v. 8.6.2017 (BGBl. I S. 1570); geänd. mWv 29.7.2017 durch G v. 20.7.2017 (BGBl. I S. 2780); geänd. mWv 1.8.2018 durch G v. 12.7.2018 (BGBl. I S. 1147); geänd. mWv 1.1.2020 durch G v. 8.7.2019 (BGBl. I S. 1021); geänd. mWv 9.8.2019 durch G v. 4.8.2019 (BGBl. I S. 1131); geänd. mWv 21.8.2019 durch G v. 15.8.2019 (BGBl. I S. 1294); geänd. mWv 1.3.2020 durch G v. 15.8.2019 (BGBl. I S. 1307); geänd. mWv 26.11.2019 durch G v. 20.11.2019 (BGBl. I S. 1626); geänd. mWv 10.12.2020 durch G v. 3.12.2020 (BGBl. I S. 2675); sie wurde nichtamtlich an die nachträgliche Änderung mWv 15.7.2016 durch G v. 8.7.2016 (BGBl. I S. 1594) angepasst.

7. der Ausländer, der erlaubt eingereist und vollziehbar ausreisepflichtig geworden ist, ist dem behördlichen Zugriff entzogen, weil er keinen Aufenthaltsort hat, an dem er sich überwiegend aufhält.

(4) [1]Die Sicherungshaft kann bis zu sechs Monaten angeordnet werden. [2]Sie kann in Fällen, in denen die Abschiebung aus von dem Ausländer zu vertretenden Gründen nicht vollzogen werden kann, um höchstens zwölf Monate verlängert werden. [3]Eine Verlängerung um höchstens zwölf Monate ist auch möglich, soweit die Haft auf der Grundlage des Absatzes 3 Satz 1 Nummer 3 angeordnet worden ist und sich die Übermittlung der für die Abschiebung erforderlichen Unterlagen oder Dokumente durch den zur Aufnahme verpflichteten oder bereiten Drittstaat verzögert. [4]Die Gesamtdauer der Sicherungshaft darf 18 Monate nicht überschreiten. [5]Eine Vorbereitungshaft ist auf die Gesamtdauer der Sicherungshaft anzurechnen.

(4a) Ist die Abschiebung gescheitert, bleibt die Anordnung bis zum Ablauf der Anordnungsfrist unberührt, sofern die Voraussetzungen für die Haftanordnung unverändert fortbestehen.

(5) [1]Die für den Haftantrag zuständige Behörde kann einen Ausländer ohne vorherige richterliche Anordnung festhalten und vorläufig in Gewahrsam nehmen, wenn

1. der dringende Verdacht für das Vorliegen der Voraussetzungen nach Absatz 3 Satz 1 besteht,
2. die richterliche Entscheidung über die Anordnung der Sicherungshaft nicht vorher eingeholt werden kann und
3. der begründete Verdacht vorliegt, dass sich der Ausländer der Anordnung der Sicherungshaft entziehen will.

[2]Der Ausländer ist unverzüglich dem Richter zur Entscheidung über die Anordnung der Sicherungshaft vorzuführen.

(6) [1]Ein Ausländer kann auf richterliche Anordnung zum Zwecke der Abschiebung für die Dauer von längstens 14 Tagen zur Durchführung einer Anordnung nach § 82 Absatz 4 Satz 1, bei den Vertretungen oder ermächtigten Bediensteten des Staates, dessen Staatsangehörigkeit er vermutlich besitzt, persönlich zu erscheinen, oder eine ärztliche Untersuchung zur Feststellung seiner Reisefähigkeit durchführen zu lassen, in Haft genommen werden, wenn er

1. einer solchen erstmaligen Anordnung oder
2. einer Anordnung nach § 82 Absatz 4 Satz 1, zu einem Termin bei der zuständigen Behörde persönlich zu erscheinen,

unentschuldigt ferngeblieben ist und der Ausländer zuvor auf die Möglichkeit einer Inhaftnahme hingewiesen wurde (Mitwirkungshaft). [2]Eine Verlängerung der Mitwirkungshaft ist nicht möglich. [3]Eine Mitwirkungshaft ist auf die Gesamtdauer der Sicherungshaft anzurechnen. [4]§ 62a Absatz 1 findet entsprechende Anwendung.

§ 62a[1)] Vollzug der Abschiebungshaft. (1) [1]Die Abschiebungshaft wird grundsätzlich in speziellen Hafteinrichtungen vollzogen. [2]Sind spezielle Haftein-

[1)] § 62a eingef. mWv 26.11.2011 durch G v. 22.11.2011 (BGBl. I S. 2258); Abs. 1 Satz 2 und Abs. 2 geänd., Abs. 3 Satz 2 angef., Abs. 4 geänd. mWv 1.8.2015 durch G v. 27.7.2015 (BGBl. I S. 1386); Abs. 1 Satz 2 geänd. mWv 29.7.2017 durch G v. 20.7.2017 (BGBl. I S. 2780); Abs. 1 neu gef. mWv 21.8.2019 und mWv 1.7.2022 durch G v. 15.8.2019 (BGBl. I S. 1294).

richtungen im Bundesgebiet nicht vorhanden oder geht von dem Ausländer eine erhebliche Gefahr für Leib und Leben Dritter oder bedeutende Rechtsgüter der inneren Sicherheit aus, kann sie in sonstigen Haftanstalten vollzogen werden; die Abschiebungsgefangenen sind in diesem Fall getrennt von Strafgefangenen unterzubringen. [3] Werden mehrere Angehörige einer Familie inhaftiert, so sind diese getrennt von den übrigen Abschiebungsgefangenen unterzubringen. [4] Ihnen ist ein angemessenes Maß an Privatsphäre zu gewährleisten.

(2) Den Abschiebungsgefangenen wird gestattet, mit Rechtsvertretern, Familienangehörigen, den zuständigen Konsularbehörden und einschlägig tätigen Hilfs- und Unterstützungsorganisationen Kontakt aufzunehmen.

(3) [1] Bei minderjährigen Abschiebungsgefangenen sind unter Beachtung der Maßgaben in Artikel 17 der Richtlinie 2008/115/EG des Europäischen Parlaments und des Rates vom 16. Dezember 2008 über gemeinsame Normen und Verfahren in den Mitgliedstaaten zur Rückführung illegal aufhältiger Drittstaatsangehöriger (ABl. L 348 vom 24.12.2008, S. 98) alterstypische Belange zu berücksichtigen. [2] Der Situation schutzbedürftiger Personen ist besondere Aufmerksamkeit zu widmen.

(4) Mitarbeitern von einschlägig tätigen Hilfs- und Unterstützungsorganisationen soll auf Antrag gestattet werden, Abschiebungsgefangene zu besuchen.

(5) Abschiebungsgefangene sind über ihre Rechte und Pflichten und über die in der Einrichtung geltenden Regeln zu informieren.

§ 62b[1)] Ausreisegewahrsam. (1) [1] Unabhängig von den Voraussetzungen der Sicherungshaft nach § 62 Absatz 3, insbesondere vom Vorliegen der Fluchtgefahr, kann ein Ausländer zur Sicherung der Durchführbarkeit der Abschiebung auf richterliche Anordnung bis zu zehn Tage in Gewahrsam genommen werden, wenn

1. die Ausreisefrist abgelaufen ist, es sei denn, der Ausländer ist unverschuldet an der Ausreise gehindert oder die Überschreitung der Ausreisefrist ist nicht erheblich,
2. feststeht, dass die Abschiebung innerhalb dieser Frist durchgeführt werden kann und
3. der Ausländer ein Verhalten gezeigt hat, das erwarten lässt, dass er die Abschiebung erschweren oder vereiteln wird. Das wird vermutet, wenn er
   a) seine gesetzlichen Mitwirkungspflichten verletzt hat,
   b) über seine Identität oder Staatsangehörigkeit getäuscht hat,
   c) wegen einer im Bundesgebiet begangenen vorsätzlichen Straftat verurteilt wurde, wobei Geldstrafen von insgesamt bis zu 50 Tagessätzen außer Betracht bleiben oder
   d) die Frist zur Ausreise um mehr als 30 Tage überschritten hat.

[2] Von der Anordnung des Ausreisegewahrsams ist abzusehen, wenn der Ausländer glaubhaft macht oder wenn offensichtlich ist, dass er sich der Abschiebung nicht entziehen will.

[1)] § 62b neu gef. mWv 21.8.2019 durch G v. 15.8.2019 (BGBl. I S. 1294).

(4) [1] Die Aussetzung der Abschiebung darf nur angeordnet werden, wenn ernstliche Zweifel an der Rechtmäßigkeit des angegriffenen Verwaltungsaktes bestehen. [2] Tatsachen und Beweismittel, die von den Beteiligten nicht angegeben worden sind, bleiben unberücksichtigt, es sei denn, sie sind gerichtsbekannt oder offenkundig. [3] Ein Vorbringen, das nach § 25 Abs. 3 im Verwaltungsverfahren unberücksichtigt geblieben ist, sowie Tatsachen und Umstände im Sinne des § 25 Abs. 2, die der Ausländer im Verwaltungsverfahren nicht angegeben hat, kann das Gericht unberücksichtigt lassen, wenn andernfalls die Entscheidung verzögert würde.

§ 37[1)] Weiteres Verfahren bei stattgebender gerichtlicher Entscheidung.

(1) [1] Die Entscheidung des Bundesamtes über die Unzulässigkeit nach § 29 Absatz 1 Nummer 2 und 4 des Antrags und die Abschiebungsandrohung werden unwirksam, wenn das Verwaltungsgericht dem Antrag nach § 80 Abs. 5 der Verwaltungsgerichtsordnung[2)] entspricht. [2] Das Bundesamt hat das Asylverfahren fortzuführen.

(2) Entspricht das Verwaltungsgericht im Falle eines als offensichtlich unbegründet abgelehnten Asylantrages dem Antrag nach § 80 Abs. 5 der Verwaltungsgerichtsordnung, endet die Ausreisefrist 30 Tage nach dem unanfechtbaren Abschluss des Asylverfahrens.

(3) Die Absätze 1 und 2 gelten nicht, wenn auf Grund der Entscheidung des Verwaltungsgerichts die Abschiebung in einen der in der Abschiebungsandrohung bezeichneten Staaten vollziehbar wird.

§ 38[3)] Ausreisefrist bei sonstiger Ablehnung und bei Rücknahme des Asylantrags. (1) [1] In den sonstigen Fällen, in denen das Bundesamt den Ausländer nicht als Asylberechtigten anerkennt, beträgt die dem Ausländer zu setzende Ausreisefrist 30 Tage. [2] Im Falle der Klageerhebung endet die Ausreisefrist 30 Tage nach dem unanfechtbaren Abschluss des Asylverfahrens.

(2) Im Falle der Rücknahme des Asylantrags vor der Entscheidung des Bundesamtes beträgt die dem Ausländer zu setzende Ausreisefrist eine Woche.

(3) Im Falle der Rücknahme des Asylantrags oder der Klage oder des Verzichts auf die Durchführung des Asylverfahrens nach § 14a Absatz 3 kann dem Ausländer eine Ausreisefrist bis zu drei Monaten eingeräumt werden, wenn er sich zur freiwilligen Ausreise bereit erklärt.

§ 39[4)] *(aufgehoben)*

§ 40[5)] Unterrichtung der Ausländerbehörde. (1) [1] Das Bundesamt unterrichtet unverzüglich die Ausländerbehörde, in deren Bezirk sich der Ausländer aufzuhalten oder Wohnung zu nehmen hat, über eine vollziehbare Abschiebungsandrohung und leitet ihr unverzüglich alle für die Abschiebung erforderlichen Unterlagen zu. [2] Das Gleiche gilt, wenn das Verwaltungsgericht die aufschiebende Wirkung der Klage wegen des Vorliegens der Voraussetzungen des § 60 Absatz 5

---

1) § 37 Abs. 2 geänd. mWv 26.11.2011 durch G v. 22.11.2011 (BGBl. I S. 2258); Abs. 1 Satz 1 geänd. mWv 6.8.2016 durch G v. 31.7.2016 (BGBl. I S. 1939).

2) Nr. **600**.

3) § 38 Abs. 1 Sätze 1 und 2 geänd. mWv 26.11.2011 durch G v. 22.11.2011 (BGBl. I S. 2258); Abs. 3 geänd. mWv 1.12.2013 durch G v. 28.8.2013 (BGBl. I S. 3474).

4) § 39 aufgeh. mWv 1.12.2013 durch G v. 28.8.2013 (BGBl. I S. 3474).

5) § 40 Abs. 1 Satz 2 und Abs. 2 geänd. mWv 1.12.2013 durch G v. 28.8.2013 (BGBl. I S. 3474); Abs. 1 Satz 1 geänd. mWv 24.10.2015 durch G v. 20.10.2015 (BGBl. I S. 1722).

oder 7 des Aufenthaltsgesetzes[1)] nur hinsichtlich der Abschiebung in den betreffenden Staat angeordnet hat und das Bundesamt das Asylverfahren nicht fortführt.

(2) Das Bundesamt unterrichtet unverzüglich die Ausländerbehörde, wenn das Verwaltungsgericht in den Fällen des § 38 Absatz 2 die aufschiebende Wirkung der Klage gegen die Abschiebungsandrohung anordnet.

(3) Stellt das Bundesamt dem Ausländer die Abschiebungsanordnung (§ 34a) zu, unterrichtet es unverzüglich die für die Abschiebung zuständige Behörde über die Zustellung.

§ 41 (weggefallen)

§ 42[2)] Bindungswirkung ausländerrechtlicher Entscheidungen. [1]Die Ausländerbehörde ist an die Entscheidung des Bundesamtes oder des Verwaltungsgerichts über das Vorliegen der Voraussetzungen des § 60 Absatz 5 oder 7 des Aufenthaltsgesetzes[1)] gebunden. [2]Über den späteren Eintritt und Wegfall der Voraussetzungen des § 60 Abs. 4 des Aufenthaltsgesetzes entscheidet die Ausländerbehörde, ohne dass es einer Aufhebung der Entscheidung des Bundesamtes bedarf.

§ 43[3)] Vollziehbarkeit und Aussetzung der Abschiebung. (1) War der Ausländer im Besitz eines Aufenthaltstitels, darf eine nach den Vorschriften dieses Gesetzes vollziehbare Abschiebungsandrohung erst vollzogen werden, wenn der Ausländer auch nach § 58 Abs. 2 Satz 2 des Aufenthaltsgesetzes[1)] vollziehbar ausreisepflichtig ist.

(2) [1]Hat der Ausländer die Verlängerung eines Aufenthaltstitels mit einer Gesamtgeltungsdauer von mehr als sechs Monaten beantragt, wird die Abschiebungsandrohung erst mit der Ablehnung dieses Antrags vollziehbar. [2]Im Übrigen steht § 81 des Aufenthaltsgesetzes der Abschiebung nicht entgegen.

(3) [1]Haben Familienangehörige im Sinne des § 26 Absatz 1 bis 3 gleichzeitig oder jeweils unverzüglich nach ihrer Einreise einen Asylantrag gestellt, darf die Ausländerbehörde die Abschiebung vorübergehend aussetzen, um die gemeinsame Ausreise der Familie zu ermöglichen. [2]Sie stellt dem Ausländer eine Bescheinigung über die Aussetzung der Abschiebung aus.

§§ 43a, 43b (weggefallen)

[1)] Nr. 565.
[2)] § 42 Satz 1 geänd. mWv 1.12.2013 durch G v. 28.8.2013 (BGBl. I S. 3474).
[3)] § 43 Abs. 3 Satz 1 geänd. mWv 1.12.2013 durch G v. 28.8.2013 (BGBl. I S. 3474).

(2) [1] In besonders schweren Fällen ist die Strafe Freiheitsstrafe bis zu fünf Jahren oder Geldstrafe. [2] Ein besonders schwerer Fall liegt in der Regel vor, wenn der Täter

1. für eine in Absatz 1 bezeichnete Handlung einen Vermögensvorteil erhält oder sich versprechen lässt oder
2. wiederholt oder zugunsten von mehr als fünf Ausländern handelt.

(3) Mit Freiheitsstrafe von sechs Monaten bis zu zehn Jahren wird bestraft, wer in den Fällen des Absatzes 1

1. gewerbsmäßig oder
2. als Mitglied einer Bande, die sich zur fortgesetzten Begehung solcher Taten verbunden hat,

handelt.

(4) Der Versuch ist strafbar.

(5) Wer die Tat nach Absatz 1 zugunsten eines Angehörigen im Sinne des § 11 Abs. 1 Nr. 1 des Strafgesetzbuches[1] begeht, ist straffrei.

§ 84a[2] Gewerbs- und bandenmäßige Verleitung zur missbräuchlichen Asylantragstellung. (1) Mit Freiheitsstrafe von einem Jahr bis zu zehn Jahren wird bestraft, wer in den Fällen des § 84 Abs. 1 als Mitglied einer Bande, die sich zur fortgesetzten Begehung solcher Taten verbunden hat, gewerbsmäßig handelt.

(2) In minder schweren Fällen ist die Strafe Freiheitsstrafe von sechs Monaten bis zu fünf Jahren.

§ 85[3] Sonstige Straftaten. Mit Freiheitsstrafe bis zu einem Jahr oder mit Geldstrafe wird bestraft, wer

1. entgegen § 50 Abs. 6, auch in Verbindung mit § 71a Abs. 2 Satz 1, sich nicht unverzüglich zu der angegebenen Stelle begibt,
2. wiederholt einer Aufenthaltsbeschränkung nach § 56 oder § 59b Absatz 1, jeweils auch in Verbindung mit § 71a Abs. 3, zuwiderhandelt,
3. einer vollziehbaren Anordnung nach § 60 Abs. 2 Satz 1, auch in Verbindung mit § 71a Abs. 3, nicht rechtzeitig nachkommt oder
4. entgegen § 61 Abs. 1, auch in Verbindung mit § 71a Abs. 3, eine Erwerbstätigkeit ausübt.

§ 86[4] Bußgeldvorschriften. (1) Ordnungswidrig handelt ein Ausländer, der einer Aufenthaltsbeschränkung nach § 56 oder § 59b Absatz 1, jeweils auch in Verbindung mit § 71a Abs. 3, zuwiderhandelt.

*(2) Die Ordnungs*widrigkeit kann mit einer Geldbuße bis zu zweitausendfünfhundert Euro geahndet werden.

---

[1] **Habersack, Deutsche Gesetze Nr. 85.**

[2] § 84a Abs. 3 aufgeh. mWv 1.7.2017 durch G v. 13.4.2017 (BGBl. I S. 872).

[3] § 85 Nr. 2 geänd., Nr. 3 aufgeh., bish. Nr. 4 und 5 werden Nr. 3 und 4 mWv 1.1.2015 durch G v. 23.12.2014 (BGBl. I S. 2439).

[4] § 86 Abs. 1 geänd. mWv 1.1.2015 durch G v. 23.12.2014 (BGBl. I S. 2439).

Abschnitt 11.[1] Übergangs- und Schlussvorschriften

§ 87 Übergangsvorschriften. (1) Für das Verwaltungsverfahren gelten folgende Übergangsvorschriften:

1. [1] Bereits begonnene Asylverfahren sind nach bisher geltendem Recht zu Ende zu führen, wenn vor dem Inkrafttreten dieses Gesetzes das Bundesamt seine Entscheidung an die Ausländerbehörde zur Zustellung abgesandt hat. [2] Ist das Asylverfahren vor dem Inkrafttreten dieses Gesetzes bestandskräftig abgeschlossen, ist das Bundesamt für die Entscheidung, ob Abschiebungshindernisse nach § 53 des Ausländergesetzes vorliegen, und für den Erlass einer Abschiebungsandrohung nur zuständig, wenn ein erneutes Asylverfahren durchgeführt wird.
2. Über Folgeanträge, die vor Inkrafttreten dieses Gesetzes gestellt worden sind, entscheidet die Ausländerbehörde nach bisher geltendem Recht.
3. Bei Ausländern, die vor Inkrafttreten dieses Gesetzes einen Asylantrag gestellt haben, richtet sich die Verteilung auf die Länder nach bisher geltendem Recht.

(2) Für die Rechtsbehelfe und das gerichtliche Verfahren gelten folgende Übergangsvorschriften:

1. In den Fällen des Absatzes 1 Nr. 1 und 2 richtet sich die Klagefrist nach bisher geltendem Recht; die örtliche Zuständigkeit des Verwaltungsgerichts bestimmt sich nach § 52 Nr. 2 Satz 3 der Verwaltungsgerichtsordnung[2] in der bis zum Inkrafttreten dieses Gesetzes geltenden Fassung.
2. Die Zulässigkeit eines Rechtsbehelfs gegen einen Verwaltungsakt richtet sich nach bisher geltendem Recht, wenn der Verwaltungsakt vor Inkrafttreten dieses Gesetzes bekannt gegeben worden ist.
3. Die Zulässigkeit eines Rechtsmittels gegen eine gerichtliche Entscheidung richtet sich nach bisher geltendem Recht, wenn die Entscheidung vor Inkrafttreten dieses Gesetzes verkündet oder von Amts wegen anstelle einer Verkündung zugestellt worden ist.
4. Hat ein vor Inkrafttreten dieses Gesetzes eingelegter Rechtsbehelf nach bisher geltendem Recht aufschiebende Wirkung, finden die Vorschriften dieses Gesetzes über den Ausschluss der aufschiebenden Wirkung keine Anwendung.
5. Ist in einem gerichtlichen Verfahren vor Inkrafttreten dieses Gesetzes eine Aufforderung nach § 33 des Asylverfahrensgesetzes in der Fassung der Bekanntmachung vom 9. April 1991 (BGBl. I S. 869), geändert durch Artikel 7 § 13 in Verbindung mit Artikel 11 des Gesetzes vom 12. September 1990 (BGBl. I S. 2002), erlassen worden, gilt insoweit diese Vorschrift fort.

§ 87a Übergangsvorschriften aus Anlass der am 1. Juli 1993 in Kraft getretenen Änderungen. (1) [1] Soweit in den folgenden Vorschriften nicht etwas anderes bestimmt ist, gelten die Vorschriften dieses Gesetzes mit Ausnahme der §§ 26a und 34a auch für Ausländer, die vor dem 1. Juli 1993 einen Asylantrag gestellt haben. [2] Auf Ausländer, die aus einem Mitgliedstaat der Europäi-

---

[1] Bish. 9. Abschnitt wird Abschnitt 11 mWv 1.12.2013 durch G v. 28.8.2013 (BGBl. I S. 3474).

[2] Nr. **600**.

600. Verwaltungsgerichtsordnung (VwGO)[1]

In der Fassung der Bekanntmachung vom 19. März 1991[2]

(BGBl. I S. 686)

FNA 340-1

geänd. durch Art. 3 G zur Neuregelung des Asylverfahrens v. 26.6.1992 (BGBl. I S. 1126), Art. 9 G zur Entlastung der Rechtspflege v. 11.1.1993 (BGBl. I S. 50), Art. 5 Fünftes G zur Änd. des G über das Bundesverfassungsgericht v. 2.8.1993 (BGBl. I S. 1442), Art. 7 PlanungsvereinfachungsG v. 17.12.1993 (BGBl. I S. 2123), Art. 7 G zur Änd. des RechtspflegerG und anderer Gesetze v. 24.6.1994 (BGBl. I S. 1374), Art. 9 G zu dem Übereinkommen vom 15. April 1994 zur Errichtung der Welthandelsorganisation und zur Änd. anderer Gesetze v. 30.8.1994 (BGBl. II S. 1438), Art. 7 G zur Vermeidung, Verwertung und Beseitigung von Abfällen v. 27.9.1994 (BGBl. I S. 2705), Art. 27 Einführungs zur Insolvenzordnung v. 5.10.1994 (BGBl. I S. 2911), Art. 2 Abs. 6 MagnetschwebebahnplanungsG v. 23.11. 1994 (BGBl. I S. 3486), Art. 1 Sechstes G zur Änd. der Verwaltungsgerichtsordnung und anderer Gesetze v. 1.11.1996 (BGBl. I S. 1626), Art. 6 Abs. 3 ZivilschutzneuordnungsG v. 25.3.1997 (BGBl. I S. 726), Art. 33 Abs. 2 JustizmitteilungsG v. 18.6.1997 (BGBl. I S. 1430), Art. 8 Bau- und RaumordnungsG 1998 v. 18.8.1997 (BGBl. I S. 2081), Art. 1 G zur Verlagerung des Sitzes des Bundesverwaltungsgerichts von Berlin nach Leipzig v. 21.11.1997 (BGBl. I S. 2742), Art. 2 § 13 Schiedsverfahrens-NeuregelungsG v. 22.12.1997 (BGBl. I S. 3224), Art. 14 G zur Änd. der Bundesrechtsanwaltsordnung, der Patentanwaltsordnung und anderer Gesetze v. 31.8.1998 (BGBl. I S. 2600), BVerfGE v. 27.10.1999 (BGBl.2000 I S. 54), Art. 15 Zweites ZuständigkeitslockerungsG v. 3.5.2000 (BGBl. I S. 632), Art. 2 Abs. 18 ZustellungsreformG v. 25.6.2001 (BGBl. I S. 1206), Art. 14 G zur Neuordnung des Bundesdisziplinarrechts v. 9.7. 2001 (BGBl. I S. 1510), Art. 8 G zur Anpassung der Formvorschriften des Privatrechts und anderer Vorschriften an den modernen Rechtsgeschäftsverkehr v. 13.7.2001 (BGBl. I S. 1542), Art. 1 und 6 G zur Bereinigung des Rechtsmittelrechts im Verwaltungsprozess v. 20.12.2001 (BGBl. I S. 3987), Art. 4 Abs. 26 KostenrechtsmodernisierungsG v. 5.5.2004 (BGBl. I S. 718), Art. 4 EuroparechtsanpassungsG Bau v. 24.6.2004 (BGBl. I S. 1359), Art. 11 Nr. 23 ZuwanderungsG v. 30.7.2004 (BGBl. I S. 1950), Art. 6 Erstes JustizmodernisierungsG v. 24.8.2004 (BGBl. I S. 2198), Art. 8 AnhörungsrügenG v. 9.12.2004 (BGBl. I S. 3220), Art. 2 Siebentes G zur Änderung des SozialgerichtsG v. 9.12.2004 (BGBl. I S. 3302), Art. 6 G zur Vereinfachung und Vereinheitlichung der Verfahrensvorschriften zur Wahl und Berufung ehrenamtlicher Richter v. 21.12.2004 (BGBl. I S. 3599), Art. 2 JustizkommunikationsG v. 22.3.2005 (BGBl. I S. 837), Art. 2 26. G zur Änd. des AbgeordnetenG v. 22.8.2005 (BGBl. I S. 2482 iVm Bek. v. 18.10.2005, BGBl. I S. 3007), Art. 13 G zur Vereinfachung der abfallrechtlichen Überwachung v. 15.7. 2006 (BGBl. I S. 1619), Art. 9 G zur Beschleunigung von Planungsverfahren für Infrastrukturvorhaben v. 9.12.2006 (BGBl. I S. 2833), Art. 3 G zur Erleichterung von Planungsvorhaben für die Innenentwicklung der Städte v. 21.12.2006 (BGBl. I S. 3316), Art. 13 G zur Neuregelung des Rechtsberatungsrechts v. 12.12.2007 (BGBl. I S. 2840, geänd. durch G v. 12.6.2008, BGBl. I S. 1000), § 62 Abs. 11 BeamtenstatusG v. 17.6.2008 (BGBl. I S. 1010), Art. 5 G zur Modernisierung von Verfahren im anwaltlichen und notariellen Berufsrecht, zur Errichtung einer Schlichtungsstelle der Rechtsanwaltschaft sowie zur Änd. sonstiger Vorschriften v. 30.7.2009 (BGBl. I S. 2449), Art. 3 G zur Beschleunigung des Ausbaus der Höchstspannungsnetze v. 21.8.2009 (BGBl. I S. 2870), Art. 9 G zur Umsetzung der DienstleistungsRL in der Justiz und zur Änd. weiterer Vorschriften v. 22.12.2010 (BGBl. I S. 2248), Art. 8 G über den Rechtsschutz bei überlangen Gerichtsverfahren und strafrechtlichen Ermittlungsverfahren v. 24.11.2011 (BGBl. I S. 2302), Art. 2 Abs. 34 G zur Änd. von Vorschriften über Verkündung und Bekanntmachungen sowie der ZPO, des EGZPO und der AO v. 22.12.2011 (BGBl. I S. 3044), Art. 5 Abs. 2 G zur Neuordnung des Kreislaufwirtschafts- und Abfallrechts v. 24.2.2012 (BGBl. I S. 212), Art. 6 G zur Förderung der Mediation und anderer Verfahren der außergerichtlichen Konfliktbeilegung v. 21.7.2012 (BGBl. I S. 1577), Art. 4 G zur Intensivierung des Einsatzes von Videokonferenztechnik in gerichtlichen und staatsanwaltschaftlichen Verfahren v. 25.4.2013 (BGBl. I S. 935), Art. 2 Planfeststellungsverfahren-VereinheitlichungsG v. 31.5.2013 (BGBl. I S. 1388), Art. 4 Zweites G über Maßnahmen zur Beschleunigung des Netzausbaus Elektrizitätsnetze v. 23.7.2013 (BGBl. I S. 2543), Art. 12 G zur Änd. des Prozesskostenhilfe- und Beratungshilferechts v. 31.8.2013 (BGBl. I S. 3533), Art. 5 G zur Förderung des

---

[1] Die Änderungen durch G v. 5.7.2017 (BGBl. I S. 2208) treten teilweise erst **mWv 1.1.2026**, die Änderungen durch G v. 12.12.2019 (BGBl. I S. 2652) treten erst **mWv 1.1.2024**, die Änderungen durch G v. 4.5.2021 (BGBl. I S. 882) treten erst **mWv 1.1.2023**, die Änderungen durch G v. 7.7.2021 (BGBl. I S. 2363) treten erst **mWv 1.8.2022** und die Änderungen durch G v. 5.10.2021 (BGBl. I S. 4607) treten teilweise erst **mWv 1.1.2026** in Kraft und sind insoweit im Text noch nicht berücksichtigt.

[2] Neubekanntmachung der VwGO v. 21.1.1960 (BGBl. I S. 17) in der ab 1.1.1991 geltenden Fassung.

elektronischen Rechtsverkehrs mit den Gerichten v. 10.10.2013 (BGBl. I S. 3786), Art. 13 G zur Durchführung der Verordnung (EU) Nr. 1215/2012 sowie zur Änd. sonstiger Vorschriften v. 8.7.2014 (BGBl. I S. 890), Art. 3 G zur Änd. des BundesministerG und des G über die Rechtsverhältnisse der Parlamentarischen Staatssekretäre v. 17.7.2015 (BGBl. I S. 1322), Art. 171 Zehnte ZuständigkeitsanpassungsVO v. 31.8.2015 (BGBl. I S. 1474), Art. 7 AsylverfahrensbeschleunigungsG v. 20.10.2015 (BGBl. I S. 1722), Art. 3 G zur Änd. von Bestimmungen des Rechts des Energieleitungsbaus v. 21.12.2015 (BGBl. I S. 2490), Art. 7 G zur Änd. des Sachverständigenrechts und zur weiteren Änd. des G über das Verfahren in Familiensachen und in den Angelegenheiten der freiwilligen Gerichtsbarkeit sowie zur Änd. weiterer G v. 11.10.2016 (BGBl. I S. 2222), Art. 3 G zur Einführung von Ausschreibungen für Strom aus erneuerbaren Energien und zu weiteren Änd. des Rechts der erneuerbaren Energien v. 13.10.2016 (BGBl. I S. 2258), Art. 17 G zur Änd. der Bestimmungen zur Stromerzeugung aus Kraft-Wärme-Kopplung und zur Eigenversorgung v. 22.12.2016 (BGBl. I S. 3106), Art. 5 G zur Anpassung des Umwelt-RechtsbehelfsG und anderer Vorschriften an europa- und völkerrechtliche Vorgaben v. 29.5.2017 (BGBl. I S. 1298), Art. 4 Hochwasserschutzgesetz II v. 30.6.2017 (BGBl. I S. 2193), Art. 20 und 21 G zur Einführung der elektronischen Akte in der Justiz und zur weiteren Förderung des elektronischen Rechtsverkehrs v. 5.7.2017 (BGBl. I S. 2208), Art. 11 Abs. 24 eIDAS-DurchführungsG v. 18.7.2017 (BGBl. I S. 2745), Art. 5 Abs. 2 G über die Erweiterung der Medienöffentlichkeit in Gerichtsverfahren v. 8.10. 2017 (BGBl. I S. 3546), Art. 2 16. G zur Änd. des AtomG v. 10.7.2018 (BGBl. I S. 1122 iVm Bek. v. 11.7.2018, BGBl. I S. 1124), Art. 7 G zur Einführung einer zivilprozessualen Musterfeststellungsklage v. 12.7.2018 (BGBl. I S. 1151), Art. 5 Abs. 24 G zur Einführung einer Karte für Unionsbürger und Angehörige des Europäischen Wirtschaftsraums mit Funktion zum elektronischen Identitätsnachweis sowie zur Änd. des PersonalausweisG und weiterer Vorschriften[1] v. 21.6.2019 (BGBl. I S. 846), Art. 4 Zweites G zur besseren Durchsetzung der Ausreisepflicht v. 15.8.2019 (BGBl. I S. 1294), Art. 5 G zur Regelung der Wertgrenze für die Nichtzulassungsbeschwerde in Zivilsachen, zum Ausbau der Spezialisierung bei den Gerichten sowie zur Änd. weiterer prozessrechtl. Vorschriften v. 12.12.2019 (BGBl. I S. 2633), Art. 56 G zur Regelung des Sozialen Entschädigungsrechts v. 12.12.2019 (BGBl. I S. 2652), Art. 5 Abs. 1 G über die Errichtung eines Bundesamts für Auswärtige Angelegenheiten und zur Änd. des G über den Auswärtigen Dienst, des AufenthaltsG und zur Anpassung anderer G an die Errichtung des Bundesamts v. 12.6.2020 (BGBl. I S. 1241), Art. 181 Elfte ZuständigkeitsanpassungsVO v. 19.6.2020 (BGBl. I S. 1328), Art. 1a G zur Änd. des Windenergie-auf-See-G und anderer Vorschriften v. 3.12.2020 (BGBl. I S. 2682), Art. 1 Investitionen-Beschleunigungsgesetz v. 3.12.2020 (BGBl. I S. 2694), Art. 15 Abs. 9 Vormundschafts- und Betreuungsrechts-ReformG v. 4.5.2021 (BGBl. I S. 882), Art. 2 G zur Änd. des BundesbergG und zur Änd. der VwGO v. 14.6.2021 (BGBl. I S. 1760), Art. 14 G zur Fortentwicklung der StrafprozessO und zur Änd. weiterer Vorschriften v. 25.6.2021 (BGBl. I S. 2099), Art. 16 G zur Modernisierung des notariellen Berufsrechts und zur Änd. weiterer Vorschriften v. 25.6.2021 (BGBl. I S. 2154), Art. 20 G zur Neuregelung des Berufsrechts der anwaltlichen und steuerberatenden Berufsausübungsgesellschaften sowie zur Änd. weiterer Vorschriften im Bereich der rechtsberatenden Berufe v. 7.7. 2021 (BGBl. I S. 2363), Art. 3a G zur Umsetzung unionsrechtl. Vorgaben und zur Regelung reiner Wasserstoffnetze im Energiewirtschaftsrecht v. 16.7.2021 (BGBl. I S. 3026), Art. 14, 15 und 16 G zum Ausbau des elektronischen Rechtsverkehrs mit den Gerichten und zur Änd. weiterer Vorschriften v. 5.10. 2021 (BGBl. I S. 4607) und Art. 2 G zur Verbesserung der Transparenzregeln für die Mitglieder des Deutschen Bundestages und zur Anhebung des Strafrahmens des § 108e des Strafgesetzbuches v. 8.10. 2021 (BGBl. I S. 4650)

Zur VwGO haben die Länder folgende Vorschriften erlassen:

- **Baden-Württemberg:** G zur Ausführung der VwGO v. 14.10.2008 (GBl. S. 343, 356), zuletzt geänd. durch G v. 3.2.2021 (GBl. S. 53)
- **Bayern:** G zur Ausführung der VwGO idF der Bek. v. 20.6.1992 (GVBl. S. 162), zuletzt geänd. durch G v. 22.4.2022 (GVBl. S. 148)
- **Berlin:** G zur Ausführung der VwGO v. 22.2.1977 (GVBl. S. 557), aufgeh. durch G v. 22.1.2021 (GVBl. S. 88); gem. § 2 dieses G bleibt die Vorschrift auf Rechtsverhältnisse und Sachverhalte anwendbar, die während ihrer Geltung ganz oder zum Teil bestanden haben oder entstanden sind; besondere Rechtsvorschriften zu Übergangsregelungen bleiben unberührt.
- **Brandenburg:** Brandenburgisches VerwaltungsgerichtsG idF der Bek. v. 22.11.1996 (GVBl. I S. 317), zuletzt geänd. durch G v. 10.7.2014 (GVBl. I Nr. 37)
- **Bremen:** G zur Ausführung der VwGO v. 15.3.1960 (Brem.GBl. S. 25), zuletzt geänd. durch Bek. v. 20.10.2020 (Brem.GBl. S. 1172)
- **Hamburg:** G zur Ausführung der VwGO v. 29.3.1960 (HmbGVBl. S. 291), zuletzt geänd. durch G v. *8.7.2014 (HmbGVBl. S. 299)*

---

[1] Die Änd. des Inkrafttretens dieses G durch Art. 154a G v. 20.11.2019 (BGBl. I S. 1626) ist unbeachtlich, da das G bei Erlass des ÄndG bereits in Kraft getreten war.

– **Hessen:** Hessisches G zur Ausführung der VwGO idF der Bek. v. 27.10.1997 (GVBl. I S. 381), zuletzt geänd. durch G v. 15.11.2021 (GVBl. S. 718)
– **Mecklenburg-Vorpommern:** G zur Ausführung des GerichtsstrukturG v. 10.6.1992 (GVOBl. M-V S. 314, ber. S. 363), zuletzt geänd. durch G v. 11.11.2013 (GVOBl. M-V S. 609)
– **Niedersachsen:** Niedersächsisches Justizgesetz v. 16.12.2014 (Nds. GVBl. S. 436), zuletzt geänd. durch G v. 11.11.2020 (Nds. GVBl. S. 391)
– **Nordrhein-Westfalen:** Justizgesetz Nordrhein-Westfalen v. 26.1.2010 (GV. NRW. S. 30), zuletzt geänd. durch G v. 13.4.2022 (GV. NRW. S. 543)
– **Rheinland-Pfalz:** Landesgesetz zur Ausführung der VwGO idF der Bek. v. 5.12.1977 (GVBl. S. 451), zuletzt geänd. durch G v. 19.8.2014 (GVBl. S. 187)
– **Saarland:** Saarländisches AusführungsG zur VwGO v. 5.7.1960 (Amtsbl. S. 558), zuletzt geänd. durch G v. 20.4.2016 (Amtsbl. I S. 402)
– **Sachsen:** Sächsisches JustizG v. 24.11.2000 (SächsGVBl. S. 482, ber. 2001 S. 704), zuletzt geänd. durch G v. 11.5.2019 (SächsGVBl. S. 358)
– **Sachsen-Anhalt:** G zur Ausführung der VwGO und des BDG v. 28.1.1992 (GVBl. LSA S. 36), zuletzt geänd. durch G v. 8.3.2021 (GVBl. LSA S. 88)
– **Thüringen:** Thüringer G zur Ausführung der VwGO idF der Bek. v. 15.12.1992 (GVBl. S. 576), zuletzt geänd. durch G v. 16.10.2019 (GVBl. S. 429).

Inhaltsübersicht[1)]

Teil I. Gerichtsverfassung

1. Abschnitt. Gerichte

§ 1 [Unabhängigkeit der Verwaltungsgerichte] Die Verwaltungsgerichtsbarkeit wird durch unabhängige, von den Verwaltungsbehörden getrennte Gerichte ausgeübt.

§ 2[2)] **[Gerichte und Instanzen der Verwaltungsgerichtsbarkeit]** Gerichte der Verwaltungsgerichtsbarkeit sind in den Ländern die Verwaltungsgerichte und

[1)] Inhaltsübersicht geänd. mWv 1.1.2005 durch G v. 9.12.2004 (BGBl. I S. 3220).
[2)] § 2 neu gef. durch G v. 21.11.1997 (BGBl. I S. 2742).

je ein Oberverwaltungsgericht, im Bund das Bundesverwaltungsgericht mit Sitz in Leipzig.

§ 3[1] **[Gerichtsorganisation]** (1) Durch Gesetz werden angeordnet

1. die Errichtung und Aufhebung eines Verwaltungsgerichts oder eines Oberverwaltungsgerichts,
2. die Verlegung eines Gerichtssitzes,
3. Änderungen in der Abgrenzung der Gerichtsbezirke,
4. die Zuweisung einzelner Sachgebiete an ein Verwaltungsgericht für die Bezirke mehrerer Verwaltungsgerichte,

4a. die Zuweisung von Verfahren, bei denen sich die örtliche Zuständigkeit nach § 52 Nr. 2 Satz 1, 2 oder 5 bestimmt, an ein anderes Verwaltungsgericht oder an mehrere Verwaltungsgerichte des Landes,

5. die Errichtung einzelner Kammern des Verwaltungsgerichts oder einzelner Senate des Oberverwaltungsgerichts an anderen Orten,
6. der Übergang anhängiger Verfahren auf ein anderes Gericht bei Maßnahmen nach den Nummern 1, 3, 4 und 4a, wenn sich die Zuständigkeit nicht nach den bisher geltenden Vorschriften richten soll.

(2) Mehrere Länder können die Errichtung eines gemeinsamen Gerichts oder gemeinsamer Spruchkörper eines Gerichts oder die Ausdehnung von Gerichtsbezirken über die Landesgrenzen hinaus, auch für einzelne Sachgebiete, vereinbaren.

§ 4[2] **[Präsidium und Geschäftsverteilung]** [1] Für die Gerichte der Verwaltungsgerichtsbarkeit gelten die Vorschriften des Zweiten Titels des Gerichtsverfassungsgesetzes[3] entsprechend. [2] Die Mitglieder und drei Vertreter des für Entscheidungen nach § 99 Abs. 2 zuständigen Spruchkörpers bestimmt das Präsidium jeweils für die Dauer von vier Jahren. [3] Die Mitglieder und ihre Vertreter müssen Richter auf Lebenszeit sein.

§ 5[4] **[Besetzung und Gliederung der Verwaltungsgerichte]** (1) Das Verwaltungsgericht besteht aus dem Präsidenten und aus den Vorsitzenden Richtern und weiteren Richtern in erforderlicher Anzahl.

(2) Bei dem Verwaltungsgericht werden Kammern gebildet.

(3) [1] Die Kammer des Verwaltungsgerichts entscheidet in der Besetzung von drei Richtern und zwei ehrenamtlichen Richtern, soweit nicht ein Einzelrichter entscheidet. [2] Bei Beschlüssen außerhalb der mündlichen Verhandlung und bei Gerichtsbescheiden (§ 84) wirken die ehrenamtlichen Richter nicht mit.

§ 6[5] **[Übertragung auf Einzelrichter, Rückübertragung auf die Kammer]**

(1) [1] Die Kammer soll in der Regel den Rechtsstreit einem ihrer Mitglieder als Einzelrichter zur Entscheidung übertragen, wenn

---

[1] § 3 Abs. 1 Nr. 4a eingef. und Nr. 6 geänd. mWv 1.1.2002 durch G v. 20.12.2001 (BGBl. I S. 3987); Abs. 1 Nr. 4a geänd. mWv 24.10.2015 durch G v. 20.10.2015 (BGBl. I S. 1722).

[2] *§ 4 Sätze 2 und 3 angef., bish. Wortlaut wird Satz 1* mWv 1.1.2002 durch G v. 20.12.2001 (BGBl. I S. 3987).

[3] Siehe §§ 21a bis 21i GVG **(Habersack, Deutsche Gesetze Nr. 95)**.

[4] § 5 Abs. 3 Satz 1 geänd. durch G v. 11.1.1993 (BGBl. I S. 50).

[5] § 6 eingef. durch G v. 11.1.1993 (BGBl. I S. 50).

1. die Sache keine besonderen Schwierigkeiten tatsächlicher oder rechtlicher Art aufweist und
2. die Rechtssache keine grundsätzliche Bedeutung hat.

[2] Ein Richter auf Probe darf im ersten Jahr nach seiner Ernennung nicht Einzelrichter sein.

(2) Der Rechtsstreit darf dem Einzelrichter nicht übertragen werden, wenn bereits vor der Kammer mündlich verhandelt worden ist, es sei denn, daß inzwischen ein Vorbehalts-, Teil- oder Zwischenurteil ergangen ist.

(3) [1] Der Einzelrichter kann nach Anhörung der Beteiligten den Rechtsstreit auf die Kammer zurückübertragen, wenn sich aus einer wesentlichen

(Fortsetzung nächstes Blatt)

800. Gewerbeordnung[1)]

In der Fassung der Bekanntmachung vom 22. Februar 1999[2)]
(BGBl. I S. 202)

FNA 7100-1

geänd. durch Art. 2 Zweites Euro-EinführungsG v. 24.3.1999 (BGBl. I S. 385), Art. 26 Viertes Euro-EinführungsG v. 21.12.2000 (BGBl. I S. 1983), Art. 4 Zweites G zur Änd. reiserechtl. Vorschriften v. 23.7.2001 (BGBl. I S. 1658), Art. 131 Siebente ZuständigkeitsanpassungsVO v. 29.10.2001 (BGBl. I S. 2785), Art. 8 Neuntes Euro-EinführungsG v. 10.11.2001 (BGBl. I S. 2992), Art. 2 GaststättenG-GewerbeO-ÄndG v. 13.12.2001 (BGBl. I S. 3584), Art. 3 Viertes G zur Änd. des BundeszentralregisterG v. 23.4.2002 (BGBl. I S. 1406), Art. 3 WirtschaftsnummervorbereitungsG v. 22.5.2002 (BGBl. I S. 1644), Art. 11 Nr. 17 ZuwanderungsG v. 20.6.2002 (BGBl. I S. 1946, nichtig gem. Urt. des BVerfG v. 18.12. 2002 - 2 BvF 1/02 -), Art. 1 Bewachungsgewerberechts-ÄndG v. 23.7.2002 (BGBl. I S. 2724), Art. 11 Schwarzarbeit-Bekämpfungs-ErleichterungsG v. 23.7.2002 (BGBl. I S. 2787), Art. 1 Drittes Gewerberechts-ÄndG v. 24.8.2002 (BGBl. I S. 3412), Art. 9 Waffenrechts-NeuregelungsG v. 11.10.2002 (BGBl. I S. 3970), Art. 108 Achte ZuständigkeitsanpassungsVO v. 25.11.2003 (BGBl. I S. 2304), Art. 67 Drittes G für moderne Dienstleistungen am Arbeitsmarkt v. 23.12.2003 (BGBl. I S. 2848), Art. 4 Drittes G zur Änd. der Handwerksordnung und and. handwerksrechtlicher Vorschriften v. 24.12.2003 (BGBl. I S. 2934), Art. 35a Viertes G für moderne Dienstleistungen am Arbeitsmarkt v. 24.12.2003 (BGBl. I S. 2954), Art. 10 G zur Intensivierung der Bekämpfung der Schwarzarbeit und damit zusammenhängender Steuerhinterziehung v. 23.7.2004 (BGBl. I S. 1842), Art. 11 Nr. 18 ZuwanderungsG v. 30.7.2004 (BGBl. I S. 1950), Art. 12 Kommunales OptionsG v. 30.7.2004 (BGBl. I S. 2014), Art. 9 Bürokratieabbau- und DeregulierungsG v. 21.6.2005 (BGBl. I S. 1666), Art. 2 Abs. 2 Siebtes ÄndG v. 7.7.2005 (BGBl. I S. 1954), Art. 3a G zur Änd. des GemeindefinanzreformG und and. G v. 6.9.2005 (BGBl. I S. 2725), Art. 11 Erstes G zum Abbau bürokratischer Hemmnisse insbesondere in der mittelständischen Wirtschaft v. 22.8.2006 (BGBl. I S. 1970), Art. 144 Neunte ZuständigkeitsanpassungsVO v. 31.10.2006 (BGBl. I S. 2407), Art. 3 G zur Errichtung und zur Regelung der Aufgaben des BfJ v. 17.12.2006 (BGBl. I S. 3171), Art. 1 G zur Neuregelung des Versicherungsvermittlerrechts v. 19.12.2006 (BGBl. I S. 3232), Art. 3 G zur Ausführung des UNESCO-Übk über Maßnahmen zum Verbot und zur Verhütung der rechtswidrigen Einfuhr, Ausfuhr und Übereignung von Kulturgut v. 18.5.2007 (BGBl. I S. 757, ber. S. 2547, iVm Bek. v. 28.3. 2008, BGBl. II S. 235), Art. 5 Finanzmarktrichtlinie-UmsetzungsG v. 16.7.2007 (BGBl. I S. 1330), Art. 9 Zweites BürokratieabbauG v. 7.9.2007 (BGBl. I S. 2246), Art. 14 G zur Änd. des SGB IV und and. Gesetze v. 19.12.2007 (BGBl. I S. 3024), Art. 9 InvestmentänderungsG v. 21.12.2007 (BGBl. 2007 I S. 3089), Art. 9 G zur Vereinfachung und Anpassung statistischer Rechtsvorschriften v. 17.3.2008 (BGBl. I S. 399), Art. 11 Abs. 5 UnfallversicherungsmodernisierungsG v. 30.10.2008 (BGBl. I S. 2130), Art. 1 G zur Umsetzung der RL 2005/36/EG über die Anerkennung von Berufsqualifikationen in der GewerbeO v. 12.12.2008 (BGBl. I S. 2423), Art. 92 FGG-ReformG v. 17.12.2008 (BGBl. I S. 2586), Art. 9 Drittes MittelstandsentlastungsG v. 17.3.2009 (BGBl. I S. 550), Art. 7 ELENA-VerfahrensG v. 28.3.2009 (BGBl. I S. 634), Art. 3 Erstes G zur Änd. des G über die Festsetzung von Mindestarbeitsbedingungen v. 22.4. 2009 (BGBl. I S. 818), Art. 1 G zur Umsetzung der DienstleistungsRL im Gewerberecht und in weiteren Rechtsvorschriften v. 17.7.2009 (BGBl. I S. 2091), Art. 4 Abs. 14 G zur Reform der Sachaufklärung in der Zwangsvollstreckung v. 29.7.2009 (BGBl. I S. 2258), Art. 1 G zur Änd. gewerberechtl. Vorschriften v. 11.7.2011 (BGBl. I S. 1341), Art. 8 G zur Änd. des BeherbergungsstatistikG und des HandelsstatistikG sowie zur Aufhebung von Vorschriften zum Verfahren des elektronischen Entgeltnachweises v. 23.11.2011 (BGBl. I S. 2298), Art. 7 G zur Umsetzung der RL 2010/78/EU im Hinblick auf die Errichtung des Europäischen Finanzaufsichtssystems v. 4.12.2011 (BGBl. I S. 2427), Art. 5 G zur Novellierung des Finanzanlagenvermittler- und Vermögensanlagenrechts v. 6.12.2011 (BGBl. I S. 2481), Art. 4 G zur Verbesserung der Feststellung und Anerkennung im Ausland erworbener Berufsqualifikationen v. 6.12. 2011 (BGBl. I S. 2515), Art. 3 G zur Verbesserung des Austauschs von strafregisterrechtl. Daten zwischen den Mitgliedstaaten der Europäischen Union und zur Änd. registerrechtl. Vorschriften v. 15.12.2011 (BGBl. I S. 2714), Art. 1 G zur Änd. der Gewerbeordnung und anderer G v. 5.12.2012 (BGBl. I S. 2415), Art. 1 G zur Einführung eines Zulassungsverfahrens für Bewachungsunternehmen auf Seeschiffen v. 4.3.

[1)] Die Änderungen durch G v. 18.7.2017 (BGBl. I S. 2739, geänd. durch G v. 18.1.2021, BGBl. I S. 2, iVm Bek. v. 18.10.2021, BAnz AT 29.10.2021 B3, und Bek. v. 16.2.2022, BGBl. I S. 306) treten erst **mWv 1.6.2025**, die Änderungen durch G v. 7.7.2021 (BGBl. I S. 2363) treten erst **mWv 1.8.2022** in Kraft und sind im Text noch nicht berücksichtigt.

[2)] Neubekanntmachung der GewO idF der Bek. v. 1.1.1987 (BGBl. I S. 425) in der ab 1.1.1999 geltenden Fassung.

2013 (BGBl. I S. 362, geänd. durch Art. 2 G v. 24.4.2013, BGBl. I S. 930), Art. 3 G über konjunkturstatistische Erhebungen in bestimmten Dienstleistungsbereichen und zur Änd. von Vorschriften des Zulassungsverfahrens für Bewachungsunternehmen auf Seeschiffen v. 24.4.2013 (BGBl. I S. 930), Art. 5 Abs. 6 Achtes G zur Änd. des GWB v. 26.6.2013 (BGBl. I S. 1738), Art. 17 AIFM-UmsetzungsG v. 4.7. 2013 (BGBl. I S. 1981), Art. 3 HonoraranlageberatungsG v. 15.7.2013 (BGBl. I S. 2390), Art. 9 G zur Neuregelung des gesetzlichen Messwesens v. 25.7.2013 (BGBl. I S. 2722), Art. 18 G zur Förderung der elektronischen Verwaltung sowie zur Änd. weiterer Vorschriften v. 25.7.2013 (BGBl. I S. 2749), Art. 2 Abs. 79, Art. 3 Abs. 11 und Art. 4 Abs. 61 G zur Strukturreform des Gebührenrechts des Bundes v. 7.8. 2013 (BGBl. I S. 3154, geänd. durch G v. 18.7.2016, BGBl. I S. 1666), Art. 6 Fünftes G zur Änd. des StraßenverkehrsG und anderer Gesetze v. 28.8.2013 (BGBl. I S. 3313), Art. 2 G zur Änd. des BundeszentralregisterG und anderer registerrechtlicher Vorschriften v. 6.9.2013 (BGBl. I S. 3556), Art. 11 G zur Anpassung von Gesetzen auf dem Gebiet des Finanzmarktes v. 15.7.2014 (BGBl. I S. 934), Art. 11 TarifautonomiestärkungsG v. 11.8.2014 (BGBl. I S. 1348), Art. 2 G zur Änd. des StraßenverkehrsG, der GewerbeO und des BundeszentralregisterG v. 28.11.2014 (BGBl. I S. 1802), Art. 2 Abs. 33 G zur Modernisierung der Finanzaufsicht über Versicherungen v. 1.4.2015 (BGBl. I S. 434), Art. 10 Fünftes G zur Änd. des Vierten Buches Sozialgesetzbuch und anderer G v. 15.4.2015 (BGBl. I S. 583), Art. 11 KleinanlegerschutzG v. 3.7.2015 (BGBl. I S. 1114), Art. 275, Art. 625 und Art. 626 Abs. 3 Zehnte ZuständigkeitsanpassungsVO v. 31.8.2015 (BGBl. I S. 1474, geänd. durch G v. 18.7.2016, BGBl. I S. 1666), Art. 2 G zur Änd. des BerufsqualifikationsfeststellungsG und anderer Gesetze v. 22.12.2015 (BGBl. I S. 2572), Art. 2 Abs. 7 VergaberechtsmodernisierungsG v. 17.2.2016 (BGBl. I S. 203), Art. 10 G zur Umsetzung der WohnimmobilienkreditRL und zur Änd. handelsrechtlicher Vorschriften v. 11.3.2016 (BGBl. I S. 396), Art. 13 Erstes FinanzmarktnovellierungsG v. 30.6.2016 (BGBl. I S. 1514), Art. 2, Art. 3 Abs. 10, Art. 4 Abs. 58, Art. 5 Abs. 9 G zur Aktualisierung der Strukturreform des Gebührenrechts des Bundes v. 18.7.2016 (BGBl. I S. 1666), Art. 9 G zur Neuregelung des Kulturgutschutzrechts v. 31.7.2016 (BGBl. I S. 1914), Art. 5 G zur Regulierung des Prostitutionsgewerbes v. 21.10.2016 (BGBl. I S. 2372), Art. 1 G zur Änd. bewachungsrechtlicher Vorschriften v. 4.11.2016 (BGBl. I S. 2456, geänd. durch G v. 29.11.2018, BGBl. I S. 2666), Art. 16 6. SGB IV-ÄnderungsG v. 11.11.2016 (BGBl. I S. 2500), Art. 97 G zum Abbau verzichtbarer Anordnungen der Schriftform im Verwaltungsrecht des Bundes v. 29.3.2017 (BGBl. I S. 626), Art. 2 Abs. 3 52. G zur Änd. des StGB – Stärkung des Schutzes von Vollstreckungsbeamten und Rettungskräften v. 23.5.2017 (BGBl. I S. 1226), Art. 20 Zweites FinanzmarktnovellierungsG v. 23.6.2017 (BGBl. I S. 1693), Art. 16 G zur Umsetzung der Vierten EU-GeldwäscheRL, zur Ausführung der EU-GeldtransferVO und zur Neuorganisation der Zentralstelle für Finanztransaktionsuntersuchungen v. 23.6.2017 (BGBl. I S. 1822), Art. 4 Drittes G zur Änd. reiserechtlicher Vorschriften v. 17.7. 2017 (BGBl. I S. 2394), Art. 3 Siebtes G zur Änd. des BundeszentralregisterG v. 18.7.2017 (BGBl. I S. 2732, ber. S. 3431, geänd. durch Art. 53 G v. 20.11.2019, BGBl. I S. 1626), Art. 2 Abs. 3 G zur Einführung eines Wettbewerbsregisters und zur Änd. des G gegen Wettbewerbsbeschränkungen v. 18.7. 2017 (BGBl. I S. 2739, geänd. durch G v. 18.1.2021, BGBl. I S. 2, iVm Bek. v. 18.10.2021, BAnz AT 29.10.2021 B3, und Bek. v. 16.2.2022, BGBl. I S. 306), Art. 1 G zur Umsetzung der Richtlinie (EU) 2016/97 über Versicherungsvertrieb und zur Änd. weiterer Gesetze v. 20.7.2017 (BGBl. I S. 2789), Art. 1 G zur Einführung einer Berufszulassungsregelung für gewerbliche Immobilienmakler und Wohnimmobilienverwalter v. 17.10.2017 (BGBl. I S. 3562), Art. 2 G zur Änd. des AkkreditierungsstellenG und der GewerbeO v. 11.12.2018 (BGBl. I S. 2354), Art. 1, 2 Zweites G zur Änd. bewachungsrechtlicher Vorschriften v. 29.11.2018 (BGBl. I S. 2666), Art. 5 Abs. 11 G zur Einführung einer Karte für Unionsbürger und Angehörige des Europäischen Wirtschaftsraums mit Funktion zum elektronischen Identitätsnachweis sowie zur Änd. des PersonalausweisG und weiterer Vorschriften[1] v. 21.6.2019 (BGBl. I S. 846), Art. 81 Zweites Datenschutz-Anpassungs- und UmsetzungsG EU v. 20.11.2019 (BGBl. I S. 1626), Art. 15 Drittes BürokratieentlastungsG v. 22.11.2019 (BGBl. I S. 1746), Art. 19 Siebtes G zur Änd. des Vierten Buches SGB und anderer Gesetze v. 12.6.2020 (BGBl. I S. 1248), Art. 222, 360 Abs. 3 Elfte ZuständigkeitsanpassungsVO v. 19.6.2020 (BGBl. I S. 1328), Art. 5 G zur Umsetzung der VerhältnismäßigkeitsRL (RL (EU) 2018/958) im Bereich öffentlich-rechtlicher Körperschaften v. 19.6.2020 (BGBl. I S. 1403), Art. 20 Sanierungs- und InsolvenzrechtsfortentwicklungsG v. 22.12.2020 (BGBl. I S. 3256), Art. 9 G zur Verbesserung des Verbraucherschutzes im Inkassorecht und zur Änd. weiterer Vorschriften v. 22.12.2020 (BGBl. I S. 3320), Art. 13 G zur weiteren Verkürzung des Restschuldbefreiungsverfahrens und zur Anpassung pandemiebedingter Vorschriften im Gesellschafts-, Genossenschafts-, Vereins- und Stiftungsrecht sowie im Miet- und Pachtrecht v. 22.12.2020 (BGBl. I S. 3328), Art. 9b ArbeitsschutzkontrollG v. 22.12.2020 (BGBl. I S. 3334), Art. 3 GWB-DigitalisierungsG v. 18.1.2021 (BGBl. I S. 2), Art. 5 Abs. 4 G zur Verbesserung der strafrechtlichen Bekämpfung der Geldwäsche v. 9.3.2021 (BGBl. I S. 327), Art. 7 Abs. 25 G zur Umsetzung der RL (EU) 2019/2034 über die Beaufsichtigung von Wertpapierinstituten v. 12.5.2021 (BGBl. I S. 990), Art. 26 Abs. 4 FinanzmarktintegritätsstärkungsG v. 3.6.2021 (BGBl. I

[1] Die Änd. des Inkrafttretens dieses G durch Art. 154a G v. 20.11.2019 (BGBl. I S. 1626) ist unbeachtlich, da das G bei Erlass des ÄndG bereits in Kraft getreten war.

S. 1534), Art. 22 G zur begleitenden Ausführung der VO (EU) 2020/1503 und der Umsetzung der RL EU 2020/1504 v. 3.6.2021 (BGBl. I S. 1568), Art. 4 G über die Insolvenzsicherung durch Reisesicherungsfonds und zur Änd. reiserechtlicher Vorschriften v. 25.6.2021 (BGBl. I S. 2114), Art. 34 G zur Neuregelung des Berufsrechts der anwaltlichen und steuerberatenden Berufsausübungsgesellschaften sowie zur Änd. weiterer Vorschriften im Bereich der rechtsberatenden Berufe v. 7.7.2021 (BGBl. I S. 2363), Art. 10 Abs. 6 Viertes G zur Änd. des Lebensmittel- und Futtermittelgesetzbuches sowie anderer Vorschriften v. 27.7.2021 (BGBl. I S. 3274), Art. 3 G zur Durchführung der VO (EU) 2019/816 sowie zur Änd. weiterer Vorschriften v. 10.8.2021 (BGBl. I S. 3420) und Art. 2 G zur Stärkung des Verbraucherschutzes im Wettbewerbs- und Gewerberecht v. 10.8.2021 (BGBl. I S. 3504)

Inhaltsübersicht[1)]

Titel I. Allgemeine Bestimmungen

Titel II. Stehendes Gewerbe

I. Allgemeine Erfordernisse

---

1) Inhaltsübersicht geänd. mWv 1.1.2003 durch G v. 24.8.2002 (BGBl. I S. 3412); mWv 1.7.2005 durch G v. 21.6.2005 (BGBl. I S. 1666); mWv 22.5.2007 durch G v. 19.12.2006 (BGBl. I S. 3232); mWv 1.11. 2007 durch G v. 16.7.2007 (BGBl. I S. 1330); mWv 14.9.2007 durch G v. 7.9.2007 (BGBl. I S. 2246); mWv 18.12.2008 durch G v. 12.12.2008 (BGBl. I S. 2423); mWv 25.3.2009 durch G v. 17.3.2009 (BGBl. I S. 550); mWv 25.7.2009 durch G v. 17.7.2009 (BGBl. I S. 2091); mWv 28.12.2009 durch G v. 17.7.2009 (BGBl. I S. 2091); mWv 15.7.2011 durch G v. 11.7.2011 (BGBl. I S. 1341); mWv 1.1.2013 durch G v. 6.12.2011 (BGBl. I S. 2481); mWv 1.4.2012 durch G v. 6.12.2011 (BGBl. I S. 2515); mWv 27.4.2012 durch G v. 15.12.2011 (BGBl. I S. 2714); mWv 1.12.2013 durch G v. 4.3.2013 (BGBl. I S. 362, *geänd. durch G v. 24.4.2013, BGBl. I S. 930*); mWv 1.8.2014 durch G v. 15.7.2013 (BGBl. I S. 2390); mWv 1.9.2014 durch G v. 6.9.2013 (BGBl. I S. 3556); mWv 18.1.2016 durch G v. 22.12.2015 (BGBl. I S. 2572); mWv 21.3.2016 durch G v. 11.3.2016 (BGBl. I S. 396); mWv 1.12.2016 durch G v. 4.11.2016 (BGBl. I S. 2456); mWv 1.7.2018 durch G v. 17.7.2017 (BGBl. I S. 2394); mWv 29.7.2017 durch G v. 18.7.2017 (BGBl. I S. 2732); mWv 23.2.2018 durch G v. 20.7.2017 (BGBl. I S. 2789); mWv 1.8.2018 durch G v. 17.10.2017 (BGBl. I S. 3562); mWv 15.12.2018 durch G v. 11.12.2018 (BGBl. I S. 2354); mWv 1.1.2019 durch G v. 29.11.2018 (BGBl. I S. 2666); mWv 26.11.2019 durch G v. 20.11.2019 (BGBl. I S. 1626); mWv 1.1.2021 durch G v. 22.12.2020 (BGBl. I S. 3256); mWv 1.7.2021 durch G v. 25.6.2021 (BGBl. I S. 2114); mWv 18.8.2021 durch G v. 10.8.2021 (BGBl. I S. 3420); mWv 28.5.2022 durch G v. 10.8.2021 (BGBl. I S. 3504); sie wurde nichtamtlich an die Änderungen durch G v. 23.4.2002 (BGBl. I S. 1406) und G v. 23.12.2003 (BGBl. I S. 2848) angepasst.

2) Wortlaut weicht amtlich von der gleichzeitigen Änderung der Überschrift des § 6b ab.

Titel I. Allgemeine Bestimmungen

§ 1 Grundsatz der Gewerbefreiheit (1) Der Betrieb eines Gewerbes ist jedermann gestattet, soweit nicht durch dieses Gesetz Ausnahmen oder Beschränkungen vorgeschrieben oder zugelassen sind.

(2) Wer gegenwärtig zum Betrieb eines Gewerbes berechtigt ist, kann von demselben nicht deshalb ausgeschlossen werden, weil er den Erfordernissen dieses Gesetzes nicht genügt.

§ 2 (weggefallen)

§ 3 Betrieb verschiedener Gewerbe. [1]Der gleichzeitige Betrieb verschiedener Gewerbe sowie desselben Gewerbes in mehreren Betriebs- oder Verkaufsstätten ist gestattet. [2]Eine Beschränkung der Handwerker auf den Verkauf der selbstverfertigten Waren findet nicht statt.

§ 4[1)] Grenzüberschreitende Dienstleistungserbringung, Niederlassung.

(1) [1]Werden Gewerbetreibende von einer Niederlassung in einem anderen Mitgliedstaat der Europäischen Union oder einem anderen Vertragsstaat des Abkommens über den Europäischen Wirtschaftsraum aus im Geltungsbereich dieses Gesetzes vorübergehend selbständig gewerbsmäßig tätig, sind § 34b Absatz 1, 3, 4, 6 und 7, § 34c Absatz 1 Satz 1 Nummer 1, 3 und 4 sowie § 38 Absatz 1 und 2 insoweit nicht anzuwenden. [2]Die §§ 14, 55 Absatz 2 und 3, die §§ 55c, 56a Absatz 2, 3, 5 und 7 Nummer 1 sowie § 57 Absatz 3 sind in diesen Fällen ebenfalls nicht anzuwenden, es sei denn, es werden gewerbsmäßige Tätigkeiten ausgeübt, die auf Grund des Artikels 2 Absatz 2 der Richtlinie 2006/123/EG[2)] des Europäischen Parlaments und des Rates vom 12. Dezember 2006 über Dienstleistungen im Binnenmarkt (ABl. L 376 vom 27.12.2006, S. 36) vom Anwendungsbereich dieser Richtlinie oder auf Grund der Regelungen des Artikels 17 dieser Richtlinie von der Dienstleistungsfreiheit ausgenommen sind.

(2) [1]Absatz 1 gilt nicht, wenn die Tätigkeit aus dem anderen Mitgliedstaat der Europäischen Union oder dem anderen Vertragsstaat des Abkommens über den Europäischen Wirtschaftsraum heraus zur Umgehung der in Absatz 1 genannten Vorschriften erbracht wird. [2]Eine Umgehung liegt insbesondere vor, wenn ein Gewerbetreibender, um sich den in Absatz 1 genannten Vorschriften zu entziehen, von einem anderen Mitgliedstaat der Europäischen Union oder einem anderen Vertragsstaat des Abkommens über den Europäischen Wirtschaftsraum aus ganz oder vorwiegend im Geltungsbereich dieses Gesetzes tätig wird.

(3) Eine Niederlassung besteht, wenn eine selbständige gewerbsmäßige Tätigkeit auf unbestimmte Zeit und mittels einer festen Einrichtung von dieser aus tatsächlich ausgeübt wird.

§ 5 Zulassungsbeschränkungen. In den Beschränkungen des Betriebs einzelner Gewerbe, welche auf den Zoll-, Steuer- und Postgesetzen beruhen, wird durch das gegenwärtige Gesetz nichts geändert.

§ 6[3)] Anwendungsbereich. (1) [1]Dieses Gesetz findet keine Anwendung auf die Fischerei, die Errichtung und Verlegung von Apotheken, die Erziehung von Kindern gegen Entgelt, das Unterrichtswesen, auf die Tätigkeit der Rechtsanwälte und Rechtsanwaltsgesellschaften, der Patentanwälte und Patentanwaltsgesellschaften, der Notare, der in § 10 Absatz 1 des Rechtsdienstleistungsgesetzes[4)] und § 1 Absatz 2 und 3 des Einführungsgesetzes zum Rechtsdienstleistungsgesetz[5)] genann-

---

[1)] § 4 neu gef. mWv 28.12.2009 durch G v. 17.7.2009 (BGBl. I S. 2091); Abs. 1 Satz 1 geänd. mWv 1.1.2013 durch G v. 6.12.2011 (BGBl. I S. 2481); Abs. 1 Satz 1 geänd. mWv 15.12.2018 durch G v. 11.12.2018 (BGBl. I S. 2354); Abs. 1 Satz 2 geänd. mWv 28.5.2022 durch G v. 10.8.2021 (BGBl. I S. 3504).

[2)] **Nipperdey I, Arbeitsrecht Nr. 866.**

[3)] § 6 bish. Text wird Abs. 1, Sätze 1 und 2 Halbs. 2 geänd., Abs. 2 angef. mWv 1.1.2003 durch G v. 24.8.2002 (BGBl. I S. 3412); Abs. 1a angef. mWv 25.7.2009 durch G v. 17.7.2009 (BGBl. I S. 2091); Abs. 1 Satz 1 geänd. mWv 1.7.2017 durch G v. 21.10.2016 (BGBl. I S. 2372); Abs. 1 Sätze 1–3 geänd. mWv 1.1.2021 durch G v. 22.12.2020 (BGBl. I S. 3320).

[4)] **Habersack, Deutsche Gesetze ErgBd. Nr. 99.**

[5)] **Habersack, Deutsche Gesetze ErgBd. Nr. 99a.**

ten Personen, der Wirtschaftsprüfer und Wirtschaftsprüfungsgesellschaften, der vereidigten Buchprüfer und Buchprüfungsgesellschaften, der Steuerberater und Steuerberatungsgesellschaften sowie der Steuerbevollmächtigten, auf den Gewerbebetrieb der Auswandererberater, das Seelotswesen und die Tätigkeit der Prostituierten. 2 Auf das Bergwesen findet dieses Gesetz nur insoweit Anwendung, als es ausdrückliche Bestimmungen enthält; das gleiche gilt für die Ausübung der ärztlichen und anderen Heilberufe, den Verkauf von Arzneimitteln, den Vertrieb von Lotterielosen und die Viehzucht. 3 Ferner findet dieses Gesetz mit Ausnahme des Titels XI auf den Gewerbebetrieb der Versicherungsunternehmen sowie auf Beförderungen mit Krankenkraftwagen im Sinne des § 1 Abs. 2 Nr. 2 in Verbindung mit Abs. 1 des Personenbeförderungsgesetzes[1] keine Anwendung.

(1a) § 6c findet auf alle Gewerbetreibenden und sonstigen Dienstleistungserbringer im Sinne des Artikels 4 Nummer 2 der Richtlinie 2006/123/EG[2] Anwendung, deren Dienstleistungen unter den Anwendungsbereich der Richtlinie fallen.

(2) Die Bestimmungen des Abschnitts I des Titels VII finden auf alle Arbeitnehmer Anwendung.

§ 6a[3] Entscheidungsfrist, Genehmigungsfiktion. (1) Hat die Behörde über einen Antrag auf Erlaubnis zur Ausübung eines Gewerbes nach § 34b Absatz 1, 3, 4, § 34c Absatz 1 Satz 1 Nummer 1, 3 und 4 oder § 55 Absatz 2 nicht innerhalb einer Frist von drei Monaten entschieden, gilt die Erlaubnis als erteilt.

(2) Absatz 1 gilt auch für Verfahren nach § 33a Absatz 1 und § 69 Absatz 1 und für Verfahren nach dem Gaststättengesetz, solange keine landesrechtlichen Regelungen bestehen.

§ 6b[4] Verfahren über eine einheitliche Stelle,[5] Europäischer Berufsausweis; Verordnungsermächtigung. (1) 1 Verwaltungsverfahren nach diesem Gesetz oder nach einer auf Grund dieses Gesetzes erlassenen Rechtsverordnung können über eine einheitliche Stelle nach den Vorschriften des Verwaltungsverfahrensgesetzes[6] abgewickelt werden. 2 Die Landesregierungen werden ermächtigt, durch Rechtsverordnung im Einklang mit Artikel 2 Absatz 2 der Richtlinie 2006/123/EG[2] bestimmte Verfahren von der Abwicklung über eine einheitliche Stelle auszuschließen.

(2) Die Bundesregierung wird ermächtigt, durch Rechtsverordnung mit Zustimmung des Bundesrates zur Umsetzung der Richtlinie 2005/36/EG des Europäischen Parlaments und des Rates vom 7. September 2005 über die Anerkennung von Berufsqualifikationen (ABl. L 255 vom 30.9.2005, S. 22), die zuletzt durch die Richtlinie 2013/55/EU (ABl. L 354 vom 28.12.2013, S. 132) geändert worden ist, Regelungen zur Ausstellung eines Europäischen Berufsausweises und zur Durchführung des Verfahrens zur Anerkennung einer beruflichen Qualifikation auf der Grundlage eines Europäischen Berufsausweises zu erlassen.

---

[1] Nr. **950**.

[2] **Nipperdey I, Arbeitsrecht Nr. 866.**

[3] § 6a eingef. mWv 28.12.2009 durch G v. 17.7.2009 (BGBl. I S. 2091); Abs. 1 geänd. mWv 1.1.2013 durch G v. 6.12.2011 (BGBl. I S. 2481); Abs. 1 geänd. mWv 15.12.2018 durch G v. 11.12.2018 (BGBl. I S. 2354).

[4] *§ 6b eingef. mWv 28.12.2009 durch G v. 17.7.2009* (BGBl. I S. 2091); bish. Wortlaut wird Abs. 1 und Abs. 2 angef. mWv 31 12. 2015, Überschrift geänd. mWv 18.1.2016 durch G v. 22.12.2015 (BGBl. I S. 2572).

[5] Komma fehlt in amtlicher Vorlage.

[6] Nr. **100**.

§ 6c[1] **Informationspflichten für Dienstleistungserbringer.** [1] Die Bundesregierung wird ermächtigt, durch Rechtsverordnung[2] mit Zustimmung des Bundesrates zur Umsetzung der Richtlinie 2006/123/EG[3] Vorschriften über Informationen, insbesondere deren Inhalt, Umfang und Art zu erlassen, die ein Dienstleistungserbringer den Dienstleistungsempfängern zur Verfügung zu stellen hat oder zur Verfügung stellt. [2] Die Rechtsverordnung kann auch Regelungen enthalten über die Art und Weise, in der die Informationen zur Verfügung zu stellen sind.

§ 7 Aufhebung von Rechten und Abgaben. (1) Vom 1. Januar 1873 ab sind, soweit die Landesgesetze solches nicht früher verfügen, aufgehoben:

1. die noch bestehenden ausschließlichen Gewerbeberechtigungen, das heißt die mit dem Gewerbebetrieb verbundenen Berechtigungen, anderen den Betrieb eines Gewerbes, sei es im allgemeinen oder hinsichtlich der Benutzung eines gewissen Betriebsmaterials, zu untersagen oder sie darin zu beschränken;
2. die mit den ausschließlichen Gewerbeberechtigungen verbundenen Zwangs- und Bannrechte;
3. alle Zwangs- und Bannrechte, deren Aufhebung nach dem Inhalt der Verleihungsurkunde ohne Entschädigung zulässig ist;
4. sofern die Aufhebung nicht schon infolge dieser Bestimmungen eintritt oder sofern sie nicht auf einem Vertrag zwischen Berechtigten und Verpflichteten beruhen:
   a) das mit dem Besitz einer Mühle, einer Brennerei oder Brenngerechtigkeit, einer Brauerei oder Braugerechtigkeit, oder einer Schankstätte verbundene Recht, die Konsumenten zu zwingen, daß sie bei den Berechtigten ihren Bedarf mahlen oder schroten lassen, oder das Getränk ausschließlich von denselben beziehen (der Mahlzwang, der Branntweinzwang oder der Brauzwang);
   b) das städtischen Bäckern oder Fleischern zustehende Recht, die Einwohner der Stadt, der Vorstädte oder der sogenannten Bannmeile zu zwingen, daß sie ihren Bedarf an Gebäck oder Fleisch ganz oder teilweise von jenen ausschließlich entnehmen;
5. die Berechtigungen, Konzessionen zu gewerblichen Anlagen oder zum Betrieb von Gewerben zu erteilen, die dem Fiskus, Korporationen, Instituten oder einzelnen Berechtigten zustehen;
6. vorbehaltlich der an den Staat und die Gemeinde zu entrichtenden Gewerbesteuern, alle Abgaben, welche für den Betrieb eines Gewerbes entrichtet werden, sowie die Berechtigung, dergleichen Abgaben aufzuerlegen.

(2) Ob und in welcher Weise den Berechtigten für die vorstehend aufgehobenen *ausschließlichen* Gewerbeberechtigungen, Zwangs- und Bannrechte usw. Entschädigung zu leisten ist, bestimmen die Landesgesetze.

§ 8 Ablösung von Rechten. (1) Von dem gleichen Zeitpunkt (§ 7) ab unterliegen, soweit solches nicht von der Landesgesetzgebung schon früher verfügt ist, der Ablösung:

---

[1] § 6c eingef. mWv 25.7.2009 durch G v. 17.7.2009 (BGBl. I S. 2091).
[2] Siehe die Dienstleistungs-Informationspflichten-VO **(Gewerberecht Nr. 12)**.
[3] **Nipperdey I, Arbeitsrecht Nr. 866.**

1. diejenigen Zwangs- und Bannrechte, welche durch die Bestimmungen des § 7 nicht aufgehoben sind, sofern die Verpflichtung auf Grundbesitz haftet, die Mitglieder einer Korporation als solche betrifft, oder Bewohner eines Ortes oder Distrikts vermöge ihres Wohnsitzes obliegt;
2. das Recht, den Inhaber einer Schankstätte zu zwingen, daß er für seinen Wirtschaftsbedarf das Getränk aus einer bestimmten Fabrikationsstätte entnehme.

(2) Das Nähere über die Ablösung dieser Rechte bestimmen die Landesgesetze.

§ 9 Streitigkeiten über Aufhebung oder Ablösung von Rechten.

(1) Streitigkeiten darüber, ob eine Berechtigung zu den durch die §§ 7 und 8 aufgehobenen oder für ablösbar erklärten gehört, sind im Rechtswege zu entscheiden.

(2) Jedoch bleibt den Landesgesetzen vorbehalten, zu bestimmen, von welchen Behörden und in welchem Verfahren die Frage zu entscheiden ist, ob oder wie weit eine auf einem Grundstück haftende Abgabe eine Grundabgabe ist oder für den Betrieb eines Gewerbes entrichtet werden muß.

§ 10 Kein Neuerwerb von Rechten. (1) Ausschließliche Gewerbeberechtigungen oder Zwangs- und Bannrechte, welche durch Gesetz aufgehoben oder für ablösbar erklärt worden sind, können fortan nicht mehr erworben werden.

(2) Realgewerbeberechtigungen dürfen fortan nicht mehr begründet werden.

§ 11[1)] Verarbeitung personenbezogener Daten. (1) [1]Die zuständige öffentliche Stelle erhebt personenbezogene Daten des Gewerbetreibenden und solcher Personen, auf die es für die Entscheidung ankommt, soweit die Daten zur Beurteilung der Zuverlässigkeit und der übrigen Berufszulassungs- und -ausübungskriterien bei der Durchführung gewerberechtlicher Vorschriften und Verfahren erforderlich sind. [2]Erforderlich können insbesondere auch Daten sein aus bereits abgeschlossenen oder sonst anhängigen

1. gewerberechtlichen Verfahren, Straf- oder Bußgeldverfahren,
2. Insolvenzverfahren,
3. steuer- und sozialversicherungsrechtlichen Verfahren oder
4. ausländer- und arbeitserlaubnisrechtlichen Verfahren.

[3]Die Datenerhebung unterbleibt, soweit besondere gesetzliche Verarbeitungsregelungen entgegenstehen. [4]Gewerberechtliche Anzeigepflichten bleiben unberührt.

(2) [1]Die für Zwecke des Absatzes 1 erforderlichen Daten sind bei der betroffenen Person zu erheben. [2]Ohne ihre Mitwirkung dürfen sie nur erhoben werden, wenn

1. die Entscheidung eine Erhebung bei anderen Personen oder Stellen erforderlich macht oder

---

1) *§ 11 Abs. 5 Satz 3 aufgeh., bish. Sätze 4 und 5* werden Sätze 3 und 4, Abs. 6 neu gef. mWv 1.1.2003 durch G v. 24.8.2002 (BGBl. I S. 3412); Abs. 3 geänd. mWv 1.1.2013 durch G v. 29.7.2009 (BGBl. I S. 2258); Überschrift, Abs. 1 Satz 1 neu gef., Satz 3, Abs. 2 Sätze 1, 2 einl. Satzteil, Nr. 2 und abschl. Satzteil geänd., Abs. 4 neu gef., Abs. 5 Satz 3 und Abs. 6 geänd. mWv 26.11.2019 durch G v. 20.11.2019 (BGBl. I S. 1626).

[5] Der Gewerbetreibende hat Wachpersonen und mit der Leitung eines Betriebes oder einer Zweigniederlassung beauftragte Personen sechs Wochen nach Beendigung des Beschäftigungsverhältnisses über das Bewacherregister bei der für den Vollzug des § 34a zuständigen Behörde abzumelden.

(7) Im Bewacherregister sind die Daten aus den folgenden Anlässen zu speichern:

1. Beantragen oder Erteilen einer Erlaubnis nach § 34a Absatz 1 Satz 1,
2. Versagen oder Erlöschen einer Erlaubnis nach § 34a Absatz 1 Satz 1,
3. Untersagen der Beschäftigung nach § 34a Absatz 4,
4. Anmelden und Abmelden von Wachpersonen und mit der Leitung des Betriebes oder einer Zweigniederlassung beauftragter Personen,
5. Melden von Datenänderungen durch den Gewerbetreibenden gegenüber der für den Vollzug des § 34a zuständigen Behörde nach Absatz 6 Satz 2 oder dem Bewacherregister nach Absatz 6 Satz 3,
6. Überprüfen der Zuverlässigkeit im Rahmen der Regelüberprüfung nach spätestens fünf Jahren von Gewerbetreibenden und gesetzlichen Vertretern juristischer Personen nach § 34a Absatz 1 Satz 10 sowie Wachpersonen nach § 34a Absatz 1a Satz 7 und mit der Leitung des Betriebes oder einer Zweigniederlassung beauftragter Personen,
7. Überprüfen aufgrund eines Nachberichts durch die zuständigen Verfassungsschutzbehörden und Polizeibehörden nach § 34a Absatz 1b Satz 1.

(8) Die Registerbehörde löscht auf Veranlassung der für den Vollzug des § 34a zuständigen Behörden die im Bewacherregister gespeicherten Daten:

1. in den Fällen des Absatzes 7 Nummer 1 bei eingetragener Beantragung der Erlaubnis und begonnener Prüfung, sechs Monate nach Rücknahme des Antrags auf Erlaubnis,
2. in den Fällen des Absatzes 7 Nummer 2 betreffend eine versagte oder zurückgenommene oder widerrufene Erlaubnis durch Überschreibung der Daten bei erneuter Beantragung und Erteilung der Erlaubnis, spätestens nach fünf Jahren; bei Erlöschen der Erlaubnis durch Verzicht oder Tod oder Untergang der juristischen Person, sechs Monate nach Erlöschen der Erlaubnis; bei Verzicht während eines Rücknahmeverfahrens oder Widerrufsverfahrens wegen Unzuverlässigkeit, wenn der Verzicht durch eine spätere Entscheidung gegenstandslos wird,
3. in den Fällen des Absatzes 7 Nummer 3 durch Überschreiben der Daten bei einer zeitlich nachfolgenden Feststellung der Zuverlässigkeit,
4. in den Fällen des Absatzes 7 Nummer 4 bei Anmeldungen betreffend Wachpersonen oder mit der Leitung des Betriebes oder einer Zweigniederlassung beauftragten Personen die Wohnorte der letzten fünf Jahre nach der Entscheidung über die Zuverlässigkeit der Wachpersonen oder der mit der Leitung des Betriebes oder einer Zweigniederlassung beauftragten Personen,
5. in den Fällen des Absatzes 7 Nummer 4 bei Abmeldungen betreffend Wachpersonen und mit der Leitung des Betriebes oder einer Zweigniederlassung beauftragten Personen ein Jahr nach Abmeldung des letzten für die natürliche Person gemeldeten Beschäftigungsverhältnisses im Register,
6. in den Fällen des Absatzes 7 Nummer 5 bei Meldung von Änderungen betreffend Daten nach Absatz 2 Nummer 1, 2, 3, 6, 10 und 11 durch Überschreiben der bisherigen Einträge im Register,

7. in den Fällen des Absatzes 7 Nummer 6 bei Unzuverlässigkeit des Gewerbetreibenden, gesetzlicher Vertreter bei juristischen Personen, von mit der Leitung des Betriebes oder einer Zweigniederlassung beauftragten Personen sowie Wachpersonen, durch Überschreiben der Daten nach Absatz 2 Nummer 7 bei späterer Feststellung der Zuverlässigkeit im Rahmen eines neuen Erlaubnis- oder Anmeldeverfahrens, spätestens nach fünf Jahren, und
8. in den Fällen des Absatzes 7 Nummer 7 bei Unzuverlässigkeit des Gewerbetreibenden, der gesetzlichen Vertreter juristischer Personen, von mit der Leitung des Betriebes oder einer Zweigniederlassung beauftragten Personen sowie Wachpersonen, durch Überschreiben der Daten nach Absatz 2 Nummer 7 bei späterer Feststellung der Zuverlässigkeit im Rahmen eines neuen Erlaubnis- oder Anmeldeverfahrens, spätestens nach fünf Jahren.

(9) Das Bundesministerium für Wirtschaft und Energie im Einvernehmen mit dem Bundesministerium des Inneren, für Bau und Heimat und dem Bundesministerium der Justiz und für Verbraucherschutz wird ermächtigt, durch Rechtsverordnung[1] mit Zustimmung des Bundesrates die Einzelheiten zu regeln:

1. zu den Datensätzen, die nach Absatz 2 gespeichert werden, sowie zur Datenverarbeitung,
2. zur Einrichtung und Führung des Registers,
3. zum Verfahren der Datenübermittlung an die Registerbehörde, insbesondere durch die für den Vollzug des § 34a zuständigen Behörden und durch die Gewerbetreibenden, sowie der Datenübermittlung durch die Registerbehörde, insbesondere an die für den Vollzug des § 34a zuständigen Behörden,
4. zur Verwendung elektronischer Schnittstellen des Registers, der Schnittstelle zum Verfassungsschutz, zum Deutschen Industrie- und Handelskammertag e. V. und zu Fachverfahren der für den Vollzug des § 34a zuständigen Behörden,
5. zum Verfahren des automatisierten Datenabrufs aus dem Register,
6. zum Datenschutz und der Datensicherheit nebst Protokollierungspflicht der Registerbehörde.

§ 11c[2] Übermittlung personenbezogener Daten innerhalb der Europäischen Union und des Europäischen Wirtschaftsraumes bei reglementierten Berufen. (1) [1] Begibt sich ein im Inland tätiger Gewerbetreibender in einen anderen Mitgliedstaat der Europäischen Union oder in einen anderen Vertragsstaat des Abkommens über den Europäischen Wirtschaftsraum, um dort dauerhaft oder vorübergehend eine Tätigkeit auszuüben, deren Aufnahme oder Ausübung durch Rechts- und Verwaltungsvorschriften an den Besitz bestimmter beruflicher Qualifikationen gebunden ist, so über-

(Fortsetzung nächstes Blatt)

[1] Siehe ua die BewacherregisterVO **(Gewerberecht Nr. 31)**.

[2] Früherer § 11b eingef. mWv 18.12.2008 durch G v. 12.12.2008 (BGBl. I S. 2423); Überschrift geän mWv 28.12.2009 durch G v. 17.7.2009 (BGBl. I S. 2091); bish. § 11b wird § 11c mWv 1.1.2019 durch G v. 29.11.2018 (BGBl. I S. 2666).

5. die Anforderungen an den Unterrichtungsnachweis nach § 33c Absatz 2 Nummer 2 und das Verfahren für diesen Nachweis sowie Ausnahmen von der Nachweispflicht festlegen.

(2) Durch Rechtsverordnung[1)] können ferner

1. das Bundesministerium für Wirtschaft und Energie im Einvernehmen mit dem Bundesministerium des Innern, für Bau und Heimat und mit Zustimmung des Bundesrates das Verfahren der Physikalisch-Technischen Bundesanstalt bei der Prüfung und Zulassung der Bauart von Spielgeräten sowie bei der Verlängerung der Aufstelldauer von Warenspielgeräten, die auf Volksfesten, Schützenfesten oder ähnlichen Veranstaltungen aufgestellt werden sollen, und die ihrer Konstruktion nach keine statistischen Prüfmethoden erforderlich machen, regeln.
2. das Bundesministerium des Innern, für Bau und Heimat im Einvernehmen mit dem Bundesministerium für Wirtschaft und Energie und mit Zustimmung des Bundesrates das Verfahren des Bundeskriminalamtes bei der Erteilung von Unbedenklichkeitsbescheinigungen regeln.

§ 33g[2)] Einschränkung und Ausdehnung der Erlaubnispflicht. Das Bundesministerium für Wirtschaft und Energie kann im Einvernehmen mit den Bundesministerien des Innern, für Bau und Heimat und für Familie, Senioren, Frauen und Jugend mit Zustimmung des Bundesrates durch Rechtsverordnung bestimmen, daß

1. für die Veranstaltung bestimmter anderer Spiele im Sinne des § 33d Abs. 1 Satz 1 eine Erlaubnis nicht erforderlich ist, wenn diese Spiele überwiegend der Unterhaltung dienen und kein öffentliches Interesse an einer Erlaubnispflicht besteht,
2. die Vorschriften der §§ 33c und 33d auch für die nicht gewerbsmäßige Aufstellung von Spielgeräten und für die nicht gewerbsmäßige Veranstaltung anderer Spiele in Vereinen und geschlossenen Gesellschaften gelten, in denen gewohnheitsmäßig gespielt wird, wenn für eine solche Regelung ein öffentliches Interesse besteht.

§ 33h Spielbanken, Lotterien, Glücksspiele. Die §§ 33c bis 33g finden keine Anwendung auf

1. die Zulassung und den Betrieb von Spielbanken,
2. die Veranstaltung von Lotterien und Ausspielungen, mit Ausnahme der gewerbsmäßig betriebenen Ausspielungen auf Volksfesten, Schützenfesten oder ähnlichen Veranstaltungen, bei denen der Gewinn in geringwertigen Gegenständen besteht,
3. die Veranstaltung anderer Spiele im Sinne des § 33d Abs. 1 Satz 1, die Glücksspiele im Sinne des § 284 des Strafgesetzbuches[3)] sind.

[1)] Siehe die VO zur Erteilung von Unbedenklichkeitsbescheinigungen **(Gewerberecht Nr. 21)**.

[2)] § 33g geänd. mWv 7.11.2001 durch VO v. 29.10.2001 (BGBl. I S. 2785); geänd. mWv 28.11.2003 durch VO v. 25.11.2003 (BGBl. I S. 2304); geänd. mWv 8.11.2006 durch VO v. 31.10.2006 (BGBl. I S. 2407); geänd. mWv 8.9.2015 durch VO v. 31.8.2015 (BGBl. I S. 1474); einl. Satzteil geänd. mWv 27.6.2020 durch VO v. 19.6.2020 (BGBl. I S. 1328).

[3)] **Habersack, Deutsche Gesetze Nr. 85.**

§ 33i[1) 2)] Spielhallen und ähnliche Unternehmen. (1) [1]Wer gewerbsmäßig eine Spielhalle oder ein ähnliches Unternehmen betreiben will, das ausschließlich oder überwiegend der Aufstellung von Spielgeräten oder der Veranstaltung anderer Spiele im Sinne des § 33c Abs. 1 Satz 1 oder des § 33d Abs. 1 Satz 1 dient, bedarf der Erlaubnis der zuständigen Behörde. [2]Die Erlaubnis kann mit einer Befristung erteilt und mit Auflagen verbunden werden, soweit dies zum Schutze der Allgemeinheit, der Gäste oder der Bewohner des Betriebsgrundstücks oder der Nachbargrundstücke vor Gefahren, erheblichen Nachteilen oder erheblichen Belästigungen erforderlich ist; unter denselben Voraussetzungen ist auch die nachträgliche Aufnahme, Änderung und Ergänzung von Auflagen zulässig.

(Fortsetzung nächstes Blatt)

[1)] § 33i Abs. 1 Satz 1 geänd. mWv 12.12.2012, Abs. 2 Nr. 1 geänd. mWv 1.9.2013 durch G v. 5.12. 2012 (BGBl. I S. 2415).

[2)] Das Recht der Spielhallen ist seit der am 1.9.2006 in Kraft getretenen Föderalismusreform Gegenstand der Gesetzgebungskompetenz der Länder. Ua haben folgende Länder hierzu eigene Regelungen erlassen:

Baden-Württemberg: Landesglücksspielgesetz (LGlüG) v. 20.11.2012 (GBl. S. 604), zuletzt geänd. durch G v. 4.2.2021 (GBl. S. 174),

Berlin: G zur Regelung des Rechts der Spielhallen im Land Berlin (SpielhallenG Berlin – SpielhG Bln) v. 20.5.2011 (GVBl. S. 223), zuletzt geänd. durch G v. 27.9.2021 (GVBl. S. 1117),

Brandenburg: Brandenburgisches SpielhallenG (BbgSpielhG) v. 23.6.2021 (GVBl. I Nr. 22),

Bremen: Bremisches SpielhallenG (BremSpielhG) v. 17.5.2011 (Brem.GBl. S. 327), zuletzt geänd. durch Bek. v. 20.10.2020 (Brem.GBl. S. 1172),

Hamburg: Gesetz zur Regelung des Rechts der Spielhallen im Land Hamburg (Hamburgisches Spielhallengesetz – HmbSpielhG) v. 4.12.2012 (HmbGVBl. S. 505), zuletzt geänd. durch G v. 17.2.2021 (HmbGVBl. S. 75),

Hessen: Hessisches SpielhallenG v. 28.6.2012 (GVBl. S. 213), zuletzt geänd. durch G v. 17.6.2021 (GVBl. S. 302),

Saarland: Saarländisches SpielhallenG (SSpielhG) v. 20.6.2012 (Amtsbl. I S. 156),

Sachsen-Anhalt: G zur Regelung des Rechts der Spielhallen im Land Sachsen-Anhalt (SpielhallenG Sachsen-Anhalt – SpielhG LSA) v. 25.6.2012 (GVBl. LSA S. 204), geänd. durch G v. 23.9.2020 (GVBl. LSA S. 541),

Schleswig-Holstein: Gesetz zur Errichtung und zum Betrieb von Spielhallen (Spielhallengesetz – SpielhG) v. 8.2.2022 (GVOBl. Schl.-H. S. 131),

Thüringen: Thüringer G zur Regelung des gewerblichen Spiels (Thüringer SpielhallenG – ThürSpielhallenG –) v. 21.6.2012 (GVBl. S. 153, 159), geänd. durch G v. 14.7.2021 (GVBl. S. 373).

2. Schutz vor Ladendieben,
3. Bewachungen im Einlassbereich von gastgewerblichen Diskotheken,
4. Bewachungen von Aufnahmeeinrichtungen nach § 44 des Asylgesetzes[1] in der Fassung der Bekanntmachung vom 2. September 2008 (BGBl. I S. 1798), das zuletzt durch Artikel 6 des Gesetzes vom 31. Juli 2016 (BGBl. I S. 1939) geändert worden ist, von Gemeinschaftsunterkünften nach § 53 des Asylgesetzes oder anderen Immobilien und Einrichtungen, die der auch vorübergehenden amtlichen Unterbringung von Asylsuchenden oder Flüchtlingen dienen, in leitender Funktion,
5. Bewachungen von zugangsgeschützten Großveranstaltungen in leitender Funktion.

[3] Zur Überprüfung der Zuverlässigkeit einer Wachperson und einer mit der Leitung des Betriebes oder einer Zweigniederlassung beauftragten Person hat die am Hauptwohnsitz der natürlichen Person für den Vollzug nach Landesrecht zuständige Behörde mindestens eine unbeschränkte Auskunft nach § 41 Absatz 1 Nummer 9 des Bundeszentralregistergesetzes sowie eine Stellungnahme der für den Wohnort zuständigen Behörde der Landespolizei, einer zentralen Polizeidienststelle oder dem jeweils zuständigen Landeskriminalamt einzuholen, ob und welche tatsächlichen Anhaltspunkte bekannt sind, die Bedenken gegen die Zuverlässigkeit begründen können, soweit Zwecke der Strafverfolgung oder Gefahrenabwehr einer Übermittlung der tatsächlichen Anhaltspunkte nicht entgegen stehen. [4] Bei Wachpersonen und mit der Leitung des Betriebes oder einer Zweigniederlassung beauftragten Personen ohne einen Hauptwohnsitz in der Bundesrepublik Deutschland ist die Zuverlässigkeit durch die für den Vollzug zuständige Behörde am Betriebssitz des Gewerbetreibenden, welcher die natürliche Person als erster anmeldet, zu überprüfen. [5] Absatz 1 Satz 5 Nummer 4 ist entsprechend anzuwenden bei Wachpersonen, die eine der folgenden Aufgaben wahrnehmen sollen:

1. Bewachungen nach Satz 2 Nummer 4 und 5, auch in nicht leitender Funktion, oder
2. Schutzaufgaben im befriedeten Besitztum bei Objekten, von denen im Fall eines kriminellen Eingriffs eine besondere Gefahr für die Allgemeinheit ausgehen kann.

[6] Satz 5 gilt auch nach Aufnahme der Tätigkeit einer Wachperson. [7] Absatz 1 Satz 4, 6 bis 10 ist entsprechend anzuwenden.

(1b) [1] Werden der zuständigen Landesbehörde für Verfassungsschutz im Nachhinein Informationen bekannt, die für die Beurteilung der Zuverlässigkeit einer der in Absatz 1 und Absatz 1a Satz 5 Nummer 1 und 2 genannten Personen von Bedeutung sind, übermittelt sie diese der zuständigen Behörde nach den für die Informationsübermittlung geltenden Regelungen der Verfassungsschutzgesetze (*Nachbericht*). [2] *Zu diesem Zweck* darf die Verfassungsschutzbehörde Name, Vornamen, Geburtsname, Geburtsdatum, Geschlecht, Geburtsort, Geburtsland, Wohnort und gegenwärtige Staatsangehörigkeit und Doppel- oder frühere Staatsangehörigkeiten der betroffenen Person sowie die Aktenfundstelle verarbeiten, einschließlich einer Verarbeitung mit ihrer Aktenfundstelle in den gemeinsamen Dateien nach § 6 Absatz 2 des Bundesverfassungsschutzgesetzes. [3] Die im Rahmen der Überprüfung der Zuverlässigkeit verarbeiteten personenbezogenen Daten der in Absatz 1 und Absatz 1a Satz 5 Nummer 1 und 2 genannten Personen sind

[1] Nr. **567**.

spätestens nach fünf Jahren von der Verfassungsschutzbehörde zu löschen. [4] Sollte die Verfassungsschutzbehörde vorher von einer Versagung, Rücknahme, einem Erlöschen oder Widerruf der Erlaubnis durch die zuständige Behörde Kenntnis erlangen, hat sie die im Rahmen der Überprüfung der Zuverlässigkeit gespeicherten personenbezogenen Daten der in Absatz 1 genannten Personen spätestens sechs Monate nach Kenntniserlangung zu löschen. [5] Die Sätze 1 bis 4 sind entsprechend anzuwenden für die nach Absatz 1 Satz 5 Nummer 3 und Absatz 1a Satz 3 beteiligten Polizeibehörden.

(2) Das Bundesministerium für Wirtschaft und Energie kann mit Zustimmung des Bundesrates durch Rechtsverordnung[1])

1. die für die Entscheidung über eine Erlaubnis nach Absatz 1 Satz 1 erforderlichen vom Antragsteller bei der Antragsstellung anzugebenden Daten und beizufügenden Unterlagen bestimmen,
2. die Anforderungen und das Verfahren für den Unterrichtungsnachweis nach Absatz 1a Satz 1 sowie Ausnahmen von der Erforderlichkeit des Unterrichtungsnachweises festlegen,
3. die Anforderungen und das Verfahren für eine Sachkundeprüfung nach Absatz 1 Satz 3 Nummer 3 und Absatz 1a Satz 2 sowie Ausnahmen von der Erforderlichkeit der Sachkundeprüfung festlegen und
4. zum Schutze der Allgemeinheit und der Auftraggeber Vorschriften erlassen über den Umfang der Befugnisse und Verpflichtungen bei der Ausübung des Bewachungsgewerbes, insbesondere über
   a) den Geltungsbereich der Erlaubnis,
   b) die Pflichten des Gewerbetreibenden bei der Einstellung und Entlassung der im Bewachungsgewerbe beschäftigten Personen, über die Aufzeichnung von Daten dieser Personen durch den Gewerbetreibenden und ihre Übermittlung an die für den Vollzug des § 34a zuständigen Behörden, über die Anforderungen, denen diese Personen genügen müssen, sowie über die Durchführung des Wachdienstes,
   c) die Verpflichtung zum Abschluß einer Haftpflichtversicherung, zur Buchführung einschließlich der Aufzeichnung von Daten über einzelne Geschäftsvorgänge sowie über die Auftraggeber,
5. zum Schutz der Allgemeinheit und der Auftraggeber Vorschriften erlassen über die Unterrichtung der für den Vollzug des § 34a zuständigen Behörden durch Gerichte und Staatsanwaltschaften über rechtliche Maßnahmen gegen Gewerbetreibende und ihre Wachpersonen
6. die Anforderungen und Verfahren festlegen, die zur Durchführung der Richtlinie 2005/36/EG des Europäischen Parlaments und des Rates vom 7. September 2005 über die Anerkennung von Berufsqualifikationen (ABl. L 255 vom 30.9.2005, S. 22), die zuletzt durch die Richtlinie 2013/55/EU (ABl. L 354 vom 28.12.2013, S. 132) geändert worden ist, Anwendung finden sollen auf Inhaber von in einem Mitgliedstaat der Europäischen Union oder eines Vertragsstaates des Abkommens über den Europäischen

(Fortsetzung nächstes Blatt)

[1]) Siehe ua die BewachungsVO **(Gewerberecht Nr. 30)** und die BewacherregisterVO **(Gewerberecht Nr. 31)**.

[2] Der erste Weiterbildungszeitraum beginnt am 1. Januar des Kalenderjahres, in dem

1. eine Erlaubnis nach Absatz 1 Satz 1 Nummer 1 oder 4 erteilt wurde oder
2. eine weiterbildungspflichtige Tätigkeit durch eine unmittelbar bei dem Gewerbetreibenden beschäftigte Person aufgenommen wurde.

[3] Für den Gewerbetreibenden ist es ausreichend, wenn der Weiterbildungsnachweis durch eine im Hinblick auf eine ordnungsgemäße Wahrnehmung der erlaubnispflichtigen Tätigkeit angemessene Zahl von beim Gewerbetreibenden beschäftigten natürlichen Personen erbracht wird, denen die Aufsicht über die direkt bei der Vermittlung nach Absatz 1 Satz 1 Nummer 1 oder der Verwaltung nach Absatz 1 Satz 1 Nummer 4 mitwirkenden Personen übertragen ist und die den Gewerbetreibenden vertreten dürfen.

(3) [1] Das Bundesministerium für Wirtschaft und Energie kann durch Rechtsverordnung mit Zustimmung des Bundesrates, soweit zum Schutz der Allgemeinheit und der Auftraggeber erforderlich, Vorschriften erlassen

1. über den Umfang der Verpflichtungen des Gewerbetreibenden bei der Ausübung des Gewerbes, insbesondere die Pflicht,
   a) ausreichende Sicherheiten zu leisten oder eine zu diesem Zweck geeignete Versicherung abzuschließen, sofern der Gewerbetreibende Vermögenswerte des Auftraggebers erhält oder verwendet,
   b) die erhaltenen Vermögenswerte des Auftraggebers getrennt zu verwalten,
   c) nach der Ausführung des Auftrages dem Auftraggeber Rechnung zu legen,
   d) der zuständigen Behörde Anzeige beim Wechsel der mit der Leitung des Betriebes oder einer Zweigniederlassung beauftragten Personen zu erstatten und hierbei bestimmte Angaben zu machen,
   e) dem Auftraggeber die für die Beurteilung des Auftrages und des zu vermittelnden oder nachzuweisenden Vertrages jeweils notwendigen Informationen schriftlich oder mündlich zu geben,
   f) Bücher zu führen einschließlich der Aufzeichnung von Daten über einzelne Geschäftsvorgänge sowie über die Auftraggeber;
2. zum Umfang an die nach Absatz 2 Nummer 3 erforderliche Haftpflichtversicherung und zu ihren inhaltlichen Anforderungen, insbesondere über die Höhe der Mindestversicherungssummen, die Bestimmung der zuständigen Behörde im Sinne des § 117 Absatz 2 des Versicherungsvertragsgesetzes[1)], über den Nachweis über das Bestehen der Haftpflichtversicherung und Anzeigepflichten des Versicherungsunternehmens gegenüber den Behörden;
3. über die Verpflichtung des Gewerbetreibenden und der beschäftigten Personen nach Absatz 2a zu einer regelmäßigen Weiterbildung, einschließlich
   a) der Befreiung von der Weiterbildungsverpflichtung,
   b) der gegenüber der zuständigen Behörde zu erbringenden Nachweise und
   c) der Informationspflichten gegenüber dem Auftraggeber über die berufliche Qualifikation und absolvierten Weiterbildungsmaßnahmen des Gewerbetreibenden und der unmittelbar bei der erlaubnispflichtigen Tätigkeit mitwirkenden beschäftigten Personen.

[2] In der Rechtsverordnung nach Satz 1 kann ferner die Befugnis des Gewerbetreibenden zur Entgegennahme und zur Verwendung von Vermögenswerten des

---

[1)] **Habersack, Deutsche Gesetze Nr. 62.**

Auftraggebers beschränkt werden, soweit dies zum Schutze des Auftraggebers erforderlich ist. [3] Außerdem kann in der Rechtsverordnung der Gewerbetreibende verpflichtet werden, die Einhaltung der nach Satz 1 Nummer 1 und 3 und Satz 2 erlassenen Vorschriften auf seine Kosten regelmäßig sowie aus besonderem Anlaß prüfen zu lassen und den Prüfungsbericht der zuständigen Behörde vorzulegen, soweit es zur wirksamen Überwachung erforderlich ist; hierbei können die Einzelheiten der Prüfung, insbesondere deren Anlaß, Zeitpunkt und Häufigkeit, die Auswahl, Bestellung und Abberufung der Prüfer, deren Rechte, Pflichten und Verantwortlichkeit, der Inhalt des Prüfungsberichts, die Verpflichtungen des Gewerbetreibenden gegenüber dem Prüfer sowie das Verfahren bei Meinungsverschiedenheiten zwischen dem Prüfer und dem Gewerbetreibenden, geregelt werden.

(4) (weggefallen)

(5) Die Absätze 1 bis 3 gelten nicht für

1. Kreditinstitute, für die eine Erlaubnis nach § 32 Abs. 1 des Kreditwesengesetzes[1)] erteilt wurde, und für Zweigstellen von Unternehmen im Sinne des § 53b Abs. 1 Satz 1 des Kreditwesengesetzes,

1a. Kapitalverwaltungsgesellschaften, für die eine Erlaubnis nach § 20 Absatz 1 des Kapitalanlagegesetzbuchs erteilt wurde,

2. Gewerbetreibende, die lediglich zur Finanzierung der von ihnen abgeschlossenen Warenverkäufe oder zu erbringenden Dienstleistungen den Abschluß von Verträgen über Darlehen vermitteln oder die Gelegenheit zum Abschluß solcher Verträge nachweisen,

3. Zweigstellen von Unternehmen mit Sitz in einem anderen Mitgliedstaat der Europäischen Union, die nach § 53b Abs. 7 des Kreditwesengesetzes Darlehen zwischen Kreditinstituten vermitteln dürfen, soweit sich ihre Tätigkeit nach Absatz 1 auf die Vermittlung von Darlehen zwischen Kreditinstituten beschränkt,

4. Verträge, soweit Teilzeitnutzung von Wohngebäuden im Sinne des § 481 des Bürgerlichen Gesetzbuchs gemäß Absatz 1 Satz 1 Nr. 1 nachgewiesen oder vermittelt wird.

§ 34d[2)] Versicherungsvermittler, Versicherungsberater. (1) [1] Wer gewerbsmäßig den Abschluss von Versicherungs- oder Rückversicherungsverträgen vermitteln will (Versicherungsvermittler), bedarf nach Maßgabe der folgenden Bestimmungen der Erlaubnis der zuständigen Industrie- und Handelskammer. [2] Versicherungsvermittler ist, wer

1. als Versicherungsvertreter eines oder mehrerer Versicherungsunternehmen oder eines Versicherungsvertreters damit betraut ist, Versicherungsverträge zu vermitteln oder abzuschließen oder
2. als Versicherungsmakler für den Auftraggeber die Vermittlung oder den Abschluss von Versicherungsverträgen übernimmt, ohne von einem Versicherungsunternehmen oder einem Versicherungsvertreter damit betraut zu sein.

[1)] **Sartorius ErgBd. Nr. 856.**

[2)] § 34d neu gef. mWv 23.2.2018 durch G v. 20.7.2017 (BGBl. I S. 2789); Abs. 9 Satz 2 neu gef. mWv 15.12.2018 durch G v. 11.12.2018 (BGBl. I S. 2354); Abs. 1 Satz 7 neu gef. mWv 1.7.2022 durch G v. 3.6.2021 (BGBl. I S. 1568).

[3] Als Versicherungsmakler gilt, wer gegenüber dem Versicherungsnehmer den Anschein erweckt, er erbringe seine Leistungen als Versicherungsmakler. [4] Die Tätigkeit als Versicherungsvermittler umfasst auch

1. das Mitwirken bei der Verwaltung und Erfüllung von Versicherungsverträgen, insbesondere im Schadensfall,
2. wenn der Versicherungsnehmer einen Versicherungsvertrag unmittelbar oder mittelbar über die Website oder das andere Medium abschließen kann,
   a) die Bereitstellung von Informationen über einen oder mehrere Versicherungsverträge auf Grund von Kriterien, die ein Versicherungsnehmer über eine Website oder andere Medien wählt, sowie
   b) die Erstellung einer Rangliste von Versicherungsprodukten, einschließlich eines Preis- und Produktvergleichs oder eines Rabatts auf den Preis eines Versicherungsvertrags.

[5] In der Erlaubnis nach Satz 1 ist anzugeben, ob sie einem Versicherungsvertreter oder einem Versicherungsmakler erteilt wird. [6] Einem Versicherungsvermittler ist es untersagt, Versicherungsnehmern, versicherten Personen oder Bezugsberechtigten aus einem Versicherungsvertrag Sondervergütungen zu gewähren oder zu versprechen. [7] Die §§ 48b und 50a Absatz 1, 2 und 4 des Versicherungsaufsichtsgesetzes sind entsprechend anzuwenden. [8] Die einem Versicherungsmakler erteilte Erlaubnis umfasst die Befugnis, Dritte, die nicht Verbraucher sind, bei der Vereinbarung, Änderung oder Prüfung von Versicherungsverträgen gegen gesondertes Entgelt rechtlich zu beraten; diese Befugnis zur Beratung erstreckt sich auch auf Beschäftigte von Unternehmen in den Fällen, in denen der Versicherungsmakler das Unternehmen berät.

(2) [1] Wer gewerbsmäßig über Versicherungen oder Rückversicherungen beraten will (Versicherungsberater), bedarf nach Maßgabe der folgenden Bestimmungen der Erlaubnis der zuständigen Industrie- und Handelskammer. [2] Versicherungsberater ist, wer ohne von einem Versicherungsunternehmen einen wirtschaftlichen Vorteil zu erhalten oder in anderer Weise von ihm abhängig zu sein

1. den Auftraggeber bei der Vereinbarung, Änderung oder Prüfung von Versicherungsverträgen oder bei der Wahrnehmung von Ansprüchen aus Versicherungsverträgen im Versicherungsfall auch rechtlich berät,
2. den Auftraggeber gegenüber dem Versicherungsunternehmen außergerichtlich vertritt oder
3. für den Auftraggeber die Vermittlung oder den Abschluss von Versicherungsverträgen übernimmt.

[3] Der Versicherungsberater darf sich seine Tätigkeit nur durch den Auftraggeber vergüten lassen. [4] Zuwendungen eines Versicherungsunternehmens im Zusammenhang mit der Beratung, insbesondere auf Grund einer Vermittlung als Folge der Beratung, darf er nicht annehmen. [5] Sind mehrere Versicherungen für den Versicherungsnehmer in gleicher Weise geeignet, hat der Versicherungsberater dem Versicherungsnehmer vorrangig die Versicherung anzubieten, die ohne das Angebot einer Zuwendung seitens des Versicherungsunternehmens erhältlich ist. [6] Wenn der Versicherungsberater dem Versicherungsnehmer eine Versicherung vermittelt, deren Vertragsbestandteil auch Zuwendungen zugunsten desjenigen enthält, der die Versicherung vermittelt, hat er unverzüglich die Auskehrung der Zuwendungen durch das Versicherungsunternehmen an den Versicherungsnehmer nach § 48c Absatz 1 des Versicherungsaufsichtsgesetzes zu veranlassen.

(3) Gewerbetreibende nach Absatz 1 dürfen kein Gewerbe nach Absatz 2 und Gewerbetreibende nach Absatz 2 dürfen kein Gewerbe nach Absatz 1 ausüben.

(4) [1] Eine Erlaubnis nach den Absätzen 1 und 2 kann inhaltlich beschränkt und mit Nebenbestimmungen verbunden werden, soweit dies zum Schutz der Allgemeinheit oder der Versicherungsnehmer erforderlich ist; unter denselben Voraussetzungen sind auch die nachträgliche Aufnahme, Änderung und Ergänzung von Nebenbestimmungen zulässig. [2] Über den Erlaubnisantrag ist innerhalb einer Frist von drei Monaten zu entscheiden. [3] Bei der Wahrnehmung der Aufgaben nach den Absätzen 1 und 2 unterliegt die Industrie- und Handelskammer der Aufsicht der jeweils zuständigen obersten Landesbehörde.

(5) [1] Eine Erlaubnis nach den Absätzen 1 und 2 ist zu versagen, wenn

1. Tatsachen die Annahme rechtfertigen, dass der Antragsteller die für den Gewerbebetrieb erforderliche Zuverlässigkeit nicht besitzt,
2. der Antragsteller in ungeordneten Vermögensverhältnissen lebt,
3. der Antragsteller den Nachweis einer Berufshaftpflichtversicherung oder einer gleichwertigen Garantie nicht erbringen kann oder
4. der Antragsteller nicht durch eine vor der Industrie- und Handelskammer erfolgreich abgelegte Prüfung nachweist, dass er die für die Versicherungsvermittlung oder Versicherungsberatung notwendige Sachkunde über die versicherungsfachlichen, insbesondere hinsichtlich Bedarf, Angebotsformen und Leistungsumfang, und die rechtlichen Grundlagen sowie die Kundenberatung besitzt.

[2] Die erforderliche Zuverlässigkeit nach Satz 1 Nummer 1 besitzt in der Regel nicht, wer in den letzten fünf Jahren vor Stellung des Antrages wegen eines Verbrechens oder wegen Diebstahls, Unterschlagung, Erpressung, Betruges, Untreue, Geldwäsche, Urkundenfälschung, Hehlerei, Wuchers oder einer Insolvenzstraftat rechtskräftig verurteilt worden ist. [3] Ungeordnete Vermögensverhältnisse im Sinne des Satzes 1 Nummer 2 liegen in der Regel vor, wenn über das Vermögen des Antragstellers das Insolvenzverfahren eröffnet worden oder er in das Schuldnerverzeichnis nach § 882b der Zivilprozessordnung [1)] eingetragen ist. [4] Im Fall des Satzes 1 Nummer 4 ist es ausreichend, wenn der Nachweis für eine im Hinblick auf eine ordnungsgemäße Wahrnehmung der erlaubnispflichtigen Tätigkeit angemessene Zahl von beim Antragsteller beschäftigten natürlichen Personen erbracht wird, denen die Aufsicht über die unmittelbar mit der Vermittlung von oder der Beratung über Versicherungen befassten Personen übertragen ist und die den Antragsteller vertreten dürfen. [5] Satz 4 ist nicht anzuwenden, wenn der Antragsteller eine natürliche Person ist und

1. selbst Versicherungen vermittelt oder über Versicherungen berät oder
2. für diese Tätigkeiten in der Leitung des Gewerbebetriebs verantwortlich ist.

(6) [1] Auf Antrag hat die zuständige Industrie- und Handelskammer einen Gewerbetreibenden, der die Versicherung als Ergänzung der im Rahmen seiner Haupttätigkeit gelieferten Waren oder Dienstleistungen vermittelt, von der Erlaubnispflicht nach Absatz 1 Satz 1 auszunehmen, wenn er nachweist, dass

---

[1)] **Habersack, Deutsche Gesetze Nr. 100.**

2. das Feilbieten und der Ankauf von
   a) Edelmetallen (Gold, Silber, Platin und Platinbeimetallen) und edelmetallhaltigen Legierungen in jeder Form sowie Waren mit Edelmetallauflagen; zugelassen sind Silberschmuck bis zu einem Verkaufspreis von 40 Euro und Waren mit Silberauflagen,
   b) Edelsteinen, Schmucksteinen und synthetischen Steinen sowie von Perlen;
3. das Feilbieten von
   a) (weggefallen)
   b) alkoholischen Getränken; zugelassen sind Bier und Wein in fest verschlossenen Behältnissen, alkoholische Getränke im Sinne von § 67 Abs. 1 Nr. 1 zweiter und dritter Halbsatz und alkoholische Getränke, die im Rahmen und für die Dauer einer Veranstaltung von einer ortsfesten Betriebsstätte zum Verzehr an Ort und Stelle verabreicht werden;
   c) (weggefallen)
   d) (weggefallen)
   e) (weggefallen)
4. (weggefallen)
5. *(aufgehoben)*
6. der Abschluß sowie die Vermittlung von Rückkaufgeschäften (§ 34 Abs. 4) und die für den Darlehensnehmer entgeltliche Vermittlung von Darlehensgeschäften.

(2) [1] Das Bundesministerium für Wirtschaft und Energie kann durch Rechtsverordnung mit Zustimmung des Bundesrates Ausnahmen von den in Absatz 1 aufgeführten Beschränkungen zulassen, soweit hierdurch eine Gefährdung der Allgemeinheit oder der öffentlichen Sicherheit oder Ordnung nicht zu besorgen ist. [2] Die gleiche Befugnis steht den Landesregierungen für den Bereich ihres Landes zu, solange und soweit das Bundesministerium für Wirtschaft und Energie von seiner Ermächtigung keinen Gebrauch gemacht hat. [3] Die zuständige Behörde kann im Einzelfall für ihren Bereich Ausnahmen von den Verboten des Absatzes 1 mit dem Vorbehalt des Widerrufs und für einen Zeitraum bis zu fünf Jahren zulassen, wenn sich aus der Person des Antragstellers oder aus sonstigen Umständen keine Bedenken ergeben; § 55 Abs. 3 und § 60c Abs. 1 gelten für die Ausnahmebewilligung entsprechend.

(3) [1] Die Vorschriften des Absatzes 1 finden auf die in § 55b Abs. 1 bezeichneten gewerblichen Tätigkeiten keine Anwendung. [2] Verboten ist jedoch das Feilbieten von Bäumen, Sträuchern und Rebenpflanzgut bei land- und forstwirtschaftlichen Betrieben sowie bei Betrieben des Obst-, Garten- und Weinanbaues.

(4) Absatz 1 Nr. 1 Buchstabe h, Nr. 2 Buchstabe a und Nr. 6 findet keine Anwendung auf Tätigkeiten in einem nicht ortsfesten Geschäftsraum eines Kreditinstituts oder eines Unternehmens im Sinne des § 53b Abs. 1 Satz 1 oder Abs. 7 des Kreditwesengesetzes[1)], wenn in diesem Geschäftsraum ausschließlich bankübliche Geschäfte betrieben werden, zu denen diese Unternehmen nach dem Kreditwesengesetz befugt sind.

[1)] **Sartorius ErgBd. Nr. 856.**

§ 56a[1) 2)] **Wanderlager.** (1) Ein Wanderlager veranstaltet, wer außerhalb seiner Niederlassung und außerhalb einer Messe, einer Ausstellung oder eines Marktes von einer festen Verkaufsstätte aus

1. Waren feilhält oder Bestellungen auf Waren aufsucht oder
2. Leistungen anbietet oder Bestellungen auf Leistungen aufsucht.

(2) [1] Der Veranstalter eines Wanderlagers hat dieses spätestens vier Wochen vor Beginn der für den Ort des Wanderlagers zuständigen Behörde nach Maßgabe des Absatzes 3 anzuzeigen, wenn

1. auf das Wanderlager durch öffentliche Ankündigung hingewiesen werden soll und
2. die An- und Abreise der Teilnehmer zum und vom Ort des Wanderlagers durch die geschäftsmäßig erbrachte Beförderung durch den Veranstalter oder von Personen im Zusammenwirken mit dem Veranstalter erfolgen soll.

[2] Sofern das Wanderlager im Ausland veranstaltet werden soll, ist die Anzeige nach Satz 1 bei der für den Ort der Niederlassung des Veranstalters zuständigen Behörde abzugeben.

(3) Die Anzeige nach Absatz 2 Satz 1 muss enthalten:

1. den Ort, das Datum und die Uhrzeit des Wanderlagers,
2. den Namen des Veranstalters sowie desjenigen, für dessen Rechnung die Waren oder Leistungen vertrieben werden, einschließlich die Anschrift, unter der diese Personen niedergelassen sind, bei juristischen Personen zusätzlich die Rechtsform und die Vertretungsberechtigten,
3. Angaben, die eine schnelle Kontaktaufnahme und unmittelbare Kommunikation mit dem Veranstalter ermöglichen, einschließlich einer Telefonnummer und einer E-Mail-Adresse,
4. die Angabe des Handelsregisters, Vereinsregisters oder Genossenschaftsregisters, in das der Veranstalter eingetragen ist, und die entsprechende Registernummer,
5. den Wortlaut und die Form der beabsichtigten öffentlichen Ankündigung und
6. den Namen eines schriftlich bevollmächtigten Vertreters des in der Anzeige genannten Veranstalters des Wanderlagers, der dieses an Ort und Stelle für den Veranstalter leitet.

(4) [1] Der Veranstalter eines Wanderlagers hat sicherzustellen, dass in der öffentlichen Ankündigung eines Wanderlagers folgende Informationen enthalten sind:

1. die Art der Ware oder Leistung, die im Rahmen des Wanderlagers vertrieben wird,
2. der Ort des Wanderlagers,
3. der Name des Veranstalters, die Anschrift, unter der er niedergelassen ist, sowie Angaben, die eine schnelle Kontaktaufnahme und unmittelbare Kommunikation mit dem Veranstalter ermöglichen, einschließlich einer Telefonnummer und einer E-Mail-Adresse, und
4. in leicht erkennbarer und deutlich lesbarer oder sonst gut wahrnehmbarer Form Informationen darüber, unter welchen Bedingungen dem Verbraucher bei Verträgen, die im Rahmen des Wanderlagers abgeschlossen werden, ein Widerrufs*recht zusteht.*

---

1) § 56a neu gef. mWv 28.5.2022 durch G v. 10.8.2021 (BGBl. I S. 3504).
2) Zur Nichtanwendung von § 56a Abs. 2, 3, 5 und 7 Nr. 1 vgl. § 4.

[2] In der öffentlichen Ankündigung eines Wanderlagers dürfen unentgeltliche Zuwendungen in Form von Waren oder Leistungen einschließlich Preisausschreiben, Verlosungen und Ausspielungen nicht angekündigt werden.

(5) [1] Wenn das Wanderlager nach Absatz 2 Satz 1 anzuzeigen ist, so darf es vorbehaltlich des Satzes 2 an Ort und Stelle nur durch den in der Anzeige genannten Veranstalter geleitet werden. [2] Der Veranstalter darf sich durch eine von ihm schriftlich bevollmächtigte Person vertreten lassen.

(6) [1] Es ist verboten, anlässlich eines Wanderlagers im Sinne des Absatzes 2 Satz 1 folgende Leistungen oder Waren zu vertreiben oder zu vermitteln:

1. Finanzanlagen im Sinne des § 34f Absatz 1 Satz 1, Versicherungsverträge und Bausparverträge sowie Immobiliar-Verbraucherdarlehensverträge im Sinne des § 34i Absatz 1 Satz 1 oder entsprechende entgeltliche Finanzierungshilfen;
2. Medizinprodukte im Sinne von Artikel 2 Nummer 1 der Verordnung (EU) 2017/745 des Europäischen Parlaments und des Rates vom 5. April 2017 über Medizinprodukte, zur Änderung der Richtlinie 2001/83/EG, der Verordnung (EG) Nr. 178/2002 und der Verordnung (EG) Nr. 1223/2009 und zur Aufhebung der Richtlinien 90/385/EWG und 93/42/EWG des Rates (ABl. L 117 vom 5.5.2017, S. 1; L 117 vom 3.5.2019, S. 9; L 334 vom 27.12.2019, S. 165), die durch die Verordnung (EU) 2020/561 (ABl. L 130 vom 24.4.2020, S. 18) geändert worden ist, in der jeweils geltenden Fassung;
3. Nahrungsergänzungsmittel im Sinne von § 1 Absatz 1 der Nahrungsergänzungsmittelverordnung.

[2] Satz 1 gilt nicht, wenn sich das Wanderlager ausschließlich an Personen richtet, die das Wanderlager im Rahmen ihres Geschäftsbetriebes aufsuchen. [3] § 56 bleibt unberührt.

(7) Die zuständige Behörde kann die Veranstaltung eines Wanderlagers untersagen, wenn

1. die Anzeige nach Absatz 2 Satz 1 nicht rechtzeitig, nicht wahrheitsgemäß oder nicht vollständig erstattet wurde oder
2. die öffentliche Ankündigung nicht Absatz 4 entspricht.

§ 57[1)] [2)] Versagung der Reisegewerbekarte. (1) Die Reisegewerbekarte ist zu versagen, wenn Tatsachen die Annahme rechtfertigen, daß der Antragsteller die für die beabsichtigte Tätigkeit erforderliche Zuverlässigkeit nicht besitzt.

(2) Im Falle der Ausübung des Bewachungsgewerbes, des Gewerbes der Makler, Bauträger und Baubetreuer, Wohnimmobilienverwalter, des Versicherungsvermittlergewerbes, des Versicherungsberatergewerbes, des Gewerbes des Finanzanlagenvermittlers und Honorar-Finanzanlagenberaters sowie des Gewerbes des Immobiliardarlehensvermittlers gelten die Versagungsgründe der §§ 34a, 34c, 34d, 34f, 34h oder 34i entsprechend.

[1)] § 57 bish. Text wird Abs. 1, Abs. 2 und 3 angef. mWv 1.1.2003 durch G v. 24.8.2002 (BGBl. I S. 3412); Abs. 2 neu gef. mWv 22.5.2007 durch G v. 19.12.2006 (BGBl. I S. 3232); Abs. 2 und 3 geänd. mWv 14.9.2007 durch G v. 7.9.2007 (BGBl. I S. 2246); Abs. 2 geänd. mWv 1.1.2013 durch G v. 6.12. 2011 (BGBl. I S. 2481); Abs. 2 geänd. mWv 1.8.2014 durch G v. 15.7.2013 (BGBl. I S. 2390); Abs. 2 geänd. mWv 21.3.2016 durch G v. 11.3.2016 (BGBl. I S. 396); Abs. 2 geänd. mWv 23.2.2018 durch G v. 20.7.2017 (BGBl. I S. 2789); Abs. 2 geänd. mWv 1.8.2018 durch G v. 17.10.2017 (BGBl. I S. 3562).

[2)] Zur Nichtanwendung von § 57 Abs. 3 vgl. § 4.

(3) Die Ausübung des Versteigerergewerbes als Reisegewerbe ist nur zulässig, wenn der Gewerbetreibende die nach § 34b Abs. 1 erforderliche Erlaubnis besitzt.

(Fortsetzung nächstes Blatt)

Titel VIa. Handwerksrolle

§§ 104o bis 104u (weggefallen)

Titel VII.[1] Arbeitnehmer

I.[2] Allgemeine arbeitsrechtliche Grundsätze

§ 105[3] Freie Gestaltung des Arbeitsvertrages. [1] Arbeitgeber und Arbeitnehmer können Abschluss, Inhalt und Form des Arbeitsvertrages frei vereinbaren, soweit nicht zwingende gesetzliche Vorschriften, Bestimmungen eines anwendbaren Tarifvertrages oder einer Betriebsvereinbarung entgegenstehen. [2] Soweit die Vertragsbedingungen wesentlich sind, richtet sich ihr Nachweis nach den Bestimmungen des Nachweisgesetzes[4].

§ 106[5] Weisungsrecht des Arbeitgebers. [1] Der Arbeitgeber kann Inhalt, Ort und Zeit der Arbeitsleistung nach billigem Ermessen näher bestimmen, soweit diese Arbeitsbedingungen nicht durch den Arbeitsvertrag, Bestimmungen einer Betriebsvereinbarung, eines anwendbaren Tarifvertrages oder gesetzliche Vorschriften festgelegt sind. [2] Dies gilt auch hinsichtlich der Ordnung und des Verhaltens der Arbeitnehmer im Betrieb. [3] Bei der Ausübung des Ermessens hat der Arbeitgeber auch auf Behinderungen des Arbeitnehmers Rücksicht zu nehmen.

§ 107[5] Berechnung und Zahlung des Arbeitsentgelts. (1) Das Arbeitsentgelt ist in Euro zu berechnen und auszuzahlen.

(2) [1] Arbeitgeber und Arbeitnehmer können Sachbezüge als Teil des Arbeitsentgelts vereinbaren, wenn dies dem Interesse des Arbeitnehmers oder der Eigenart des Arbeitsverhältnisses entspricht. [2] Der Arbeitgeber darf dem Arbeitnehmer keine Waren auf Kredit überlassen. [3] Er darf ihm nach Vereinbarung Waren in Anrechnung auf das Arbeitsentgelt überlassen, wenn die Anrechnung zu den durchschnittlichen Selbstkosten erfolgt. [4] Die geleisteten Gegenstände müssen mittlerer Art und Güte sein, soweit nicht ausdrücklich eine andere Vereinbarung getroffen worden ist. [5] Der Wert der vereinbarten Sachbezüge oder die Anrechnung der überlassenen Waren auf das Arbeitsentgelt darf die Höhe des pfändbaren Teils des Arbeitsentgelts nicht übersteigen.

(3) [1] Die Zahlung eines regelmäßigen Arbeitsentgelts kann nicht für die Fälle ausgeschlossen werden, in denen der Arbeitnehmer für seine Tätigkeit von Dritten ein Trinkgeld erhält. [2] Trinkgeld ist ein Geldbetrag, den ein Dritter ohne rechtliche Verpflichtung dem Arbeitnehmer zusätzlich zu einer dem Arbeitgeber geschuldeten Leistung zahlt.

§ 108[6] Abrechnung des Arbeitsentgelts. (1) [1] Dem Arbeitnehmer ist bei Zahlung des Arbeitsentgelts eine Abrechnung in Textform zu erteilen. [2] Die Abrechnung muss mindestens Angaben über Abrechnungszeitraum und Zusammen-

---

[1] Titel VII Überschr. neu gef. mWv 1.1.2003 durch G v. 24.8.2002 (BGBl. I S. 3412).

[2] I. Abschn. Überschr. neu gef. mWv 1.1.2003 durch G v. 24.8.2002 (BGBl. I S. 3412).

[3] § 105 neu gef. mWv 1.1.2003 durch G v. 24.8.2002 (BGBl. I S. 3412).

[4] **Habersack, Deutsche Gesetze ErgBd. Nr. 78a.**

[5] §§ 106 und 107 eingef. mWv 1.1.2003 durch G v. 24.8.2002 (BGBl. I S. 3412).

[6] § 108 eingef. mWv 1.1.2003 durch G v. 24.8.2002 (BGBl. I S. 3412); Abs. 3 angef. mWv 23.12.2007 durch G v. 19.12.2007 (BGBl. I S. 3024); Abs. 3 neu gef. mWv 2.4.2009 durch G v. 28.3.2009 (BGBl. I S. 634); Abs. 3 neu gef. mWv 3.12.2011 durch G v. 23.11.2011 (BGBl. I S. 2298); Abs. 3 Satz 1 geänd. →

setzung des Arbeitsentgelts enthalten. 3 Hinsichtlich der Zusammensetzung sind insbesondere Angaben über Art und Höhe der Zuschläge, Zulagen, sonstige Vergütungen, Art und Höhe der Abzüge, Abschlagszahlungen sowie Vorschüsse erforderlich.

(2) Die Verpflichtung zur Abrechnung entfällt, wenn sich die Angaben gegenüber der letzten ordnungsgemäßen Abrechnung nicht geändert haben.

(3) 1 Das Bundesministerium für Arbeit und Soziales wird ermächtigt, das Nähere zum Inhalt und Verfahren einer Entgeltbescheinigung, die zu Zwecken nach dem Sozialgesetzbuch sowie zur Vorlage bei den Sozial- und Familiengerichten verwendet werden kann, durch Rechtsverordnung[1)] zu bestimmen. 2 Besoldungsmitteilungen für Beamte, Richter oder Soldaten, die inhaltlich der Entgeltbescheinigung nach Satz 1 entsprechen, können für die in Satz 1 genannten Zwecke verwendet werden. 3 Der Arbeitnehmer kann vom Arbeitgeber zu anderen Zwecken eine weitere Entgeltbescheinigung verlangen, die sich auf die Angaben nach Absatz 1 beschränkt.

§ 109[2)] Zeugnis. (1) 1 Der Arbeitnehmer hat bei Beendigung eines Arbeitsverhältnisses Anspruch auf ein schriftliches Zeugnis. 2 Das Zeugnis muss mindestens Angaben zu Art und Dauer der Tätigkeit (einfaches Zeugnis) enthalten. 3 Der Arbeitnehmer kann verlangen, dass sich die Angaben darüber hinaus auf Leistung und Verhalten im Arbeitsverhältnis (qualifiziertes Zeugnis) erstrecken.

(2) 1 Das Zeugnis muss klar und verständlich formuliert sein. 2 Es darf keine Merkmale oder Formulierungen enthalten, die den Zweck haben, eine andere als aus der äußeren Form oder aus dem Wortlaut ersichtliche Aussage über den Arbeitnehmer zu treffen.

(3) Die Erteilung des Zeugnisses in elektronischer Form ist ausgeschlossen.

§ 110[3)] Wettbewerbsverbot. 1 Arbeitgeber und Arbeitnehmer können die berufliche Tätigkeit des Arbeitnehmers für die Zeit nach Beendigung des Arbeitsverhältnisses durch Vereinbarung beschränken (Wettbewerbsverbot). 2 Die §§ 74 bis 75f des Handelsgesetzbuches[4)] sind entsprechend anzuwenden.

§§ 111, 112 (weggefallen)

§§ 113–132a[5)] *(aufgehoben)*

(Fortsetzung der Anm. von voriger Seite)
mWv 1.1.2016 durch G v. 15.4.2015 (BGBl. I S. 583); Abs. 3 Satz 2 eingef., bish. Satz 2 wird Satz 3 mWv 1.1.2017 durch G v. 11.11.2016 (BGBl. I S. 2500).

1) *Siehe die EntgeltbescheinigungsVO* ***(Gewerberecht Nr. 13).***

2) § 109 eingef. mWv 1.1.2003 durch G v. 24.8.2002 (BGBl. I S. 3412).

3) § 110 eingef. mWv 1.1.2003 durch G v. 24.8.2002 (BGBl. I S. 3412).

4) **Habersack, Deutsche Gesetze Nr. 50.**

5) §§ 113 bis 132a aufgeh. mWv 1.1.2003 durch G v. 24.8.2002 (BGBl. I S. 3412).

l) nach § 34d Absatz 2 Satz 1 über eine Versicherung oder Rückversicherung berät,
m) nach § 34f Absatz 1 Satz 1 Anlageberatung oder Anlagevermittlung erbringt,
n) nach § 34h Absatz 1 Satz 1 Anlageberatung erbringt oder
o) nach § 34i Absatz 1 Satz 1 den Abschluss von Verträgen der dort bezeichneten Art vermittelt oder Dritte zu solchen Verträgen berät,

2. ohne Zulassung nach § 31 Absatz 1 Leben oder Eigentum fremder Personen auf einem Seeschiff bewacht,
3. einer vollziehbaren Auflage nach § 31 Absatz 2 Satz 2 zuwiderhandelt oder
4. ohne eine nach § 47 erforderliche Erlaubnis das Gewerbe durch einen Stellvertreter ausüben läßt.

(2) Ordnungswidrig handelt auch, wer vorsätzlich oder fahrlässig

1. einer Rechtsverordnung nach § 31 Absatz 4 Satz 1 Nummer 1, 2, 3 Buchstabe a bis c oder Buchstabe d oder Nummer 4 oder Satz 2 oder einer vollziehbaren Anordnung auf Grund einer solchen Rechtsverordnung zuwiderhandelt, soweit die Rechtsverordnung für einen bestimmten Tatbestand auf diese Bußgeldvorschrift verweist,

1a. einer Rechtsverordnung nach § 33f Absatz 1 Nummer 1, 2 oder 4 oder einer vollziehbaren Anordnung aufgrund einer solchen Rechtsverordnung zuwiderhandelt, soweit die Rechtsverordnung für einen bestimmten Tatbestand auf diese Bußgeldvorschrift verweist,

1b. einer Rechtsverordnung nach § 33g Nr. 2, § 34 Abs. 2, § 34a Abs. 2, § 34b Abs. 8, § 34e Absatz 1 Satz 1 Nummer 2, 4 oder 7, Absatz 2 oder 3 oder § 38 Abs. 3 oder einer vollziehbaren Anordnung auf Grund einer solchen Rechtsverordnung zuwiderhandelt, soweit die Rechtsverordnung für einen bestimmten Tatbestand auf diese Bußgeldvorschrift verweist,

2. entgegen § 34 Abs. 4 bewegliche Sachen mit Gewährung des Rückkaufsrechts ankauft,

3. einer vollziehbaren Auflage nach § 33a Abs. 1 Satz 3, § 33c Abs. 1 Satz 3, § 33d Abs. 1 Satz 2, § 33e Abs. 3, § 33i Abs. 1 Satz 2, § 34 Abs. 1 Satz 2, § 34a Abs. 1 Satz 2, § 34b Abs. 3, § 34d Absatz 4 Satz 1, auch in Verbindung mit Absatz 6 Satz 3, oder § 36 Abs. 1 Satz 3 oder einer vollziehbaren Anordnung nach § 33c Abs. 3 Satz 3 oder § 34a Abs. 4 zuwiderhandelt,

4. ein Spielgerät ohne die nach § 33c Abs. 3 Satz 1 erforderliche Bestätigung der zuständigen Behörde aufstellt,

4a. entgegen § 33c Absatz 3 Satz 4 eine Person beschäftigt,

5. einer vollziehbaren Auflage nach § 34c Abs. 1 Satz 2, § 34f Absatz 1 Satz 2, § 34h Absatz 1 Satz 2 oder § 34i Absatz 1 Satz 2 zuwiderhandelt,

6. einer Rechtsverordnung nach § 34c Abs. 3 oder § 34g Absatz 1 Satz 1 oder Absatz 2 Satz 1 Nummer 1, 2 oder 4 oder Satz 2 oder § 34j oder einer vollziehbaren Anordnung auf Grund einer solchen Rechtsverordnung zuwiderhandelt, soweit die Rechtsverordnung für einen bestimmten Tatbestand auf diese Bußgeldvorschrift verweist,

7. entgegen § 34d Absatz 1 Satz 7 eine Sondervergütung gewährt oder verspricht,

7a. entgegen § 34d Absatz 2 Satz 4, auch in Verbindung mit einer Rechtsverordnung nach § 34e Absatz 1 Nummer 3, eine Zuwendung annimmt,

7b. entgegen § 34d Absatz 2 Satz 6 die Auskehrung einer Zuwendung nicht, nicht vollständig oder nicht rechtzeitig veranlasst,

7c. entgegen § 34d Absatz 9 Satz 2 in Verbindung mit einer Rechtsverordnung nach § 34e Absatz 1 Satz 1 Nummer 2 Buchstabe c sich nicht, nicht richtig, nicht vollständig oder nicht rechtzeitig weiterbildet,
8. entgegen § 34d Absatz 10 Satz 1 oder § 34f Absatz 5 oder 6 Satz 1 eine Eintragung nicht, nicht richtig oder nicht rechtzeitig vornehmen lässt,
9. entgegen § 34d Absatz 10 Satz 2, § 34f Absatz 5 oder Absatz 6 Satz 2 oder § 34i Absatz 8 Nummer 3 eine Mitteilung nicht, nicht richtig, nicht vollständig oder nicht rechtzeitig macht,
10. entgegen § 34h Absatz 3 Satz 2 oder § 34i Absatz 5 eine Zuwendung annimmt oder
11. entgegen § 34h Absatz 3 Satz 3 eine Zuwendung nicht, nicht vollständig oder nicht rechtzeitig auskehrt.

(3) Ordnungswidrig handelt ferner, wer vorsätzlich oder fahrlässig bei einer Versteigerung einer Vorschrift des § 34b Abs. 6 oder 7 zuwiderhandelt.

(4) Die Ordnungswidrigkeit kann in den Fällen des Absatzes 1 Nummer 1 Buchstabe m und n und Nummer 2 mit einer Geldbuße bis zu fünfzigtausend Euro, in den Fällen des Absatzes 1 Nummer 1 Buchstabe a bis l und o, Nummer 3 und 4 und des Absatzes 2 Nummer 1, 1a und 5 bis 11 mit einer Geldbuße bis zu fünftausend Euro, in den Fällen des Absatzes 2 Nummer 1b und 2 bis 4a mit einer Geldbuße bis zu dreitausend Euro und in den Fällen des Absatzes 3 mit einer Geldbuße bis zu eintausend Euro geahndet werden.

(5) Verwaltungsbehörde im Sinne des § 36 Absatz 1 Nummer 1 des Gesetzes über Ordnungswidrigkeiten[1] ist in den Fällen des Absatzes 1 Nummer 2 und 3 und des Absatzes 2 Nummer 1 das Bundesamt für Wirtschaft und Ausfuhrkontrolle.

§ 145[2] Verletzung von Vorschriften über das Reisegewerbe. (1) Ordnungswidrig handelt, wer vorsätzlich oder fahrlässig
1. ohne Erlaubnis nach § 55 Abs. 2
   a) eine Tätigkeit nach § 34f Absatz 1 Satz 1 oder § 34h Absatz 1 Satz 1 oder
   b) eine sonstige Tätigkeit als Reisegewerbe betreibt,
2. einer auf Grund des § 55f erlassenen Rechtsverordnung zuwiderhandelt, soweit sie für einen bestimmten Tatbestand auf diese Bußgeldvorschrift verweist,

2a. entgegen § 57 Abs. 3 das Versteigerergewerbe als Reisegewerbe ausübt,
3. einer vollziehbaren Anordnung nach § 59 Satz 1, durch die

---

[1] **Habersack, Deutsche Gesetze Nr. 94.**

[2] § 145 Abs. 4 geänd. mWv 1.1.2002 durch G v. 10.11.2001 (BGBl. I S. 2992); Abs. 1 Nr. 1 und 3 neu gef., Nr. 2a eingef., Abs. 2 Nr. 6 und 7 geänd., Nr. 8 angef., Abs. 3 Nr. 1 und Abs. 4 geänd. mWv 1.1. 2003 durch G v. 24.8.2002 (BGBl. I S. 3412); Abs. 2 Nr. 5 aufgeh. mWv 1.1.2004 durch G v. 24.12.2003 (BGBl. I S. 2934); Abs. 2 Nr. 7 und 8, Abs. 4 geänd., Abs. 2 Nr. 9 angef. mWv 1.7.2005 durch G v. 21.6. 2005 (BGBl. I S. 1666); Abs. 2 Nr. 8 und Abs. 3 Nr. 6 geänd. mWv 22.5.2007 durch G v. 19.12.2006 (BGBl. I S. 3232); Abs. 1 Nr. 1 Buchst a, Nr. 3 Buchst. a geänd. mWv 1.11.2007 durch G v. 16.7.2007 (BGBl. I S. 1330); Abs. 3 Nr. 3 neu gef., Nr. 9 und 10 geänd., Nr. 11 angef. mWv 14.9.2007 durch G v. 7.9.2007 (BGBl. I S. 2246); Abs. 3 Nr. 10 neu gef. mWv 25.3.2009 durch G v. 17.3.2009 (BGBl. I S. 550); Abs. 3 Nr. 5 aufgeh., Nr. 6 bis 9 geänd. mWv 28.12.2009 durch G v. 17.7.2009 (BGBl. I S. 2091); Abs. 1 Nr. 1 Buchst. a, Nr. 3 Buchst. a und Abs. 2 Nr. 9 geänd. mWv 1.1.2013 durch G v. 6.12.2011 (BGBl. I S. 2481); Abs. 1 Nr. 1 Buchst. a und Nr. 3 Buchst. a geänd. mWv 1.8.2014 durch G v. 15.7.2013 (BGBl. I S. 2390); Abs. 2 Nr. 9 neu gef. mWv 21.3.2016 durch G v. 11.3.2016 (BGBl. I S. 396); Abs. 2 Nr. 8 geänd. mWv 23.2.2018 durch G v. 20.7.2017 (BGBl. I S. 2789); Abs. 3 Nr. 1 geänd., Nr. 3–7 eingef., bish. Nr. 3 und 4 werden Nr. 8 und 9, Nr. 6–9 aufgeh., Abs. 4 geänd. mWv 28.5.2022 durch G v. 10.8. 2021 (BGBl. I S. 3504).

a) eine reisegewerbliche Tätigkeit nach § 34f Absatz 1 Satz 1 oder § 34h Absatz 1 Satz 1 oder

b) eine sonstige reisegewerbliche Tätigkeit untersagt wird,

zuwiderhandelt oder

4. ohne die nach § 60a Abs. 2 Satz 2 oder Abs. 3 Satz 1 erforderliche Erlaubnis ein dort bezeichnetes Reisegewerbe betreibt.

(2) Ordnungswidrig handelt auch, wer vorsätzlich oder fahrlässig

1. einer auf Grund des § 60a Abs. 2 Satz 4 in Verbindung mit § 33f Abs. 1 oder § 33g Nr. 2 erlassenen Rechtsverordnung zuwiderhandelt, soweit sie für einen bestimmten Tatbestand auf diese Bußgeldvorschrift verweist,
2. Waren im Reisegewerbe
   a) entgegen § 56 Abs. 1 Nr. 1 vertreibt,
   b) entgegen § 56 Abs. 1 Nr. 2 feilbietet oder ankauft oder
   c) entgegen § 56 Abs. 1 Nr. 3 feilbietet,
3. (weggefallen)
4. (weggefallen)
5. *(aufgehoben)*
6. entgegen § 56 Abs. 1 Nr. 6 Rückkauf- oder Darlehensgeschäfte abschließt oder vermittelt,
7. einer vollziehbaren Auflage nach
   a) § 55 Abs. 3, auch in Verbindung mit § 56 Abs. 2 Satz 3 zweiter Halbsatz,
   b) § 60a Abs. 2 Satz 4 in Verbindung mit § 33d Abs. 1 Satz 2 oder
   c) § 60a Abs. 3 Satz 2 in Verbindung mit § 33i Abs. 1 Satz 2

   zuwiderhandelt,
8. einer Rechtsverordnung nach § 61a Abs. 2 Satz 1 in Verbindung mit § 34a Abs. 2, § 34b Abs. 8, § 34e Absatz 1 Satz 1 Nummer 2, 4 oder 7, Absatz 2 oder 3 oder einer vollziehbaren Anordnung auf Grund einer solchen Rechtsverordnung zuwiderhandelt, soweit die Rechtsverordnung für einen bestimmten Tatbestand auf diese Bußgeldvorschrift verweist oder
9. einer Rechtsverordnung nach § 61a Absatz 2 Satz 1 in Verbindung mit § 34c Absatz 3, mit § 34g Absatz 1 Satz 1 oder Absatz 2 Satz 1 Nummer 1, 2 oder 4 oder Satz 2, mit § 34j Absatz 1 Nummer 1 oder 3 oder Absatz 2 oder einer vollziehbaren Anordnung auf Grund dieser Rechtsverordnung zuwiderhandelt, soweit die Rechtsverordnung für einen bestimmten Tatbestand auf diese Bußgeldvorschrift verweist.

(3) Ordnungswidrig handelt ferner, wer vorsätzlich oder fahrlässig

1. entgegen § 55c oder § 56a Absatz 2 Satz 1, auch in Verbindung mit Satz 2, eine Anzeige nicht, nicht richtig, nicht vollständig oder nicht rechtzeitig erstattet,
2. an Sonn- oder Feiertagen eine im § 55e Abs. 1 bezeichnete Tätigkeit im Reisegewerbe ausübt,
3. entgegen § 56a Absatz 4 Satz 1 nicht sicherstellt, dass in der öffentlichen Ankündigung die dort genannten Informationen enthalten sind,
4. entgegen § 56a Absatz 4 Satz 2 eine Zuwendung ankündigt,
5. entgegen § 56a Absatz 5 Satz 1 ein Wanderlager leitet,
6. entgegen § 56a Absatz 6 Satz 1 eine Leistung oder Ware vertreibt oder vermittelt,
7. einer vollziehbaren Anordnung nach § 56a Absatz 7 zuwiderhandelt,

8. entgegen § 60c Abs. 1 Satz 1, auch in Verbindung mit § 56 Abs. 2 Satz 3 zweiter Halbsatz oder § 60c Abs. 2 Satz 2 oder Abs. 3 Satz 2, die Reisegewerbekarte oder eine dort genannte Unterlage nicht bei sich führt oder nicht oder nicht rechtzeitig vorzeigt oder eine dort genannte Tätigkeit nicht oder nicht rechtzeitig einstellt,
9. entgegen § 60c Abs. 1 Satz 2, auch in Verbindung mit § 56 Abs. 2 Satz 3, die geführten Waren nicht vorlegt,
10. entgegen § 60c Abs. 2 Satz 1 eine Zweitschrift oder eine beglaubigte Kopie der Reisegewerbekarte nicht oder nicht rechtzeitig aushändigt oder
11. entgegen § 60c Abs. 3 Satz 1 eine dort genannte Unterlage nicht mit sich führt.

(4) Die Ordnungswidrigkeit kann in den Fällen des Absatzes 1 Nr. 1 Buchstabe a und Nr. 3 Buchstabe a mit einer Geldbuße bis zu fünfzigtausend Euro, in den Fällen des Absatzes 3 mit einer Geldbuße bis zu zehntausend Euro, in den Fällen des Absatzes 1 Nr. 1 Buchstabe b, Nr. 2, 2a, 3 Buchstabe b, Nr. 4 und des Absatzes 2 Nr. 9 mit einer Geldbuße bis zu fünftausend Euro und in den Fällen des Absatzes 2 Nr. 1 bis 8 mit einer Geldbuße bis zu zweitausendfünfhundert Euro geahndet werden.

§ 146[1)] Verletzung sonstiger Vorschriften über die Ausübung eines Gewerbes. (1) Ordnungswidrig handelt, wer vorsätzlich oder fahrlässig

1. einer vollziehbaren Anordnung
   a) nach § 35 Abs. 1 Satz 1 oder 2,
   b) nach § 35 Abs. 7a Satz 1, 3 in Verbindung mit Abs. 1 Satz 1 oder 2 oder
   c) nach § 35 Abs. 9 in Verbindung mit den in den Buchstaben a oder b genannten Vorschriften

   zuwiderhandelt,

1a. einer mit einer Erlaubnis nach § 35 Abs. 2, auch in Verbindung mit Abs. 9, verbundenen vollziehbaren Auflage zuwiderhandelt oder
2. entgegen einer vollziehbaren Anordnung nach § 51 Satz 1 eine gewerbliche Anlage benutzt.

(2) Ordnungswidrig handelt ferner, wer vorsätzlich oder fahrlässig

1. einer Rechtsverordnung[2)] nach § 6c oder einer vollziehbaren Anordnung auf Grund einer solchen Rechtsverordnung zuwiderhandelt, soweit die Rechts-

---

[1)] § 146 Abs. 3 geänd. mWv 1.1.2002 durch G v. 10.11.2001 (BGBl. I S. 2992); Abs. 2 Nr. 4, 5 und neue Nr. 10, Abs. 3 geänd., Abs. 2 Nr. 8 neu gef., Nr. 9 eingef., Nr. 11 angef., bish. Nr. 9 wird Nr. 10, bish. Nr. 10 wird Nr. 12 mWv 1.1.2003 durch G v. 24.8.2002 (BGBl. I S. 3412); Abs. 2 Nr. 11 und Abs. 3 geänd., Nr. 11a eingef. mWv 1.7.2005 durch G v. 21.6.2005 (BGBl. I S. 1666); Abs. 2 Nr. 11 geänd. mWv 22.5.2007 durch G v. 19.12.2006 (BGBl. I S. 3232); Abs. 2 Nr. 8 Buchst. a geänd. mWv 1.11.2007 durch G v. 16.7.2007 (BGBl. I S. 1330); Abs. 2 Nr. 1 und 8 geänd. mWv 14.9.2007 durch G v. 7.9.2007 (BGBl. I S. 2246); Abs. 2 Nr. 2 und 3 aufgeh. mWv 25.3.2009 durch G v. 17.3.2009 (BGBl. I S. 550); Abs. 2 Nr. 1 eingef., bish. Nr. 1 wird Nr. 2, Nr. 3 eingef., Nr. 10 aufgeh. mWv 28.12.2009 durch G v. 17.7.2009 (BGBl. I S. 2091); Abs. 2 Nr. 2 neu gef. mWv 15.7.2011 durch G v. 11.7.2011 (BGBl. I S. 1341); Abs. 2 Nr. 8 Buchst. a geänd. mWv 1.1.2013 durch G v. 6.12.2011 (BGBl. I S. 2481); Abs. 2 Nr. 11a geänd. mWv 13.3.2013 durch G v. 4.3.2013 (BGBl. I S. 362); Abs. 2 Nr. 8 Buchst. a geänd. mWv 1.8.2014 durch G v. 15.7.2013 (BGBl. I S. 2390); Abs. 2 Nr. 2 Buchst. a eingef., bish. Buchst. a und b werden Buchst. b und c mWv 18.1.2016 durch G v. 22.12.2015 (BGBl. I S. 2572); Abs. 2 Nr. 11a geänd. mWv 21.3.2016 durch G v. 11.3.2016 (BGBl. I S. 396); Abs. 2 Nr. 11 geänd. mWv 23.2.2018 durch G v. 20.7.2017 (BGBl. I S. 2789); Abs. 2 Nr. 1a eingef. mWv 1.1.2019 durch G v. 29.11.2018 (BGBl. I S. 2666).

[2)] Siehe die Dienstleistungs-Informationspflichten-VO **(Gewerberecht Nr. 12)**.

verordnung für einen bestimmten Tatbestand auf diese Bußgeldvorschrift verweist,

1a. entgegen § 11b Absatz 6 Satz 2 oder 3 eine Mitteilung nicht, nicht richtig, nicht vollständig, nicht in der vorgeschriebenen Weise oder nicht rechtzeitig macht,

2. entgegen
   a) § 13a Absatz 1 Satz 1 oder Absatz 6 Satz 2,
   b) § 14 Absatz 1 Satz 1, auch in Verbindung mit Satz 2, Absatz 2 oder einer Rechtsverordnung nach § 14 Absatz 14 Satz 2 Nummer 1, oder
   c) § 14 Absatz 3 Satz 1

   eine Anzeige nicht, nicht richtig, nicht vollständig oder nicht rechtzeitig erstattet,

3. entgegen § 14 Absatz 3 Satz 2 oder Satz 3 eine dort genannte Angabe nicht, nicht richtig, nicht vollständig, nicht in der vorgeschriebenen Weise oder nicht rechtzeitig anbringt,

4. entgegen § 29 Abs. 1, auch in Verbindung mit Abs. 4, jeweils auch in Verbindung mit § 61a Abs. 1 oder § 71b Abs. 1, eine Auskunft nicht, nicht richtig, nicht vollständig oder nicht rechtzeitig erteilt,

5. im Wochenmarktverkehr andere als nach § 67 Abs. 1 oder 2 zugelassene Waren feilbietet,

6. entgegen § 69 Abs. 3 eine Anzeige nicht, nicht richtig oder nicht rechtzeitig erstattet,

7. einer vollziehbaren Auflage nach § 69a Abs. 2, auch in Verbindung mit § 60b Abs. 2 erster Halbsatz, zuwiderhandelt,

8. einer vollziehbaren Anordnung nach § 70a Abs. 1, auch in Verbindung mit § 60b Abs. 2, zuwiderhandelt, durch die die Teilnahme an einer dort genannten Veranstaltung
   a) zum Zwecke der Ausübung einer Tätigkeit nach § 34f Absatz 1 Satz 1 oder § 34h Absatz 1 Satz 1 oder
   b) zum Zwecke der Ausübung einer sonstigen gewerbsmäßigen Tätigkeit

   untersagt wird,

9. entgegen § 70a Abs. 3 das Versteigerergewerbe auf einer Veranstaltung im Sinne der §§ 64 bis 68 ausübt,

10. *(aufgehoben)*

11. einer Rechtsverordnung nach § 71b Abs. 2 Satz 1 in Verbindung mit § 34a Abs. 2, § 34b Abs. 8, § 34e Absatz 1 Satz 1 Nummer 2, 4 oder 7, Absatz 2 oder 3 oder einer vollziehbaren Anordnung auf Grund einer solchen Rechtsverordnung zuwiderhandelt, soweit die Rechtsverordnung für einen bestimmten Tatbestand auf diese Bußgeldvorschrift verweist,

11a. einer Rechtsverordnung nach § 71b Abs. 2 Satz 1 in Verbindung mit § 34c Abs. 3, § 34g Absatz 1 Satz 1 oder Absatz 2 Satz 1 Nummer 1, 2 oder Nummer 4 oder Satz 2 oder § 34j oder einer vollziehbaren Anordnung auf Grund dieser Rechtsverordnung zuwiderhandelt, soweit die Rechtsverordnung für einen bestimmten Tatbestand auf diese Bußgeldvorschrift verweist oder

12. entgegen einer nach § 133 Abs. 2 Satz 1 ergangenen Rechtsverordnung die Berufsbezeichnung „Baumeister“ oder eine Berufsbezeichnung führt, die das Wort „Baumeister“ enthält und auf eine Tätigkeit im Baugewerbe hinweist.

(3) Die Ordnungswidrigkeit kann in den Fällen des Absatzes 2 Nr. 8 Buchstabe a mit einer Geldbuße bis zu fünfzigtausend Euro, in den Fällen des Absatzes 1 und 2 Nr. 11a mit einer Geldbuße bis zu fünftausend Euro, in den Fällen des Absatzes 2 Nr. 4 und 7 mit einer Geldbuße bis zu zweitausendfünfhundert Euro, in den übrigen Fällen des Absatzes 2 mit einer Geldbuße bis zu eintausend Euro geahndet werden.

§ 147[1] Verletzung von Arbeitsschutzvorschriften. (1) Ordnungswidrig handelt, wer vorsätzlich oder fahrlässig

1. eine Besichtigung oder Prüfung nach § 139b Abs. 1 Satz 2, Abs. 4, 6 Satz 1 oder 2 nicht gestattet oder
2. entgegen § 139b Abs. 5 eine vorgeschriebene statistische Mitteilung nicht, nicht richtig, nicht vollständig oder nicht rechtzeitig macht.

(2) Die Ordnungswidrigkeit kann mit einer Geldbuße geahndet werden.

(Fortsetzung nächstes Blatt)

[1] § 147 Abs. 3 geänd. mWv 1.1.2002 durch G v. 10.11.2001 (BGBl. I S. 2992); bish. Abs. 1 und 3 aufgeh., bish. Abs. 2 wird Abs. 1 und geänd., neuer Abs. 2 eingef. mWv 1.1.2003 durch G v. 24.8.2002 (BGBl. I S. 3412).

805. Gesetz über den Ladenschluss[1) 2)]

In der Fassung der Bekanntmachung vom 2. Juni 2003[3)]
(BGBl. I S. 744)

FNA 8050-20

geänd. durch Art. 2 Abs. 3 Siebtes ÄndG v. 7.7.2005 (BGBl. I S. 1954), Art. 228 Neunte ZuständigkeitsanpassungsVO v. 31.10.2006 (BGBl. I S. 2407) und Art. 430 Zehnte ZuständigkeitsanpassungsVO v. 31.8. 2015 (BGBl. I S. 1474)

Erster Abschnitt. Begriffsbestimmungen

§ 1[4)] Verkaufsstellen. (1) Verkaufsstellen im Sinne dieses Gesetzes sind

---

1) Gilt nur noch bis zur Änderung der **Ladenöffnungszeiten** durch die Länder. Bislang haben die folgenden Länder entsprechende Vorschriften erlassen:
– **Baden-Württemberg:** Gesetz über die Ladenöffnung in Baden-Württemberg (LadÖG) v. 14.2.2007 (GBl. S. 135), zuletzt geänd. durch G v. 28.11.2017 (GBl. S. 631), **Gewerberecht Nr. 310/1**,
– **Berlin:** Berliner Ladenöffnungsgesetz (BerlLadÖffG) v. 14.11.2006 (GVBl. S. 1046), zuletzt geänd. durch G v. 13.10.2010 (GVBl. S. 467), **Gewerberecht Nr. 310/3**,
– **Brandenburg:** Brandenburgisches Ladenöffnungsgesetz (BbgLöG) v. 27.11.2006 (GVBl. I S. 158), zuletzt geänd. durch G v. 25.4.2017 (GVBl. I Nr. 8), **Gewerberecht Nr. 310/4**,
– **Bremen:** Bremisches Ladenschlussgesetz v. 22.3.2007 (Brem.GBl. S. 221), zuletzt geänd. durch Bek. v. 20.10.2020 (Brem.GBl. S. 1172), **Gewerberecht Nr. 310/5**,
– **Hamburg:** Hamburgisches Gesetz zur Regelung der Ladenöffnungszeiten (Ladenöffnungsgesetz) v. 22.12.2006 (HmbGVBl. S. 611), geänd. durch G v. 15.12.2009 (HmbGVBl. S. 444), **Gewerberecht Nr. 310/6**,
– **Hessen:** Hessisches Ladenöffnungsgesetz (HLöG) v. 23.11.2006 (GVBl. I S. 606), zuletzt geänd. durch G v. 13.12.2019 (GVBl. S. 434), **Gewerberecht Nr. 310/7**,
– **Mecklenburg-Vorpommern:** Gesetz über die Ladenöffnungszeiten für das Land Mecklenburg-Vorpommern (Ladenöffnungsgesetz – LöffG M-V) v. 18.6.2007 (GVOBl. M-V S. 226), **Gewerberecht Nr. 310/8**,
– **Niedersachsen:** Niedersächsisches Gesetz über Ladenöffnungs- und Verkaufszeiten (NLöffVZG) v. 8.3.2007 (Nds. GVBl. S. 111), zuletzt geänd. durch G v. 15.5.2019 (Nds. GVBl. S. 80), **Gewerberecht Nr. 310/9**,
– **Nordrhein-Westfalen:** Gesetz zur Regelung der Ladenöffnungszeiten (Ladenöffnungsgesetz – LÖG NRW) v. 16.11.2006 (GV. NRW. S. 516), zuletzt geänd. durch G v. 22.3.2018 (GV. NRW. S. 172), **Gewerberecht Nr. 310/10**,
– **Rheinland-Pfalz:** Ladenöffnungsgesetz Rheinland-Pfalz (LadöffnG) v. 21.11.2006 (GVBl. S. 351), geänd. durch G v. 22.12.2015 (GVBl. S. 461), **Gewerberecht Nr. 310/11**,
– **Saarland:** Gesetz zur Regelung der Ladenöffnungszeiten (Ladenöffnungsgesetz – LÖG Saarland) v. 15.11.2006 (Amtsbl. S. 1974), zuletzt geänd. durch G v. 11.11.2020 (Amtsbl. I S. 1262), **Gewerberecht Nr. 310/12**,
– **Sachsen:** Gesetz über die Ladenöffnungszeiten im Freistaat Sachsen (Sächsisches Ladenöffnungsgesetz – SächsLadÖffG) v. 1.12.2010 (SächsGVBl. S. 338), zuletzt geänd. durch G v. 5.11.2020 (SächsGVBl. S. 589), **Gewerberecht Nr. 310/13**,
– **Sachsen-Anhalt:** Gesetz über die Ladenöffnungszeiten im Land Sachsen-Anhalt (Ladenöffnungszeitengesetz Sachsen-Anhalt – LÖffzeitG LSA) v. 22.11.2006 (GVBl. LSA S. 528), geänd. durch G v. 20.1. 2015 (GVBl. LSA S. 28), **Gewerberecht Nr. 310/14**,
– **Schleswig-Holstein:** Gesetz über die Ladenöffnungszeiten (Ladenöffnungszeitengesetz – LÖffZG) v. 29.11.2006 (GVOBl. Schl.-H. S. 243), **Gewerberecht Nr. 310/15**,
– **Thüringen:** Thüringer Ladenöffnungsgesetz (ThürLadÖffG) v. 24.11.2006 (GVBl. S. 541), zuletzt geänd. durch G v. 17.2.2022 (GVBl. S. 91), **Gewerberecht Nr. 310/16**.

2) Siehe zum Ladenschluss auch die Übersicht zu den Ladenöffnungsgesetzen der Länder und Durchführungsbestimmungen der Länder über den Ladenschluss u. die Übersicht zu den Bedarfsgewerbeverordnungen der Länder.

3) Neubekanntmachung des LadenschlussG v. 28.11.1956 in der ab 1.6.2003 geltenden Fassung.

4) § 1 Abs. 2 geänd. mWv 8.11.2006 durch VO v. 31.10.2006 (BGBl. I S. 2407); Abs. 2 geänd. mWv 8.9.2015 durch VO v. 31.8.2015 (BGBl. I S. 1474).

1. Ladengeschäfte aller Art, Apotheken, Tankstellen und Bahnhofsverkaufsstellen,
2. sonstige Verkaufsstände und -buden, Kioske, Basare und ähnliche Einrichtungen, falls in ihnen ebenfalls von einer festen Stelle aus ständig Waren zum Verkauf an jedermann feilgehalten werden. Dem Feilhalten steht das Zeigen von Mustern, Proben und ähnlichem gleich, wenn Warenbestellungen in der Einrichtung entgegengenommen werden,
3. Verkaufsstellen von Genossenschaften.

(2) Zur Herbeiführung einer einheitlichen Handhabung des Gesetzes kann das Bundesministerium für Arbeit und Soziales im Einvernehmen mit dem Bundesministerium für Wirtschaft und Energie durch Rechtsverordnung mit Zustimmung des Bundesrates bestimmen, welche Einrichtungen Verkaufsstellen gemäß Absatz 1 sind.

§ 2 Begriffsbestimmungen. (1) Feiertage im Sinne dieses Gesetzes sind die gesetzlichen Feiertage[1)].

(2) Reisebedarf im Sinne dieses Gesetzes sind Zeitungen, Zeitschriften, Straßenkarten, Stadtpläne, Reiselektüre, Schreibmaterialien, Tabakwaren,

---

[1)] Siehe hierzu ua die folgenden **Feiertagsgesetze** der Länder:
– **Baden-Württemberg:** FeiertagsG idF der Bek. v. 8.5.1995 (GBl. S. 450), zuletzt geänd. durch G v. 1.12.2015 (GBl. S. 1034),
– **Bayern:** FeiertagsG v. 21.5.1980 (BayRS II S. 172), zuletzt geänd. durch V v. 26.3.2019 (GVBl. S. 98),
– **Berlin:** G über die Sonn- und Feiertage v. 28.10.1954 (GVBl. S. 615), zuletzt geänd. durch G v. 30.1. 2019 (GVBl. S. 22); Feiertagsschutz-VO idF der Bek. v. 5.10.2004 (GVBl. S. 441),
– **Brandenburg:** FeiertagsG v. 21.3.1991 (GVBl. S. 44), zuletzt geänd. durch G v. 30.4.2015 (GVBl. I Nr. 13),
– **Bremen:** G über die Sonn- und Feiertage v. 12.11.1954 (Brem.GBl. S. 115), zuletzt geänd. durch G v. 3.3.2020 (Brem.GBl. S. 52); SonntagsverkaufsVO v. 13.12.1961 (Brem.GBl. S. 239), aufgeh. durch G v. 4.2.2020 (Brem.GBl. S. 7) (SaBremR 7102-a-3),
– **Hamburg:** FeiertagsG v. 16.10.1953 (HmbGVBl. S. 289), zuletzt geänd. durch G v. 17.2.2021 (HmbGVBl. S. 75); FeiertagsschutzVO v. 15.2.1957 (BS Hbg I S. 51), zuletzt geänd. durch VO v. 1.2. 2005 (GVBl. S. 22); VO zum Schutz des Buß- und Bettages v. 7.11.1995 (HmbGVBl. S. 290); VO über den Volkstrauertag v. 10.11.1953 (HmbGVBl. S. 313), zuletzt geänd. durch G v. 02.03.1970 (HmbGVBl. S. 90),
– **Hessen:** HFeiertagsG v. 29.12.1971 (GVBl. I S. 344), zuletzt geänd. durch G v. 13.12.2012 (GVBl. S. 622),
– **Mecklenburg-Vorpommern:** FeiertagsG idF der Bek. v. 8.3.2002 (GVOBl. M-V S. 145), zuletzt geänd. durch G v. 21.6.2021 (GVOBl. M-V S. 1010); BäderverkaufsVO v. 22.3.2019 (GVOBl. M-V S. 130),
– **Niedersachsen:** NFeiertagsG idF der Bek. v. 7.3.1995 (Nds. GVBl. S. 50), zuletzt geänd. durch G v. 22.6.2018 (Nds. GVBl. S. 123),
– **Nordrhein-Westfalen:** FeiertagsG NW idF der Bek. v. 23.4.1989 (GV. NRW. S. 222), zuletzt geänd. durch G v. 20.12.1994 (GV. NRW. S. 1114),
– **Rheinland-Pfalz:** FeiertagsG v. 15.7.1970 (GVBl. S. 225), zuletzt geänd. durch G v. 27.10.2009 (GVBl. S. 358),
– **Saarland:** FeiertagsG v. 18.2.1976 (Amtsbl. S. 213), zuletzt geänd. durch G v. 13.10.2015 (Amtsbl. I S. 790),
– **Sachsen:** SächsSFG v. 10.11.1992 (SächsGVBl. S. 536), zuletzt geänd. durch G v. 30.1.2013 (SächsGVBl. S. 2); FronleichnamsVO v. 4.5.1993 (SächsGVBl. S. 417), geänd. durch VO v. 30.5.1995 (SächsGVBl. S. 160),
– **Sachsen-Anhalt:** FeiertG LSA idF der Bek. v. 25.8.2004 (GVBl. LSA S. 538), zuletzt geänd. durch G v. 22.11.2006 (GVBl. LSA S. 528),
– ***Schleswig-Holstein:*** *G über Sonn- und Feiertage* v. 28.6.2004 (GVOBl. Schl.-H. S. 213), zuletzt geänd. durch G v. 21.3.2018 (GVOBl. Schl.-H. S. 69); BäderVO v. 21.5.2013 (GVOBl. Schl.-H. S. 226),
– **Thüringen:** FeiertagsG v. 21.12.1994 (GVBl. S. 1221), zuletzt geänd. durch G v. 19.3.2019 (GVBl. S. 22).

810. Gaststättengesetz[1) 2)]

In der Fassung der Bekanntmachung vom 20. November 1998[3)]
(BGBl. I S. 3418)

FNA 7130-1

geänd. durch Art. 137 7. ZuständigkeitsanpassungsVO v. 29.10.2001 (BGBl. I S. 2785), Art. 16 9. Euro-EinführungsG v. 10.11.2001 (BGBl. I S. 2992), Art. 1 GaststättenG-GewerbeO-ÄnderungsG v. 13.12. 2001 (BGBl. I S. 3584), Art. 41 Behindertengleichstellungs-EinführungsG v. 27.4.2002 (BGBl. I S. 1467), Art. 2 3. Gewerberechts-ÄnderungsG v. 24.8.2002 (BGBl. I S. 3412), Art. 112 8. Zuständigkeitsanpassungs VO v. 25.11.2003 (BGBl. I S. 2304), Art. 8 Bürokratieabbau- und DeregulierungsG v. 21.6.2005 (BGBl. I S. 1666), Art. 33 G zur Umbenennung des Bundesgrenzschutzes in Bundespolizei v. 21.6.2005 (BGBl. I S. 1818), Art. 149 9. ZuständigkeitsanpassungsVO v. 31.10.2006 (BGBl. I S. 2407), Art. 10 2. BürokratieabbauG v. 7.9.2007 (BGBl. I S. 2246), Art. 286 Zehnte ZuständigkeitsanpassungsVO v. 31.8. 2015 (BGBl. I S. 1474) und Art. 14 Branntweinmonopolverwaltung-Auflösungsgesetz v. 10.3.2017 (BGBl. I S. 420)

[1)] Zum GaststättenG haben die **Länder** ua folgende Vorschriften erlassen:
- **Baden-Württemberg:** GaststättenVO idF der Bek. v. 18.2.1991 (GBl. S. 195, ber. 1992 S. 227), zuletzt geänd. durch VO v. 23.2.2017 (GBl. S. 99),
- **Bayern:** GaststättenVO v. 23.2.2016 (GVBl. S. 39), zuletzt geänd. durch V v. 26.3.2019 (GVBl. S. 98),
- **Berlin:** GaststättenVO v. 10.9.1971 (GVBl. S. 1778), zuletzt geänd. durch VO v. 1.9.2020 (GVBl. S. 683),
- **Hamburg:** GaststättenVO v. 27.4.1971 (HmbGVBl. S. 81), zuletzt geänd. durch VO v. 21.12.2010 (HmbGVBl. S. 655); SperrzeitVO v. 2.12.2003 (HmbGVBl. S. 553, 554), zuletzt geänd. durch VO v. 16.7.2013 (HmbGVBl. S. 333),
- **Hessen:** Gewerberecht-ZuständigkeitsVO v. 20.6.2002 (GVBl. I S. 395), zuletzt geänd. durch VO v. 31.3.2022 (GVBl. S. 219); VO über die Sperrzeit v. 10.12.2012 (GVBl. S. 669), geänd. durch VO v. 4.12.2017 (GVBl. S. 396),
- **Mecklenburg-Vorpommern:** GaststättenG-AusführungsVO v. 17.6.1994 (GVOBl. M-V S. 679), zuletzt geänd. durch G v. 1.8.2006 (GVOBl. M-V S. 634),
- **Nordrhein-Westfalen:** GewerberechtsVO v. 17.11.2009 (GV. NRW. S. 626), zuletzt geänd. durch VO v. 9.7.2019 (GV. NRW. S. 366),
- **Rheinland-Pfalz:** GaststättenVO v. 2.12.1971 (GVBl. S. 274), zuletzt geänd. durch G v. 18.12.2017 (GVBl. S. 333),
- **Schleswig-Holstein:** GaststättenVO v. 1.4.2003 (GVOBl. Schl.-H. S. 185), geänd. durch VO v. 7.10. 2009 (GVOBl. Schl.-H. S. 681).

[2)] Ua für folgende Länder wurde das GaststättenG durch **Landesgesetze** ersetzt:
- **Baden-Württemberg:** Gaststättengesetz für Baden-Württemberg (Landesgaststättengesetz – LGastG) v. 10.11.2009 (GBl. S. 628),
- **Brandenburg:** Brandenburgisches Gaststättengesetz – BbgGastG v. 2.10.2008 (GVBl. I S. 218), geänd. durch G v. 7.7.2009 (GVBl. I S. 262),
- **Bremen:** Bremisches Gaststättengesetz (BremGastG) v. 24.2.2009 (Brem.GBl. S. 45), zuletzt geänd. durch Bek. v. 20.10.2020 (Brem.GBl. S. 1172); Bremische GaststättenVO v. 24.2.2009 (Brem.GBl. S. 45), zuletzt geänd. durch Bek. v. 20.10.2020 (Brem.GBl. S. 1172),
- **Hessen:** Hessisches Gaststättengesetz (HGastG) v. 28.3.2012 (GVBl. S. 50), zuletzt geänd. durch G v. 7.7.2021 (GVBl. S. 346); siehe hierzu die Übergangsvorschrift in § 17 HGastG,
- **Niedersachsen:** Niedersächsisches Gaststättengesetz (NGastG) v. 10.11.2011 (Nds. GVBl. S. 415), *zuletzt geänd. durch G v. 26.1.2022 (Nds. GVBl. S. 36),,*
- **Saarland:** Saarländisches Gaststättengesetz (SGastG)v. 13.4.2011 (Amtsbl. I S. 206), zuletzt geänd. durch G v. 8.12.2021 (Amtsbl. I S. 2629),
- **Sachsen:** Sächsisches Gaststättengesetz v. 3.7.2011 (SächsGVBl. S. 198), zuletzt geänd. durch G v. 26.4. 2018 (SächsGVBl. S. 198),
- **Sachsen-Anhalt:** Gaststättengesetz des Landes Sachsen-Anhalt (GastG LSA) v. 7.8.2014 (GVBl. LSA S. 386, ber. S. 443), zuletzt geänd. durch G v. 8.12.2016 (GVBl. LSA S. 360); siehe hierzu die Übergangsvorschrift in § 14 GastG LSA,
- **Thüringen:** Thüringer Gaststättengesetz (ThürGastG) v. 9.10.2008 (GVBl. S. 367), zuletzt geänd. durch G v. 16.10.2017 (GVBl. S. 198).

[3)] Neubekanntmachung des GaststättenG idF der Bek. v. 5.5.1970 (BGBl. I S. 465) in der ab 1.10.1998 geltenden Fassung.

§ 1[1] Gaststättengewerbe. (1) Ein Gaststättengewerbe im Sinne dieses Gesetzes betreibt, wer im stehenden Gewerbe

1. Getränke zum Verzehr an Ort und Stelle verabreicht (Schankwirtschaft) oder
2. zubereitete Speisen zum Verzehr an Ort und Stelle verabreicht (Speisewirtschaft),

wenn der Betrieb jedermann oder bestimmten Personenkreisen zugänglich ist.

(2) Ein Gaststättengewerbe im Sinne dieses Gesetzes betreibt ferner, wer als selbständiger Gewerbetreibender im Reisegewerbe von einer für die Dauer der Veranstaltung ortsfesten Betriebsstätte aus Getränke oder zubereitete Speisen zum Verzehr an Ort und Stelle verabreicht, wenn der Betrieb jedermann oder bestimmten Personenkreisen zugänglich ist.

§ 2[2] Erlaubnis. (1) [1] Wer ein Gaststättengewerbe betreiben will, bedarf der Erlaubnis. [2] Die Erlaubnis kann auch nichtrechtsfähigen Vereinen erteilt werden.

(2) Der Erlaubnis bedarf nicht, wer

1. alkoholfreie Getränke,
2. unentgeltliche Kostproben,
3. zubereitete Speisen oder
4. in Verbindung mit einem Beherbergungsbetrieb Getränke und zubereitete Speisen an Hausgäste

verabreicht.

§ 3[3] Inhalt der Erlaubnis. (1) [1] Die Erlaubnis ist für eine bestimmte Betriebsart und für bestimmte Räume zu erteilen. [2] Die Betriebsart ist in der Erlaubnisurkunde zu bezeichnen; sie bestimmt sich nach der Art und Weise der Betriebsgestaltung, insbesondere nach den Betriebszeiten und der Art der Getränke, der zubereiteten Speisen, der Beherbergung oder der Darbietungen.

(2) Die Erlaubnis darf auf Zeit erteilt werden, soweit dieses Gesetz es zuläßt oder der Antragsteller es beantragt.

§ 4[4] Versagungsgründe. (1) [1] Die Erlaubnis ist zu versagen, wenn

1. Tatsachen die Annahme rechtfertigen, daß der Antragsteller die für den Gewerbebetrieb erforderliche Zuverlässigkeit nicht besitzt, insbesondere dem Trunke ergeben ist oder befürchten läßt, daß er Unerfahrene, Leichtsinnige oder Willensschwache ausbeuten wird oder dem Alkoholmißbrauch, verbotenem Glücksspiel, der Hehlerei oder der Unsittlichkeit Vorschub leisten wird oder die Vorschriften

(Fortsetzung nächstes Blatt)

[1] § 1 Abs. 1 Nr. 1, 2 geänd., Nr. 3 aufgeh. mWv 1.7.2005 durch G v. 21.6.2005 (BGBl. I S. 1666).

[2] § 2 Abs. 2 neu gef., Abs. 3, 4 aufgeh. mWv 1.7.2005 durch G v. 21.6.2005 (BGBl. I S. 1666).

[3] § 3 Abs. 3 aufgeh. mWv 1.7.2005 durch G v. 21.6.2005 (BGBl. I S. 1666).

[4] § 4 Abs. 1 Satz 1 Nr. 2a eingef., Abs. 1 Satz 2 angef., Abs. 3 Satz 2 eingef., bish. Satz 2 wird Satz 3 mWv 1.5.2002 durch G v. 27.4.2002 (BGBl. I S. 1467).

815. Gesetz zur Ordnung des Handwerks (Handwerksordnung)[1)]

In der Fassung der Bekanntmachung vom 24. September 1998[2)]

(BGBl. I S. 3074, ber. 2006 I S. 2095)

FNA 7110-1

geänd. durch Art. 33 SGB IX – Rehabilitation und Teilhabe behinderter Menschen – v. 19.6.2001 (BGBl. I S. 1046), Art. 135 Siebente ZuständigkeitsanpassungsVO v. 29.10.2001 (BGBl. I S. 2785), Art. 13 Neuntes Euro-EinführungsG v. 10.11.2001 (BGBl. I S. 2992), Art. 69 Drittes G für moderne Dienstleistungen am Arbeitsmarkt v. 23.12.2003 (BGBl. I S. 2848), Art. 1 ÄndG v. 24.12.2003 (BGBl. I S. 2933), Art. 1 Drittes ÄndG v. 24.12.2003 (BGBl. I S. 2934), Art. 35b Viertes G für moderne Dienstleistungen am Arbeitsmarkt v. 24.12.2003 (BGBl. I S. 2954), Art. 2, Art. 2a Nr. 2, Art. 8 Abs. 2 BerufsbildungsreformG v. 23.3.2005 (BGBl. I S. 931), Art. 5 G zur Änd. des StatistikregisterG und sonstiger StatistikG v. 9.6.2005 (BGBl. I S. 1534), Art. 3b G zur Änd. des GemeindefinanzreformG und and. G v. 6.9.2005 (BGBl. I S. 2725), Art. 146 Neunte ZuständigkeitsanpassungsVO v. 31.10.2006 (BGBl. I S. 2407), Art. 9a Zweites BürokratieabbauG v. 7.9.2007 (BGBl. I S. 2246), Art. 8 Viertes G zur Änd. verwaltungsverfahrensrechtl. Vorschriften v. 11.12.2008 (BGBl. I S. 2418), Art. 6 G zur Neuausrichtung der arbeitsmarktpolitischen Instrumente v. 21.12.2008 (BGBl. I S. 2917), Art. 2 G zur Umsetzung der DienstleistungsRL im Gewerberecht und in weiteren Rechtsvorschriften v. 17.7.2009 (BGBl. I S. 2091), Art. 2 VO zur Änd. der Kehr- und ÜberprüfungsO und der HandwerksO v. 14.6.2011 (BGBl. I S. 1077), Art. 3 G zur Änd. gewerberechtl. Vorschriften v. 11.7.2011 (BGBl. I S. 1341), Art. 3 G zur Verbesserung der Feststellung und Anerkennung im Ausland erworbener Berufsqualifikationen v. 6.12.2011 (BGBl. I S. 2515), Art. 33 G zur Verbesserung der Eingliederungschancen am Arbeitsmarkt v. 20.12.2011 (BGBl. I S. 2854), Art. 2 G zur Änd. der Gewerbeordnung und anderer G v. 5.12.2012 (BGBl. I S. 2415), Art. 19 G zur Förderung der elektronischen Verwaltung sowie zur Änd. weiterer Vorschriften v. 25.7.2013 (BGBl. I S. 2749), Art. 283 Zehnte ZuständigkeitsanpassungsVO v. 31.8.2015 (BGBl. I S. 1474), Art. 104 G zum Abbau verzichtbarer Anordnungen der Schriftform im Verwaltungsrecht des Bundes v. 29.3.2017 (BGBl. I S. 626), Art. 6 Zweites BürokratieentlastungsG v. 30.6.2017 (BGBl. I S. 2143), Art. 84 Zweites Datenschutz-Anpassungs- und Umsetzungsgesetz EU v. 20.11.2019 (BGBl. I S. 1626), Art. 2 Gesetz zur Modernisierung und Stärkung der beruflichen Bildung v. 12.12.2019 (BGBl. I S. 2522), Art. 1 Viertes G zur Änd. der HandwerksO und anderer handwerksrechtl. Vorschriften v. 6.2.2020 (BGBl. I S. 142), Art. 3 G zur Abmilderung der Folgen der COVID-19-Pandemie im Wettbewerbsrecht und für den Bereich der Selbstverwaltungsorganisationen der gewerbl. Wirtschaft v. 25.5.2020 (BGBl. I S. 1067), Art. 6 G zur Umsetzung der VerhältnismäßigkeitsRL (RL (EU) 2018/958) im Bereich öffentlich-rechtl. Körperschaften v. 19.6.2020 (BGBl. I S. 1403), Art. 21 Sanierungs- und InsolvenzrechtsfortentwicklungsG v. 22.12.2020 (BGBl. I S. 3256), Art. 18 RegistermodernisierungsG[3)] v. 28.3.2021 (BGBl. I S. 591) und Art. 1 Fünftes G zur Änd. der HandwerksO und anderer handwerksrechtlicher Vorschriften v. 9.6.2021 (BGBl. I S. 1654)

[1)] Die Änderungen durch G v. 28.3.2021 (BGBl. I S. 591) treten erst **mit noch unbestimmtem Datum** in Kraft und sind im Text noch nicht berücksichtigt.

[2)] Neubekanntmachung der HandwerksO idF der Bek. v. 28.12.1965 (BGBl. 1966 I S. 1) in der ab 1.4.1998 geltenden Fassung.

[3)] Die Änderungen durch Art. 18 RegistermodernisierungsG treten gem. Art. 22 Satz 3 dieses Gesetzes „an dem Tag in Kraft, an dem das Bundesministerium des Innern, für Bau und Heimat im Bundesgesetzblatt [...] bekannt gibt, dass die technischen Voraussetzungen für die Verarbeitung der Identifikationsnummer nach § 139b der Abgabenordnung [...] vorliegen".

Inhaltsübersicht[1)]

[1)] Inhaltsübersicht neu gef. mWv 1.7.2021 durch G v. 9.6.2021 (BGBl. I S. 1654).

5. dass über das in Absatz 1 Nr. 3 beschriebene Ausbildungsberufsbild hinaus zusätzliche berufliche Fertigkeiten, Kenntnisse und Fähigkeiten vermittelt werden können, die die berufliche Handlungsfähigkeit ergänzen oder erweitern,
6. dass Teile der Berufsausbildung in geeigneten Einrichtungen außerhalb der Ausbildungsstätte durchgeführt werden, wenn und soweit es die Berufsausbildung erfordert (überbetriebliche Berufsausbildung).

[2] Im Fall des Satzes 1 Nummer 2a bedarf es eines Antrags der Lehrlinge (Auszubildenden). [3] Im Fall des Satzes 1 Nummer 4 bedarf es der Vereinbarung der Vertragsparteien. [4] Im Rahmen der Ordnungsverfahren soll stets geprüft werden, ob Regelungen nach Nummer 1, 2, 2a, 2b und 4 sinnvoll und möglich sind.

§ 27[1)] [Ausnahmen] Zur Entwicklung und Erprobung neuer Ausbildungs- und Prüfungsformen kann das Bundesministerium für Wirtschaft und Energie im Einvernehmen mit dem Bundesministerium für Bildung und Forschung nach Anhörung des Hauptausschusses des Bundesinstituts für Berufsbildung durch Rechtsverordnung, die nicht der Zustimmung des Bundesrates bedarf, Ausnahmen von § 25 Abs. 2 und 3 sowie den §§ 26, 31 und 39 zulassen, die auch auf eine bestimmte Art und Zahl von Ausbildungsstätten beschränkt werden können.

§ 27a[2)] [Anrechnung auf die Ausbildungszeit] (1) [1] Die Landesregierungen können nach Anhörung des Landesausschusses für Berufsbildung durch Rechtsverordnung bestimmen, dass der Besuch eines Bildungsganges berufsbildender Schulen oder die Berufsausbildung in einer sonstigen Einrichtung ganz oder teilweise auf die Ausbildungsdauer angerechnet wird. [2] Die Ermächtigung kann durch Rechtsverordnung auf oberste Landesbehörden weiter übertragen werden.

(2) [1] Ist keine Rechtsverordnung nach Absatz 1 erlassen, kann eine Anrechnung der Ausbildungsdauer durch die zuständige Stelle im Einzelfall erfolgen. [2] Für die Entscheidung über die Anrechnung kann der Hauptausschuss des Bundesinstituts für Berufsbildung Empfehlungen beschließen.

(3) [1] Die Anrechnung bedarf des gemeinsamen Antrags des Lehrlings (Auszubildenden) und des Ausbildenden. [2] Der Antrag ist an die Handwerkskammer zu richten. [3] Er kann sich auf Teile des höchstzulässigen Anrechnungszeitraums beschränken.

(4) Ein Anrechnungszeitraum muss in ganzen Monaten durch sechs teilbar sein.

§ 27b[3)] [Teilzeitberufsausbildung] (1) [1] Die Berufsausbildung kann in Teilzeit durchgeführt werden. [2] Im Berufsausbildungsvertrag ist dazu für die gesamte Ausbildungszeit oder für einen bestimmten Zeitraum der Berufsausbildung die Verkürzung der täglichen oder der wöchentlichen Ausbildungszeit zu vereinbaren. [3] Die Kürzung der täglichen oder der wöchentlichen Ausbildungszeit darf nicht mehr als 50 Prozent betragen.

(2) [1] Die Dauer der Teilzeitberufsausbildung verlängert sich entsprechend, höchstens jedoch bs zum Eineinhalbfachen der Dauer, die in der Ausbildungsordnung für die betrffende Berufsausbildung in Vollzeit festgelegt ist. [2] Die Dauer

---

1) § 27 neu gef. mWv 1.2005 durch G v. 23.3.2005 (BGBl. I S. 931); geänd. mWv 8.11.2006 durch VO v. 31.10.2006 (BGBl. S. 2407); geänd. mWv 8.9.2015 durch VO v. 31.8.2015 (BGBl. I S. 1474); geänd. mWv 1.1.2020 durcG v. 12.12.2019 (BGBl. I S. 2522).

2) § 27a neu gef. mWv 1.2005 durch G v. 23.3.2005 (BGBl. I S. 931); Abs. 2 angef., bish. Wortlaut wird Abs. 1 und Satz 3 auh. mWv 1.8.2009 durch G v. 23.3.2005 (BGBl. I S. 931); Abs. 1 Satz 1 geänd., Abs. 2 neu gef., Abs. und 4 angef. mWv 1.1.2020 durch G v. 12.12.2019 (BGBl. I S. 2522).

3) § 27b neu gef. mWv 1.1020 durch G v. 12.12.2019 (BGBl. I S. 2522).

der Teilzeitberufsausbildung ist auf ganze Monate abzurunden. [3] § 27c Absatz 2 bleibt unberührt.

(3) Auf Verlangen des Lehrlings (Auszubildenden) verlängert sich die Ausbildungsdauer auch über die Höchstdauer nach Absatz 2 Satz 1 hinaus bis zur nächsten möglichen Gesellenprüfung.

(4) Der Antrag auf Eintragung des Berufsausbildungsvertrages nach § 30 Absatz 1 in das Verzeichnis der Berufsausbildungsverhältnisse (Lehrlingsrolle) für eine Teilzeitberufsausbildung kann mit einem Antrag auf Verkürzung der Ausbildungsdauer nach § 27c Absatz 1 verbunden werden.

§ 27c[1)] [Verkürzung und Verlängerung der Ausbildungsdauer] (1) Auf gemeinsamen Antrag des Lehrlings (Auszubildenden) und des Ausbildenden hat die Handwerkskammer die Ausbildungsdauer zu kürzen, wenn zu erwarten ist, dass das Ausbildungsziel in der gekürzten Dauer erreicht wird.

(2) [1] In Ausnahmefällen kann die Handwerkskammer auf Antrag des Lehrlings (Auszubildenden) die Ausbildungsdauer verlängern, wenn die Verlängerung erforderlich ist, um das Ausbildungsziel zu erreichen. [2] Vor der Entscheidung nach Satz 1 ist der Ausbildende zu hören.

(3) Für die Entscheidung über die Verkürzung oder Verlängerung der Ausbildungsdauer kann der Hauptausschuss des Bundesinstituts für Berufsbildung Empfehlungen beschließen.

§ 27d[2)] [Verkürzte Gesamtausbildungszeit] [1] Werden in einem Betrieb zwei verwandte Handwerke ausgeübt, so kann in beiden Handwerken in einer verkürzten Gesamtausbildungszeit gleichzeitig ausgebildet werden. [2] Das Bundesministerium für Wirtschaft und Energie bestimmt im Einvernehmen mit dem Bundesministerium für Bildung und Forschung durch Rechtsverordnung für welche verwandte Handwerke eine Gesamtausbildungszeit vereinbart werden kann und die Dauer der Gesamtausbildungszeit.

(Fortsetzung nächstes Blatt)

[1)] § 27c eingef. mWv 1.1.2020 durch G v. 12.12.2019 (BGBl. I S. 2522).

[2)] Früherer § 27b wird § 27c mWv 1.4.2005 durch G v. 23.3.2005 (BGBl. I S. 931); Satz 2 geänd. mWv 8.11.2006 durch VO v. 31.10.2006 (BGBl. I S. 2407); Satz 2 geänd. mWv 8.9.2015 durch VO v. 31.8. 2015 (BGBl. I S. 1474); bish. § 27c wird § 27d mWv 1.1.2020 durch G v. 12.12.2019 (BGBl. I S. 2522).

leiter den Wahlausschuss ein. [2]Der Wahlausschuss hat unverzüglich das Ergebnis der Wahl zu ermitteln.

(2) Ungültig sind Stimmzettel,

1. die nicht in einem amtlich abgestempelten Umschlag oder die in einem mit Kennzeichen versehenen Umschlag übergeben worden sind,
2. die als nichtamtlich hergestellte erkennbar sind,
3. aus deren Beantwortung oder zulässiger Kennzeichnung der Wille des Abstimmenden nicht unzweifelhaft zu erkennen ist,
4. denen ein durch den Umschlag deutlich fühlbarer Gegenstand beigefügt ist,
5. die mit Vermerken oder Vorbehalten versehen sind.

(3) Mehrere in einem Umschlag enthaltene Zettel gelten als eine Stimme, wenn sie gleichlautend sind oder wenn nur einer von ihnen eine Stimmabgabe enthält; sonst sind sie ungültig.

(4) [1]Die Stimmzettel, über deren Gültigkeit oder Ungültigkeit der Wahlausschuss Beschluss gefasst hat, sind mit fortlaufender Nummer zu versehen und der Niederschrift beizufügen. [2]In der Niederschrift sind die Gründe kurz anzugeben, aus denen die Stimmzettel für gültig oder ungültig erklärt worden sind.

(5) Ist ein Stimmzettel wegen der Beschaffenheit des Umschlags für ungültig erklärt worden, so ist auch der Umschlag beizufügen.

(6) [1]Alle gültigen Stimmzettel, die nicht nach den Absätzen 4 und 5 der Abstimmungsniederschrift beigefügt sind, hat der Wahlausschuss in Papier einzuschlagen, zu versiegeln und dem Wahlleiter zu übergeben, der sie verwahrt, bis die Abstimmung für gültig erklärt oder eine neue Wahl angeordnet ist. [2]Das Gleiche gilt für die Wahlberechtigungsscheine der Arbeitnehmer.

(7) Das Wählerverzeichnis wird dem Wahlleiter übergeben.

(8) [1]Über die Sitzung des Wahlausschusses ist eine Niederschrift zu fertigen. [2]Diese ist zusammen mit den Wahlunterlagen aufzubewahren und der Aufsichtsbehörde auf Anforderung vorzulegen.

§ 17a [Verwahrung, Aufbewahrung und Vernichtung der Wahlunterlagen; Auskünfte]

(1) Das Wählerverzeichnis, die Wahlberechtigungsscheine und sonstigen Wahlunterlagen sind so zu verwahren, daß sie gegen Einsichtnahme durch Unbefugte geschützt sind.

(2) Nach der Wahl sind die in Absatz 1 genannten Unterlagen bis zur Unanfechtbarkeit der Wahl aufzubewahren und danach zu vernichten.

(3) Auskünfte aus den in Absatz 1 genannten Unterlagen dürfen nur Behörden, Gerichten und sonstigen öffentlichen Stellen und nur dann erteilt werden, wenn diese die Auskünfte zur Erfüllung von Aufgaben benötigen, die sich auf die Vorbereitung, Durchführung oder Überprüfung der Wahl sowie die Verfolgung von Wahlstraftaten, Wahlprüfungsangelegenheiten oder auf wahlstatistische Arbeiten beziehen.

§ 18[1)] [Ermittlung des Gesamtergebnisses der Wahl; gewählte Bewerber] (1) [1]Nach Übergabe der Unterlagen an den Wahlleiter stellt der Wahlausschuss das Gesamtergebnis der Wahl fest, das durch den Wahlleiter in den für die Bekanntmachung der Handwerkskammer bestimmten Organen öffentlich bekannt zu machen und der Aufsichtsbehörde anzuzeigen ist. [2]Die Wahlunterlagen sind aufzubewahren und der Aufsichtsbehörde auf Anforderung vorzulegen.

(2) Als gewählt gelten die Bewerber desjenigen Wahlvorschlags, der die Mehrheit der abgegebenen Stimmen erhalten hat.

Siebenter Abschnitt. Engere Wahl

§ 19[2)] *(aufgehoben).*

Achter Abschnitt. Wegfall der Wahlhandlung

§ 20 [Wegfall der Wahlhandlung] Wird für den Wahlbezirk nur ein Wahlvorschlag zugelassen, so gelten die darauf bezeichneten Bewerber als gewählt, ohne daß es einer Wahlhandlung bedarf.

Neunter Abschnitt. Beschwerdeverfahren, Kosten

§ 21[3)] [Beschwerdeverfahren] Beschwerden über die Ernennung der Beisitzer des Wahlausschusses entscheidet die höhere Verwaltungsbehörde.

[1)] § 18 neu gef. mWv 1.1.2004 durch G v. 24.12.2003 (BGBl. I S. 2934).
[2)] § 19 aufgeh. mWv 1.1.2004 durch G v. 24.12.2003 (BGBl. I S. 2934).
[3)] § 21 neu gef. mWv 1.1.2004 durch G v. 24.12.2003 (BGBl. I S. 2934).

§ 22 [Kosten der Wahl] Die Kosten der Wahl trägt die Handwerkskammer.

Anlage[1)]
zur Wahlordnung für die Wahlen der Mitglieder der Vollversammlung der Handwerkskammern

Wahlberechtigungsschein
zur Vornahme der Wahl der Arbeitnehmermitglieder
der Vollversammlung der Handwerkskammer

(§ 13 Abs. 1 der Wahlordnung für die Wahlen der Mitglieder der Vollversammlung der Handwerkskammer)

Der Inhaber dieses Wahlberechtigungsscheins
Herr/Frau .... Arbeitnehmer(in),
wohnhaft in PLZ .... Ort ....,
Str. .... Str.-Nr. ....
hat eine abgeschlossene Berufsausbildung und
ist/war bis zum .... als Mitarbeiter(in)
im Unternehmen (Name des Unternehmens)
...., PLZ .... Ort ....
Str. .... Nr. ...., beschäftigt.

Sie/Er ist berechtigt, das Stimmrecht zur Wahl der Arbeitnehmermitglieder der Vollversammlung der Handwerkskammer
.... auszuüben.

...., den ....

..........................., den ....
.... [2)]

(Fortsetzung nächstes Blatt)

[1)] *Anl. Amtl. Fußnote geänd. mWv 1.1.2005 durch G v.* 24.12.2003 (BGBl. I S. 2954).

[2)] **Amtl. Anm.:** Unterschrift des Betriebsrates, soweit dieser in den Betrieben vorhanden ist, in allen übrigen Betrieben des Betriebsinhabers oder seines gesetzlichen Vertreters (§ 13 Abs. 1 der Wahlordnung). Im Falle der Arbeitslosigkeit kann der Wahlberechtigungsschein auch durch die Agentur für Arbeit ausgestellt werden.

830. Gesetz über die Elektrizitäts- und Gasversorgung (Energiewirtschaftsgesetz – EnWG)[1) 2) 3)]

Vom 7. Juli 2005

(BGBl. I S. 1970, ber. S. 3621)

FNA 752-6

geänd. durch Art. 7 G zur Beschleunigung von Planungsverfahren für Infrastrukturvorhaben v. 9.12.2006 (BGBl. I S. 2833), Art. 7 Abs. 14 G zur Stärkung der Selbstverwaltung der Rechtsanwaltschaft v. 26.3. 2007 (BGBl. I S. 358), Art. 2 G zur Bekämpfung von Preismissbrauch im Bereich der Energieversorgung und des Lebensmittelhandels v. 18.12.2007 (BGBl. I S. 2966), Art. 1 G zur Öffnung des Messwesens bei Strom und Gas für Wettbewerb v. 29.8.2008 (BGBl. I S. 1790), Art. 3 G zur Neuregelung des Rechts der Erneuerbaren Energien im Strombereich und zur Änd. damit zusammenhängender Vorschriften v. 25.10. 2008 (BGBl. I S. 2074), Art. 2 G zur Förderung der Kraft-Wärme-Kopplung v. 25.10.2008 (BGBl. I S. 2101), Art. 10 G zur Neuregelung des Rechts des Naturschutzes und der Landschaftspflege v. 29.7.2009 (BGBl. I S. 2542), Art. 2 G zur Beschleunigung des Ausbaus der Höchstspannungsnetze v. 21.8.2009 (BGBl. I S. 2870), Art. 2 G zur Umsetzung der RL des Europäischen Parlaments und des Rates über Endenergieeffizienz und Energiedienstleistungen v. 4.11.2010 (BGBl. I S. 1483), Art. 4 G zur Umsetzung der DienstleistungsRL im EichG sowie im Geräte- und ProduktsicherheitsG und zur Änd. des VerwaltungskostenG, des EnergiewirtschaftsG und des EnergieleitungsausbauG v. 7.3.2011 (BGBl. I S. 338), Art. 1 G zur Neuregelung energiewirtschaftsrechtlicher Vorschriften v. 26.7.2011 (BGBl. I S. 1554), Art. 8 G zur Neuregelung des Rechtsrahmens für die Förderung der Stromerzeugung aus erneuerbaren Energien v. 28.7.2011 (BGBl. I S. 1634), Art. 2 G über Maßnahmen zur Beschleunigung des Netzausbaus Elektrizitätsnetze v. 28.7.2011 (BGBl. I S. 1690), Art. 22 G über den Rechtsschutz bei überlangen Gerichtsverfahren und strafrechtlichen Ermittlungsverfahren v. 24.11.2011 (BGBl. I S. 2302), Art. 1 Zweites G zur Neuregelung energiewirtschaftsrechtlicher Vorschriften v. 22.12.2011 (BGBl. I S. 3034), Art. 2 Abs. 66 G zur Änd. von Vorschriften über Verkündung und Bekanntmachungen sowie der ZPO, des EGZPO und der AO v. 22.12.2011 (BGBl. I S. 3044), Art. 3 G zur Neufassung des ErdölbevorratungsG, zur Änderung des MineralöldatenG und zur Änderung des EnergiewirtschaftsG v. 16.1.2012 (BGBl. I S. 74), Art. 2 G zur Einrichtung einer Markttransparenzstelle für den Großhandel mit Strom und Gas v. 5.12.2012 (BGBl. I S. 2403), Art. 1, 2 Drittes G zur Neuregelung energiewirtschaftsrechtlicher Vorschriften v. 20.12.2012 (BGBl. I S. 2730, geänd. durch G v. 26.7.2016, BGBl. I S. 1786), Art. 1 ÄndG v. 21.2.2013 (BGBl. I S. 346), Art. 4 Planfeststellungsverfahren-VereinheitlichungsG v. 31.5.2013 (BGBl. I S. 1388, geänd. durch G v. 24.5.2014, BGBl. I S. 538), Art. 5 Abs. 1 Achtes G zur Änd. des GWB v. 26.6.2013 (BGBl. I S. 1738), Art. 2 Zweites G über Maßnahmen zur Beschleunigung des Netzausbaus Elektrizitätsnetze v. 23.7.2013 (BGBl. I S. 2543), Art. 2 Abs. 97 G zur Strukturreform des Gebührenrechts des Bundes v. 7.8.2013 (BGBl. I S. 3154), Art. 3 Abs. 4 G zur Änd. des HGB v. 4.10.2013 (BGBl. I S. 3746), Art. 6 G zur grundlegenden Reform des EEG und zur Änd. weiterer Bestimmungen des Energiewirtschaftsrechts v. 21.7.2014 (BGBl. I S. 1066), Art. 3 IT-SicherheitsG v. 17.7.2015 (BGBl. I S. 1324), Art. 15 BürokratieentlastungsG v. 28.7.2015 (BGBl. I S. 1400), Art. 311 Zehnte ZuständigkeitsanpassungsVO v. 31.8.2015 (BGBl. I S. 1474), Art. 2 Erstes G zur Änd. des EnergieverbrauchskennzeichnungsG und zur Änd. weiterer Bestimmungen des Energiewirtschaftsrechts v. 10.12.2015 (BGBl. I S. 2194), Art. 1 G zur Änd. von Bestimmungen des Rechts des Energieleitungsbaus v. 21.12.2015 (BGBl. I S. 2490), Art. 2

[1)] **Amtl. Anm.:** Dieses Gesetz dient der Umsetzung der Richtlinie 2003/54/EG des Europäischen Parlaments und des Rates vom 26. Juni 2003 über gemeinsame Vorschriften für den Elektrizitätsbinnenmarkt und zur Aufhebung der Richtlinie 96/92/EG (ABl. EU Nr. L 176 S. 37), der Richtlinie 2003/55/ EG des Europäischen Parlaments und des Rates vom 26. Juni 2003 über gemeinsame Vorschriften für den Erdgasbinnenmarkt und zur Aufhebung der Richtlinie 98/30/EG (ABl. EU Nr. L 176 S. 57), der Richtlinie 2004/67/EG des Rates vom 26. April 2004 über Maßnahmen zur Gewährleistung der sicheren Erdgasversorgung (ABl. EU Nr. L 127 S. 92) und der Richtlinie 2006/32/EG des Europäischen Parlaments und des Rates vom 5. April 2006 über Endenergieeffizienz und Energiedienstleistungen und zur Aufhebung der Richtlinie 93/76/EWG des Rates (ABl. EU Nr. L 114 S. 64).

[2)] Verkündet als Art. 1 Zweites G zur Neuregelung des Energiewirtschaftsrechts v. 7.7.2005 (BGBl. I S. 1970); Inkrafttreten gem. Art. 5 Abs. 1 dieses G am 13.7.2005.

[3)] Die Änderungen durch G v. 13.10.2016 (BGBl. I S. 2258) treten teilweise erst **mWv 1.1.2026**, die Änderungen durch G v. 5.7.2021 (BGBl. I S. 3338) treten erst **mWv 1.8.2022** und die Änderungen durch G v. 10.8.2021 (BGBl. I S. 3436) treten erst **mWv 1.1.2024** in Kraft und sind im Text noch nicht berücksichtigt.

Abs. 3 G zur Neuregelung des Kraft-Wärme-KopplungsG v. 21.12.2015 (BGBl. I S. 2498), Art. 9 G zur Umsetzung der RL über alternative Streitbeilegung in Verbraucherangelegenheiten und zur Durchführung der VO über Online-Streitbeilegung in Verbraucherangelegenheiten v. 19.2.2016 (BGBl. I S. 254), Art. 78 Zweites G über die weitere Bereinigung von Bundesrecht v. 8.7.2016 (BGBl. I S. 1594), Art. 1, 11 StrommarktG v. 26.7.2016 (BGBl. I S. 1786), Art. 3 G zur Digitalisierung der Energiewende v. 29.8.2016 (BGBl. I S. 2034), Art. 6, 25 Abs. 3 G zur Einführung von Ausschreibungen für Strom aus erneuerbaren Energien und zu weiteren Änd. des Rechts der erneuerbaren Energien v. 13.10.2016 (BGBl. I S. 2258), Art. 3 G zur Änd. von Vorschriften zur Bevorratung von Erdöl, zur Erhebung von Mineralöldaten und zur Umstellung auf hochkalorisches Erdgas v. 14.12.2016 (BGBl. I S. 2874), Art. 3 G zur Änd. der Bestimmungen zur Stromerzeugung aus Kraft-Wärme-Kopplung und zur Eigenversorgung v. 22.12.2016 (BGBl. I S. 3106), Art. 1 G zur Änd. der Vorschriften zur Vergabe von Wegenutzungsrechten zur leitungsgebundenen Energieversorgung v. 27.1.2017 (BGBl. I S. 130), Art. 117 G zum Abbau verzichtbarer Anordnungen der Schriftform im Verwaltungsrecht des Bundes v. 29.3.2017 (BGBl. I S. 626), Art. 6 Abs. 36 G zur Reform der strafrechtlichen Vermögensabschöpfung v. 13.4.2017 (BGBl. I S. 872), Art. 13 G zur Anpassung des Umwelt-RechtsbehelfsG und anderer Vorschriften an europa- und völkerrechtliche Vorgaben v. 29.5.2017 (BGBl. I S. 1298), Art. 24 Abs. 28 Zweites Finanzmarktnovellierungsg v. 23.6.2017 (BGBl. I S. 1693), Art. 3 G zur Umsetzung der RL (EU) 2016/1148 des Europäischen Parlaments und des Rates vom 6. Juli 2016 über Maßnahmen zur Gewährleistung eines hohen gemeinsamen Sicherheitsniveaus von Netz- und Informationssystemen in der Union v. 23.6.2017 (BGBl. I S. 1885), Art. 1 NetzentgeltmodernisierungsG v. 17.7.2017 (BGBl. I S. 2503, ber. S. 3343, geänd. durch G v. 17.12.2018, BGBl. I S. 2549), Art. 2 G zur Förderung von Mieterstrom und zur Änd. weiterer Vorschriften des Erneuerbare-Energien-G v. 17.7.2017 (BGBl. I S. 2532), Art. 2 Abs. 6 G zur Modernisierung des Rechts der Umweltverträglichkeitsprüfung v. 20.7.2017 (BGBl. I S. 2808, ber. 2018 S. 472), Art. 3, 14 G zur Änd. des Erneuerbare-Energien-G, des Kraft-Wärme-KopplungsG, des EnergiewirtschaftsG und weiterer energierechtlicher Vorschriften v. 17.12.2018 (BGBl. I S. 2549), Art. 1 G zur Beschleunigung des Energieleitungsausbaus v. 13.5.2019 (BGBl. I S. 706, geänd. durch G v. 21.12.2020, BGBl. I S. 3138, und durch G v. 16.7.2021, BGBl. I S. 3026), Art. 89 Zweites Datenschutz-Anpassungs- und Umsetzungsgesetz EU v. 20.11.2019 (BGBl. I S. 1626), Art. 2 G zur Änd. des G über Energiedienstleistungen und andere Energieeffizienzmaßnahmen v. 20.11.2019 (BGBl. I S. 1719), Art. 5 G zur Änd. von Vorschriften über die außergerichtliche Streitbeilegung in Verbrauchersachen und zur Änd. weiterer Gesetze v. 30.11.2019 (BGBl. I S. 1942), Art. 1 G zur Änd. des EnergiewirtschaftsG zur Umsetzung der RL (EU) 2019/692 des Europäischen Parlamentes und des Rates über gemeinsame Vorschriften für den Erdgasbinnenmarkt v. 5.12.2019 (BGBl. I S. 2002), Art. 5 G zur Änd. des Erneuerbare-Energien-G 2017 und weiterer energierechtl. Bestimmungen v. 25.5.2020 (BGBl. I S. 1070), Art. 249 Elfte ZuständigkeitsanpassungsVO v. 19.6.2020 (BGBl. I S. 1328), Art. 4 G zur Vereinheitlichung des Energieeinsparrechts für Gebäude und zur Änd. weiterer Gesetze v. 8.8.2020 (BGBl. I S. 1728), Art. 4 KohleausstiegsG v. 8.8.2020 (BGBl. I S. 1818), Art. 1 G zur Änd. des EnergiewirtschaftsG zur marktgestützten Beschaffung von Systemdienstleistungen v. 22.11.2020 (BGBl. I S. 2464), Art. 2 G zur Änd. des Windenergie-auf-See-G und anderer Vorschriften v. 3.12.2020 (BGBl. I S. 2682), Art. 2 G zur Änd. des Erneuerbare-Energien-G und weiterer energierechtlicher Vorschriften v. 21.12.2020 (BGBl. I S. 3138), Art. 2 G zur Änd. des BundesbedarfsplanG und anderer Vorschriften v. 25.2.2021 (BGBl. I S. 298), Art. 3 Zweites G zur Erhöhung der Sicherheit informationstechnischer Systeme v. 18.5.2021 (BGBl. I S. 1122), Art. 1, 2 G zur Umsetzung unionsrechtlicher Vorgaben und zur Regelung reiner Wasserstoffnetze im Energiewirtschaftsrecht v. 16.7.2021 (BGBl. I S. 3026), Art. 24 G zur Umsetzung der DigitalisierungsRL v. 5.7.2021 (BGBl. I S. 3338), Art. 84 PersonengesellschaftsrechtsmodernisierungsG (MoPeG) v. 10.8.2021 (BGBl. I S. 3436) und Art. 1 G zur Änd. des EnergiewirtschaftsG zur Einführung von Füllstandsvorgaben für Gasspeicheranlagen sowie zur Änd. von § 246 BauGB v. 26.4.2022 (BGBl. I S. 674)

Zum EnWG wurden ua folgende Vorschriften erlassen:

- AnreizregulierungsVO – ARegV v. 29.10.2007 (BGBl. I S. 2529), zuletzt geänd. durch VO v. 23.11.2021 (BGBl. I S. 4955)
- Elektrotechnische-Eigenschaften-Nachweis-VO – NELEV v. 12.6.2017 (BGBl. I S. 1651)
- EnergiewirtschaftskostenVO – EnWGKostV v. 14.3.2006 (BGBl. I S. 540), zuletzt geänd. durch VO v. 6.11.2020 (BGBl. I S. 2345)
- GasnetzentgeltVO – GasNEV v. 25.7.2005 (BGBl. I S. 2197), zuletzt geänd. durch VO v. 27.7.2021 (BGBl. I S. 3229)
- GasnetzzugangsVO – GasNZV v. 3.9.2010 (BGBl. I S. 1261), zuletzt geänd. durch G v. 16.7.2021 (BGBl. I S. 3026)
- *KonzessionsabgabenVO – KAV v. 9.1.1992 (BGBl. I S. 12)*, zuletzt geänd. durch VO v. 1.11.2006 (BGBl. I S. 2477)
- Kraftwerks-NetzanschlussVO – KraftNAV v. 26.6.2007 (BGBl. I S. 1187)
- MarktstammdatenregisterVO – MaStRV v. 10.4.2017 (BGBl. I S. 842), zuletzt geänd. durch G v. 16.7.2021 (BGBl. I S. 3026)

– NetzreserveVO – NetzResV v. 27.6.2013 (BGBl. I S. 1947), zuletzt geänd. durch G v. 13.5.2019 (BGBl. I S. 706)
– SINTEG-VO – SINTEG-V v. 14.6.2017 (BGBl. I S. 1653), zuletzt geänd. durch G v. 10.8.2021 (BGBl. I S. 3436)
– StromnetzentgeltVO – StromNEV v. 25.7.2005 (BGBl. I S. 2225), zuletzt geänd. durch VO v. 27.7.2021 (BGBl. I S. 3229)
– StromnetzzugangsVO – StromNZV v. 25.7.2005 (BGBl. I S. 2243), zuletzt geänd. durch G v. 16.7.2021 (BGBl. I S. 3026)
– VO zu abschaltbaren Lasten – AbLaV v. 16.8.2016 (BGBl. I S. 1984), zuletzt geänd. durch G v. 16.7. 2021 (BGBl. I S. 3026)
– VO zum Schutz von Übertragungsnetzen v. 6.1.2012 (BGBl. I S. 69), geänd. durch VO v. 31.8.2015 (BGBl. I S. 1474)
– WasserstoffnetzentgeltVO v. 23.11.2021 (BGBl. I S. 4955)

Inhaltsübersicht[1)]

Teil 1. Allgemeine Vorschriften

Teil 2. Entflechtung

Abschnitt 1. Gemeinsame Vorschriften für Verteilernetzbetreiber und Transportnetzbetreiber

Abschnitt 2. Entflechtung von Verteilernetzbetreibern und Betreibern von Gasspeicheranlagen

[1)] Inhaltsübersicht geänd. mWv 17.12.2006 durch G v. 9.12.2006 (BGBl. I S. 2833); geänd. mWv 22.12.2007 durch G v. 18.12.2007 (BGBl. I S. 2966); geänd. mWv 26.8.2009 durch G v. 21.8.2009 (BGBl. I S. 2870); geänd. mWv 12.3.2011 durch G v. 7.3.2011 (BGBl. I S. 338); geänd. mWv 4.8.2011 durch G v. 26.7.2011 (BGBl. I S. 1554); geänd. mWv 3.12.2011 durch G v. 24.11.2011 (BGBl. I S. 2302); geänd. mWv 12.12.2012 durch G v. 5.12.2012 (BGBl. I S. 2403); geänd. mWv 28.12.2012 durch G v. 20.12.2012 (BGBl. I S. 2730); geänd. mWv 8.9.2015 durch VO v. 31.8.2015 (BGBl. I S. 1474); geänd. mWv 1.1.2016 durch G v. 10.12.2015 (BGBl. I S. 2194); geänd. mWv 15.7.2016 durch G v. 8.7.2016 (BGBl. I S. 1594); geänd. mWv 30.7.2016 durch G v. 26.7.2016 (BGBl. I S. 1786); geänd. mWv 2.9.2016 durch G v. 29.8.2016 (BGBl. I S. 2034); geänd. mWv 1.1.2017 durch G v. 13.10.2016 (BGBl. I S. 2258); geänd. mWv 1.1.2017 durch G v. 14.12.2016 (BGBl. I S. 2874); geänd. mWv 3.2.2017 durch G v. 27.1. 2017 (BGBl. I S. 130); geänd. mWv 22.7.2017 durch G v. 17.7.2017 (BGBl. I S. 2503); geänd. mWv 25.7.2017 durch G v. 17.7.2017 (BGBl. I S. 2532); geänd. mWv 21.12.2018 durch G v. 17.12.2018 (BGBl. I S. 2549); geänd. mWv 17.5.2019 und mWv 1.10.2021 durch G v. 13.5.2019 (BGBl. I S. 706); geänd. mWv 12.12.2019 durch G v. 5.12.2019 (BGBl. I S. 2002); geänd. mWv 14.8.2020 durch G v. 8.8. 2020 (BGBl. I S. 1818); geänd. mWv 27.11.2020 durch G v. 22.11.2020 (BGBl. I S. 2464); geänd. mWv 1.1.2021 (Änd. nicht ausführbar) durch G v. 21.12.2020 (BGBl. I S. 3138); geänd. mWv 4.3.2021 durch G v. 25.2.2021 (BGBl. I S. 298); geänd. mWv 27.7.2021 durch G v. 16.7.2021 (BGBl. I S. 3026); geänd. mWv 30.4.2022 durch G v. 26.4.2022 (BGBl. I S. 674); sie wurde nichtamtlich an die Änderungen durch G v. 28.7.2011 (BGBl. I S. 1690), durch G v. 22.12.2016 (BGBl. I S. 3106) und durch G v. 20.7.2017 (BGBl. I S. 2808) angepasst.

Teil 1. Allgemeine Vorschriften

§ 1[1] Zweck und Ziele des Gesetzes. (1) Zweck des Gesetzes ist eine möglichst sichere, preisgünstige, verbraucherfreundliche, effiziente und umweltverträgliche leitungsgebundene Versorgung der Allgemeinheit mit Elektrizität, Gas und Wasserstoff, die zunehmend auf erneuerbaren Energien beruht.

(2) Die Regulierung der Elektrizitäts- und Gasversorgungsnetze dient den Zielen der Sicherstellung eines wirksamen und unverfälschten Wettbewerbs bei der Versorgung mit Elektrizität und Gas und der Sicherung eines langfristig angelegten leistungsfähigen und zuverlässigen Betriebs von Energieversorgungsnetzen.

(3) Zweck dieses Gesetzes ist ferner die Umsetzung und Durchführung des Europäischen Gemeinschaftsrechts auf dem Gebiet der leitungsgebundenen Energieversorgung.

(4) Um den Zweck des Absatzes 1 auf dem Gebiet der leitungsgebundenen Versorgung der Allgemeinheit mit Elektrizität zu erreichen, verfolgt dieses Gesetz insbesondere die Ziele,

1. die freie Preisbildung für Elektrizität durch wettbewerbliche Marktmechanismen zu stärken,
2. den Ausgleich von Angebot und Nachfrage nach Elektrizität an den Strommärkten jederzeit zu ermöglichen,
3. dass Erzeugungsanlagen, Anlagen zur Speicherung elektrischer Energie und Lasten insbesondere möglichst umweltverträglich, netzverträglich, effizient und flexibel in dem Umfang eingesetzt werden, der erforderlich ist, um die Sicherheit und Zuverlässigkeit des Elektrizitätsversorgungssystems zu gewährleisten, und
4. den Elektrizitätsbinnenmarkt zu stärken sowie die Zusammenarbeit insbesondere mit den an das Gebiet der Bundesrepublik Deutschland angrenzenden Staaten sowie mit dem Königreich Norwegen und dem Königreich Schweden zu intensivieren.

§ 1a[2] Grundsätze des Strommarktes. (1) [1]Der Preis für Elektrizität bildet sich nach wettbewerblichen Grundsätzen frei am Markt. [2]Die Höhe der Preise für Elektrizität am Großhandelsmarkt wird regulatorisch nicht beschränkt.

(2) [1]Das Bilanzkreis- und Ausgleichsenergiesystem hat eine zentrale Bedeutung für die Gewährleistung der Elektrizitätsversorgungssicherheit. [2]Daher sollen die Bilanzkreistreue der Bilanzkreisverantwortlichen und eine ordnungsgemäße Bewirtschaftung der Bilanzkreise sichergestellt werden.

(3) [1]Es soll insbesondere auf eine Flexibilisierung von Angebot und Nachfrage hingewirkt werden. [2]Ein Wettbewerb zwischen effizienten und flexiblen Erzeugungsanlagen, Anlagen zur Speicherung elektrischer Energie und Lasten, eine effiziente Kopplung des Wärme- und des Verkehrssektors mit dem Elektrizitätssektor sowie die Integration der Ladeinfrastruktur für Elektromobile in das Elektrizitätsversorgungssystem sollen die Kosten der Energieversorgung verringern, die Transformation zu einem umweltverträglichen, zuverlässigen und bezahlbaren

---

[1] § 1 Abs. 1 geänd. mWv 4.8.2011 durch G v. 26.7.2011 (BGBl. I S. 1554); Überschrift neu gef., Abs. 4 angef. mWv 30.7.2016 durch G v. 26.7.2016 (BGBl. I S. 1786); Abs. 1 geänd. mWv 27.7.2021 durch G v. 16.7.2021 (BGBl. I S. 3026).

[2] § 1a eingef. mWv 30.7.2016 durch G v. 26.7.2016 (BGBl. I S. 1786); Abs. 4 geänd. mWv 1.1.2017 durch G v. 22.12.2016 (BGBl. I S. 3106).

Energieversorgungssystem ermöglichen und die Versorgungssicherheit gewährleisten.

(4) Elektrizitätsversorgungsnetze sollen bedarfsgerecht unter Berücksichtigung des Ausbaus der Stromerzeugung aus erneuerbaren Energien nach § 4 des Erneuerbare-Energien-Gesetzes[1)], der Versorgungssicherheit sowie volkswirtschaftlicher Effizienz ausgebaut werden.

(5) Die Transparenz am Strommarkt soll erhöht werden.

(6) [1] Als Beitrag zur Verwirklichung des Elektrizitätsbinnenmarktes sollen eine stärkere Einbindung des Strommarktes in die europäischen Strommärkte und eine stärkere Angleichung der Rahmenbedingungen in den europäischen Strommärkten, insbesondere mit den an das Gebiet der Bundesrepublik Deutschland angrenzenden Staaten sowie dem Königreich Norwegen und dem Königreich Schweden, angestrebt werden. [2] Es sollen die notwendigen Verbindungsleitungen ausgebaut, die Marktkopplung und der grenzüberschreitende Stromhandel gestärkt sowie die Regelenergiemärkte und die vortägigen und untertägigen Spotmärkte stärker integriert werden.

§ 2[2)] Aufgaben der Energieversorgungsunternehmen. (1) Energieversorgungsunternehmen sind im Rahmen der Vorschriften dieses Gesetzes zu einer Versorgung im Sinne des § 1 verpflichtet.

(2) Die Verpflichtungen nach dem Erneuerbare-Energien-Gesetz[1)] und nach dem Kraft-Wärme-Kopplungsgesetz[3)] bleiben vorbehaltlich des § 13, auch in Verbindung mit § 14, unberührt.

§ 3[4)] Begriffsbestimmungen. Im Sinne dieses Gesetzes bedeutet

1. Abrechnungsinformationen
   Informationen, die üblicherweise in Rechnungen über die Energiebelieferung von Letztverbrauchern zur Ermittlung des Rechnungsbetrages enthalten sind, mit Ausnahme der Zahlungsaufforderung selbst,

---

[1)] **Sartorius ErgBd. Nr. 833.**

[2)] § 2 Abs. 2 geänd. mWv 1.11.2008 durch G v. 25.10.2008 (BGBl. I S. 2101).

[3)] **Sartorius ErgBd. Nr. 834.**

[4)] § 3 Nr. 26a–26c eingef. mWv 9.9.2008 durch G v. 29.8.2008 (BGBl. I S. 1790); Nr. 18a geänd. mWv 1.1.2009 durch G v. 25.10.2008 (BGBl. I S. 2074); Nr. 10, 23, 25 und 29 geänd. mWv 1.11.2008 durch G v. 25.10.2008 (BGBl. I S. 2101); Nr. 19a geänd. mWv 26.8.2009 durch G v. 21.8.2009 (BGBl. I S. 2870); Nr. 5 neu gef., Nr. 10c geänd., Nr. 15a eingef., bish. Nr. 15a wird Nr. 15b, Nr. 16 geänd., Nr. 18 neu gef., Nr. 18a eingef., bish. Nr. 18a wird Nr. 18b, Nr. 19a neu gef., Nr. 24a, b, Nr. 29b eingef., bish. Nr. 29b wird Nr. 29c, Nr. 31c, d, Nr. 33a eingef., Nr. 37 geänd., Nr. 38 neu gef. mWv 4.8.2011 durch G v. 26.7.2011 (BGBl. I S. 1554); Nr. 32 geänd. mWv 5.8.2011 durch G v. 28.7.2011 (BGBl. I S. 1690); Nr. 18b neu gef. mWv 1.8.2014 durch G v. 21.7.2014 (BGBl. I S. 1066); Nr. 18c und 18d eingef., Nr. 25 und 39 geänd., Nr. 40 angef. mWv 30.7.2016 durch G v. 26.7.2016 (BGBl. I S. 1786); Nr. 18b geänd. mWv 1.1.2017 durch G v. 13.10.2016 (BGBl. I S. 2258); Nr. 38a eingef. mWv 22.7.2017 durch G v. 17.7.2017 (BGBl. I S. 2503); Nr. 21a und 24c eingef. mWv 21.12.2018 durch G v. 17.12.2018 (BGBl. I S. 2549); Nr. 24d eingef. mWv 18.11.2017 durch G v. 13.5.2019 (BGBl. I S. 706); Nr. 19c eingef. mWv 12.12.2019 durch G v. 5.12.2019 (BGBl. I S. 2002); Nr. 1 und 1a eingef., bish. Nr. 1–1b werden Nr. 1b–1d, Nr. 6 eingef., bish. Nr. 6–8 werden Nr. 7–9 , bish. Nr. 9 aufgeh., Nr. 10a–10c eingef., bish. Nr. 10a–10c werden Nr. 10d–10f, Nr. 14 geänd., Nr. 15c und 15d eingef., Nr. 16 geänd., Nr. 18b eingef., bish. Nr. 18b–18d werden Nr. 18c–18e, Nr. 19c eingef., bish. Nr. 19c wird Nr. 19d, Nr. 20 geänd., Nr. 20a eingef., Nr. 21 und 23 geänd., Nr. 23a und 24e eingef., Nr. 25 und 27 geänd., Nr. 31 neu gef., Nr. 31a und 31b eingef., bish. Nr. 31a–31d werden Nr. 31c–31f, Nr. 38b, 39a und 39b eingef. mWv 27.7.2021 durch G v. 16.7.2021 (BGBl. I S. 3026); Nr. 26a eingef., bish. Nr. 26a–26c werden Nr. 26b–26d mWv 30.4.2022 durch G v. 26.4.2022 (BGBl. I S. 674).

1a. Aggregatoren
natürliche oder juristische Personen oder rechtlich unselbständige Organisationseinheiten eines Energieversorgungsunternehmens, die eine Tätigkeit ausüben, bei der Verbrauch oder Erzeugung von elektrischer Energie in Energieanlagen oder in Anlagen zum Verbrauch elektrischer Energie auf einem Elektrizitätsmarkt gebündelt angeboten werden,

1b. Ausgleichsleistungen
Dienstleistungen zur Bereitstellung von Energie, die zur Deckung von Verlusten und für den Ausgleich von Differenzen zwischen Ein- und Ausspeisung benötigt wird, zu denen insbesondere auch Regelenergie gehört,

1c. Ausspeisekapazität
im Gasbereich das maximale Volumen pro Stunde in Normkubikmeter, das an einem Ausspeisepunkt aus einem Netz oder Teilnetz insgesamt ausgespeist und gebucht werden kann,

1d. Ausspeisepunkt
ein Punkt, an dem Gas aus einem Netz oder Teilnetz eines Netzbetreibers entnommen werden kann,

2. Betreiber von Elektrizitätsversorgungsnetzen
natürliche oder juristische Personen oder rechtlich unselbständige Organisationseinheiten eines Energieversorgungsunternehmens, die Betreiber von Übertragungs- oder Elektrizitätsverteilernetzen sind,

3. Betreiber von Elektrizitätsverteilernetzen
natürliche oder juristische Personen oder rechtlich unselbständige Organisationseinheiten eines Energieversorgungsunternehmens, die die Aufgabe der Verteilung von Elektrizität wahrnehmen und verantwortlich sind für den Betrieb, die Wartung sowie erforderlichenfalls den Ausbau des Verteilernetzes in einem bestimmten Gebiet und gegebenenfalls der Verbindungsleitungen zu anderen Netzen,

4. Betreiber von Energieversorgungsnetzen
Betreiber von Elektrizitätsversorgungsnetzen oder Gasversorgungsnetzen,

5. Betreiber von Fernleitungsnetzen
Betreiber von Netzen, die Grenz- oder Marktgebietsübergangspunkte aufweisen, die insbesondere die Einbindung großer europäischer Importleitungen in das deutsche Fernleitungsnetz gewährleisten, oder natürliche oder juristische Personen oder rechtlich unselbstständige Organisationseinheiten eines Energieversorgungsunternehmens, die die Aufgabe der Fernleitung von Erdgas wahrnehmen und verantwortlich sind für den Betrieb, die Wartung sowie erforderlichenfalls den Ausbau eines Netzes,

a) das der Anbindung der inländischen Produktion oder von LNG-Anlagen an das deutsche Fernleitungsnetz dient, sofern es sich hierbei nicht um ein vorgelagertes Rohrleitungsnetz im Sinne von Nummer 39 handelt, oder

b) das an Grenz- oder Marktgebietsübergangspunkten Buchungspunkte oder -zonen aufweist, für die Transportkunden Kapazitäten buchen können,

6. Betreiber von Gasspeicheranlagen
natürliche oder juristische Personen oder rechtlich unselbständige Organisationseinheiten eines Energieversorgungsunternehmens, die die Aufgabe der Speicherung von Erdgas wahrnehmen und für den Betrieb einer Gasspeicheranlage verantwortlich sind,

7. Betreiber von Gasversorgungsnetzen
natürliche oder juristische Personen oder rechtlich unselbständige Organisationseinheiten eines Energieversorgungsunternehmens, die Gasversorgungsnetze betreiben,
8. Betreiber von Gasverteilernetzen
natürliche oder juristische Personen oder rechtlich unselbständige Organisationseinheiten eines Energieversorgungsunternehmens, die die Aufgabe der Verteilung von Gas wahrnehmen und verantwortlich sind für den Betrieb, die Wartung sowie erforderlichenfalls den Ausbau des Verteilernetzes in einem bestimmten Gebiet und gegebenenfalls der Verbindungsleitungen zu anderen Netzen,
9. Betreiber von LNG-Anlagen
natürliche oder juristische Personen oder rechtlich unselbständige Organisationseinheiten eines Energieversorgungsunternehmens, die die Aufgabe der Verflüssigung von Erdgas oder der Einfuhr, Entladung und Wiederverdampfung von verflüssigtem Erdgas wahrnehmen und für den Betrieb einer LNG-Anlage verantwortlich sind,
10. Betreiber von Übertragungsnetzen
natürliche oder juristische Personen oder rechtlich unselbständige Organisationseinheiten eines Energieversorgungsunternehmens, die die Aufgabe der Übertragung von Elektrizität wahrnehmen und die verantwortlich sind für den Betrieb, die Wartung sowie erforderlichenfalls den Ausbau des Übertragungsnetzes in einem bestimmten Gebiet und gegebenenfalls der Verbindungsleitungen zu anderen Netzen,

10a. Betreiber von Übertragungsnetzen mit Regelzonenverantwortung
die Unternehmen 50Hertz Transmission GmbH, Amprion GmbH, TenneT TSO GmbH und TransnetBW GmbH sowie ihre Rechtsnachfolger,

10b. Betreiber von Wasserstoffnetzen
natürliche oder juristische Personen, die die Aufgabe des Transports oder der Verteilung von Wasserstoff wahrnehmen und verantwortlich sind für den Betrieb, die Wartung sowie erforderlichenfalls den Ausbau des Wasserstoffnetzes,

10c. Betreiber von Wasserstoffspeicheranlagen
natürliche oder juristische Personen oder rechtlich unselbständige Organisationseinheiten eines Energieversorgungsunternehmens, die die Aufgabe der Speicherung von Wasserstoff wahrnehmen und für den Betrieb einer Wasserstoffspeicheranlage verantwortlich sind,

10d. Bilanzkreis
im Elektrizitätsbereich innerhalb einer Regelzone die Zusammenfassung von Einspeise- und Entnahmestellen, die dem Zweck dient, Abweichungen zwischen Einspeisungen und Entnahmen durch ihre Durchmischung zu minimieren und die Abwicklung von Handelstransaktionen zu ermöglichen,

10e. Bilanzzone
im Gasbereich der Teil eines oder mehrerer Netze, in dem Ein- und Ausspeisepunkte einem bestimmten Bilanzkreis zugeordnet werden können,

10f. Biogas
Biomethan, Gas aus Biomasse, Deponiegas, Klärgas und Grubengas sowie Wasserstoff, der durch Wasserelektrolyse erzeugt worden ist, und synthetisch erzeugtes Methan, wenn der zur Elektrolyse eingesetzte Strom und das zur Methanisierung eingesetzte Kohlendioxid oder Kohlenmonoxid jeweils nach-

weislich weit überwiegend aus erneuerbaren Energiequellen im Sinne der Richtlinie 2009/28/EG (ABl. L 140 vom 5.6.2009, S. 16) stammen,

11. dezentrale Erzeugungsanlage
eine an das Verteilernetz angeschlossene verbrauchs- und lastnahe Erzeugungsanlage,

12. Direktleitung
eine Leitung, die einen einzelnen Produktionsstandort mit einem einzelnen Kunden verbindet, oder eine Leitung, die einen Elektrizitätserzeuger und ein Elektrizitätsversorgungsunternehmen zum Zwecke der direkten Versorgung mit ihrer eigenen Betriebsstätte, Tochterunternehmen oder Kunden verbindet, oder eine zusätzlich zum Verbundnetz errichtete Gasleitung zur Versorgung einzelner Kunden,

13. Eigenanlagen
Anlagen zur Erzeugung von Elektrizität zur Deckung des Eigenbedarfs, die nicht von Energieversorgungsunternehmen betrieben werden,

13a. Einspeisekapazität
im Gasbereich das maximale Volumen pro Stunde in Normkubikmeter, das an einem Einspeisepunkt in ein Netz oder Teilnetz eines Netzbetreibers insgesamt eingespeist werden kann,

13b. Einspeisepunkt
ein Punkt, an dem Gas an einen Netzbetreiber in dessen Netz oder Teilnetz übergeben werden kann, einschließlich der Übergabe aus Speichern, Gasproduktionsanlagen, Hubs oder Misch- und Konversionsanlagen,

14. Energie
Elektrizität, Gas und Wasserstoff, soweit sie zur leitungsgebundenen Energieversorgung verwendet werden,

15. Energieanlagen
Anlagen zur Erzeugung, Speicherung, Fortleitung oder Abgabe von Energie, soweit sie nicht lediglich der Übertragung von Signalen dienen, dies schließt die Verteileranlagen der Letztverbraucher sowie bei der Gasversorgung auch die letzte Absperreinrichtung vor der Verbrauchsanlage ein,

15a. Energiederivat
ein in Abschnitt C Nummer 5, 6 oder 7 des Anhangs I der Richtlinie 2004/39/EG des Europäischen Parlaments und des Rates vom 21. April 2004 über Märkte für Finanzinstrumente, zur Änderung der Richtlinien 85/611/EWG und 93/6/EWG des Rates und der Richtlinie 2000/12/EG des Europäischen Parlaments und des Rates und zur Aufhebung der Richtlinie 93/22/EWG des Rates (ABl. L 145 vom 30.4.2001, S. 1, ABl. L 45 vom 16.2.2005, S. 18) in der jeweils geltenden Fassung genanntes Finanzinstrument, sofern dieses Instrument auf Elektrizität oder Gas bezogen ist,

15b. Energieeffizienzmaßnahmen
Maßnahmen zur Verbesserung des Verhältnisses zwischen Energieaufwand und damit erzieltem Ergebnis im Bereich von Energieumwandlung, Energietransport und Energienutzung,

15c. Energielieferant
Gaslieferant oder Stromlieferant,

15d. Energiespeicheranlagen
Anlagen, die elektrische Energie zum Zwecke der elektrischen, chemischen, mechanischen oder physikalischen Zwischenspeicherung verbrauchen und als

elektrische Energie erzeugen oder in einer anderen Energieform wieder abgeben,

16. Energieversorgungsnetze
Elektrizitätsversorgungsnetze und Gasversorgungsnetze über eine oder mehrere Spannungsebenen oder Druckstufen mit Ausnahme von Kundenanlagen im Sinne der Nummern 24a und 24b sowie im Rahmen von Teil 5 dieses Gesetzes Wasserstoffnetze,

17. Energieversorgungsnetze der allgemeinen Versorgung
Energieversorgungsnetze, die der Verteilung von Energie an Dritte dienen und von ihrer Dimensionierung nicht von vornherein nur auf die Versorgung bestimmter, schon bei der Netzerrichtung feststehender oder bestimmbarer Letztverbraucher ausgelegt sind, sondern grundsätzlich für die Versorgung jedes Letztverbrauchers offen stehen,

18. Energieversorgungsunternehmen
natürliche oder juristische Personen, die Energie an andere liefern, ein Energieversorgungsnetz betreiben oder an einem Energieversorgungsnetz als Eigentümer Verfügungsbefugnis besitzen; der Betrieb einer Kundenanlage oder einer Kundenanlage zur betrieblichen Eigenversorgung macht den Betreiber nicht zum Energieversorgungsunternehmen,

18a. Energieversorgungsvertrag
ein Vertrag über die Lieferung von Elektrizität oder Gas, mit Ausnahme von Energiederivaten,

18b. Erlösobergrenze
Obergrenzen der zulässigen Gesamterlöse eines Netzbetreibers aus den Netzentgelten,

18c. erneuerbare Energien
Energien im Sinne des § 3 Nummer 21 des Erneuerbare-Energien-Gesetzes[1)],

18d. Erzeugungsanlage
Anlage zur Erzeugung von elektrischer Energie,

18e. europäische Strommärkte
die Strommärkte der Mitgliedstaaten der Europäischen Union sowie der Schweizerischen Eidgenossenschaft und des Königreichs Norwegen,

19. Fernleitung
der Transport von Erdgas durch ein Hochdruckfernleitungsnetz, mit Ausnahme von vorgelagerten Rohrleitungsnetzen, um die Versorgung von Kunden zu ermöglichen, jedoch nicht die Versorgung der Kunden selbst,

19a. Gas
Erdgas, Biogas, Flüssiggas im Rahmen der §§ 4 und 49 sowie, wenn sie in ein Gasversorgungsnetz eingespeist werden, Wasserstoff, der durch Wasserelektrolyse erzeugt worden ist, und synthetisch erzeugtes Methan, das durch wasserelektrolytisch erzeugten Wasserstoff und anschließende Methanisierung hergestellt worden ist,

19b. Gaslieferant
natürliche und juristische Personen, deren Geschäftstätigkeit ganz oder teilweise auf den Vertrieb von Gas zum Zwecke der Belieferung von Letztverbrauchern ausgerichtet ist,

[1)] **Sartorius ErgBd. Nr. 833.**

19c. Gasspeicheranlage
eine einem Gasversorgungsunternehmen gehörende oder von ihm betriebene Anlage zur Speicherung von Gas, einschließlich des zu Speicherzwecken genutzten Teils von LNG-Anlagen, jedoch mit Ausnahme des Teils, der für eine Gewinnungstätigkeit genutzt wird, ausgenommen sind auch Einrichtungen, die ausschließlich Betreibern von Leitungsnetzen bei der Wahrnehmung ihrer Aufgaben vorbehalten sind,

19d. Gasverbindungsleitungen mit Drittstaaten
Fernleitungen zwischen einem Mitgliedstaat der Europäischen Union und einem Drittstaat bis zur Grenze des Hoheitsgebietes der Mitgliedstaaten oder dem Küstenmeer dieses Mitgliedstaates,

20. Gasversorgungsnetze
alle Fernleitungsnetze, Gasverteilernetze, LNG-Anlagen oder Gasspeicheranlagen, die für den Zugang zur Fernleitung, zur Verteilung und zu LNG-Anlagen erforderlich sind und die einem oder mehreren Energieversorgungsunternehmen gehören oder von ihm oder von ihnen betrieben werden, einschließlich Netzpufferung und seiner Anlagen, die zu Hilfsdiensten genutzt werden, und der Anlagen verbundener Unternehmen, ausgenommen sind solche Netzteile oder Teile von Einrichtungen, die für örtliche Produktionstätigkeiten verwendet werden,

20a. grenzüberschreitende Elektrizitätsverbindungsleitungen
Übertragungsleitungen zur Verbundschaltung von Übertragungsnetzen einschließlich aller Anlagengüter bis zum jeweiligen Netzverknüpfungspunkt, die eine Grenze zwischen Mitgliedstaaten oder zwischen einem Mitgliedstaat und einem Staat, der nicht der Europäischen Union angehört, queren oder überspannen und einzig dem Zweck dienen, die nationalen Übertragungsnetze dieser Staaten zu verbinden,

21. Großhändler
natürliche oder juristische Personen mit Ausnahme von Betreibern von Übertragungs-, Fernleitungs-, Wasserstoff- sowie Elektrizitäts- und Gasverteilernetzen, die Energie zum Zwecke des Weiterverkaufs innerhalb oder außerhalb des Netzes, in dem sie ansässig sind, kaufen,

21a. H-Gasversorgungsnetz
ein Gasversorgungsnetz zur Versorgung von Kunden mit H-Gas,

22. Haushaltskunden
Letztverbraucher, die Energie überwiegend für den Eigenverbrauch im Haushalt oder für den einen Jahresverbrauch von 10 000 Kilowattstunden nicht übersteigenden Eigenverbrauch für berufliche, landwirtschaftliche oder gewerbliche Zwecke kaufen,

23. Hilfsdienste
sämtliche zum Betrieb eines Übertragungs- oder Elektrizitätsverteilernetzes erforderlichen Dienste oder sämtliche für den Zugang zu und den Betrieb von Fernleitungs- oder Gasverteilernetzen oder LNG-Anlagen oder Gasspeicheranlagen erforderlichen Dienste, einschließlich Lastausgleichs- und Mischungsanlagen, jedoch mit Ausnahme von Anlagen, die ausschließlich Betreibern von Fernleitungsnetzen für die Wahrnehmung ihrer Aufgaben vorbehalten sind,

23a. Kleinstunternehmen
ein Unternehmen, das weniger als zehn Personen beschäftigt und dessen Jahresumsatz oder dessen Jahresbilanzsumme 2 Millionen Euro nicht überschreitet,

24. Kunden
Großhändler, Letztverbraucher und Unternehmen, die Energie kaufen,

24a. Kundenanlagen
Energieanlagen zur Abgabe von Energie,

a) die sich auf einem räumlich zusammengehörenden Gebiet befinden,
b) mit einem Energieversorgungsnetz oder mit einer Erzeugungsanlage verbunden sind,
c) für die Sicherstellung eines wirksamen und unverfälschten Wettbewerbs bei der Versorgung mit Elektrizität und Gas unbedeutend sind und
d) jedermann zum Zwecke der Belieferung der angeschlossenen Letztverbraucher im Wege der Durchleitung unabhängig von der Wahl des Energielieferanten diskriminierungsfrei und unentgeltlich zur Verfügung gestellt werden,

24b. Kundenanlagen zur betrieblichen Eigenversorgung
Energieanlagen zur Abgabe von Energie,

a) die sich auf einem räumlich zusammengehörenden Betriebsgebiet befinden,
b) mit einem Energieversorgungsnetz oder mit einer Erzeugungsanlage verbunden sind,
c) fast ausschließlich dem betriebsnotwendigen Transport von Energie innerhalb des eigenen Unternehmens oder zu verbundenen Unternehmen oder fast ausschließlich dem der Bestimmung des Betriebs geschuldeten Abtransport in ein Energieversorgungsnetz dienen und
d) jedermann zum Zwecke der Belieferung der an sie angeschlossenen Letztverbraucher im Wege der Durchleitung unabhängig von der Wahl des Energielieferanten diskriminierungsfrei und unentgeltlich zur Verfügung gestellt werden,

24c. L-Gasversorgungsnetz
ein Gasversorgungsnetz zur Versorgung von Kunden mit L-Gas,

24d. landseitige Stromversorgung
die mittels einer Standardschnittstelle von Land aus erbrachte Stromversorgung von Seeschiffen oder Binnenschiffen am Liegeplatz,

24e. Landstromanlagen
die Gesamtheit der technischen Infrastruktur aus den technischen Anlagen zur Frequenz- und Spannungsumrichtung, der Standardschnittstelle einschließlich der zugehörigen Verbindungsleitungen, die

a) sich in einem räumlich zusammengehörigen Gebiet in oder an einem Hafen befinden und
b) ausschließlich der landseitigen Stromversorgung von Schiffen dienen,

25. Letztverbraucher
Natürliche oder juristische Personen, die Energie für den eigenen Verbrauch kaufen; auch der Strombezug der Ladepunkte für Elektromobile und der Strombezug für Landstromanlagen steht dem Letztverbrauch im Sinne dieses Gesetzes und den auf Grund dieses Gesetzes erlassenen Verordnungen gleich,

26. LNG-Anlage
eine Kopfstation zur Verflüssigung von Erdgas oder zur Einfuhr, Entladung und Wiederverdampfung von verflüssigtem Erdgas; darin eingeschlossen sind Hilfsdienste und die vorübergehende Speicherung, die für die Wiederverdampfung und die anschließende Einspeisung in das Fernleitungsnetz erforderlich sind, jedoch nicht die zu Speicherzwecken genutzten Teile von LNG-Kopfstationen,

26a. Marktgebietsverantwortlicher
ist die von den Fernleitungsnetzbetreibern mit der Wahrnehmung von Aufgaben des Netzbetriebs beauftragte bestimmte natürliche oder juristische Person, die in einem Marktgebiet Leistungen erbringt, die zur Verwirklichung einer effizienten Abwicklung des Gasnetzzugangs durch eine Person zu erbringen sind,

26b. Messstellenbetreiber
ein Netzbetreiber oder ein Dritter, der die Aufgabe des Messstellenbetriebs wahrnimmt,

26c. Messstellenbetrieb
der Einbau, der Betrieb und die Wartung von Messeinrichtungen,

26d. Messung
die Ab- und Auslesung der Messeinrichtung sowie die Weitergabe der Daten an die Berechtigten,

27. Netzbetreiber
Netz- oder Anlagenbetreiber im Sinne der Nummern 2 bis 5, 7 und 8, 10 und 10a,

28. Netznutzer
natürliche oder juristische Personen, die Energie in ein Elektrizitäts- oder Gasversorgungsnetz einspeisen oder daraus beziehen,

29. Netzpufferung
die Speicherung von Gas durch Verdichtung in Fernleitungs- und Verteilernetzen, ausgenommen sind Einrichtungen, die Betreibern von Fernleitungsnetzen bei der Wahrnehmung ihrer Aufgaben vorbehalten sind,

29a. neue Infrastruktur
eine Infrastruktur, die nach dem 12. Juli 2005 in Betrieb genommen worden ist,

29b. oberste Unternehmensleitung
Vorstand, Geschäftsführung oder ein Gesellschaftsorgan mit vergleichbaren Aufgaben und Befugnissen,

29c. örtliches Verteilernetz
ein Netz, das überwiegend der Belieferung von Letztverbrauchern über örtliche Leitungen, unabhängig von der Druckstufe oder dem Durchmesser *der Leitungen, dient*; für die Abgrenzung der örtlichen Verteilernetze von den vorgelagerten Netzebenen wird auf das Konzessionsgebiet abgestellt, in dem ein Netz der allgemeinen Versorgung im Sinne des § 18 Abs. 1 und des § 46 Abs. 2 betrieben wird einschließlich von Leitungen, die ein örtliches Verteilernetz mit einem benachbarten örtlichen Verteilernetz verbinden,

30. Regelzone
im Bereich der Elektrizitätsversorgung das Netzgebiet, für dessen Primärregelung, Sekundärregelung und Minutenreserve ein Betreiber von Übertragungsnetzen im Rahmen der Union für die Koordinierung des Transports elektrischer Energie (UCTE) verantwortlich ist,

31. selbstständige Betreiber von grenzüberschreitenden Elektrizitätsverbindungsleitungen
Betreiber von Übertragungsnetzen, die eine oder mehrere grenzüberschreitende Elektrizitätsverbindungsleitungen betreiben, ohne
   a) Betreiber von Übertragungsnetzen mit Regelzonenverantwortung zu sein, oder
   b) mit einem Betreiber von Übertragungsnetzen mit Regelzonenverantwortung im Sinne des Artikels 3 Absatz 2 der Verordnung (EG) Nr. 139/2004 des Rates vom 20. Januar 2004 über die Kontrolle von Unternehmenszusammenschlüssen (ABl. L 24 vom 29.1.2004, S. 1) verbunden zu sein,

31a. Stromlieferanten
natürliche und juristische Personen, deren Geschäftstätigkeit ganz oder teilweise auf den Vertrieb von Elektrizität zum Zwecke der Belieferung von Letztverbrauchern ausgerichtet ist,

31b. Stromliefervertrag mit dynamischen Tarifen
ein Stromliefervertrag mit einem Letztverbraucher, in dem die Preisschwankungen auf den Spotmärkten, einschließlich der Day-Ahead- und Intraday-Märkte, in Intervallen widergespiegelt werden, die mindestens den Abrechnungsintervallen des jeweiligen Marktes entsprechen,

31c. Teilnetz
im Gasbereich ein Teil des Transportgebiets eines oder mehrerer Netzbetreiber, in dem ein Transportkunde gebuchte Kapazitäten an Ein- und Ausspeisepunkten flexibel nutzen kann,

31d. Transportkunde
im Gasbereich Großhändler, Gaslieferanten einschließlich der Handelsabteilung eines vertikal integrierten Unternehmens und Letztverbraucher,

31e. Transportnetzbetreiber
jeder Betreiber eines Übertragungs- oder Fernleitungsnetzes,

31f. Transportnetz
jedes Übertragungs- oder Fernleitungsnetz,

32. Übertragung
der Transport von Elektrizität über ein Höchstspannungs- und Hochspannungsverbundnetz einschließlich grenzüberschreitender Verbindungsleitungen zum Zwecke der Belieferung von Letztverbrauchern oder Verteilern, jedoch nicht die Belieferung der Kunden selbst,

33. Umweltverträglichkeit
dass die Energieversorgung den Erfordernissen eines nachhaltigen, insbesondere rationellen und sparsamen Umgangs mit Energie genügt, eine schonende und dauerhafte Nutzung von Ressourcen gewährleistet ist und die Umwelt möglichst wenig belastet wird, der Nutzung von Kraft-Wärme-Kopplung und erneuerbaren Energien kommt dabei besondere Bedeutung zu,

33a. Unternehmensleitung
die oberste Unternehmensleitung sowie Personen, die mit Leitungsaufgaben für den Transportnetzbetreiber betraut sind und auf Grund eines Übertragungsaktes, dessen Eintragung im Handelsregister oder einem vergleichbaren Register eines Mitgliedstaates der Europäischen Union gesetzlich vorgesehen ist, berechtigt sind, den Transportnetzbetreiber gerichtlich und außergerichtlich zu vertreten,

34. Verbindungsleitungen
Anlagen, die zur Verbundschaltung von Elektrizitätsnetzen dienen, oder eine Fernleitung, die eine Grenze zwischen Mitgliedstaaten quert oder überspannt und einzig dem Zweck dient, die nationalen Fernleitungsnetze dieser Mitgliedstaaten zu verbinden,

35. Verbundnetz
eine Anzahl von Übertragungs- und Elektrizitätsverteilernetzen, die durch eine oder mehrere Verbindungsleitungen miteinander verbunden sind, oder eine Anzahl von Gasversorgungsnetzen, die miteinander verbunden sind,

36. Versorgung
die Erzeugung oder Gewinnung von Energie zur Belieferung von Kunden, der Vertrieb von Energie an Kunden und der Betrieb eines Energieversorgungsnetzes,

37. Verteilung
der Transport von Elektrizität mit hoher, mittlerer oder niederer Spannung über Elektrizitätsverteilernetze oder der Transport von Gas über örtliche oder regionale Leitungsnetze, um die Versorgung von Kunden zu ermöglichen, jedoch nicht die Belieferung der Kunden selbst; der Verteilung von Gas

(Fortsetzung nächstes Blatt)

3. die Zeit, die von Betreibern von Übertragungs-, Fernleitungs- und Verteilernetzen für die Herstellung von Anschlüssen und Reparaturen benötigt wird;
4. die Veröffentlichung angemessener Informationen über Verbindungsleitungen, Netznutzung und Kapazitätszuweisung für interessierte Parteien durch die Betreiber von Übertragungs-, Fernleitungs- und Verteilernetzen unter Berücksichtigung der Notwendigkeit, nicht statistisch aufbereitete Einzeldaten als Geschäftsgeheimnisse zu behandeln;
5. die technische Zusammenarbeit zwischen Betreibern von Übertragungsnetzen innerhalb und außerhalb der Europäischen Gemeinschaft;
6. die Bedingungen und Tarife für den Anschluss neuer Elektrizitätserzeuger unter besonderer Berücksichtigung der Kosten und der Vorteile der verschiedenen Technologien zur Elektrizitätserzeugung aus erneuerbaren Energien, der dezentralen Erzeugung und der Kraft-Wärme-Kopplung;
7. die Bedingungen für den Zugang zu Gasspeicheranlagen nach den §§ 26 und 28, und insbesondere über Veränderungen der Situation auf dem Speichermarkt, mit dem Ziel, dem Bundesministerium für Wirtschaft und Energie eine Überprüfung der Regelungen im Hinblick auf den Zugang zu Gasspeicheranlagen zu ermöglichen, sowie die Netzzugangsbedingungen für Anlagen zur Erzeugung von Biogas und die Zahl der Biogas in das Erdgasnetz einspeisenden Anlagen, die eingespeiste Biogasmenge in Kilowattstunden und die nach § 20b der Gasnetzentgeltverordnung bundesweit umgelegten Kosten;
8. den Umfang, in dem die Betreiber von Übertragungs-, Fernleitungs- und Verteilernetzen ihren Aufgaben nach den §§ 11 bis 16a nachkommen;
9. die Erfüllung der Verpflichtungen nach § 42;
10. Preise für Haushaltskunden, einschließlich von Vorauszahlungssystemen, Marktangebot von und Preisvolatilität bei Verträgen mit dynamischen Stromtarifen, Lieferanten- und Produktwechsel, Unterbrechung der Versorgung gemäß § 19 der Stromgrundversorgungsverordnung oder der Gasgrundversorgungsverordnung, Beschwerden von Haushaltskunden, die Wirksamkeit und die Durchsetzung von Maßnahmen zum Verbraucherschutz im Bereich Elektrizität oder Gas, Wartungsdienste am Hausanschluss oder an Messeinrichtungen sowie die Dienstleistungsqualität der Netze;
11. den Bestand und die geplanten Stilllegungen von Erzeugungskapazitäten, die Möglichkeit und die vorhandenen Kapazitäten für einen Brennstoffwechsel zur Absicherung der Leistung der Erzeugungskapazitäten, die Investitionen in die Erzeugungskapazitäten mit Blick auf die Versorgungssicherheit sowie den Bestand, die bereitgestellte Leistung, die gelieferte Strommenge sowie den voraussichtlichen Zeitpunkt der Außerbetriebnahme von Speichern mit einer Nennleistung von mehr als 10 Megawatt;
12. den Grad der Transparenz, auch der Großhandelspreise, sowie den Grad und die Wirksamkeit der Marktöffnung und den Umfang des Wettbewerbs auf Großhandels- und Endkundenebene sowie an Elektrizitäts- und Erdgasbörsen, soweit diese Aufgabe nicht durch Gesetz einer anderen Stelle übertragen wurde,
13. die Entwicklung der Ausschreibungen abschaltbarer Lasten durch die Betreiber von Übertragungsnetzen nach § 13 Absatz 6 Satz 1, insbesondere soweit die Bundesregierung mit Zustimmung des Bundestages eine entsprechende Rechtsverordnung nach § 13i Absatz 1 und 2 erlassen hat.

(1a) Die Regulierungsbehörde kann für die Erstellung des Berichts nach § 63 Absatz 3a sowie zur Überwachung von Verpflichtungen nach § 13, insbesondere ob eine Abweichung nach § 13 Absatz 3 vorliegt, von den Betreibern von Erzeugungsanlagen und von Anlagen zur Speicherung elektrischer Energie ergänzende Informationen erheben, insbesondere

1. Betriebskenndaten der Anlagen sowie
2. Daten zur Bereitstellung von elektrischer Leistung auf Grund sonstiger Verdienstmöglichkeiten.

(2) Zur Durchführung des Monitoring und zur Erhebung der ergänzenden Informationen gelten die Befugnisse nach § 69 entsprechend.

Teil 3a.[1] Füllstandsvorgaben für Gasspeicheranlagen und Gewährleistung der Versorgungssicherheit

§ 35a[1] Allgemeines. (1) [1]Der Marktgebietsverantwortliche wirkt im Rahmen der Gewährleistung der Versorgungssicherheit mit und kann in diesem Rahmen nach Maßgabe der §§ 35b bis 35d angemessene Maßnahmen ergreifen. [2]Das Bundesministerium für Wirtschaft und Klimaschutz erteilt die Zustimmung im angemessenen Umfang.

(2) [1]Die Vorschriften dieses Teils sind nur für Gasspeicheranlagen anzuwenden, die in Deutschland gelegen sind und mindestens einen Anschlusspunkt an das deutsche Fernleitungsnetz haben. [2]Die zu Speicherzwecken genutzten Teile von LNG Anlagen sind von den Vorschriften dieses Teils ausgenommen.

§ 35b[1] Füllstandsvorgaben; Bereitstellung ungenutzter Speicherkapazitäten; Verordnungsermächtigung. (1) [1]Der Betreiber einer Gasspeicheranlage hat vertragliche Regelungen aufzunehmen, welche die jeweiligen Rahmenbedingungen zur Erreichung der nachfolgend dargestellten Füllstandsvorgaben definieren, wonach jeweils im Zeitraum vom 1. Oktober eines Kalenderjahres bis zum 1. Februar des Folgejahres die von ihm betriebenen Gasspeicheranlagen einen Füllstand nach Satz 2 aufweisen sollen. [2]Hierbei sind in jeder Gasspeicheranlage die nachfolgend angegebenen Füllstände als prozentualer Anteil am Arbeitsgasvolumen der Gasspeicheranlage zu den genannten Stichtagen vorzuhalten (Füllstandsvorgaben):

1. am 1. Oktober: 80 Prozent.
2. am 1. November: 90 Prozent.
3. am 1. Februar: 40 Prozent.

(2) Um die Einhaltung der Füllstandsvorgaben nach Absatz 1 Satz 2 zu gewährleisten, hat der Betreiber einer Gasspeicheranlage bereits am 1. August eines Kalenderjahres einen Füllstand nachzuweisen, der die Erreichung der Füllstandsvorgaben nicht gefährdet.

(3) Das Bundesministerium für Wirtschaft und Klimaschutz kann durch Rechtsverordnung ohne Zustimmung des Bundesrates abweichende Regelungen zu den relevanten Stichtagen und Füllstandsvorgaben nach Absatz 1 Satz 2 und Absatz 2 festlegen, soweit die Sicherheit der Gasversorgung dabei angemessen berücksichtigt bleibt.

(4) [1]Der Betreiber einer Gasspeicheranlage hat den Nachweis über die Einhaltung der Vorgaben aus Absatz 1 Satz 2 und Absatz 2 sowie, soweit eine Rechtsverordnung nach Absatz 3 erlassen wurde, die Einhaltung der darin enthaltenen

---

[1] Teil 3a (§§ 35a–35g) eingef. mWv 30.4.2022 durch G v. 26.4.2022 (BGBl. I S. 674).

Vorgaben, gegenüber dem Bundesministerium für Wirtschaft und Klimaschutz, der Bundesnetzagentur und dem Marktgebietsverantwortlichen schriftlich oder elektronisch zu erbringen. [2] Der Betreiber einer Gasspeicheranlage muss im Rahmen von Satz 1 nachweisen, ob Gas physisch in den Gasspeicheranlagen in entsprechender Menge eingelagert ist. [3] Zusätzlich zum Nachweis nach Satz 1 hat der Betreiber einer Gasspeicheranlage der Bundesnetzagentur und dem Marktgebietsverantwortlichen insbesondere folgende Angaben zu übermitteln:

1. die prozentualen Füllstände sowie die Füllstände in Kilowattstunden,
2. den Nachweis darüber, dass der jeweilige Gasspeicher die Voraussetzungen nach § 35a Absatz 2 Satz 1 erfüllt sowie
3. sonstige im Zusammenhang mit der Erfüllung der Füllstandsvorgaben relevante Informationen.

[4] Die Mitteilungen nach Satz 3 müssen elektronisch in einem mit der Bundesnetzagentur und dem Marktgebietsverantwortlichen abgestimmten Datenformat einmal wöchentlich übermittelt werden, auf Verlagen der Bundesnetzagentur oder des Marktgebietsverantwortlichen in kürzeren Zeitabständen.

(5) Wenn erkennbar ist, dass die Füllstandsvorgaben nach Absatz 1 Satz 2, soweit eine Rechtsverordnung nach Absatz 3 erlassen wurde die darin enthaltenen Vorgaben, oder Absatz 3 technisch nicht erreicht werden können, weil der Nutzer einer Gasspeicheranlage die von ihm auf fester Basis gebuchten Arbeitsgasvolumina (Speicherkapazitäten) nicht nutzt, ist der Betreiber einer Gasspeicheranlage verpflichtet, dem Marktgebietsverantwortlichen die nicht genutzten Speicherkapazitäten der Nutzer der Gasspeicheranlage rechtzeitig anteilig nach dem Maß der Nichtnutzung des Nutzers in dem zur Erreichung der Füllstandsvorgaben erforderlichen Umfang bis zum Ablauf des Speicherjahres zur Verfügung zu stellen; hierzu gehört auch die Ein- und Ausspeicherleistung.

(6) [1] Der Betreiber einer Gasspeicheranlage hat in einem Vertrag über die Nutzung einer Gasspeicheranlage vertragliche Bestimmungen aufzunehmen, welche ihn berechtigen, von dem Nutzer nicht genutzte Speicherkapazitäten dem Marktgebietsverantwortlichen zur Verfügung zu stellen, soweit hinsichtlich des Nutzers die Voraussetzungen nach Absatz 5 vorliegen. [2] Der Nutzer einer Gasspeicheranlage, dessen Speicherkapazitäten der Betreiber der Gasspeicheranlage dem Marktgebietsverantwortlichen zur Verfügung gestellt hat, bleibt zur Zahlung der Entgelte für die Speichernutzung verpflichtet mit Ausnahme der variablen Speicherentgelte für die Ein- und Ausspeisung. [3] Eine von Satz 2 abweichende vertragliche Vereinbarung ist unwirksam. [4] Auf Aufforderung der Bundesnetzagentur weist der Betreiber einer Gasspeicheranlage die Umsetzung der Verpflichtung nach Absatz 5 nach.

(7) [1] Das Bundesministerium für Wirtschaft und Klimaschutz kann ohne Zu*stimmung des Bundesrates* durch Rechtsverordnung ein von Absatz 5 und 6 abweichendes Verfahren über die Zurverfügungstellung vom Nutzer einer Gasspeicheranlage ungenutzter Kapazitäten an den Marktgebietsverantwortlichen regeln, soweit dies zur Gewährleistung der Versorgungssicherheit erforderlich ist. [2] Hierzu kann unter Berücksichtigung der technischen und wirtschaftlichen Rahmenbedingungen insbesondere geregelt werden, ob die vom Nutzer einer Gasspeicheranlage ungenutzten Speicherkapazitäten als unterbrechbare Kapazitäten durch den Marktgebietsverantwortlichen genutzt werden dürfen.

§ 35c[1)] Ausschreibung von strategischen Optionen zur Vorhaltung von Gas; ergänzende Maßnahmen zur Gewährleistung der Versorgungssicherheit. (1) Zur Gewährleistung der Versorgungssicherheit hat der Marktgebietsverantwortliche nach Zustimmung des Bundesministeriums für Wirtschaft und Klimaschutz im Einvernehmen mit der Bundesnetzagentur in marktbasierten, transparenten und nichtdiskriminierenden öffentlichen Ausschreibungsverfahren strategische Optionen zur Vorhaltung von Gas (Gas-Optionen) in angemessenem Umfang zur Gewährleistung der Erreichung der Füllstände nach § 35b zu beschaffen.

(2) [1] Sollten Maßnahmen nach Absatz 1 sowie Einspeicherungen der Nutzer einer Gasspeicheranlage zur Erreichung der Füllstände nach § 35b Absatz 1 sowie Absatz 3 nicht ausreichen, so ergreift der Marktgebietsverantwortliche nach Zustimmung des Bundesministeriums für Wirtschaft und Klimaschutz im Einvernehmen mit der Bundesnetzagentur in dem zur Erreichung der Füllstandsvorgaben erforderlichen Umfang zusätzliche Maßnahmen. [2] Diese umfassen die zusätzliche, auch kurzfristige Ausschreibung von Gas-Optionen für die nach § 35b Absatz 5 zur Verfügung gestellten Kapazitäten in einem marktbasierten, transparenten und nichtdiskriminierenden öffentlichen Ausschreibungsverfahren sowie den Erwerb physischen Gases und dessen Einspeicherung. [3] Sofern die nach § 35b Absatz 5 zur Verfügung gestellten Kapazitäten hierzu nicht ausreichen, kann der Marktgebietsverantwortliche die benötigten Speicherkapazitäten buchen, wobei als Speicherentgelt hierfür das durchschnittlich kostengünstigste Speicherentgelt der letzten drei Speicherjahre für die jeweilige Gasspeicheranlage zu Grunde gelegt wird.

§ 35d[1)] Freigabeentscheidung. (1) [1] Das Bundesministerium für Wirtschaft und Klimaschutz kann im Einvernehmen mit der Bundesnetzagentur und nach Anhörung des Marktgebietsverantwortlichen anordnen, dass der Marktgebietsverantwortliche nach § 35c beschaffte Gas-Optionen ganz oder teilweise ausüben darf und dass er nach § 35c Absatz 2 erworbene Gasmengen ganz oder teilweise ausspeichern darf, insbesondere

1. zur Verhütung unmittelbar drohender oder zur Behebung eingetretener Störungen in der Energieversorgung
2. zum Ausgleich eines erheblichen und unerwarteten Rückgangs von Lieferungen von Gas oder
3. zur Behebung regionaler Engpasssituationen.

[2] Satz 1 gilt entsprechend für die Anordnung, dass vorübergehend und in Abweichung von § 35b Absatz 1 Satz 2 einschließlich einer Rechtsverordnung nach § 35b Absatz 3 geringere Füllstände vorgehalten werden dürfen.

(2) [1] Die Anordnungen nach Absatz 1 sind jeweils mit Wirkung für die Zukunft zu widerrufen, sobald die sie begründenden Umstände nicht mehr vorliegen. [2] Das Bundesministerium für Wirtschaft und Klimaschutz kann im Einvernehmen mit der Bundesnetzagentur und nach Anhörung des Marktgebietsverantwortlichen bestimmen, ob und in welchem Umfang nach erfolgtem Widerruf einer Anordnung nach Absatz 1 eine Befüllung der Speicher zu erfolgen hat.

(3) Artikel 13 der Verordnung (EU) 2017/1938 des Europäischen Parlaments und des Rates vom 25. Oktober 2017 über Maßnahmen zur Gewährleistung der sicheren Gasversorgung und zur Aufhebung der Verordnung (EU) Nr. 994/2010 (ABl. L 280 vom 28.10.2017, S. 1), die §§ 16, 16a und 53a dieses Gesetzes, die

---

1) Teil 3a (§§ 35a–35g) eingef. mWv 30.4.2022 durch G v. 26.4.2022 (BGBl. I S. 674).

Vorschriften des Energiesicherungsgesetzes 1975 vom 20. Dezember 1974 (BGBl. I S. 3681), das zuletzt durch Artikel 86 des Gesetzes vom 10. August 2021 (BGBl. I S. 3436) geändert worden ist, sowie die Vorschriften der Gassicherungsverordnung vom 26. April 1982 (BGBl. I S. 517), die zuletzt durch Artikel 3 Absatz 48 des Gesetzes vom 7. Juli 2005 (BGBl. I S. 1970) geändert worden ist, in der jeweils geltenden Fassung, bleiben hiervon unberührt.

(4) [1] Der Marktgebietsverantwortliche hat die nach § 35c Absatz 2 physisch erworbenen Gasmengen spätestens ab dem 1. Januar eines Jahres bis zum Ende des Speicherjahres gleichmäßig zu veräußern. [2] Der Marktgebietsverantwortliche hat das Bundesministerium für Wirtschaft und Klimaschutz sowie die Bundesnetzagentur mindestens zwei Wochen vor dem Beginn der Veräußerungen nach Satz 1 schriftlich oder elektronisch zu informieren. [3] Satz 1 gilt nicht, wenn zu erwarten ist, dass die Füllstandsvorgaben nach § 35b Absatz 1 oder nach der Rechtsverordnung nach § 35b Absatz 3 in der Folgeperiode nicht ohne Maßnahmen nach § 35c Absatz 2 gewährleistet werden können oder das Bundesministerium für Wirtschaft und Klimaschutz im Einvernehmen mit der Bundesnetzagentur der Veräußerung widersprochen hat. [4] Absatz 1 bleibt unberührt.

§ 35e[1)] Umlage der Kosten des Marktgebietsverantwortlichen; Finanzierung. [1] Die dem Marktgebietsverantwortlichen im Zusammenhang mit seinen Aufgaben zur Sicherstellung der Versorgungssicherheit entstehenden Kosten werden diskriminierungsfrei und in einem transparenten Verfahren auf die Bilanzkreisverantwortlichen im Marktgebiet umgelegt. [2] Hierzu hat der Marktgebietsverantwortliche die Kosten und Erlöse, die im Rahmen der ergriffenen Maßnahmen nach diesem Teil, insbesondere nach den §§ 35c und 35d, entstehen, transparent und für Dritte nachvollziehbar zu ermitteln. [3] Die Kosten und Erlöse sind zu saldieren. [4] Der Marktgebietsverantwortliche ist berechtigt, von den Bilanzkreisverantwortlichen Abschlagszahlungen zur Deckung der voraussichtlichen Kosten zu verlangen. [5] Die Einzelheiten genehmigt die Bundesnetzagentur im Einvernehmen mit dem Bundesministerium für Wirtschaft und Klimaschutz und dem Bundesministerium der Finanzen nach § 29 Absatz 1; dem Marktgebietsverantwortlichen ist Gelegenheit zur Stellungnahme zu geben.

§ 35f[1)] Evaluierung. [1] Das Bundesministerium für Wirtschaft und Klimaschutz bewertet bis zum 15. Dezember 2022 die Umsetzung der Vorschriften dieses Teils und evaluiert bis zum 1. April 2023 die Vorschriften dieses Teils und deren Auswirkungen. [2] Die Berichte sind unverzüglich dem Deutschen Bundestag vorzulegen.

§ 35g[1)] Inkrafttreten, Außerkrafttreten. [1] Die gesetzlichen Regelungen zur Einführung von Füllstandsvorgaben für Gasspeicheranlagen treten am Tag nach der Verkündung[2)] in Kraft. [2] Sie treten am 1. April 2025 außer Kraft.

Teil 4. Energielieferung an Letztverbraucher

§ 36[3)] Grundversorgungspflicht. (1) [1] Energieversorgungsunternehmen haben für Netzgebiete, in denen sie die Grundversorgung von Haushaltskunden durch-

---

1) Teil 3a (§§ 35a–35g) eingef. mWv 30.4.2022 durch G v. 26.4.2022 (BGBl. I S. 674).

2) Verkündet am 29.4.2022.

3) § 36 Abs. 2 Satz 3 eingef., bish. Sätze 3 und 4 werden Sätze 4 und 5 mWv 12.11.2010 durch G v. 4.11.2010 (BGBl. I S. 1483); Abs. 4 angef. mWv 4.8.2011 durch G v. 26.7.2011 (BGBl. I S. 1554); Abs. 1 Satz 2 eingef., bish. Satz 2 wird Satz 3 mWv 27.7.2021 durch G v. 16.7.2021 (BGBl. I S. 3026).

führen, Allgemeine Bedingungen und Allgemeine Preise für die Versorgung in Niederspannung oder Niederdruck öffentlich bekannt zu geben und im Internet zu veröffentlichen und zu diesen Bedingungen und Preisen jeden Haushaltskunden zu versorgen. [2] Die Veröffentlichungen im Internet müssen einfach auffindbar sein und unmissverständlich verdeutlichen, dass es sich um die Preise und Bedingungen der Belieferung in der Grundversorgung handelt. [3] Die Pflicht zur Grundversorgung besteht nicht, wenn die Versorgung für das Energieversorgungsunternehmen aus wirtschaftlichen Gründen nicht zumutbar ist.

(2) [1] Grundversorger nach Absatz 1 ist jeweils das Energieversorgungsunternehmen, das die meisten Haushaltskunden in einem Netzgebiet der allgemeinen Versorgung beliefert. [2] Betreiber von Energieversorgungsnetzen der allgemeinen Versorgung nach § 18 Abs. 1 sind verpflichtet, alle drei Jahre jeweils zum 1. Juli, erstmals zum 1. Juli 2006, nach Maßgabe des Satzes 1 den Grundversorger für die nächsten drei Kalenderjahre festzustellen sowie dies bis zum 30. September des Jahres im Internet zu veröffentlichen und der nach Landesrecht zuständigen Behörde schriftlich mitzuteilen. [3] Die nach Landesrecht zuständige Behörde kann die zur Sicherstellung einer ordnungsgemäßen Durchführung des Verfahrens nach den Sätzen 1 und 2 erforderlichen Maßnahmen treffen. [4] Über Einwände gegen das Ergebnis der Feststellungen nach Satz 2, die bis zum 31. Oktober des jeweiligen Jahres bei der nach Landesrecht zuständigen Behörde einzulegen sind, entscheidet diese nach Maßgabe der Sätze 1 und 2. [5] Stellt der Grundversorger nach Satz 1 seine Geschäftstätigkeit ein, so gelten die Sätze 2 und 3 entsprechend.

(3) Im Falle eines Wechsels des Grundversorgers infolge einer Feststellung nach Absatz 2 gelten die von Haushaltskunden mit dem bisherigen Grundversorger auf der Grundlage des Absatzes 1 geschlossenen Energielieferverträge zu den im Zeitpunkt des Wechsels geltenden Bedingungen und Preisen fort.

(4) Die Absätze 1 bis 3 gelten nicht für geschlossene Verteilernetze.

§ 37[1)] Ausnahmen von der Grundversorgungspflicht. (1) [1] Wer zur Deckung des Eigenbedarfs eine Anlage zur Erzeugung von Energie betreibt oder sich von einem Dritten versorgen lässt, hat keinen Anspruch auf eine Grundversorgung

(Fortsetzung nächstes Blatt)

[1)] § 37 Abs. 3 Satz 1 geänd. mWv 17.12.2006 durch G v. 9.12.2006 (BGBl. I S. 2833); Abs. 3 Satz 1 geänd. mWv 8.9.2015 durch VO v. 31.8.2015 (BGBl. I S. 1474); Abs. 1 neu gef., Abs. 2 Sätze 1 und 2, Abs. 3 Sätze 1 und 2 geänd. mWv 30.7.2016 durch G v. 26.7.2016 (BGBl. I S. 1786).

1. von Anlagen im Sinne des § 3 Nummer 1 des Erneuerbare-Energien-Gesetzes[1] mit einer elektrischen Leistung von bis zu 500 Kilowatt oder
2. von Anlagen im Sinne des § 2 Nummer 14 des Kraft-Wärme-Kopplungsgesetzes[2] mit einer elektrischen Leistung von bis zu 500 Kilowatt,

die nur deswegen als Energieversorgungsunternehmen gelten, weil sie Elektrizität nach den Vorschriften des Erneuerbare-Energien-Gesetzes oder des Kraft-Wärme-Kopplungsgesetzes in ein Netz einspeisen oder im Sinne des § 3 Nummer 16 direkt vermarkten, sind hinsichtlich dieser Anlagen von den Bestimmungen des § 10 Abs. 1 ausgenommen. [2] Mehrere Anlagen zur Erzeugung von Strom aus solarer Strahlungsenergie gelten unabhängig von den Eigentumsverhältnissen und ausschließlich zum Zweck der Ermittlung der elektrischen Leistung im Sinne des Satzes 1 Nummer 1 als eine Anlage, wenn sie sich auf demselben Grundstück oder sonst in unmittelbarer räumlicher Nähe befinden und innerhalb von zwölf aufeinanderfolgenden Kalendermonaten in Betrieb genommen worden sind. [3] Satz 1 gilt nicht, wenn der Betreiber ein vertikal integriertes Unternehmen ist oder im Sinne des § 3 Nr. 38 mit einem solchen verbunden ist. [4] Bilanzierungs-, Prüfungs- und Veröffentlichungspflichten aus sonstigen Vorschriften bleiben unberührt. [5] Mehrere Anlagen im Sinne des Satzes 1 Nr. 1 und 2, die unmittelbar an einem Standort miteinander verbunden sind, gelten als eine Anlage, wobei die jeweilige elektrische Leistung zusammenzurechnen ist.

§ 117b[3] Verwaltungsvorschriften. Die Bundesregierung erlässt mit Zustimmung des Bundesrates allgemeine Verwaltungsvorschriften über die Durchführung der Verfahren nach den §§ 43 bis 43d sowie 43f und 43g, insbesondere über

1. die Vorbereitung des Verfahrens,
2. den behördlichen Dialog mit dem Vorhabenträger und der Öffentlichkeit,
3. die Festlegung des Prüfungsrahmens,
4. den Inhalt und die Form der Planunterlagen,
5. die Einfachheit, Zweckmäßigkeit und Zügigkeit der Verfahrensabläufe und der vorzunehmenden Prüfungen,
6. die Durchführung des Anhörungsverfahrens,
7. die Einbeziehung der Umweltverträglichkeitsprüfung in das Verfahren,
8. die Beteiligung anderer Behörden und
9. die Bekanntgabe der Entscheidung.

§ 118[4] Übergangsregelungen. (1)–(5) (weggefallen)

---

[1] **Sartorius ErgBd. Nr. 833.**

[2] **Sartorius ErgBd. Nr. 834.**

[3] § 117b eingef. mWv 5.8.2011 durch G v. 28.7.2011 (BGBl. I S. 1690).

[4] § 118 Abs. 7 und 8 angef. mWv 17.12.2006 durch G v. 9.12.2006 (BGBl. I S. 2833); Abs. 7 geänd. mWv 1.1.2009 durch G v. 25.10.2008 (BGBl. I S. 2074); Abs. 1–4 aufgeh., bish. Abs. 5–8 werden Abs. 1–4 mWv *1.11.2008 durch* G v. 25.10.2008 (BGBl. I S. 2101); Abs. 5–7 angef. mWv 26.8.2009 durch G v. 21.8.2009 (BGBl. I S. 2870); Abs. 4 Satz 2 angef., Abs. 7 *neu* gef., Abs. 8–11 angef. mWv 4.8.2011 durch G v. 26.7.2011 (BGBl. I S. 1554); Abs. 3 aufgeh., bish. Abs. 4–11 werden Abs. 3–10, Abs. 11 angef. mWv 5.8.2011 durch G v. 28.7.2011 (BGBl. I S. 1690); Abs. 9 Satz 2 geänd. mWv 1.4.2012 durch G v. 22.12.2011 (BGBl. I S. 3044); Abs. 6 Satz 2 geänd., Satz 3 neu gef., Abs. 12 angef. mWv 28.12.2012 durch G v. 20.12.2012 (BGBl. I S. 2730); Abs. 2 neu gef. mWv 5.3.2013 durch G v. 21.2.2013 (BGBl. I S. 346); Abs. 13 angef. mWv 10.10.2013 durch G v. 4.10.2013 (BGBl. I S. 3746); Abs. 9 aufgeh., Abs. 12 geänd., Abs. 13 und 14 eingef., bish. Abs. 13 wird Abs. 15 mWv 1.8.2014 durch G v. 21.7.2014 (BGBl. I S. 1066); Abs. 16 und 17 angef. mWv 1.1.2016 durch G v. 10.12.2015 (BGBl. I S. 2194); Abs. 9 neu gef., Abs. 18 angef. mWv 30.7.2016 durch G v. 26.7.2016 (BGBl. I S. 1786); Abs. 16 neu gef., Abs. 19 angef. mWv 19.10.2016, Abs. 13 Sätze 1 und 2, Abs. 14 geänd., Abs. 20–22 angef. mWv 1.1.2017 durch G v. 13.10.2016 (BGBl. I S. 2258); Abs. 23 (in BGBl. wohl irrtümlich „Abs. 20") angef. mWv 3.2.2017 durch G v. 27.1.2017 (BGBl. I S. 130); Abs. 18 Satz 1 Nr. 1 und 2 geänd., →

(6) [1] Nach dem 31. Dezember 2008 neu errichtete Anlagen zur Speicherung elektrischer Energie, die ab 4. August 2011,[1)] innerhalb von 15 Jahren in Betrieb genommen werden, sind für einen Zeitraum von 20 Jahren ab Inbetriebnahme hinsichtlich des Bezugs der zu speichernden elektrischen Energie von den Entgelten für den Netzzugang freigestellt. [2] Pumpspeicherkraftwerke, deren elektrische Pump- oder Turbinenleistung nachweislich um mindestens 7,5 Prozent oder deren speicherbare Energiemenge nachweislich um mindestens 5 Prozent nach dem 4. August 2011 erhöht wurden, sind für einen Zeitraum von zehn Jahren ab Inbetriebnahme hinsichtlich des Bezugs der zu speichernden elektrischen Energie von den Entgelten für den Netzzugang freigestellt. [3] Die Freistellung nach Satz 1 wird nur gewährt, wenn die elektrische Energie zur Speicherung in einem elektrischen, chemischen, mechanischen oder physikalischen Stromspeicher aus einem Transport- oder Verteilernetz entnommen und die zur Ausspeisung zurückgewonnene elektrische Energie zeitlich verzögert wieder in dasselbe Netz eingespeist wird. [4] Die Freistellung nach Satz 2 setzt voraus, dass auf Grund vorliegender oder prognostizierter Verbrauchsdaten oder auf Grund technischer oder vertraglicher Gegebenheiten offensichtlich ist, dass der Höchstlastbeitrag der Anlage vorhersehbar erheblich von der zeitgleichen Jahreshöchstlast aller Entnahmen aus dieser Netz- oder Umspannebene abweicht. [5] Sie erfolgt durch Genehmigung in entsprechender Anwendung der verfahrensrechtlichen Vorgaben nach § 19 Absatz 2 Satz 3 bis 5 und 8 bis 10 der Stromnetzentgeltverordnung. [6] Als Inbetriebnahme gilt der erstmalige Bezug von elektrischer Energie für den Probebetrieb, bei bestehenden Pumpspeicherkraftwerken der erstmalige Bezug nach Abschluss der Maßnahme zur Erhöhung der elektrischen Pump- oder Turbinenleistung und der speicherbaren Energiemenge. [7] Die Sätze 2 und 3 sind nicht für Anlagen anzuwenden, in denen durch Wasserelektrolyse Wasserstoff erzeugt oder in denen Gas oder Biogas durch wasserelektrolytisch erzeugten Wasserstoff und anschließende Methanisierung hergestellt worden ist. [8] Diese Anlagen sind zudem von den Einspeiseentgelten in das Gasnetz, an das sie angeschlossen sind, befreit. [9] Die Betreiber von Übertragungsnetzen haben ab dem 1. Januar 2023 nachgelagerten Betreibern von Elektrizitätsverteilernetzen entgangene Erlöse zu erstatten, die aus der Freistellung von den Entgelten für den Netzzugang von Anlagen nach Satz 7 resultieren, soweit sie durch Wasserelektrolyse Wasserstoff erzeugen. [10] Satz 9 ist für nach dem 1. Januar 2023 neu errichtete Anlagen nur anzuwenden, wenn der zuständige Betreiber von Übertragungsnetzen dem Anschluss der Anlage an das Verteilernetz zugestimmt hat. [11] § 19 Absatz 2 Satz 14 und 15 der Stromnetzentgeltverordnung ist für die Zahlungen nach Satz 9 entsprechend anzuwenden.

(7)–(11) (weggefallen)

(12) Auf Windenergieanlagen auf See, die bis zum 29. August 2012 eine unbedingte oder eine bedingte Netzanbindungszusage erhalten haben und im Falle der bedingten Netzanbindungszusage spätestens zum 1. September 2012 die Vorausset-

---

(Fortsetzung der Anm. von voriger Seite)
Nr. 3 aufgeh., Abs. 20–22 neu gef., Abs. 23 und 24 angef. mWv 22.7.2017 durch G v. 17.7.2017 (BGBl. I S. 2503); Abs. 25 angef. mWv 21.12.2018 durch G v. 17.12.2018 (BGBl. I S. 2549); Abs. 5 Sätze 1 und 2 geänd., Abs. 26 angef. mWv 17.5.2019, Abs. 25a eingef. mWv 1.10.2021 durch G v. 13.5.2019 (BGBl. I S. 706); Abs. 6 Satz 7 neu gef. mWv 17.5.2019, Abs. 18 aufgeh. mWv 26.11.2019 durch G v. 20.11.2019 (BGBl. I S. 1719); Abs. 27 angef. mWv 12.12.2019 durch G v. 5.12.2019 (BGBl. I S. 2002); Abs. 25 Satz 1 einl. Satzteil geänd. mWv 29.5.2020 durch G v. 25.5.2020 (BGBl. I S. 1070); Abs. 1–5 neu gef., Abs. 6 Sätze 9–11 angef., Abs. 7–11, 13, 14, 16, 17 und 19 neu gef., Abs. 22 Satz 3, Abs. 28–34 angef. mWv 27.7.2021 durch G v. 16.7.2021 (BGBl. I S. 3026); Abs. 36 angef. mWv 30.4.2022 durch G v. 26.4.2022 (BGBl. I S. 674).

[1)] Zeichensetzung amtlich.

zungen für eine unbedingte Netzanbindungszusage nachgewiesen haben, ist § 17 Absatz 2a und 2b in der bis zum 28. Dezember 2012 geltenden Fassung anzuwenden.

(13), (14) (weggefallen)

(15) Für § 6c in der durch das Gesetz zur Änderung des Handelsgesetzbuchs vom 4. Oktober 2013 (BGBl. I S. 3746) geänderten Fassung gilt Artikel 70 Absatz 3 des Einführungsgesetzes zum Handelsgesetzbuch[1]) entsprechend.

(16), (17) (weggefallen)

(18) *(aufgehoben)*

(19) (weggefallen)

(20) [1] Der Offshore-Netzentwicklungsplan für das Zieljahr 2025 enthält alle Maßnahmen, die erforderlich sind, um einen hinreichenden Wettbewerb unter den bestehenden Projekten im Rahmen der Ausschreibung nach § 26 des Windenergie-auf-See-Gesetzes zu gewährleisten. [2] Der Offshore-Netzentwicklungsplan für das Zieljahr 2025 soll für die Ostsee die zur Erreichung der in § 27 Absatz 3 und 4 des Windenergie-auf-See-Gesetzes festgelegten Menge erforderlichen Maßnahmen mit einer geplanten Fertigstellung ab dem Jahr 2021 vorsehen, jedoch eine Übertragungskapazität von 750 Megawatt insgesamt nicht überschreiten. [3] Der Offshore-Netzentwicklungsplan für das Zieljahr 2025 soll für die Nordsee die zur Erreichung der Verteilung nach § 27 Absatz 4 des Windenergie-auf-See-Gesetzes erforderlichen Maßnahmen mit einer geplanten Fertigstellung ab dem Jahr 2022 vorsehen.

(21) Für Windenergieanlagen auf See, die eine unbedingte Netzanbindungszusage nach Absatz 12 oder eine Kapazitätszuweisung nach § 17d Absatz 3 Satz 1 in der am 31. Dezember 2016 geltenden Fassung erhalten haben, sind die §§ 17d und 17e in der am 31. Dezember 2016 geltenden Fassung anzuwenden.

(22) [1] § 13 Absatz 6a ist nach dem 31. Dezember 2023 nicht mehr anzuwenden. [2] Zuvor nach § 13 Absatz 6a geschlossene Verträge laufen bis zum Ende der vereinbarten Vertragslaufzeit weiter. [3] Nach § 13 Absatz 6a in der Fassung bis zum 27. Juli 2021 geschlossene Verträge laufen bis zum Ende der vereinbarten Vertragslaufzeit weiter.

(23) § 47 ist auf Verfahren zur Vergabe von Wegenutzungsrechten zur leitungsgebundenen Energieversorgung, in denen am 3. Februar 2017 von der Gemeinde bereits Auswahlkriterien samt Gewichtung im Sinne des § 46 Absatz 4 Satz 4 bekannt gegeben wurden, mit der Maßgabe anwendbar, dass die in § 47 Absatz 2 Satz 1 bis 3 genannten Fristen mit Zugang einer Aufforderung zur Rüge beim jeweiligen Unternehmen beginnen.

(24) § 17f Absatz 5 Satz 2 darf erst nach der beihilferechtlichen Genehmigung durch die Europäische Kommission und für die Dauer der Genehmigung angewendet werden.

(25) [1] Stromerzeugungsanlagen im Sinne der Verordnung (EU) 2016/631 sind als bestehend anzusehen, sofern sie bis zum 31. Dezember 2020 in Betrieb genommen wurden und für sie vor dem 27. April 2019

1. eine Baugenehmigung oder eine Genehmigung nach dem Bundes-Immissionsschutzgesetz[2]) erteilt wurde oder
2. der Anschluss an das Netz begehrt wurde und eine Baugenehmigung oder eine Genehmigung nach dem Bundes-Immissionsschutzgesetz nicht erforderlich ist.

---

[1]) **Habersack, Deutsche Gesetze Nr. 50a.**
[2]) Nr. **296**.

[2]Der Betreiber der Anlage kann auf die Einstufung als Bestandsanlage verzichten. [3]Der Verzicht ist schriftlich gegenüber dem Netzbetreiber zu erklären.

(25a) [1]Auf Maßnahmen nach § 13 Absatz 1, die vor dem 1. Oktober 2021 durchgeführt worden sind, ist § 13a in der bis zum 30. September 2021 geltenden Fassung anzuwenden. [2]Für Anlagen nach § 3 Nummer 1 des Erneuerbare-Energien-Gesetzes[1)], die nach dem am 31. Dezember 2011 geltenden Inbetriebnahmebegriff nach dem Erneuerbare-Energien-Gesetz vor dem 1. Januar 2012 in Betrieb genommen worden sind, und für KWK-Anlagen, die vor dem 1. Januar 2012 in Betrieb genommen worden sind, ist § 13a Absatz 2 Satz 3 Nummer 5 mit der Maßgabe anzuwenden, dass für die Bestimmung des angemessenen finanziellen Ausgleichs 100 Prozent der entgangenen Einnahmen anzusetzen sind.

(26) Bis zum 31. Dezember 2023 ist in dem Netzentwicklungsplan nach § 12b höchstens eine Testfeld-Anbindungsleitung mit einer Anschlusskapazität von höchstens 300 Megawatt erforderlich.

(27) Auf Anträge nach § 28a Absatz 3 Satz 1, die vor dem 12. Dezember 2019 bei der Regulierungsbehörde eingegangen sind, sind die bis zum Ablauf des 11. Dezember 2019 geltenden Vorschriften weiter anzuwenden.

(28) Die Verpflichtung nach § 14c Absatz 1 ist für die jeweilige Flexibilitätsdienstleistung ausgesetzt, bis die Bundesnetzagentur hierfür erstmals Spezifikationen nach § 14c Absatz 2 genehmigt oder nach § 14c Absatz 3 festgelegt hat.

(29) Bis zur erstmaligen Erstellung der Netzausbaupläne nach § 14d ab dem Jahr 2022 kann die Regulierungsbehörde von den nach § 14d verpflichteten Betreibern von Elektrizitätsverteilernetzen Netzausbaupläne nach § 14d Absatz 1 und 3 verlangen.

(30) Die Bundesnetzagentur soll eine Festlegung nach § 41d Absatz 3 erstmalig bis zum 31. Dezember 2022 erlassen.

(31) Die bundesweit einheitliche Festlegung von Methoden zur Bestimmung des Qualitätselements nach § 54 Absatz 3 Satz 3 Nummer 4 ist erstmals zum 1. Januar 2024 durchzuführen.

(32) § 6b Absatz 3 sowie die §§ 28k und 28l in der ab dem 27. Juli 2021 geltenden Fassung sind erstmals auf Jahresabschlüsse sowie Tätigkeitsabschlüsse für das nach dem 31. Dezember 2020 beginnende Geschäftsjahr anzuwenden.

(33) [1]Für besondere netztechnische Betriebsmittel, für die bis zum 30. November 2020 ein Vergabeverfahren begonnen wurde, ist § 11 Absatz 3 in der bis zum 27. Juli 2021 geltenden Fassung anzuwenden. [2]Satz 1 ist auch anzuwenden, wenn ein bereits vor dem 30. November 2020 begonnenes Vergabeverfahren aufgrund rechtskräftiger Entscheidung nach dem 30. November 2020 neu durchgeführt werden muss.

(34) [1]Ladepunkte, die von Betreibern von Elektrizitätsverteilernetzen bereits vor dem 27. Juli 2021 entwickelt, verwaltet oder betrieben worden sind, gelten bis zum 31. Dezember 2023 als aufgrund eines regionalen Marktversagens im Sinne von § 7c Absatz 2 Satz 1 genehmigt. [2]Betreiber von Elektrizitätsverteilernetzen haben ihre Tätigkeiten in Bezug auf diese Ladepunkte der Bundesnetzagentur in Textform bis zum 31. Dezember 2023 anzuzeigen und bis zum 31. Dezember 2023 einzustellen, wenn nicht die Bundesnetzagentur zuvor eine Genehmigung nach § 7c Absatz 2 erteilt hat. [3]Der Zugang zu diesen Ladepunkten ist Dritten zu angemessenen und diskriminierungsfreien *Bedingungen zu gewähren.*

(35) (noch nicht in Kraft)

[1)] **Sartorius ErgBd. Nr. 833.**

(36) [1] § 35b Absatz 6 ist auf Nutzungsverträge zwischen Betreibern und Nutzern von Gasspeicheranlagen, die vor dem 30. April 2022 geschlossen wurden und keine Bestimmungen nach § 35b Absatz 6 enthalten, erst nach dem 14. Juli 2022 anzuwenden. [2] Stimmt der Nutzer der Gasspeicheranlage der Aufnahme von Bestimmungen nach § 35b Absatz 6 in den Vertrag bis zum 1. Juli 2022 nicht zu, kann der Betreiber den Vertrag ohne Einhaltung einer Frist kündigen.

§§ 118a, 118b[1)] *(aufgehoben)*

§ 119[2)] **Verordnungsermächtigung für das Forschungs- und Entwicklungsprogramm „Schaufenster intelligente Energie – Digitale Agenda für die Energiewende".** (1) [1] Die Bundesregierung wird ermächtigt, durch Rechtsverordnung[3)] ohne Zustimmung des Bundesrates für Teilnehmer an dem von der Bundesregierung geförderten Forschungs- und Entwicklungsprogramm „Schaufenster intelligente Energie – Digitale Agenda für die Energiewende" Regelungen zu treffen, die von den in Absatz 2 Nummer 1 bis 3 genannten Vorschriften abweichen oder Zahlungen im Rahmen dieser Vorschriften erstatten. [2] Die Regelungen dürfen in folgenden Fällen getroffen werden:

1. im Fall von Maßnahmen zur Gewährleistung der Sicherheit oder Zuverlässigkeit des Elektrizitätsversorgungssystems nach § 13 Absatz 1 bis 2 und § 14 Absatz 1,
2. im Fall von Maßnahmen, die netzbezogene oder marktbezogene Maßnahmen des Netzbetreibers nach § 13 Absatz 1 bis 2 und § 14 Absatz 1 vermeiden, oder
3. in Bezug auf Zeiträume, in denen der Wert der Stundenkontrakte für die Preiszone Deutschland am Spotmarkt der Strombörse im Sinn des § 3 Nummer 43a des Erneuerbare-Energien-Gesetzes[4)] in der Auktion des Vortages oder des laufenden Tages null oder negativ ist.

(1a) Die Bundesregierung wird ermächtigt, durch Rechtsverordnung ohne Zustimmung des Bundesrates in den in Absatz 1 genannten Fällen und unter den in den Absätzen 3 bis 5 genannten Voraussetzungen zu regeln, dass

1. bei Netzengpässen im Rahmen von § 13 Absatz 1 die Einspeiseleistung nicht durch die Reduzierung der Erzeugungsleistung der Anlage, sondern durch die Nutzung von Strom in einer zuschaltbaren Last reduziert werden kann, sofern die eingesetzte Last den Strombezug nicht nur zeitlich verschiebt und die entsprechende entlastende physikalische Wirkung für das Stromnetz gewahrt ist, oder
2. von der Berechnung der Entschädigung nach § 13a Absatz 2 Satz 3 Nummer 5 abgewichen werden kann.

(2) In der Rechtsverordnung können von den in den Nummern 1 bis 3 genannten Vorschriften abweichende Regelungen oder Regelungen zur Erstattung von Zahlungen im Rahmen dieser Verordnung getroffen werden

1. zur Erstattung von Netznutzungsentgelten oder einer abweichenden Ermittlung der Netznutzungsentgelte durch den Netzbetreiber bei einem Letztverbraucher, soweit es um die Anwendung von § 17 Absatz 2 sowie von § 19 Absatz 2 Satz 1 und 2 der Stromnetzentgeltverordnung geht,

---

1) §§ 118a, 118b aufgeh. mWv 27.7.2021 durch G v. 16.7.2021 (BGBl. I S. 3026).

2) § 119 angef. mWv 1.1.2017 durch G v. 22.12.2016 (BGBl. I S. 3106); Abs. 1 Satz 2 Nr. 1 und 2 geänd., Abs. 1a eingef. mWv 1.10.2021 durch G v. 13.5.2019 (BGBl. I S. 706).

3) Siehe die SINTEG-VO v. 14.6.2017 (BGBl. I S. 1653), zuletzt geänd. durch G v. 10.8.2021 (BGBl. I S. 3436).

4) **Sartorius ErgBd. Nr. 833.**

2. für Anlagen zur Stromspeicherung oder zur Umwandlung elektrischer Energie in einen anderen Energieträger eine Befreiung von der Pflicht zur Zahlung oder eine Erstattung
   a) der Netzentgelte nach § 17 Absatz 1 und § 19 Absatz 2 Satz 15 und Absatz 4 der Stromnetzentgeltverordnung,
   b) eines Aufschlags auf Netzentgelte nach § 17f Absatz 5 Satz 1 und
   c) der Umlage nach § 18 Absatz 1 Satz 2 der Verordnung zu abschaltbaren Lasten

   vorzusehen,
3. zur Beschaffung von ab- und zuschaltbaren Lasten auch ohne Einrichtung einer gemeinsamen Internetplattform aller Verteilernetzbetreiber nach § 14 Absatz 1 Satz 1 in Verbindung mit § 13 Absatz 6.

(3) Regelungen nach Absatz 2 dürfen nur getroffen werden, wenn
1. sie zur Sammlung von Erfahrungen und Lerneffekten im Sinn der Ziele des Förderprogramms nach Absatz 4 beitragen,
2. sichergestellt wird, dass bei Anwendung dieser abweichenden Regelungen
   a) resultierende finanzielle Veränderungen auf den Ausgleich von wirtschaftlichen Nachteilen der Teilnehmer nach Absatz 1 beschränkt werden, die bei der Anwendung des Rechts ohne diese abweichende Regelung entstanden wären,
   b) beim Ausgleich von wirtschaftlichen Vor- und Nachteilen gegebenenfalls entstandene wirtschaftliche Vorteile und daraus folgende Gewinne an den Netzbetreiber zur Minderung seines Netzentgelts abgeführt werden, an dessen Netz die jeweilige Anlage angeschlossen ist, und
3. diese Regelungen auf die Teilnehmer an dem Förderprogramm beschränkt sind und spätestens am 30. Juni 2022 auslaufen.

(4) Die Ziele des Förderprogramms im Sinn des Absatzes 3 Nummer 1 sind
1. ein effizienter und sicherer Netzbetrieb bei hohen Anteilen erneuerbarer Energien,
2. die Hebung von Effizienz- und Flexibilitätspotenzialen markt- und netzseitig,
3. ein effizientes und sicheres Zusammenspiel aller Akteure im intelligenten Energienetz,
4. die effizientere Nutzung der vorhandenen Netzstruktur sowie
5. die Verringerung von Netzausbaubedarf auf der Verteilnetzebene.

(5) In der Rechtsverordnung darf die Bundesregierung die Anzeige, Überwachung und Kontrolle der Befreiungen oder Erstattungen aufgrund von abweichenden Regelungen im Rahmen des Forschungs- und Entwicklungsprogramms „Schaufenster intelligente Energie – Digitale Agenda für die Energiewende“ sowie die mit Absatz 3 Nummer 2 verbundenen Aufgaben der Bundesnetzagentur oder Netzbetreibern übertragen.

§ 120[1] **Schrittweiser Abbau der Entgelte für dezentrale Einspeisung; Übergangsregelung.** (1) Bei Einspeisungen von Elektrizität aus dezentralen Erzeugungsanlagen darf in einer Rechtsverordnung nach § 24 Satz 5 keine Erstattung eingesparter *Entgelte für den Netzzugang vorgesehen* werden

(Fortsetzung nächstes Blatt)

[1] § 120 angef. mWv 22.7.2017 durch G v. 17.7.2017 (BGBl. I S. 2503, ber. S. 3343).

835. Gesetz über die friedliche Verwendung der Kernenergie und den Schutz gegen ihre Gefahren (Atomgesetz)[1] [2] [3]

In der Fassung der Bekanntmachung vom 15. Juli 1985[4]

(BGBl. I S. 1565)

FNA 751-1

geänd. durch Art. 9 Erstes G zur Bereinigung des Verwaltungsverfahrensrechts v. 18.2.1986 (BGBl. I S. 265), Art. 2 Bundesamt für Strahlenschutz-G v. 9.10.1989 (BGBl. I S. 1830), Art. 3 G zur Umsetzung der Richtlinie über die Umweltverträglichkeitsprüfung bei bestimmten öffentlichen und privaten Projekten (85/337/EWG) v. 12.2.1990 (BGBl. I S. 205), Art. 4 BGB-ÄndG v. 14.3.1990 (BGBl. I S. 478), Anl. I Kap. XII Sachgeb. B Abschn. II Nr. 1 Einigungsvertrag v. 31.8.1990 (BGBl. II S. 889), Art. 1 G zur Verbesserung der Überwachung des Außenwirtschaftsverkehrs und zum Verbot von Atomwaffen, biologischen und chemischen Waffen v. 5.11.1990 (BGBl. I S. 2428), Art. 5 G Bundesamt für Wirtschaft und AusfuhrkontrolleG v. 28.2.1992 (BGBl. I S. 376), Art. 5 Zweites GerätesicherheitsG-ÄndG v. 26.8.1992 (BGBl. I S. 1564), Art. 22 Verbrauchsteuer-BinnenmarktG v. 21.12.1992 (BGBl. I S. 2150), Art. 6 Abs. 77 EisenbahnneuordnungsG v. 27.12.1993 (BGBl. I S. 2378), Art. 4 Steinkohleeinsatz-SicherungsG v. 19.7. 1994 (BGBl. I S. 1618), § 14 Abs. 8 Allgemeines MagnetschwebebahnG v. 19.7.1996 (BGBl. I S. 1019), Art. 7 GenehmigungsverfahrensbeschleunigungsG v. 12.9.1996 (BGBl. I S. 1354), Art. 13 3. WahlrechtsverbesserungsG v. 29.4.1997 (BGBl. I S. 968), Art. 1 ÄndG v. 6.4.1998 (BGBl. I S. 694), Art. 1 G zur Änd. atomrechtlicher Vorschriften für die Umsetzung von EURATOM-Richtlinien zum Strahlenschutz v. 3.5.2000 (BGBl. I S. 636, ber. S. 1350), Art. 19 EingliederungsG für das Bundesamt für Wirtschaft v. 21.12.2000 (BGBl. I S. 1956), Art. 3 G zur Änd. des GerätesicherheitsG und des ChemikalienG v. 27.12.2000 (BGBl. I S. 2048), Art. 1 Neuntes ÄndG v. 5.3.2001 (BGBl. I S. 326), Art. 9 UVP-ÄnderungsrichtlinienumsetzungsG v. 27.7.2001 (BGBl. I S. 1950), Art. 27 Siebtes Euro-EinführungsG v. 9.9.2001 (BGBl. I S. 2331), Art. 151 Siebente ZuständigkeitsanpassungsVO v. 29.10.2001 (BGBl. I S. 2785, ber. 2002 I S. 2972), Art. 5 Zweites Medizinprodukte-ÄndG v. 13.12.2001 (BGBl. I S. 3586), Art. 1 Kernenergienutzung-BeendigungsG v. 22.4.2002 (BGBl. I S. 1351), Art. 10 Abs. 4 Zweites Schadensersatzrechts-ÄndG v. 19.7.2002 (BGBl. I S. 2674), Art. 70 Drittes Verwaltungsverfahrensrechts-ÄndG v. 21.8.2002 (BGBl. I S. 3322), Art. 125 Achte ZuständigkeitsanpassungsVO v. 25.11.2003 (BGBl. I S. 2304), Art. 8 Geräte- und Produktsicherheits-NeuordnungsG v. 6.1.2004 (BGBl. I S. 2), Art. 1 G zur Kontrolle hochradioaktiver Strahlenquellen v. 12.8.2005 (BGBl. I S. 2365), Art. 161 Neunte ZuständigkeitsanpassungsVO v. 31.10.2006 (BGBl. I S. 2407), Art. 9 Abs. 11 Versicherungsvertrags-ReformG v. 23.11.2007 (BGBl. I S. 2631), Art. 4 G zur Änd. des BundespolizeiG und anderer Gesetze v. 26.2.2008

---

[1] Änderungen vor dem 3.5.2000 sind nicht in Fußnoten nachgewiesen.

[2] Siehe auch das G zur Errichtung eines Sondervermögens „Energie- und Klimafonds" v. 8.12.2010 (BGBl. I S. 1807), zuletzt geänd. durch G v. 14.7.2020 (BGBl. I S. 1683), das Pariser Atomhaftungs-Übereinkommen idF der Bek. v. 15.7.1985 (BGBl. II S. 964), geänd. durch Prot. v. 12.2.2004 (BGBl. 2008 II S. 902, 904), das Brüsseler Zusatzübereinkommen idF der Bek. v. 15.7.1985 (BGBl. II S. 963, 970), geänd. durch Prot. v. 12.2.2004 (BGBl. 2008 II S. 902, 920), und das G zu dem IAEO-Benachrichtigungsübereinkommen und zu dem IAEO-Hilfeleistungsübereinkommen v. 16.5.1989 (BGBl. II S. 434) sowie das StandortauswahlG **(Sartorius III Nr. 480)** und das BfE-ErrichtungsG v. 23.7. 2013 (BGBl. I S. 2553, 2563), zuletzt geänd. durch VO v. 19.6.2020 (BGBl. I S. 1328). Siehe auch das StrahlenschutzG v. 27.6.2017 (BGBl. I S. 1966), zuletzt geänd. durch G v. 20.5.2021 (BGBl. I S. 1194) mit der die StrahlenschutzVO v. 29.11.2018 (BGBl. I S. 2034, 2036), zuletzt geänd. durch VO v. 8.10. 2021 (BGBl. I S. 4645) und die IMIS-ZuständigkeitsVO v. 5.10.2017 (BGBl. I S. 3536) sowie das gem. *Bek. v. 16.6.2017 (BGBl. I S. 1676) am 16.6.2017* in Kraft getretene MantelG zur Neuordnung der Verantwortung in der kerntechnischen Entsorgung v. 27.1.2017 (BGBl. I S. 114) mit dem EntsorgungsfondsG v. 27.1.2017 (BGBl. I S. 114), zuletzt geänd. durch G v. 25.6.2021 (BGBl. I S. 2137), der VO über die Vereinnahmung von Zahlungen nach dem EntsorgungsfondsG v. 16.6.2017 (BGBl. I S. 1674), dem EntsorgungsübergangsG v. 27.1.2017 (BGBl. I S. 114, 120), zuletzt geänd. durch G v. 25.6.2021 (BGBl. I S. 2137), dem TransparenzG v. 27.1.2017 (BGBl. I S. 114, 125), zuletzt geänd. durch VO v. 19.6.2020 (BGBl. I S. 1328) und dem NachhaftungsG v. 27.1.2017 (BGBl. I S. 114, 127), geänd. durch G v. 5.5. 2017 (BGBl. I S. 1074).

[3] Zur Sicherstellung ordnungsgemäßer Planungs-und Genehmigungsverfahren während der COVID-19-Pandemie siehe das PlanungssicherstellungsG **(Sartorius III Nr. 160)**.

[4] Neubekanntmachung des AtG idF der Bek. v. 31.10.1976 (BGBl. I S. 3053) in der ab 1.8.1985 geltenden Fassung.

(BGBl. I S. 215), Art. 1 G zur Änd. haftungsrechtlicher Vorschriften des AtomG und zur Änd. sonstiger Rechtsvorschriften v. 29.8.2008 (BGBl. I S. 1793 iVm mit Bek. v. 3.1.2022, BGBl. I S. 14), Art. 1 Zehntes ÄndG v. 17.3.2009 (BGBl. I S. 556), Art. 1 Elftes ÄndG v. 8.12.2010 (BGBl. I S. 1814), Art. 1 Zwölftes ÄndG v. 8.12.2010 (BGBl. I S. 1817), Art. 1 Dreizehntes ÄndG v. 31.7.2011 (BGBl. I S. 1704), Art. 4 G über die Neuordnung des Geräte- und Produktsicherheitsrechts v. 8.11.2011 (BGBl. I S. 2178), Art. 5 Abs. 6 G zur Neuordnung des Kreislaufwirtschafts- und Abfallrechts v. 24.2.2012 (BGBl. I S. 212), Art. 1 G zur Beschleunigung der Rückholung radioaktiver Abfälle und der Stilllegung der Schachtanlage Asse II v. 20.4.2013 (BGBl. I S. 921), Art. 2 StandortauswahlG v. 23.7.2013 (BGBl. I S. 2553), Art. 10 G zur Neuregelung des gesetzlichen Messwesens v. 25.7.2013 (BGBl. I S. 2722), Art. 2 Abs. 95 G zur Strukturreform des Gebührenrechts des Bundes v. 7.8.2013 (BGBl. I S. 3154), Art. 5 Fünftes G zur Änd. des StraßenverkehrsG und anderer Gesetze v. 28.8.2013 (BGBl. I S. 3313), Art. 2 Abs. 14 G zur Modernisierung der Finanzaufsicht über Versicherungen v. 1.4.2015 (BGBl. I S. 434), Art. 2 IT-SicherheitsG v. 17.7.2015 (BGBl. I S. 1324), Art. 307 Zehnte ZuständigkeitsanpassungsVO v. 31.8.2015 (BGBl. I S. 1474), Art. 1 14. ÄndG v. 20.11.2015 (BGBl. I S. 2053), Art. 73 Zweites G über die weitere Bereinigung von Bundesrecht v. 8.7.2016 (BGBl. I S. 1594), Art. 1 G zur Neuordnung der Organisationsstruktur im Bereich der Endlagerung v. 26.7.2016 (BGBl. I S. 1843, ber. S. 2930), Urt. des BVerfG – 1 BvR 2821/11, 1 BvR 321/12 und 1 BvR 1456/12 – v. 6.12.2016 (BGBl. I S. 3451), Art. 3 G zur Neuordnung der Verantwortung in der kerntechnischen Entsorgung v. 27.1.2017 (BGBl. I S. 114 iVm Bek. v. 16.6.2017, BGBl. I S. 1676), Art. 2 G zur Fortentwicklung des G zur Suche und Auswahl eines Standortes für ein Endlager für Wärme entwickelnde radioaktive Abfälle und anderer Gesetze v. 5.5.2017 (BGBl. I S. 1074), Art. 1 15. ÄndG v. 1.6.2017 (BGBl. I S. 1434), Art. 2 G zur Umsetzung der RL (EU) 2016/1148 des Europäischen Parlaments und des Rates vom 6. Juli 2016 über Maßnahmen zur Gewährleistung eines hohen gemeinsamen Sicherheitsniveaus von Netz- und Informationssystemen in der Union v. 23.6.2017 (BGBl. I S. 1885), Art. 3 G zur Neuordnung des Rechts zum Schutz vor der schädlichen Wirkung ionisierender Strahlung v. 27.6.2017 (BGBl. I S. 1966), Art. 7 G zur Einführung eines Anspruchs auf Hinterbliebenengeld v. 17.7.2017 (BGBl. I S. 2421), Art. 2 Abs. 2 G zur Modernisierung des Rechts der Umweltverträglichkeitsprüfung v. 20.7.2017 (BGBl. I S. 2808), *Art. 1 16. AtGÄndG* v. 10.7. 2018 (BGBl. I S. 1122 iVm Bek. v. 11.7.2018, BGBl. I S. 1124), Art. 2 G zur Änd. des UmweltauditG, des AtomG, des StandortauswahlG, der EndlagervorausleistungsVO und anderer Gesetze und Verordnungen v. 12.12.2019 (BGBl. I S. 2510), Art. 3a Medizinprodukte-EU-AnpassungsG v. 28.4.2020 (BGBl. I S. 960, geänd. durch G v. 19.5.2020, BGBl. I S. 1018), Art. 239 Elfte ZuständigkeitsanpassungsVO v. 19.6.2020 (BGBl. I S. 1328), Art. 3 G zur Anpassung der Kostenvorschriften im Bereich der Entsorgung radioaktiver Abfälle sowie zur Änd. weiterer Vorschriften v. 7.12.2020 (BGBl. I S. 2760), Art. 3 G zur Änd. des Medizinprodukterecht-DurchführungsG und weiterer Gesetze v. 12.5.2021 (BGBl. I S. 1087), Art. 3 Erstes G zur Änd. des StrahlenschutzG v. 20.5.2021 (BGBl. I S. 1194), Art. 6 G zur Anpassung des ProduktsicherheitsG und zur Neuordnung des Rechts der überwachungsbedürftigen Anlagen v. 27.7.2021 (BGBl. I S. 3146), Art. 1 Siebzehntes AtG-ÄnderungsG v. 10.8.2021 (BGBl. I S. 3528) und Art. 1 18. AtGÄndG v. 10.8.2021 (BGBl. I S. 3530)

Zum Atomgesetz wurden ua folgende Vorschriften erlassen:
- Atomrechtliche AbfallverbringungsVO – AtAV v. 30.4.2009 (BGBl. I S. 1000), zuletzt geänd. durch VO v. 19.6.2020 (BGBl. I S. 1328)
- Atomrechtliche DeckungsvorsorgeVO – AtDeckV idF der Bek. v. 21.1.2022 (BGBl. I S. 118, 119)
- Atomrechtliche Sicherheitsbeauftragten- und MeldeVO – AtSMV v. 14.10.1992 (BGBl. I S. 1766), zuletzt geänd. durch VO v. 29.11.2018 (BGBl. I S. 2034)
- Atomrechtliche VerfahrensVO – AtVfV idF der Bek. v. 3.2.1995 (BGBl. I S. 180), zuletzt geänd. durch VO v. 11.11.2020 (BGBl. I S. 2428)
- Atomrechtliche ZuverlässigkeitsüberprüfungsVO – AtZüV v. 1.7.1999 (BGBl. I S. 1525), zuletzt geänd. durch G v. 10.8.2021 (BGBl. I S. 3436)
- EndlagervorausleistungsVO – EndlagerVlV v. 28.4.1982 (BGBl. I S. 562), zuletzt geänd. durch G v. 7.12.2020 (BGBl. I S. 2760)
- KostenVO zum Atomgesetz und zum Strahlenschutzgesetz – AtSKostV v. 17.12.1981 (BGBl. I S. 1457), zuletzt geänd. durch G v. 20.5.2021 (BGBl. I S. 1194)
- VO über radioaktive oder mit ionisierenden Strahlen behandelte Arzneimittel – AMRadV idF der Bek. v. 19.1.2007 (BGBl. I S. 48), zuletzt geänd. durch VO v. 29.11.2018 (BGBl. I S. 2034)
- StrahlenschutzVO – StrlSchV v. 29.11.2018 (BGBl. I S. 2034, 2036), zuletzt geänd. durch VO v. 8.10. 2021 (BGBl. I S. 4645)

Anlagenteilen geplanten Maßnahmen von einem Erörterungstermin abgesehen werden kann.

(5) [1] Für ortsveränderliche Anlagen gelten die Absätze 1, 2 und 4 entsprechend. [2] Jedoch kann die in Absatz 4 Satz 3 genannte Rechtsverordnung vorsehen, daß von einer Bekanntmachung des Vorhabens und einer Auslegung der Unterlagen abgesehen werden kann und daß insoweit eine Erörterung von Einwendungen unterbleibt.

(6) § 14 des Bundes-Immissionsschutzgesetzes gilt sinngemäß für Einwirkungen, die von einer genehmigten Anlage auf ein anderes Grundstück ausgehen.

§ 7a Vorbescheid. (1) [1] Auf Antrag kann zu einzelnen Fragen, von denen die Erteilung der Genehmigung einer Anlage nach § 7 abhängt, insbesondere zur Wahl des Standorts einer Anlage, ein Vorbescheid erlassen werden. [2] Der Vorbescheid wird unwirksam, wenn der Antragsteller nicht innerhalb von zwei Jahren nach Eintritt der Unanfechtbarkeit die Genehmigung beantragt; die Frist kann auf Antrag bis zu zwei Jahren verlängert werden.

(2) § 7 Abs. 4 und 5 sowie die §§ 17 und 18 gelten entsprechend.

§ 7b Einwendungen Dritter bei Teilgenehmigung und Vorbescheid.

Soweit in einer Teilgenehmigung oder in einem Vorbescheid über einen Antrag nach § 7 oder § 7a entschieden worden und diese Entscheidung unanfechtbar geworden ist, können in einem weiteren Verfahren zur Genehmigung der Anlage Einwendungen Dritter nicht mehr auf Grund von Tatsachen erhoben werden, die schon vorgebracht waren oder von dem Dritten nach den ausgelegten Unterlagen oder dem ausgelegten Bescheid hätten vorgebracht werden können.

§ 7c[1)] Pflichten des Genehmigungsinhabers. (1) [1] Die Verantwortung für die nukleare Sicherheit obliegt dem Inhaber der Genehmigung für die kerntechnische Anlage. [2] Diese Verantwortung kann nicht delegiert werden und erstreckt sich auch auf die Tätigkeiten der Auftragnehmer und Unterauftragnehmer, deren Tätigkeiten die nukleare Sicherheit einer kerntechnischen Anlage beeinträchtigen könnten.

(2) Der Genehmigungsinhaber nach Absatz 1 ist verpflichtet,

1. ein Managementsystem einzurichten und anzuwenden, das der nuklearen Sicherheit gebührenden Vorrang einräumt,
2. dauerhaft angemessene finanzielle und personelle Mittel zur Erfüllung seiner Pflichten in Bezug auf die nukleare Sicherheit der jeweiligen kerntechnischen Anlage vorzusehen und bereitzuhalten und sicherzustellen, dass seine Auftragnehmer und Unterauftragnehmer, deren Tätigkeiten die nukleare Sicherheit einer kerntechnischen Anlage beeinträchtigen könnten, personelle Mittel mit angemessenen Kenntnissen und Fähigkeiten zur Erfüllung ihrer Pflichten in Bezug auf die nukleare Sicherheit der jeweiligen kerntechnischen Anlage vorsehen und einsetzen,
3. für die Aus- und Fortbildung seines Personals zu sorgen, das mit Aufgaben im Bereich der nuklearen Sicherheit kerntechnischer Anlagen betraut ist, um dessen Kenntnisse und Fähigkeiten auf dem Gebiet der nuklearen Sicherheit aufrechtzuerhalten und auszubauen,
4. im Rahmen seiner Kommunikationspolitik und unter Wahrung seiner Rechte und Pflichten die Öffentlichkeit über den bestimmungsgemäßen Betrieb der

---

1) § 7c eingef. mWv 27.12.2010 durch G v. 8.12.2010 (BGBl. I S. 1817); Abs. 1 Satz 2, Abs. 2 Nr. 2, 3 geänd., Nr. 4 und Abs. 3 angef. mWv 9.6.2017 durch G v. 1.6.2017 (BGBl. I S. 1434).

kerntechnischen Anlage, über meldepflichtige Ereignisse und Unfälle zu informieren und dabei die lokale Bevölkerung und die Interessenträger in der Umgebung der kerntechnischen Anlage besonders zu berücksichtigen.

(3) [1] Der Genehmigungsinhaber ist verpflichtet, angemessene Verfahren und Vorkehrungen für den anlageninternen Notfallschutz vorzusehen. [2] Dabei hat der Genehmigungsinhaber präventive und mitigative Maßnahmen des anlageninternen Notfallschutzes vorzusehen,

1. die weder den bestimmungsgemäßen Betrieb noch den auslegungsgemäßen Einsatz von Sicherheits- und Notstandseinrichtungen beeinträchtigen und deren Verträglichkeit mit dem Sicherheitskonzept gewährleistet ist,
2. die bei Unfällen anwendbar sind, die gleichzeitig mehrere Blöcke betreffen oder beeinträchtigen,
3. deren Funktionsfähigkeit durch Wartung und wiederkehrende Prüfungen der vorgesehenen Einrichtungen sicherzustellen ist,
4. die regelmäßig in Übungen angewandt und geprüft werden und
5. die unter Berücksichtigung der aus Übungen und aus Unfällen gewonnenen Erkenntnisse regelmäßig überprüft und aktualisiert werden.

[3] Die organisatorischen Vorkehrungen des anlageninternen Notfallschutzes müssen die eindeutige Zuweisung von Zuständigkeiten, die Koordinierung mit den zuständigen Behörden sowie Vorkehrungen zur Annahme externer Unterstützung beinhalten. [4] Bei den Verfahren und Vorkehrungen für den anlageninternen Notfallschutz hat der Genehmigungsinhaber Planungen und Maßnahmen des anlagenexternen Notfallschutzes zu berücksichtigen.

§ 7d[1) 2)] Weitere Vorsorge gegen Risiken. Der Inhaber einer Genehmigung zum Betrieb einer Anlage zur Spaltung von Kernbrennstoffen zur gewerblichen Erzeugung von Elektrizität hat entsprechend dem fortschreitenden Stand von Wissenschaft und Technik dafür zu sorgen, dass die Sicherheitsvorkehrungen verwirklicht werden, die jeweils entwickelt, geeignet und angemessen sind, um zusätzlich zu den Anforderungen des § 7 Absatz 2 Nummer 3 einen nicht nur geringfügigen Beitrag zur weiteren Vorsorge gegen Risiken für die Allgemeinheit zu leisten.

§ 7e[3)] Finanzieller Ausgleich. (1) Als Ausgleich für Investitionen, die im berechtigten Vertrauen auf die durch das Elfte Gesetz zur Änderung des Atomgesetzes vom 8. Dezember 2010 (BGBl. I S. 1814) in Anlage 3 Spalte 4 zusätzlich zugewiesenen Elektrizitätsmengen vorgenommen, durch das Dreizehnte Gesetz zur Änderung des Atomgesetzes vom 31. Juli 2011 (BGBl. I S. 1704) jedoch entwertet wurden, hat

1. die EnBW Energie Baden-Württemberg AG einen Anspruch auf Zahlung von 80 Millionen Euro,
2. die PreussenElektra GmbH einen Anspruch auf Zahlung von 42,5 Millionen Euro,
3. die RWE Nuclear GmbH einen Anspruch auf Zahlung von 20 Millionen Euro.

---

1) § 7d eingef. mWv 27.12.2010 durch G v. 8.12.2010 (BGBl. I S. 1817).

2) Siehe hierzu ua die Sicherheitsanforderungen an Kernkraftwerke idF der Bek. v. 3.3.2015 (BAnz AT 24.01.2013 B2), zuletzt geänd. durch Bek. v. 25.2.2022 (BAnz AT 15.03.2022 B3).

3) § 7e eingef. mWv 31.10.2021 durch G v. 10.8.2021 (BGBl. I S. 3530).

845. Gesetz zur Ordnung des Wasserhaushalts (Wasserhaushaltsgesetz – WHG) [1) 2) 3)]

Vom 31. Juli 2009

(BGBl. I S. 2585)

FNA 753-13

geänd. durch Art. 12 G zur Umsetzung der DienstleistungsRL auf dem Gebiet des Umweltrechts sowie zur Änd. umweltrechtlicher Vorschriften v. 11.8.2010 (BGBl. I S. 1163), Art. 1 G zur Umsetzung der Meeresstrategie-RahmenRL sowie zur Änd. des WaStrG und des KrW-/AbfG v. 6.10.2011 (BGBl. I S. 1986), Art. 2 Abs. 67 G zur Änd. von Vorschriften über Verkündung und Bekanntmachungen sowie der ZPO, des EGZPO und der AO v. 22.12.2011 (BGBl. I S. 3044), Art. 5 Abs. 9 G zur Neuordnung des Kreislaufwirtschafts- und Abfallrechts v. 24.2.2012 (BGBl. I S. 212), Art. 3 G zur Anpassung des BauproduktenG und weiterer Rechtsvorschriften an die VO (EU) Nr. 305/2011 zur Festlegung harmonisierter Bedingungen für die Vermarktung von Bauprodukten v. 5.12.2012 (BGBl. I S. 2449), Art. 6 G zur Änd. des Umwelt-RechtsbehelfsG und anderer umweltrechtlicher Vorschriften v. 21.1.2013 (BGBl. I S. 95), Art. 2 G zur Umsetzung der RL über Industrieemissionen v. 8.4.2013 (BGBl. I S. 734), Art. 2 Abs. 100, Art. 4 Abs. 76 G zur Strukturreform des Gebührenrechts des Bundes v. 7.8.2013 (BGBl. I S. 3154, geänd. durch G v. 18.7.2016, BGBl. I S. 1666), Art. 2 G zur Änd. des UmweltstatistikG und des WasserhaushaltsG v. 15.11.2014 (BGBl. I S. 1724), Art. 320 Zehnte ZuständigkeitsanpassungsVO v. 31.8. 2015 (BGBl. I S. 1474), Art. 1 G zur Änd. des WasserhaushaltsG zur Einführung von Grundsätzen für die Kosten von Wasserdienstleistungen und Wassernutzungen sowie zur Änd. des AbwasserabgabenG v. 11.4. 2016 (BGBl. I S. 745), Art. 12 WSV-ZuständigkeitsanpassungsG v. 24.5.2016 (BGBl. I S. 1217), Art. 4 Abs. 73 G zur Aktualisierung der Strukturreform des Gebührenrechts des Bundes v. 18.7.2016 (BGBl. I S. 1666), Art. 3 G zur Änd. berg-, umweltschadens- und wasserrechtlicher Vorschriften zur Umsetzung der RL 2013/30/EU über die Sicherheit von Offshore-Erdöl- und -Erdgasaktivitäten v. 21.7.2016 (BGBl. I S. 1764), Art. 4 G zur Änd. des UmweltstatistikG, des HochbaustatistikG sowie bestimmter immissionsschutz- und wasserrechtlicher Vorschriften v. 26.7.2016 (BGBl. I S. 1839), Art. 1 G zur Änd.

[1)] **Amtl. Anm.:** Dieses Gesetz dient der Umsetzung der
- Richtlinie 80/68/EWG des Rates vom 17. Dezember 1979 über den Schutz des Grundwassers gegen Verschmutzung durch bestimmte gefährliche Stoffe (ABl. L 20 vom 26.1.1980, S. 43), die durch die Richtlinie 2000/60/EG (ABl. L 327 vom 22.12.2000, S. 1) geändert worden ist,
- Richtlinie 91/271/EWG des Rates vom 21. Mai 1991 über die Behandlung von kommunalem Abwasser (ABl. L 135 vom 30.5.1991, S. 40), die zuletzt durch die Verordnung (EG) Nr. 1137/2008 (ABl. L 311 vom 21.11.2008, S. 1) geändert worden ist,
- Richtlinie 2000/60/EG des Europäischen Parlaments und des Rates vom 23. Oktober 2000 zur Schaffung eines Ordnungsrahmens für Maßnahmen der Gemeinschaft im Bereich der Wasserpolitik (ABl. L 327 vom 22.12.2000, S. 1), die zuletzt durch die Richtlinie 2008/105/EG (ABl. L 348 vom 24.12.2008, S. 84) geändert worden ist,
- Richtlinie 2004/35/EG des Europäischen Parlaments und des Rates vom 21. April 2004 über Umwelthaftung zur Vermeidung und Sanierung von Umweltschäden (ABl. L 143 vom 30.4.2004, S. 56), die durch die Richtlinie 2006/21/EG (ABl. L 102 vom 11.4.2006, S. 15) geändert worden ist,
- Richtlinie 2006/11/EG des Europäischen Parlaments und des Rates vom 15. Februar 2006 betreffend die Verschmutzung infolge der Ableitung bestimmter gefährlicher Stoffe in die Gewässer der Gemeinschaft (ABl. L 64 vom 4.3.2006, S. 52),
- Richtlinie 2006/118/EG des Europäischen Parlaments und des Rates vom 12. Dezember 2006 zum Schutz des Grundwassers vor Verschmutzung und Verschlechterung (ABl. L 372 vom 27.12.2006, S. 19, *L 53* vom *22.2.2007, S. 30, L 139* vom 31.5.2007, S. 39),
- Richtlinie 2007/60/EG des Europäischen Parlaments und des Rates vom 23. Oktober 2007 über die Bewertung und das Management von Hochwasserrisiken (ABl. L 288 vom 6.11.2007, S. 27).

[2)] **Amtl. Anm.:** Die Verpflichtungen aus der Richtlinie 98/34/EG des Europäischen Parlaments und des Rates vom 22. Juni 1998 über ein Informationsverfahren auf dem Gebiet der Normen und technischen Vorschriften und der Vorschriften für die Dienste der Informationsgesellschaft (ABl. L 204 vom 21.7.1998, S. 37), die zuletzt durch die Richtlinie 2006/96/EG (ABl. L 363 vom 20.12.2006, S. 81) geändert worden ist, sind beachtet worden.

[3)] Verkündet als Art. 1 des G zur Neuregelung des Wasserrechts v. 31.7.2009 (BGBl. I S. 2585); Inkrafttreten gem. Art. 24 Abs. 2 Satz 1 dieses G am 1.3.2010 mit Ausnahme der §§ 23, 48 Abs. 1 Satz 2 und Abs. 2 Satz 3, § 57 Abs. 2, § 58 Abs. 1 Satz 2, § 61 Abs. 3, § 62 Abs. 4 und 7 Satz 2 und § 63 Abs. 2 Satz 2, die gem. Art. 24 Abs. 1 bereits am 7.8.2009 in Kraft getreten sind.

wasser- und naturschutzrechtlicher Vorschriften zur Untersagung und zur Risikominimierung bei den Verfahren der Fracking-Technologie v. 4.8.2016 (BGBl. I S. 1972), Art. 122 G zum Abbau verzichtbarer Anordnungen der Schriftform im Verwaltungsrecht des Bundes v. 29.3.2017 (BGBl. I S. 626), Art. 1 HochwasserschutzG II v. 30.6.2017 (BGBl. I S. 2193), Art. 1 G zur Einführung einer wasserrechtlichen Genehmigung für Behandlungsanlagen für Deponiesickerwasser, zur Änd. der Vorschriften zur Eignungsfeststellung für Anlagen zum Lagern, Abfüllen oder Umschlagen wassergefährdender Stoffe und zur Änd. des Bundes-ImmissionsschutzG v. 18.7.2017 (BGBl. I S. 2771), Art. 2 G zur Beschränkung des marinen Geo-Engineerings v. 4.12.2018 (BGBl. I S. 2254), Art. 253 Elfte ZuständigkeitsanpassungsVO v. 19.6. 2020 (BGBl. I S. 1328), Art. 1 Erstes G zur Änd. des WasserhaushaltsG v. 19.6.2020 (BGBl. I S. 1408), Art. 2 G über den wasserwirtschaftlichen Ausbau an Bundeswasserstraßen zur Erreichung der Bewirtschaftungsziele der WasserrahmenRL v. 2.6.2021 (BGBl. I S. 1295), Art. 3 G zur Umsetzung von Vorgaben der EinwegkunststoffRL und der AbfallrahmenRL im VerpackungsG und in anderen Gesetzen v. 9.6.2021 (BGBl. I S. 1699) und Art. 2 G zur Umsetzung von Vorgaben der RL (EU) 2018/2001 für Zulassungsverfahren nach dem Bundes-ImmissionsschutzG, dem WasserhaushaltsG und dem BundeswasserstraßenG v. 18.8.2021 (BGBl. I S. 3901)

Zum WHG haben die Länder folgende Vorschriften erlassen:

- **Baden-Württemberg:** WasserG v. 3.12.2013 (GBl. S. 389), zuletzt geänd. durch G v. 17.12.2020 (GBl. S. 1233)
- **Bayern:** WasserG v. 25.2.2010 (GVBl. S. 66, 130), zuletzt geänd. durch G v. 9.11.2021 (GVBl. S. 608)
- **Berlin:** WasserG idF der Bek. v. 17.6.2005 (GVBl. S. 357, ber. 2006 S. 248, 2007 S. 48), zuletzt geänd. durch G v. 25.9.2019 (GVBl. S. 612)
- **Brandenburg:** WasserG idF der Bek. v. 2.3.2012 (GVBl. I Nr. 20), zuletzt geänd. durch G v. 4.12.2017 (GVBl. I Nr. 28)
- **Bremen:** WasserG v. 12.4.2011 (Brem.GBl. S. 262), zuletzt geänd. durch G v. 24.11.2020 (Brem.GBl. S. 1486)
- **Hamburg:** WasserG idF der Bek. v. 29.3.2005 (HmbGVBl. S. 97), zuletzt geänd. durch G v. 4.12.2012 (HmbGVBl. S. 510)
- **Hessen:** WasserG v. 14.12.2010 (GVBl. I S. 548), zuletzt geänd. durch G v. 30.9.2021 (GVBl. S. 602)
- **Mecklenburg-Vorpommern:** WasserG v. 30.11.1992 (GVOBl. M-V S. 669), zuletzt geänd. durch G v. 8.6.2021 (GVOBl. M-V S. 866)
- **Niedersachsen:** WasserG v. 19.2.2010 (Nds. GVBl. S. 64), zuletzt geänd. durch G v. 16.12.2021 (Nds. GVBl. S. 911)
- **Nordrhein-Westfalen:** LandeswasserG idF der Bek. v. 25.6.1995 (GV. NRW. S. 926), zuletzt geänd. durch G v. 17.12.2021 (GV. NRW. S. 1470)
- **Rheinland-Pfalz:** LandeswasserG v. 14.7.2015 (GVBl. S. 127), zuletzt geänd. durch G v. 8.4.2022 (GVBl. S. 118)
- **Saarland:** WasserG idF der Bek. v. 30.7.2004 (Amtsbl. S. 1994), zuletzt geänd. durch G v. 8.12.2021 (Amtsbl. I S. 2629)
- **Sachsen:** WasserG v. 12.7.2013 (SächsGVBl. S. 503), zuletzt geänd. durch G v. 9.2.2022 (SächsGVBl. S. 144)
- **Sachsen-Anhalt:** WasserG v. 16.3.2011 (GVBl. LSA S. 492), zuletzt geänd. durch G v. 7.7.2020 (GVBl. LSA S. 372)
- **Schleswig-Holstein:** LandeswasserG v. 13.11.2019 (GVOBl. Schl.-H. S. 425, 426), geänd. durch G v. 22.6.2020 (GVOBl. Schl.-H. S. 352)
- **Thüringen:** WasserG v. 28.5.2019 (GVBl. S. 74), geänd. durch G v. 11.6.2020 (GVBl. S. 277)

Inhaltsübersicht[1)]

[1)] Inhaltsübersicht geänd. mWv 14.10.2011 durch G v. 6.10.2011 (BGBl. I S. 1986); geänd. mWv 1.8. 2013 durch G v. 21.1.2013 (BGBl. I S. 95); geänd. mWv 2.5.2013 durch G v. 8.4.2013 (BGBl. I S. 734); geänd. mWv 18.10.2016 durch G v. 11.4.2016 (BGBl. I S. 745); geänd. mWv 5.1.2018 durch G v. 30.6. 2017 (BGBl. I S. 2193); geänd. mWv 30.6.2020 durch G v. 19.6.2020 (BGBl. I S. 1408); geänd. mWv 31.8.2021 durch G v. 18.8.2021 (BGBl. I S. 3901).

Kapitel 1. Allgemeine Bestimmungen

§ 1 Zweck. Zweck dieses Gesetzes ist es, durch eine nachhaltige Gewässerbewirtschaftung die Gewässer als Bestandteil des Naturhaushalts, als Lebensgrundlage des Menschen, als Lebensraum für Tiere und Pflanzen sowie als nutzbares Gut zu schützen.

§ 2[1)] Anwendungsbereich. (1) [1]Dieses Gesetz gilt für folgende Gewässer:

1. oberirdische Gewässer,
2. Küstengewässer,
3. Grundwasser.

[2]Es gilt auch für Teile dieser Gewässer.

(1a) [1]Für Meeresgewässer gelten die Vorschriften des § 23, des Kapitels 2 Abschnitt 3a und des § 90. [2]Die für die Bewirtschaftung der Küstengewässer geltenden Vorschriften bleiben unberührt.

(2)[2)] [1]Die Länder können kleine Gewässer von wasserwirtschaftlich untergeordneter Bedeutung, insbesondere Straßenseitengräben als Bestandteil von Straßen, Be- und Entwässerungsgräben, sowie Heilquellen von den Bestimmungen dieses Gesetzes ausnehmen. [2]Dies gilt nicht für die Haftung für Gewässerveränderungen nach den §§ 89 und 90.

§ 3[3)] Begriffsbestimmungen. Für dieses Gesetz gelten folgende Begriffsbestimmungen:

1. Oberirdische Gewässer
   das ständig oder zeitweilig in Betten fließende oder stehende oder aus Quellen wild abfließende Wasser;
2. Küstengewässer
   das Meer zwischen der Küstenlinie bei mittlerem Hochwasser oder zwischen der seewärtigen Begrenzung der oberirdischen Gewässer und der seewärtigen Begrenzung des Küstenmeeres; die seewärtige Begrenzung von oberirdischen Gewässern, die nicht Binnenwasserstraßen des Bundes sind, richtet sich nach den landesrechtlichen Vorschriften;

(Fortsetzung nächstes Blatt)

[1)] § 2 Abs. 1a eingef. mWv 14.10.2011 durch G v. 6.10.2011 (BGBl. I S. 1986); Abs. 1a Satz 1 geänd. *mWv 27.7.2016 durch G v. 21.7.2016 (BGBl.* I S. 1764).

[2)] Abweichendes Landesrecht in Bayern siehe Hinweise in BGBl. *2010* I S. 275 und 2015 I S. 153.

[3)] § 3 Nr. 2a eingef. mWv 14.10.2011 durch G v. 6.10.2011 (BGBl. I S. 1986); Nr. 12 geänd. mWv 2.5.2013 durch G v. 8.4.2013 (BGBl. I S. 734); Nr. 15 geänd., Nr. 16 und 17 angef. mWv 18.10.2016 durch G v. 11.4.2016 (BGBl. I S. 745).

875. Gesetz zur Erhaltung des Waldes und zur Förderung der Forstwirtschaft (Bundeswaldgesetz)[1) 2)]

Vom 2. Mai 1975

(BGBl. I S. 1037)

FNA 790-18

geänd. durch Art. 1 Erstes ÄndG v. 27.7.1984 (BGBl. I S. 1034), Art. 2 Sechstes G zur Änd. des G gegen Wettbewerbsbeschränkungen v. 26.8.1998 (BGBl. I S. 2521), Art. 40 Fünftes Euro-EinführungsG v. 25.6. 2001 (BGBl. I S. 1215), Art. 204 Siebente ZuständigkeitsanpassungsVO v. 29.10.2001 (BGBl. I S. 2785), Art. 2a G zur Einführung einer Strategischen Umweltprüfung und zur Umsetzung der RL 2001/42/EG v. 25.6.2005 (BGBl. I S. 1746), Art. 39 G zur Umbenennung des Bundesgrenzschutzes in Bundespolizei v. 21.6.2005 (BGBl. I S. 1818), Art. 2 Abs. 5 Siebtes ÄndG v. 7.7.2005 (BGBl. I S. 1954), Art. 213 Neunte ZuständigkeitsanpassungsVO v. 31.10.2006 (BGBl. I S. 2407), Art. 10 G zur Neuregelung des Wasserrechts v. 31.7.2009 (BGBl. I S. 2585), Art. 1 Zweites ÄndG v. 31.7.2010 (BGBl. I S. 1050), Art. 413 Zehnte ZuständigkeitsanpassungsVO v. 31.8.2015 (BGBl. I S. 1474), Art. 1 Drittes ÄndG v. 17.1.2017 (BGBl. I S. 75), Art. 4 G zur Änd. von Vorschriften im Eisenbahnbereich v. 9.6.2021 (BGBl. I S. 1730) und Art. 112 PersonengesellschaftsrechtsmodernisierungsG (MoPeG) v. 10.8.2021 (BGBl. I S. 3436)

---

1) Zum BundeswaldG haben die Länder folgende Vorschriften erlassen:
- **Baden-Württemberg:** LandeswaldG idF der Bek. v. 31.8.1995 (GBl. S. 685), zuletzt geänd. durch G v. 21.5.2019 (GBl. S. 161)
- **Bayern:** WaldG für Bayern idF der Bek. v. 22.7.2005 (GVBl. S. 313), zuletzt geänd. durch G v. 23.11. 2020 (GVBl. S. 598)
- **Berlin:** LandeswaldG v. 16.9.2004 (GVBl. S. 391), zuletzt geänd. durch G v. 4.2.2016 (GVBl. S. 26)
- **Brandenburg:** WaldG des Landes Brandenburg v. 20.4.2004 (GVBl. I S. 137), zuletzt geänd. durch G v. 30.4.2019 (GVBl. I Nr. 15)
- **Bremen:** Bremisches Waldgesetz v. 31.5.2005 (Brem.GBl. S. 207, ber. S. 314, 399), zuletzt geänd. durch G v. 25.5.2010 (Brem.GBl. S. 349)
- **Hamburg:** LandeswaldG v. 13.3.1978 (HmbGVBl. S. 74), zuletzt geänd. durch G v. 2.12.2013 (HmbGVBl. S. 484)
- **Hessen:** Hessisches Waldgesetz (HWaldG) v. 27.6.2013 (GVBl. S. 458), zuletzt geänd. durch G v. 22.2. 2022 (GVBl. S. 126)
- **Mecklenburg-Vorpommern:** LandeswaldG idF der Bek. v. 27.7.2011 (GVOBl. M-V S. 870), zuletzt geänd. durch G v. 22.5.2021 (GVOBl. M-V S. 790)
- **Niedersachsen:** Niedersächsisches G über den Wald und die Landschaftsordnung v. 21.3.2002 (Nds. GVBl. S. 112), zuletzt geänd. durch G v. 16.12.2021 (Nds. GVBl. S. 883)
- **Nordrhein-Westfalen:** LandesforstG idF der Bek. v. 24.4.1980 (GV. NRW. S. 546), zuletzt geänd. durch G v. 25.3.2022 (GV. NRW. S. 360)
- **Rheinland-Pfalz:** LandeswaldG v. 30.11.2000 (GVBl. S. 504), zuletzt geänd. durch G v. 27.3.2020 (GVBl. S. 98)
- ***Saarland:** LandeswaldG v. 26.10.1977* (Amtsbl. S. 1009), zuletzt geänd. durch G v. 8.12.2021 (Amtsbl. I S. 2629)
- **Sachsen:** WaldG für den Freistaat Sachsen v. 10.4.1992 (SächsGVBl. S. 137), zuletzt geänd. durch G v. 11.5.2019 (SächsGVBl. S. 358)
- **Sachsen-Anhalt:** LandeswaldG Sachsen-Anhalt v. 13.4.1994 (GVBl. LSA S. 520), aufgeh. durch G v. 25.2.2016 (GVBl. LSA S. 77)
- **Schleswig-Holstein:** LandeswaldG v. 5.12.2004 (GVOBl. Schl.-H. S. 461), zuletzt geänd. durch G v. 30.11.2021 (GVOBl. Schl.-H. S. 1317)
- **Thüringen:** Thüringer WaldG idF der Bek. v. 18.9.2008 (GVBl. S. 327), zuletzt geänd. durch G v. 21.12.2020 (GVBl. S. 665).

2) Die Änderung durch G v. 10.8.2021 (BGBl. I S. 3436) tritt erst **mWv 1.1.2024** in Kraft und ist im Text noch nicht berücksichtigt.

Erstes Kapitel. Allgemeine Vorschriften

§ 1 Gesetzeszweck. Zweck dieses Gesetzes ist insbesondere,

1. den Wald wegen seines wirtschaftlichen Nutzens (Nutzfunktion) und wegen seiner Bedeutung für die Umwelt, insbesondere für die dauernde Leistungsfähigkeit des Naturhaushaltes, das Klima, den Wasserhaushalt, die Reinhaltung der Luft, die Bodenfruchtbarkeit, das Landschaftsbild, die Agrar- und Infrastruktur und die Erholung der Bevölkerung (Schutz- und Erholungsfunktion) zu erhalten, erforderlichenfalls zu mehren und seine ordnungsgemäße Bewirtschaftung nachhaltig zu sichern,[1]
2. die Forstwirtschaft zu fördern und
3. einen Ausgleich zwischen dem Interesse der Allgemeinheit und den Belangen der Waldbesitzer herbeizuführen.

§ 2[2] Wald. (1) [1] Wald im Sinne dieses Gesetzes ist jede mit Forstpflanzen bestockte Grundfläche. [2] Als Wald gelten auch kahlgeschlagene oder verlichtete Grundflächen, Waldwege, Waldeinteilungs- und Sicherungsstreifen, Waldblößen und Lichtungen, Waldwiesen, Wildäsungsplätze, Holzlagerplätze sowie weitere mit dem Wald verbundene und ihm dienende Flächen.

(2) Kein Wald im Sinne dieses Gesetzes sind

1. Grundflächen auf denen Baumarten mit dem Ziel baldiger Holzentnahme angepflanzt werden und deren Bestände eine Umtriebszeit von nicht länger als 20 Jahren haben (Kurzumtriebsplantagen),
2. Flächen mit Baumbestand, die gleichzeitig dem Anbau landwirtschaftlicher Produkte dienen (agroforstliche Nutzung),
3. mit Forstpflanzen bestockte Flächen, die am 6. August 2010 in dem in § 3 Satz 1 der InVeKoS-Verordnung vom 3. Dezember 2004 (BGBl. I S. 3194), die zuletzt durch Artikel 2 der Verordnung vom 7. Mai 2010 (eBAnz AT51 2010 V1) geändert worden ist, bezeichneten Flächenidentifizierungssystem als landwirtschaftliche Flächen erfasst sind, solange deren landwirtschaftliche Nutzung andauert,
4. in der Flur oder im bebauten Gebiet gelegene kleinere Flächen, die mit einzelnen Baumgruppen, Baumreihen oder mit Hecken bestockt sind oder als Baumschulen verwendet werden, und
5. mit Forstpflanzen bestockte Grundflächen
   a) auf Schienenwegen, auch auf solchen in Serviceeinrichtungen, sowie
   b) beidseits der Schienenwege in einer Breite von 6,80 Meter, gemessen von der Gleismitte des außen liegenden Gleises, oder, wenn die Schienenwege im Bereich von Böschungen oder Einschnitten liegen, bei denen die Böschungsschulter oder der Böschungsfuß weiter als 6,80 Meter von der Gleismitte aus liegt, in einer Breite von der Gleismitte bis zum Böschungsfuß oder zur Böschungsschulter.

---

[1] Siehe das G über die Durchführung von Maßnahmen aus dem Corona-Konjunkturpaket *zum Erhalt* und zur nachhaltigen Bewirtschaftung der Wälder v. 11.12.2020 (BGBl. I S. 2880, 2881).

[2] § 2 Abs. 2 neu gef. mWv 6.8.2010 durch G v. 31.7.2010 (BGBl. I S. 1050); Abs. 2 Nr. 3 und Nr. 4 geänd., Nr. 5 angef. mWv 1.7.2021 durch G v. 9.6.2021 (BGBl. I S. 1730).

950. Personenbeförderungsgesetz (PBefG)

In der Fassung der Bekanntmachung vom 8. August 1990[1]
(BGBl. I S. 1690)

FNA 9240-1

geänd. durch Art. 4 HaushaltsbegleitG 1991 v. 24.6.1991 (BGBl. I S. 1314), Art. 1 G zur Festlegung des Anwendungsbereiches und zur Durchführung der VO (EWG) Nr. 1191/69 idF der VO (EWG) Nr. 1893/91 v. 23.7.1992 (BGBl. I S. 1379), Art. 5 PlanungsvereinfachungsG v. 17.12.1993 (BGBl. I S. 2123), Art. 6 Abs. 116 EisenbahnneuordnungsG v. 27.12.1993 (BGBl. I S. 2378), Art. 7 G zur Änd. des StraßenverkehrsG und anderer Gesetze v. 24.4.1998 (BGBl. I S. 747), Art. 8 GüterkraftverkehrsreformG v. 22.6.1998 (BGBl. I S. 1485), Art. 2 Abs. 4 Sechstes G zur Änd. des G gegen Wettbewerbsbeschränkungen v. 26.8.1998 (BGBl. I S. 2521), Art. 1 ÄndG v. 16.1.2001 (BGBl. I S. 122), Art. 4 ÄndG v. 19.3.2001 (BGBl. I S. 386), Art. 15 G UVP-ÄnderungsrichtlinienumsetzungsG v. 27.7.2001 (BGBl. I S. 1950), Art. 248 Siebente ZuständigkeitsanpassungsVO v. 29.10.2001 (BGBl. I S. 2785), Art. 14 Zehntes Euro-EinführungsG v. 15.12.2001 (BGBl. I S. 3762), Art. 51 Behindertengleichstellungs-EinführungsG v. 27.4.2002 (BGBl. I S. 1467), Art. 1 ÄndG v. 19.7.2002 (BGBl. I S. 2691), Art. 49 Drittes Verwaltungsverfahrensrechts-ÄndG v. 21.8.2002 (BGBl. I S. 3322), Art. 24 HaushaltsbegleitG 2004 v. 29.12.2003 (BGBl. I S. 3076), Art. 7 Bürokratieabbau- und DeregulierungsG v. 21.6.2005 (BGBl. I S. 1666), Art. 2 Abs. 7 Siebtes G zur Änd. des G gegen Wettbewerbsbeschränkungen v. 7.7.2005 (BGBl. I S. 1954), Art. 1 und 2 G zur Änd. personenbeförderungsrechtlicher Vorschriften v. 14.8.2006 (BGBl. I S. 1962), Art. 14 Erstes G zum Abbau bürokratischer Hemmnisse insbesondere in der mittelständischen Wirtschaft v. 22.8.2006 (BGBl. I S. 1970), Art. 292 Neunte ZuständigkeitsanpassungsVO v. 31.10.2006 (BGBl. I S. 2407), Art. 27 Zweites G zum Abbau bürokratischer Hemmnisse insbesondere in der mittelständischen Wirtschaft v. 7.9.2007 (BGBl. I S. 2246), Art. 4 Abs. 21 G zur Reform der Sachaufklärung in der Zwangsvollstreckung v. 29.7.2009 (BGBl. I S. 2258), Art. 100 Bundesrecht-BereinigungsG v. 8.12.2010 (BGBl. I S. 1864), Art. 4 G zur bestätigenden Regelung verschiedener steuerlicher und verkehrsrechtlicher Vorschriften des HaushaltsbegleitG 2004 v. 5.4.2011 (BGBl. I S. 554), Art. 2 G zur Änd. des GüterkraftverkehrsG und des PersonenbeförderungsG v. 22.11.2011 (BGBl. I S. 2272), Art. 1 G zur Änd. personenbeförderungsrechtlicher Vorschriften v. 14.12.2012 (BGBl. I S. 2598), Art. 5 Abs. 5 Achtes G zur Änd. des GWB v. 26.6.2013 (BGBl. I S. 1738), Art. 2 Abs. 147 G zur Strukturreform des Gebührenrechts des Bundes v. 7.8.2013 (BGBl. I S. 3154), Art. 482 Zehnte ZuständigkeitsanpassungsVO v. 31.8.2015 (BGBl. I S. 1474), Art. 2 Abs. 14 VergaberechtsmodernisierungsG v. 17.2.2016 (BGBl. I S. 203), Art. 5 G zur Stärkung des Wettbewerbs im Eisenbahnbereich v. 29.8.2016 (BGBl. I S. 2082), Art. 2 Abs. 14 G zur Modernisierung des Rechts der Umweltverträglichkeitsprüfung v. 20.7.2017 (BGBl. I S. 2808), Art. 5 G zur Umsetzung des Klimaschutzprogramms 2030 im Steuerrecht v. 21.12.2019 (BGBl. I S. 2886), Art. 4 G zur weiteren Beschleunigung von Planungs- und Genehmigungsverfahren im Verkehrsbereich v. 3.3.2020 (BGBl. I S. 433), Art. 329 Elfte ZuständigkeitsanpassungsVO v. 19.6.2020 (BGBl. I S. 1328), Art. 10 Investitionen-Beschleunigungsgesetz v. 3.12.2020 (BGBl. I S. 2694) und Art. 1 G zur Modernisierung des Personenbeförderungsrechts v. 16.4.2021 (BGBl. I S. 822)

I. Allgemeine Vorschriften

§ 1[2] Sachlicher Geltungsbereich. (1) [1]Den Vorschriften dieses Gesetzes unterliegt die entgeltliche oder geschäftsmäßige Beförderung von Personen mit Straßenbahnen, mit Oberleitungsomnibussen (Obussen) und mit Kraftfahrzeugen. [2]Als Entgelt sind auch wirtschaftliche Vorteile anzusehen, die mittelbar für die Wirtschaftlichkeit einer auf diese Weise geförderten Erwerbstätigkeit erstrebt werden.

(1a) Eine Beförderung von Personen im Sinne von Absatz 1 Satz 1 liegt auch vor, wenn die Vermittlung und Durchführung der Beförderung organisatorisch und vertraglich verantwortlich kontrolliert wird.

(2) [1]Diesem Gesetz unterliegen nicht Beförderungen

---

[1] Neubekanntmachung des PBefG v. 21.3.1961 (BGBl. I S. 241) in der ab 1.7.1990 geltenden Fassung.

[2] § 1 Abs. 2 neu gef. mWv 1.1.2013 durch G v. 14.12.2012 (BGBl. I S. 2598); Abs. 1a eingef., Abs. 2 Satz 1 Nr. 1 neu gef., Abs. 3 angef. mWv 1.8.2021 durch G v. 16.4.2021 (BGBl. I S. 822).

1. mit Personenkraftwagen, wenn
   a) die Beförderung unentgeltlich erfolgt oder
   b) das Gesamtentgelt je Kilometer zurückgelegter Strecke den in § 5 Absatz 2 Satz 1 des Bundesreisekostengesetzes[1] genannten Betrag nicht übersteigt;
2. mit Krankenkraftwagen, wenn damit kranke, verletzte oder sonstige hilfsbedürftige Personen befördert werden, die während der Fahrt einer medizinisch fachlichen Betreuung oder der besonderen Einrichtung des Krankenkraftwagens bedürfen oder bei denen solches auf Grund ihres Zustandes zu erwarten ist.

[2] Satz 1 Nummer 1 gilt auch, wenn die Beförderungen geschäftsmäßig sind.

(3) [1] Den Vorschriften dieses Gesetzes unterliegt außerdem die Vermittlung von Beförderungen gemäß Absatz 1. [2] Vermittlung im Sinne von Satz 1 ist die Tätigkeit von Betreibern von Mobilitätsplattformen, deren Hauptgeschäftszweck auf den Abschluss eines Vertrages über eine gemäß § 2 genehmigungspflichtige Beförderung ausgerichtet ist, und die nicht selbst Beförderer nach Absatz 1 Satz 1 sind.

§ 1a[2] Klimaschutz und Nachhaltigkeit. Bei Anwendung dieses Gesetzes sind die Ziele des Klimaschutzes und der Nachhaltigkeit zu berücksichtigen.

§ 2[3] Genehmigungspflicht. (1) [1] Wer im Sinne des § 1 Abs. 1
1. mit Straßenbahnen,
2. mit Obussen,
3. mit Kraftfahrzeugen im Linienverkehr (§§ 42, 42a, 43 und 44) oder
4. mit Kraftfahrzeugen im Gelegenheitsverkehr (§ 46)

Personen befördert, muß im Besitz einer Genehmigung sein. [2] Er ist Unternehmer im Sinne dieses Gesetzes.

(1a) [1] Wer als Nachunternehmer im Auftrag des Unternehmers eine entgeltliche Beförderung von Personen mit Kraftomnibussen durchführt, muss eine Genehmigung nach diesem Gesetz besitzen, die die eingesetzten Fahrzeuge umfasst. [2] Dies gilt nicht, wenn die Voraussetzungen nach Artikel 1 Absatz 4 Buchstabe b oder c der Verordnung (EG) Nr. 1071/2009 des Europäischen Parlaments und des Rates vom 21. Oktober 2009 zur Festlegung gemeinsamer Regeln für die Zulassung zum Beruf des Kraftverkehrsunternehmers und zur Aufhebung der Richtlinie 96/26/EG des Rates (ABl. L 300 vom 14.11.2009, S. 51), die zuletzt durch die Verordnung (EU) Nr. 517/2013 (ABl. L 158 vom 10.6.2013, S. 1) geändert worden ist, erfüllt sind oder der Nachunternehmer ausschließlich innerstaatliche Beförderungen im Sinne des Artikels 1 Absatz 5 der Verordnung (EG) Nr. 1071/2009 durchführt.

(1b) [1] Wer im Sinne des § 1 Absatz 3 eine Beförderung vermittelt, muss nicht im Besitz einer Genehmigung sein. [2] Er ist Vermittler im Sinne dieses Gesetzes.

(2) Der Genehmigung bedarf auch
1. jede Erweiterung oder wesentliche Änderung des Unternehmens,
2. die Übertragung der aus der Genehmigung erwachsenden Rechte und Pflichten (Genehmigungsübertragung) sowie

---

[1] Nr. ***235***.
[2] § 1a eingef. mWv 1.8.2021 durch G v. 16.4.2021 (BGBl. I S. 822).
[3] § 2 Abs. 3 geänd. und Abs. 5a eingef. mWv 26.7.2002 durch G v. 19.7.2002 (BGBl. I S. 2691); Abs. 6 neu gef. mWv 1.1.2013 durch G v. 14.12.2012 (BGBl. I S. 2598); Abs. 1 Satz 1 Nr. 3 und Abs. 7 geänd., Abs. 1a und 1b eingef., mWv 1.8.2021 durch G v. 16.4.2021 (BGBl. I S. 822).

3. die Übertragung der Betriebsführung auf einen anderen.

(3) Abweichend von Absatz 2 Nr. 2 dürfen im Verkehr mit Taxen die aus der Genehmigung erwachsenden Rechte und Pflichten nur übertragen werden, wenn gleichzeitig das ganze Unternehmen oder wesentliche selbständige und abgrenzbare Teile des Unternehmens übertragen werden.

(4) Die Genehmigungsbehörde kann bei einem Linienverkehr nach § 43 dieses Gesetzes und bei Beförderungen nach § 1 Nr. 4 Buchstaben d und i der Freistellungs-Verordnung[1] Befreiung vom Verbot der Mitnahme anderer Fahrgäste erteilen, wenn dies im öffentlichen Verkehrsinteresse geboten und mit Rücksicht auf bestehende öffentliche Verkehrseinrichtungen wirtschaftlich vertretbar ist.

(5) [1] Einer Genehmigung bedarf es nicht zum vorübergehenden Einsatz von Kraftfahrzeugen bei Notständen und Betriebsstörungen im Verkehr, insbesondere im Schienen-, Bergbahn- oder Obusverkehr. [2] Wenn die Störungen länger als 72 Stunden dauern, haben die Unternehmer der von der Störung betroffenen Betriebe der Genehmigungsbehörde (§ 11) Art, Umfang und voraussichtliche Dauer eines solchen vorübergehenden Einsatzes von Kraftfahrzeugen unverzüglich mitzuteilen.

(5a) Wer Gelegenheitsverkehre in der Form der Ausflugsfahrt (§ 48 Abs. 1) oder der Ferienziel-Reise (§ 48 Abs. 2) plant, organisiert und anbietet, dabei gegenüber den Teilnehmern jedoch eindeutig zum Ausdruck bringt, dass die Beförderungen nicht von ihm selbst, sondern von einem bestimmten Unternehmer, der Inhaber einer Genehmigung nach diesem Gesetz ist, durchgeführt werden, muss selbst nicht im Besitz einer Genehmigung sein.

(6) Anstelle der Ablehnung einer Genehmigung kann im Fall einer Beförderung, die nicht alle Merkmale einer Verkehrsart oder Verkehrsform erfüllt, eine Genehmigung nach denjenigen Vorschriften dieses Gesetzes erteilt werden, denen diese Beförderung am meisten entspricht, soweit öffentliche Verkehrsinteressen nicht entgegenstehen.

(7) Zur praktischen Erprobung neuer Verkehrsarten oder Verkehrsmittel kann die Genehmigungsbehörde auf Antrag im Einzelfall Abweichungen von Vorschriften dieses Gesetzes oder von auf Grund dieses Gesetzes erlassenen Vorschriften für die Dauer von höchstens fünf Jahren genehmigen, soweit öffentliche Verkehrsinteressen nicht entgegenstehen.

§ 3 Unternehmer. (1) Die Genehmigung wird dem Unternehmer für einen bestimmten Verkehr (§ 9) und für seine Person (natürliche oder juristische Person) erteilt.

(2) [1] Der Unternehmer oder derjenige, auf den die Betriebsführung übertragen worden ist, muß den Verkehr im eigenen Namen, unter eigener Verantwortung und für eigene Rechnung betreiben. [2] Die von der Landesregierung bestimmte Behörde kann in Einzelfällen Ausnahmen zulassen.

(3) Sollen Straßenbahnbetriebsanlagen von einem anderen als dem Unternehmer gebaut werden, kann die Genehmigung für ihren Bau und für die Linienführung (§ 9 Abs. 1 Nr. 1) dem andern erteilt werden; die für den Unternehmer geltenden Vorschriften des Gesetzes und der auf Grund des Gesetzes erlassenen Rechtsverordnungen sind entsprechend anzuwenden.

---

[1] Nr. **951**.

§ 3a[1) 2)] **Bereitstellung von Mobilitätsdaten.** (1) Der Unternehmer und der Vermittler sind verpflichtet, die folgenden statischen und dynamischen Daten sowie die entsprechenden Metadaten, die im Zusammenhang mit der Beförderung von Personen im Linienverkehr nach den §§ 42, 42a und 44 sowie im Gelegenheitsverkehr nach den §§ 47, 49 und 50 entstehen, nach Maßgabe der nach § 57 Absatz 1 Nummer 12 zu erlassenden Rechtsverordnung über den Nationalen Zugangspunkt nach § 2 Nummer 11 des Intelligente Verkehrssysteme Gesetzes vom 11. Juni 2013 (BGBl. I S. 1553), das zuletzt durch Artikel 1 des Gesetzes vom 17. Juni 2017 (BGBl. I S. 2690) geändert worden ist, bereitzustellen:

1. Daten im Zusammenhang mit der Beförderung von Personen im Linienverkehr:
   a) Name und Kontaktdaten des Anbieters, Fahrpläne, Routen, Preise oder Tarifstruktur, Buchungs- und Bezahlmöglichkeiten sowie Daten zur Barrierefreiheit und zum Umweltstandard der eingesetzten Fahrzeuge;
   b) Ausfälle, Störungen sowie Verspätungen und die voraussichtliche Abfahrts- und Ankunftszeit sowie die tatsächliche oder prognostizierte Auslastung des Verkehrsmittels;
   c) Bahnhöfe, Haltestellen und andere Zugangsknoten sowie Daten zu deren Barrierefreiheit; hierunter fallen auch Daten zur vorhandenen Infrastruktur an den Zugangsknoten wie Plattformen, Verkaufsstellen, Treppenhäuser, Rolltreppen und Aufzügen sowie
   d) aktueller Betriebsstatus der unter Buchstabe c genannten Zugangsknoten und der dort vorhandenen Infrastruktur;
2. Daten im Zusammenhang mit der Beförderung von Personen im Gelegenheitsverkehr:
   a) Name und Kontaktdaten des Anbieters, Bediengebiet und -zeiten, Standorte und Stationen einschließlich ihrer Anzahl, Preise, Buchungs- und Bezahlmöglichkeiten, Daten zur Barrierefreiheit sowie zum Umweltstandard der eingesetzten Fahrzeuge;
   b) Daten zur Verfügbarkeit von Fahrzeugen an Stationen und im Verkehr inklusive deren Auslastung in Echtzeit sowie Daten zu den tatsächlich abgerechneten Kosten.

(2) [1]Die Bereitstellung der in Absatz 1 Nummer 1 Buchstabe a und c sowie in Nummer 2 Buchstabe a genannten Daten hat einmalig, die Bereitstellung der in Absatz 1 Nummer 1 Buchstabe b und d und Nummer 2 Buchstabe b genannten Daten hat fortlaufend in Echtzeit zu erfolgen. [2]Die Daten sind in einem maschinenlesbaren Format bereitzustellen. [3]Näheres bestimmt die nach § 57 Absatz 1 Nummer 12 zu erlassende Rechtsverordnung. [4]Unternehmer und Vermittler müssen die in Absatz 1 Nummer 1 Buchstabe a und c und Nummer 2 Buchstabe a genannten Daten aktualisieren, soweit sich in ihrem Geschäftsbetrieb Änderungen ergeben.

(3) [1]Natürliche oder juristische Personen, die als Einzelunternehmer firmieren, sind von der Bereitstellungspflicht nach Absatz 1 ausgenommen. [2]Die freiwillige Bereitstellung von Daten nach Absatz 1 bleibt hiervon unberührt.

(4) Unternehmer und Vermittler können sich bei der Erfüllung ihrer Bereitstellungspflicht eines Erfüllungsgehilfen bedienen.

[1)] § 3a eingef. mWv 1.8.2021 durch G v. 16.4.2021 (BGBl. I S. 822).

[2)] § 3a Absatz 1 Nummer 1 Buchstabe a ist am 1.9.2021, Nummer 1 Buchstabe c und Nummer 2 Buchstabe a ist am 1.1.2022, Nummer 1 Buchstabe b und Buchstabe d sowie Nummer 2 Buchstabe b ist am 1.7.2022 in Kraft getreten; siehe hierzu Art. 7 Abs. 2 G v. 16.4.2021 (BGBl. I S. 822).

Sachverzeichnis

Stand Mai 2022

Die **fett** gedruckten Ziffern bezeichnen die **Nummern** der Gesetze, die mageren deren Artikel oder Paragraphen.

Für handschriftliche Notizen

Für handschriftliche Notizen

Für handschriftliche Notizen

Für handschriftliche Notizen

Für handschriftliche Notizen

Für handschriftliche Notizen

Für handschriftliche Notizen

Für handschriftliche Notizen

Für handschriftliche Notizen

Für handschriftliche Notizen

Für handschriftliche Notizen

Für handschriftliche Notizen

Für handschriftliche Notizen

Für handschriftliche Notizen

Für handschriftliche Notizen

Für handschriftliche Notizen

Für handschriftliche Notizen

Für handschriftliche Notizen

Für handschriftliche Notizen

Für handschriftliche Notizen

Für handschriftliche Notizen

Für handschriftliche Notizen

Für handschriftliche Notizen

Für handschriftliche Notizen

Für handschriftliche Notizen

Für handschriftliche Notizen

Für handschriftliche Notizen

Für handschriftliche Notizen

Für handschriftliche Notizen

Für handschriftliche Notizen

Für handschriftliche Notizen

Für handschriftliche Notizen